STUDIES ON
CHINA
REAL ESTATE LEGAL
RULES

中国房地产
法律规则研究

邱艳◎著

人民出版社

前　言

　　房地产法律规则是房地产开发、房地产交易、房地产管理活动的行为规范。中国的房地产法律规则是以物权法为基础,以加强城市房地产管理、维护房地产市场秩序、保障房地产权利人的合法权益、促进房地产业的健康发展为其宗旨与目的。中国房地产法律规则因触及众多法律规范而独具特色,形成一个兼跨公法、私法和社会法三大法律部类的综合性法律体系。

　　房地产法律规则博大精深,房地产法律实务纷繁复杂。本书仅就房地产法律规则中最重要的包括中国的房地产法律规则概论、房地产权属法律规则、房地产用地法律规则、集体土地征收与国有土地上房屋征收与补偿法律规则、房地产交易法律规则、物业管理法律规则、农村房地产法律规则、房地产税费法律规则、房地产金融法律规则、房地产纠纷解决法律规则等十部分内容进行论述。本书在写作过程中遵循以下指导思想:

　　首先是以现行物权法、城市房地产管理法为依据。本书的框架是建立在物权法、城市房地产管理法基础上的,但其体系又是有别于物权法和城市房地产管理法,其内容侧重房地产法律规则的介绍、分析与应用。

　　其次是注重理论探讨与实践应用相结合。本书从房地产理论与实践最为密切的法律规则入手,在简单介绍房地产法律规则的同时,特别注重法律规则存在问题的分析以及相关制度完善的探讨。对宅基地、小产权房等当前房地产实践中的热点问题进行探讨分析。

　　最后是突出学术性兼顾实用性。本书学术性比较突出,书中不少章节对相关问题都有一些建设性的学术探讨。虽然个别观点不够成熟,但对他人进一步研究相关问题能起到抛砖引玉之作用,具有一定的学术性和理论价值。本书既可以用于房地产实践与房地产教学,也适合律师、法官等其他读者阅读,因此不失为一本有实用性的著作。

由于作者水平有限,可能对中国房地产法律规则理解有一定的偏差与不足,敬请各位读者批评指正。同时对支持作者写作与出版的各位朋友表示感谢。

作者

2011 年 4 月

目录

002

目录

004

中国房地产
法律规则研究

第一章 中国房地产法律规则概论

　　房地产法律规则具有很强的专业性、技术性,其中包括很多专业术语、名词及基本理论。由于这些术语、名词及基本理论是房地产法律规则的重要组成部分,要了解中国房地产法律规则必须先从掌握这些基础知识入手。同时对房地产基础知识的了解与分析,也是我们正确理解房地产法律规则及运用房地产法律规则的前提。

　　本章将介绍房地产的基本知识、中国房地产法律规则的调整对象以及房地产法律规则的历史沿革,详细阐述中国立法现状及房地产法律规则体系。重点分析中国房地产法律规则存在的问题并提出完善中国房地产法律规则的立法建议。

第一节　房地产基本知识

一、房屋与房产

(一)房屋与房产的概念

1. 房屋的概念

　　房屋一般指上有屋顶,周围有墙,能防风避雨,御寒保温,供人们在其中工作、生活、学习、娱乐和储藏物资,并具有固定基础,层高一般在 2.2 米以上的永久性场所。但根据某些地方的生活习惯,可供人们常年居住的窑洞、竹楼等也应包括在内。这是原建设部在 2002 年 3 月 20 日发布的《房地产统计指标解释(试行)》对房屋所作的定义。从这个定义中可以看出房屋具有以下特点:

　　(1)房屋是上有屋顶、周围有墙的建筑体。房屋在自然形态上的最基本的要件一定是"上有屋顶、周围有墙",仅"周围有墙"而上无"顶",或者仅有"顶"而周围无"墙",都不能称作房屋。同时,上盖破漏不堪,仍不失为房屋(危房)。如上盖拆除或倒塌,只剩下建设用地或宅基地,就不能称之房屋。

（2）房屋具有"能防风避雨，御寒保温，供人们在其中工作、生活、学习、娱乐和储藏物资"之社会作用。这是房屋区别于其他建筑物的根本。有些上有屋顶、周围有墙的建筑体或建筑物，比如猪舍、牛棚、马厩，由于不是供人类使用，也不能称其为房屋。

（3）房屋是指有固定基础的永久性场所。房屋离不开土地，必须固定于某一地点。空中、陆地和水中能够移动的物体，不能称之为房屋，如飞机、海上钻井平台、船舶等。同时房屋是一个使用期限相对比较长的建筑物，不能长期使用的蔬菜大棚，也不是房屋。

（4）房屋一般层高应当在2.2米以上。楼面层高系指房屋上下两层楼面，或楼面至地面，或楼面至屋顶面结构层的垂直距离。楼板面至屋顶面的垂直高度也包括楼板面至房屋顶平台面的高度，但房屋顶面或平台面都不应包括隔热层的高度。楼面或地面也不应包括装饰层的厚度。简单的说层高是指本层楼面或地面至上一层楼面或地面的高度，而层高扣除楼板厚度即为净高。

1995年1月1日实施的《中华人民共和国城市房地产管理法》（以下简称"《城市房地产管理法》"）在第2条采取列举式的方式规定，"本法所称房屋，是指土地上的房屋等建筑物及构筑物"。建筑物一般指供人们进行生产、生活或其他活动的房屋或场所。例如，工业建筑、民用建筑、农业建筑和园林建筑等。构筑物一般指人们不直接在内进行生产和生活活动的场所。如水塔、烟囱、栈桥、堤坝、蓄水池等。需要说明的是这个定义不是绝对的，比如在水利水电工程中的江河、渠道上的所有建造物都称为建筑物。

2. 房产的概念

通常意义上的房产是指在法律上有明确权属关系的房屋财产。房产这个名词在我国房地产法律规则中占有举足轻重的地位，非常遗憾的是我国现行法律规范房产对这样一个重要名词涵义没有界定。但目前至少有一点可以明确：房产不同于房屋，房屋是建筑物的自然形态，它是自然科学研究的对象；房产是建筑物的社会经济形态，它是社会科学的研究对象，是房地产法调整和保护的对象之一，其调整结果就是赋予房产以房屋所有权的法律形态，并以国家强制力保证其实现。房产作为一种财产权利，体现的并非仅仅是基于房屋自然属性的满足人的物质需要的关系，而是不同主体之间物质利益的权利义务关系。

（二）房屋与房产的分类

按照《房地产统计指标解释（试行）》，房屋与房产可做以下分类：

1. 按照购买和使用的主体分，房屋与房产可以分为：商品房、经济适用住房、廉租住房等。所谓的商品房是指由房地产开发企业开发建设并出售、出租的房屋；所谓的经济适用住房是指根据国家经济适用住房建设计划安排建设的住宅。由国家统一下达计划，用地一般实行行政划拨的方式，免收土地出让金，对各种经批准的收费实行减半征收，出售价格实行政府指导价，按保本微利的原则确定；所谓的廉租住房是指政府在住房领域实施社会保障职能，向具有城镇常住居民户口的最低收入家庭提供的租金相对低廉的普通住房。

2. 按照房屋的使用功能分，房屋与房产可以分成八类：住宅、工业交通仓储用房、商业金融和信息用房、教育医疗卫生和科研用房、文化新闻娱乐园林绿化体育用房、机关事业办公用房、军事用房和其他用房等。

3. 按房屋产别分类，房屋可以分为：国有房产、集体所有房产、私有（自有）房产、联营企业房产、股份制企业房产、港澳台投资房产、涉外房产、其他房产，其中国有房产是指归国家所有的房产。包括由政府接管、国家经租、收购、新建以及由国有单位用自筹资金建设或购买的房产。国有房产分为直管产、自管产、军产三种。直管产是指由政府接管、国家经租、收购、新建、扩建的房产（房屋所有权已正式划拨给单位的除外），大多数国有房产由政府房地产管理部门直接管理、出租、维修，少部分免租拨借给单位使用；自管产是指国家划拨给全民所有制单位所有以及全民所有制单位自筹资金购建的房产；军产是指中国人民解放军部队所有的房产，包括由国家划拨的房产、利用军费开支或军队自筹资金购建的房产。

4. 按房屋建筑结构，房屋可分为钢结构、钢和钢筋混凝土结构、钢筋混凝土结构、混合结构、砖木结构和其他结构。钢结构是指承重的主要构件是用钢材料建造的，包括悬索结构；钢和钢筋混凝土结构是指承重的主要构件是用钢、钢筋混凝土建造的；钢筋混凝土结构是指承重的主要构件是用钢筋混凝土建造的。混合结构是指承重的主要构件是用钢筋混凝土和砖木建造的。砖木结构是指承重的主要构件是用砖、木材建造的；其他结构是指凡不属于上述结构的房屋都归此类。

5. 其他分类，比如按房屋建筑楼层可分为低层住宅、多层住宅、中高层住宅、高层住宅。低层住宅指1层至3层的住宅；多层住宅指4层至6层的住宅;中高层住宅指7层至9层的住宅;高层住宅指10层及10层以上的住宅。按房屋建筑年代分类房屋可以分为1949年以前的房屋、20世纪50年代的房屋、60年代的房屋、70年代的房屋、80年代的房屋、90年代的房屋。按房屋建筑质量分类可以分为完好房屋、基本完好房屋、一般损坏房屋、严重损坏房屋、危险房屋等。在房地产实践中还有一些不够规范的分类,比如按照销售时房屋是否建成可以分为现房和期房;按照能否办下房屋所有权有大产权房和小产权房之分。所谓的大产权就是指能办下房屋所有权的房屋,小产权是指集体土地上违法建造的不能办理房屋所有权证的房屋等。

二、土地与地产

（一）土地的概念

土地可以粗略的划分成广义的和狭义两种含义。狭义的土地仅指陆地部分,广义的土地是指地球表层的陆地部分及其以上、以下一定幅度空间范围内的全部环境要素,以及人类社会生产生活活动作用于空间的某些结果所组成的自然综合体。我国地理学家普遍赞成广义的土地概念,认为土地"是地表某一地段包括地质、地貌、气候、水文、土壤、植被等多种自然要素在内的自然综合体"。"土地是财富之母",土地的用途极广:在农村土地可以用于耕种、建设房屋、进行乡村公共设施建设;在城市,土地则可以用于更多的目的。

（二）地产的概念

与房产一样我国现行法律规范同样没有规范地产的概念。一般而言地产指在一定土地所有制关系下的财产意义上的土地,简单地说就是土地财产。财产意义上的土地是指经过人民政府依法确认并登记的、权属关系明确具体的土地。土地财产权在多数国家是指土地的所有权,但对于财产权的理解,大陆法系与普通法系的法律有着很大的区别。比方说,大陆法系国家的法律以所有权为基础来分析财产和财产权,但是在英美法律中几乎找不到一个完整的所有权的概念。在我国广义的地产包括土地所有权、土地使用权、土地他项权,狭义的地产仅指土地使用权。

地产一般具有以下特征:

1. 地产属于一定的所有者或使用者。在我国土地分别归国家和农民集体所有,其他任何单位和个人对土地都不享有所有权。但是单位和个人或其他主体均可依法享有土地使用权。在《中华人民共和国物权法》(以下简称《物权法》)中,建设用地使用权、宅基地使用权和农村土地承包经营权、地役权都被作为用益物权加以规范和保护。

2. 地产要有明确的"四至"范围。四至是指某块土地四周的界限,也就是指一宗地四个方位与相邻土地的交接界线。宗地是被权属界址线所封闭的地块。通常一个权利人拥有或使用不相联的几个地块时,则每一个地块应分别划分宗地。一个地块内由几个土地使用者共同使用而其间又难以划清权属界线的也称为一宗地。一般填写四邻的土地所有者或使用单位和个人的名称。

3. 地产可以依法转让。在我国除国家依法征收集体土地外,土地所有权不能转让。但土地使用权可以依法转让。比如,国有土地使用权出让、国有土地使用权划拨、国有土地使用权转让与租赁;集体土地使用权也可以在法律规定的范围内转让,比如,农村土地承包经营权流转以及符合条件的集体建设用地抵押、宅基地转让等。

(三)土地及地产的分类

土地及地产可以按照不同标准进行分类,常见的分类主要有:

1. 按照所有权人的不同,土地分为国家所有土地和农民集体使用土地。根据《中华人民共和国宪法》(以下简称"《宪法》")和《中华人民共和国土地管理法》(以下简称"《土地管理法》")的相关规定,城市市区的土地属于国家所有。农村和城市郊区的土地,除由法律规定属于国家所有的以外,属于农民集体所有;宅基地和自留地、自留山,属于农民集体所有。

2. 按照土地用途不同,土地分为农用地、建设用地和未利用地。所谓农用地是指直接用于农业生产的土地,包括耕地、林地、草地、农田水利用地、养殖水面等;所谓建设用地是指建造建筑物、构筑物的土地,包括城乡住宅和公共设施用地、工矿用地、交通水利设施用地、旅游用地、军事设施用地等,其中建设用地又分为国家建设用地和集体建设用地;所谓未利用地是指农用地和建设用地以外的土地。

3. 按照地域不同,土地可分为城市土地、城市郊区土地和农村土地。土地的所有制性质不同、用途不同、地域不同,国家对其进行管理的原则、管理的程序和管理的要求也有较大差异。比如,国有建设用地的使用自20世纪80年代末90年代初就实行出让、转让制度,而对于集体土地而言目前尚处于探索和试点阶段;城市规划区的国有土地可以通过招、拍、挂方式出让用于房地产开发,而农村的集体土地却不允许以任何方式用于房地产开发。①

（四）房产与地产的比较

1. 房产与地产的联系

房产和地产存在密不可分的联系:(1)在物质形态上,房产和地产相互联结,房屋总是建造在土地之上,依赖土地的支撑才得以存在。(2)在价格构成上,不论买卖或租赁房屋,房价和房租都包含了地价。地租隐藏在房价、房租之中,因级差收益导致的地价差异也在房产价格上体现出来。(3)在权属管理上,要保证房屋所有权和房屋所占土地使用权的一致性。违法占地所建的房屋,不能产生合法的房屋所有权;房地产转让、抵押时,房屋的所有权和该房屋占用范围的土地使用权应同时转让、抵押。②

2. 房产与地产的区别

房产与地产的区别体现在以下三个方面:(1)地产可以单独存在,而房产不能离开地产而独立存在。没有任何附着物的土地,可以成为一宗单纯的地产,而离开土地的房产是不存在的。(2)地产没有折旧,而房产有折旧。因为房屋建筑随着使用会逐渐损坏销蚀,不断降低其使用价值,最后导致坍塌不能使用,所以要折旧。而土地可以永久使用,没有类似房屋的销蚀情况,不需折旧。(3)地产的价格明显受级差地租规律的支配,而房产价格则主要决定于地租和建筑成本。包含地价在内的房价的高低、涨跌,在很大程度上受地价变化的影响。

三、房地产与不动产

（一）房地产的涵义及特征

1. 房地产的涵义

房地产在其他一些国家或地区的法律中被称为不动产(real estate),各国对房地产的规定不尽相同。日本民法规定,不动产是指土地及其定着物。在美国,房地产是指土地及其上的永久性建筑物以及基础设施和诸如水、矿产等自然资源,还包括与土地所有权有关的任何权利或利益。德国民法典规定,不动产是指土地及其构成部分,而且其构成部分还必须是固定附属土

---

① 李延荣主编:《房地产法原理与案例教程》,中国人民大学出版社 2009 年版,第 4 页。
② 陈信勇主编:《房地产法原理》,浙江大学出版社 2002 年版,第 16 页。

地之上。英国物权法规定,不动产是指土地及附属于土地的人工构造及附带的各项权利,且地上建筑物从属于土地。从各国法律关于不动产规定的共同点来看,不动产是以土地为核心,包括土地及土地的附属物及相关的权利。①

在我国关于"房地产"一词目前均无法律定义。在学术界关于房地产的含义界定观点颇多,差异较大。主要有以下几种观点:(1)房地产是房屋及其相关联的土地,即房地产是房产和地产的总称;(2)房地产是土地及其上固定物;(3)房地产是作为财产的房产和地产及对房产和地产的经营活动。但至少可以肯定:在我国,房地产是一个约定俗成的术语,而且已为理论界和立法所肯定,但其范围要小于不动产的范围。应该说,房地产是一个综合、复合的概念。人们可以从不同的角度去理解它、使用它。就法律层面而言,它至少应包括以下几个层次的内容:

(1)房地产是房产和地产的有机结合。房地产是房产和地产的合称,且房产和地产之间存在密不可分的关系。从民法看,房屋和土地或房产和地产均可以相互独立存在,是两个不同的财产,即可以成立两个所有权。但是,由于房屋必须建立在土地之上,使得房屋必须与土地或土地使用权结合在一起,才能称为完整的财产。因此,一般而言,可以有独立的地产,但没有脱离土地或土地使用权的房产。房屋和土地具有密不可分性。

(2)房地产作为房产与地产的统一体,以地产为主,地产是核心。从房地产的物质形态来看,土地可以独立存在,形成独立的物体,而且是永久性的,但房屋却不能独立存在,必须以土地为基础。从房地产实务来看,土地使用权的获得是房地产业的基础和前提,是房地产开发经营活动的开端。从房地产的价值构成来看,房地产的价格分为房价和地价两个部分,地价是房地产价格的主要构成部分。我国香港地区的房地产市场就以地产为主,称之为"地产市场"。我国过去由于实行计划经济,忽视了土地的价值,随着市场经济的不断发展,土地的价值越来越凸显,因此地价在房地产价格中所占的比重也越来越高。②

(3)房地产既有财产属性,又有其商品、经营属性。若仅从静态的角度

① 林建伟著:《房地产法基本问题》,法律出版社2006年版,第2页。
② 林建伟著:《房地产法基本问题》,法律出版社2006年版,第2页。

观察,房地产包括土地和房屋,都是具有一定归属的财产。但房地产在市场经济条件下又是人们经营的对象,具有商品、经营属性。围绕房地产的开发、建设、交易、维修、服务等一系列的经营活动,能为房地产的所有者、开发者、经营者等带来经济利益。就我国的现实而言,房地产热主要是从房地产的商品、经营属性角度而言的[①]。

2. 房地产的法律特征

房地产是不动产,是最重要的不动产。相对于动产,房地产具有以下法律特征:

(1)固定性。作为空间的土地,一定是固定在地球上特定的经纬度上的。固定性是指房地产位置的固定性,表现在:自然地理位置的固定性、交通位置与社会经济位置的相对固定性。房地产位置的固定性,使消费者十分注意房地产品区位的选择,诸如环境、交通、购物、文化教育设施等条件能否得到满足,或者能够得到满足的程度。同时,位置的固定性使房地产价格受土地的地段差价的影响。因此,房地产开发和经营管理企业必须考虑到消费者的要求,进行慎重的选择。另一方面,房地产位置的固定性,也决定了房地产交易是以其产权为交易标的物的,即在房地产市场上可以流转的是与房地产标的相关的各种权利,而不可能是房地产实体本身。因此房地产产权的安排、变迁与交易是房地产市场运行的前提和主要内容。

(2)异质性。房地产位置的固定性决定了房地产的异质性。从时间、地点、空间位置来看,世界上没有任何两个或两上以上的房地产是相同的或完全一样的。虽然一种房地产可能与另一种房地产非常相似,甚至具有经济上的可替代性,但这种相似并不意味着完全相同,即每一宗房地产所在其不同区位的自然、社会、经济条件各不相同,以及建筑物的设计、朝向、规模、装饰、设备、地质条件、气候条件及人文特征等方面的千差万别,形成了房地产的异质性。这使得房地产市场不可能是一个完全竞争的统一市场,而是一个交易费用比较高的具有区域性和垄断性的市场。[②]

(3)稀缺性。房地产是人类生存必需依赖的财产,是每个人生存必备财产。人类生活居住需要房屋,一切生活必需品和工业品均直接或间接来

---

① 林建伟著:《房地产法基本问题》,法律出版社 2006 年版,第 2 页。

② 湖南城市学院:"房地产经济学讲义第一章",资料来源:http://glx. hncu. net.

源于土地,土地被认为是一切财富之母,是一切生产和社会生活得以开展的前提条件。但是,土地是不可再生的自然资源,具有房地产开发价值的土地更为稀缺,因此房地产尤其是城市繁华地段的房地产就成为一种稀缺的商品。由于土地的供给是有限的,因而导致房屋供给也是有限性。因为陆地面积和可利用的土地面积是无法因人的努力而扩大的;土地不是用原材料生产出来的产品,而是天然存在物,不可创造和再生。尽管高楼大厦可耸立入云,但土地数量或面积依然有限。

(4)耐久性。土地一般不会灭失,房屋也具有较长的建筑寿命。土地和房屋区别于其他动产的主要特征是其能够持久存在。一些自然灾害可能给土地造成一定的减损,但只能破坏它的特定用途,但仍然可能修复或作为他途利用。比如,对洪水冲垮的农田的整修仍可用于农业或转为工业用地等。房屋使用期限一般可达几十年甚至数百年,相对于其他物品而言,具有耐久性。永久性还表现在土地不因使用而降低其使用价值(当然以合理使用为条件),而且很可能随着人们对它需求的增加反而增值。这种不易消耗性,使房地产成为租赁等使用权交易的主要客体①。房屋虽有物理耐用年限,但相对于其他产品而言,房地产是一种延用期特别长久的超耐用物品,一般使用几十年。

(5)保值性。由于房地产的固定性以及耐久性,使房地产成为最安全的财产,它不能被隐匿、也不能被偷盗。事实上,从来没有必要将盗窃法的适用扩及于土地而保护之。这样,土地虽然不是唯一的永久性财产(金银珠宝也具有永久性),但它的不动特性,使它成为财产中最安全的财产,因而成为最常用的担保工具。房地产投资项目资金大、成本高、期限长、风险多,但从长远角度看,随着城市的经济和社会发展,房地产一般具有保值、增值的作用。由于房地产是人类必需之财富,而其供给又是有限的,因此,房地产就具有了资本价值。由于土地具有永久性、安全性、有限供给性、人类需要的永恒性等特性,房地产的价格通常都会持续上扬,使房地产具有保值和增值性。因此,房地产一直是一种有吸引力的投资对象。它不仅能够象其他投资那样为其所有权人带来收益,而且具有其他投资所没有的特性,它

---

① 高富平、黄武双著:《房地产法新论》,中国法制出版社 2000 年版,第 3 页。

的资本价值稳定不变或不会贬值,因而投资风险较小。①

3. 房地产的分类

对房地产进行分类的标准很多,不同的分类标准会导致不同的分类结果。最常见的分类有以下几种:

(1)根据房屋建筑用途的不同,可分为住宅房地产、非住宅房地产和其他房地产。

(2)以房地产是否以收益作为主要目的为标准,房地产可分为收益性房地产(如置业投资性公寓、出租性写字楼等)和非收益性房地产(如各类自用住宅及自用写字楼等)。

(3)按市场交易性质来划分,房地产可以分为出售性房地产、出租性房地产、抵押性房地产和典当性房地产等不同类型。

(4)从房地产的性质来看,房地产可以分为资源性房地产和资产性房地产。

(二)不动产

1. 不动产概念在我国立法上的沿革简述

在我国封建社会的法律中,没有使用动产、不动产的概念,但动产、不动产的划分依然存在。我国古代一般把动产称为之为"财"或"物",封建法典中常有私物、私财、官财的提法。相应地,动产所有人称之为"物主"或"财主"。而将不动产称之"田"、"地"、"房"、"产"、"产业"、"祖业"等,不动产的所有人称之为"业主"、"地主"、"房主"。② "不动产"是随着现代民法传入我国而有法典编纂的必要时才被应用的。③

像其他许多法律词汇一样,我国民法上"不动产"概念一词也是直接从日本法中移译过来的,该词系日本学者借用汉字从法国法中翻译过来。当时,我国的京师法律学堂聘请日本专家授课,学生将课堂笔记整理出版的《法学汇编》,最后专列《名词释》,对讲授中的新词进行解释。其中对动产和不动产是如此解释的:"动产:可以移动之财产也。凡不必毁坏而可以移动之财产,曰动产。不动产:指不可移动财产而言。如山林池沼田井,及建

---

① 高富平、黄武双著:《房地产法新论》,中国法制出版社 2000 年版,第 4 页。

② 张晋藩:《清代民法综论》,中国政法大学出版社 1998 年版,第 82 页。

③ 戚兆岳著:《不动产租赁法律制度研究》,法律出版社 2009 年版,第 25 页。

于地的房屋,植于地之竹木,埋于地之矿物等类,皆曰不动产。"①后来我国的大清民律及民国民法中都使用了动产与不动产的概念。

在 1953 年 1 月 6 日外交部颁发的《外侨遗产继承问题处理原则》中第 1 条给不动产所下的定义,"不动产包括土地、房屋及附着于土地房屋上不可分离的部分(如建筑在土地上的堤、坝、篱、墙,种植在土地上的树木,附设在房屋的水、电、暖气、冷气、卫生、防火等类设备等)"。我国的不动产当时就指:第一是土地及其附着物;第二是房屋及其附着物。1986 年的《民法通则》在相邻关系的规定中提到了不动产这一概念,也是我国第一次在民事基本法中使用这一概念。但对什么是不动产,其划分的标准及范围等问题,该法并没有规定。1988 年《最高人民法院关于贯彻执行(中华人民共和国民法通则)若干问题的意见(试行)》第 188 条给不动产下了个定义,即土地、附着于土地上的建筑物及其他定着物、建筑物的固定附属设施为不动产。真正在立法上给不动产做明确定义的是 1995 年颁布的《中华人民共和国担保法》,该法第 92 条规定,"本法所称不动产,是指土地以及房屋、林木等地上定着物。本法所称动产是指不动产以外的物。"这是我国民事立法中第一次以立法的形式对不动产进行定义。

(2)不动产与房地产的关系

房地产以其不能作物理运动为基本特征,因此也称为不动产。房地产的许多技术经济特点亦由此产生。实际上,房地产和不动产是两个概念。不动产是动产的对称,是不能移动、或移动后会改变其原来的性质、形状和失去原价值的物。在理论上,不动产具体的内容包括:(1)土地,包括"三种用地";(2)房屋建筑物,包括住宅房屋建筑、非住宅房屋建筑、与房屋建筑有关的城市基础设施建筑;(3)非房屋建筑物如桥梁、道路、水库大坝等;(4)与土地尚未分离的农作物、林木种子等;(5)车辆、船舶、飞机等少数虽然能移动,但价值比较昂贵的财产;(6)财产综合体。指相互有联系的为了统一的目的而使用的动产和不动产的集合物,如企业和不动产综合体②。从严格的法律定义看,房地产概念的外延要小于不动产,不动产除土地之外,还包括土地上的建筑物、林木等附着物,更何况,在我国房地产主要是限

---

① 李贵连:"二十世纪初期"的中国法学,载《中外法学》1997 年第 5 期。
② 湖南城市学院:"房地产经济学讲义第一章",资料来源:http://glx. hncu. net。

于在城市范围内国有土地上所进行的开发、土地使用权的出让、转让、抵押、出租等经济行为,因此,对除城市之外的其他国有土地、资源的开发和利用以及广大农村地区的土地及自然资源的开发利用等就无法涵盖在房地产概念之中。因此,我们可以说房地产是不动产,但是不能将不动产等同于房地产。从民事立法角度看,作为物权客体的物应该以动产与不动产作为基本分类。相对来说不动产是一个大概念,房地产是个小概念,后者只是前者的一部分。

四、房地产业与房地产市场

（一）房地产业

1. 房地产业的定义

房地产业的概念也有狭义与广义之分。狭义的房地产业是指专门从事房地产开发经营的行业。它的业务主要有两大类:一类是从事城市房地产开发和交易的。所谓房地产开发,是指在依法取得国有土地使用权的土地上进行基础设施、房屋建设;所谓房地产交易,包括房地产转让、房地产抵押和房屋租赁。另一类是从事开发经营成片土地的,简称成片开发,它是指在依法取得国有土地使用权后,依照规划对土地进行综合性的开发建设,形成工业用地和其他建设用地条件,然后转让土地使用权或者转让、出租地面建筑物。广义的房地产业应该包含从事城乡土地、房屋的开发、利用、经营、服务、管理、保护的各种业务活动。

房地产业是指从事房地产开发、经营、管理和服务活动的行业。与其他产业相比,房地产业具有以下主要特征:

（1）高投资高效率。一般来说房地产业投资具有周期长、规模大的特点。投资周期短的要一年左右,长则数年;投资金额动辄数以千万甚至数以亿计。投资者之所以愿意对这种周期长、规模大的领域投入巨资,就是因为房地产投资的效益巨大。据联合国有关机构对 45 个国家和地区的调查,住宅的投入产出比为 1:1.64。在我国香港地区,最大的财团大多数都是靠房地产业起家。日本最大的房地产公司曾连续数年成为世界第一大财团。这种高投资、高效益的投机机制具有极强的资金凝聚力,形成所谓“开发热”、“房地产热”。房地产投机既具有积极功能也具有消极功能。前者是指对于投资巨大、投资周期较长、投资风险又较大的这一产业,如果没有较强的投机魅力,很难吸引投资,也很难活跃房地产市场从其消极功能来看,它是泡沫经济的重要根源,是加剧贫富差距的重要因素。房地产投机追求的不仅仅是商业利润,而最主要的是土地的增值利益,即蕴藏在土地资源中的级差地租。这种本应属于全社会的巨大经济利益经过房地产投机成为少数人的财富,造成贫富悬殊,引发社会矛盾的急遽深化,这是一个良性的市场经济所应尽力防止的,更是与社会主义市场经济发展的要求格格不入的。①

(2)关联度强。房地产生产经营活动是诸多经济行业和部门共同进行的经济活动,它的发展可以带动建材、建筑、冶金、工程技术、能源、交通等第二产业以及金融、信贷、商业、服务业、信息业等第三产业的发展。房地产业与社会其他产业密切相关并相互影响。可以说,房地产业的发展是扩大内需、促进投资、拉动经济增长的有效手段。但房地产业的不健康发展也能对国民经济其他部门产生巨大的负面影响,甚至是毁灭性的打击。因此,保持房地产业与整个国民经济协调发展,是政府进行宏观调控和经济管理的重要任务。

(3)资源高消耗。房地产业的发展是以占用和消耗大量土地资源为前提的,在既定的时空范围内,其在资源利用上会与农业产生矛盾,会消耗大量的土地资源,如果房地产业的发展规模过大、过于盲目,投资结构不合理,偏离社会的合理需求,所开发出的产品不能为消费者所接受,就不能顺利进入消费领域,这不仅使开发产品的价值不能如期实现,而且会造成土地资源和社会财富的巨大浪费。②

2. 房地产业在国民经济中的作用

房地产业是国民经济的重要产业部门,其发展和进步对推动我国的工业化、市场化、城市化、生态环境优化等方面,都有着重要的作用。

(1)房地产业是国民经济发展的基础产业。衣食住行是人类生活工作的物质基础。作为"住"的房地产是人们进行社会生产和其他经济活动以及科学、文化、教育、卫生等活动的基础载体和空间条件。

(2)房地产业是国民经济的先导产业。房地产的开发和经营过程,需要大量的资金和物资,相关联的产业十分广泛,因此,它的发展能够带动和

---

① 李延荣、周珂著:《房地产法》,中国人民大学出版社 2005 版,第 22 页。
② 李延荣:《房地产法原理与案例教程》,中国人民大学出版社 2009 年版,第 8 页。

促进相关产业的发展,起着导向作用。

（3）房地产业是国民经济的重要产业。房地产业是国民财富的重要组成部分。房地产业的发展,在一定程度上确实给国家创造了大量的财富。

（4）房地产业的发展将有利于促进人民生活质量和消费水平的提高。民以食为天,家以居为先。住房是人类最基本的生活需要,而房地产业的发展,正可以满足这一需求。

（5）房地产业的发展将有利于改善投资环境,扩大对外开放。对内搞活、对外开放,是我国的一项基本国策。这30多年的对外开放成绩是有目共睹的。房地产业的发展,要求对外开放要提高到一个新的层次。发展房地产业,可以改善外商投资环境,吸引更多的外商到我国来投资,促进我国与世界经济的协调与循环。

（6）房地产业在一定意义上说也是保护和优化生态环境的重要环保产业。房地产业的发展,改变着生态环境。城市是一个生态环境系统,房地产业的发展,应与城市生态环境系统的发展相协调、相适应。城市土地利用的目标之一就是要保护和优化城市的生态环境,提高生态效率。

3. 房地产市场的发展

（1）计划经济下的房地产业。我国计划经济下的房地产业主要经历了以下发展历程:

第一步,城乡分离。新中国成立后,国家于1950年颁布了《中华人民共和国土地法》,以法令形式确认了在全国范围内实现土地改革的方针,建立了中国历史上从未有过的国家土地所有制与农民土地所有制相结合的新型的二元制地产格局。这种新型地产格局如果单从产权结构上分析,最大的特点就是禁止农业劳动者以外的主体拥有农业地产,包括没收和征收祠堂、庙宇、寺院、教堂、学校、团体、工商业者在城市郊区的农业土地、荒地和房屋,归国家所有,并通过政府分配给农民使用,这使农业地产与城市商业资本的联系被彻底割断。

第二步,产权重置。在城市房地产方面,新中国成立初期主要是以政策规定方式对不同的房产权区别处理。国家宣布实行城市土地国有化政策,接收旧政府房地产档案,没收官僚资本、敌伪逆产和罪大恶极的反革命分子的房产;承认一般私人房产的所有权,保护产权所有人对其城市房屋正当合法经营;保护城市居民的居住权,规定不得私自占用民房,非经特殊许可不得私自租借民房;同时开展房地产清查登记,建立起新的房地产管理秩序。

第三步,私房国营。1956 年我国对包括城市私有房屋在内的城市资本主义工商业进行社会主义改造,对于城市房地产商出租经营的私房,除少数大城市对私营房地产公司和某些大房地产业主实行公私合营外,绝大多数是采取国家经租的形式,即由国家统一租赁、统一分配使用和统一修缮维护。对于工商业资本家的私营企业房地产,则将房地产与企业其他财产一同清产核资后,由国家每年支付一定的利息,即通过赎买的方式限制资本家对房地产及企业其他资产享有的所有权。到 1966 年,国家停止对房产主付租金和对资本家付利息,这部分房地产最终完全成为国有资产,这是我国实现城市土地国有化的第一条途径。另一条途径是对出租的私有房屋进行社会主义改造,通过给付房屋租金或赎金的方式使这部分城市房产逐步变为公有制为主体的房产,或是直接通过城市建设征用土地的方式,将城市中原私人所有的房地产和郊区农民个人所有后来是集体所有的土地转变为城市国有土地,国家对被征用土地者给予一定补偿。①

(2)改革开放以来的房地产业。改革开放以来,我国房地产业大体可分为五个发展阶段:

第一个阶段从 1978 年至 1991 年,为房地产业的起步发展时期。党的十一届三中全会确定了我国实行改革开放的方针,城市私房政策逐步得到落实,私房产权重新得到确认,城镇住宅建设发展迅速。1987 年,深圳率先试行国有土地使用权出让制度,使公有制的土地使用权与所有权分离并作为商品进入了市场,这是我国房地产计划经济向市场经济转变的重要标志。

第二个阶段从 1992 年年初至 1993 年上半年,为房地产业高速发展时期。1992 年邓小平同志南方讲话以后,我国确立了建设社会主义市场经济体制的方针,这为我国房地产业注入了空前的活力,使之迅速成为经济高速发展中的龙头产业,房地产业在各产业部门中率先启动,成为国民经济中发展最快的一个行业。但这种发展很快地形成"过热",内资和外资大量投向房地产业,过量批地,造成房地产业发展过热,市场秩序陷于混乱,对国民经济整体的健康发展造成冲击形成"过热",内资和外资大量投向房地产业,过量批地,造成房地产业发展过热,市场秩序陷于混乱,对国民经济整体的

---

① 李延荣、周珂著:《房地产法》,中国人民大学出版社 2005 版,第 29 页。

健康发展造成冲击。

第三个阶段从 1993 年下半年到 1998 年,为房地产业的调整时期。1993 年下半年开始,国家对国民经济的发展进行了宏观经济调控,其中的一个重要的清理整顿领域就是房地产业,主要解决房地产业过热出现的批地过多过滥、投资规模失控、投机成分过大、开发企业资质差、市场秩序混乱、房地产业区位格局和内部结构不合理等问题。这对于培育房地产市场,规范房地产市场行为,保证我国房地产业持续健康的发展,都具有极为重大和深远的意义。

第四个阶段从 1998 年至 2007 年,为房地产的规范发展时期。主要表现为法制较完善,结构较合理,投资较适度,价格较公平,市场较规范。但各地发展依然不平衡。我国房地产业在管理体制上、住房制度,经济体制上、在营内容上、产权结构、规范方法都发生了重大的改革,城市房地产业由行政管理规范为主,向宏观经济调控政策、行政管理和法律调整相结合,且逐渐以法律调整为主的方向转变。①

第五个阶段从 2007 年至今,为房地产宏观调控期。为了抑制不合理住房需求,增加住房有效供给,加快保障性安居工程建设,加强市场监管,国家出台了一系列宏观调控政策,仅在 2010 年 4 月 10 日、4 月 11 日、4 月 13 日、4 月 15 日、4 月 15 日、4 月 17 日就有 6 个房地产新政密集颁布,这些房地产新政有力的促进了我国房地产业朝着健康方向发展。

(二)房地产市场

1. 房地产市场的概念及特征

房地产市场,是指国有土地使用权出让、转让、出租、抵押和城市房地产转让、房地产抵押、房屋租赁等交易活动的总称。实行市场经济,要求建立完善的市场体系。土地和房屋这两种生产要素,已逐步成为市场经济的重要组成部分。房地产市场与商品市场、金融市场、劳务市场、技术市场、信息市场、企业产权转让市场、期货市场一起,将形成全国统一的、开放的市场体系。

房地产市场具有一般市场的共性,如要求贯彻平等、自愿、公平、诚实信用的原则。但作为一类特殊商品交换市场,它又具有自己的若干特性:

---

① 李延荣、周珂著:《房地产法》,中国人民大学出版社 2005 版,第 30 页。

（1）综合功能。房地产是房产与地产的总称，人类生产、生活必须紧紧依托于房地产。房地产既可以用作生活资料，又可以用作生产要素。同时调整房地产的法律规范也是综合体，既有民事的法律规范，也有行政方面的法律规范。同时对房地产违法犯罪行为也可以适用刑事法律规范。因此房地产市场形成综合功能市场。房地产市场的综合性也体现在房地产市场对整个国民经济的影响也具有综合性。

（2）多级市场。房地产市场具有多级性，一般可以分为房地产一级市场、房地产二级市场。房地产一级市场表现土地的使用权与所有权的第一次分离，即国有土地使用权出让、国有土地使用权划拨、国家出租土地等。房地产二级市场表现在土地使用权与土地使用权第二次以致更多次的分离，即出让、划拨后的房地产转让、房地产抵押、房地产租赁等。国家对房地产一级市场进行垄断，对二级市场依法加强管理。

（3）法定形式。由于房地产属于不动产，按照不动产方面的法律规范的要求，房地产市场活动基本上是要式法律行为，要采取法定形式。从现行法律规则看，房地产转让、抵押、租赁合同一般来说要采取书面形式。如果涉及到物权变动，要求采取办理相关土地、房屋登记手续，否则不产生物权设立、转移或注销的法律后果。

（4）国家适度干预。基于房地产业对国民经济的重大影响作用，任何一个国家都会采取适当方式干预房地产市场不健康的发展。我国近年来一系列房地产新政的出台，如：国办发〔2010〕4 号《国务院办公厅关于促进房地产市场平稳健康发展的通知》、建房〔2010〕53 号《关于进一步加强房地产市场监管完善商品住房预售制度有关问题的通知》、国土资发〔2010〕34号《国土资源部关于加强房地产用地供应和监管有关问题的通知》正是国家国家适度干预房地产市场的表现。

第二节　我国房地产法律规则基本理论

一、我国房地产法律规则一般理论

（一）房地产法律规则涵义

房地产法律规则有广义狭义之分。广义的房地产法律规则是以《宪法》为依据，以《物权法》和《城市房地产管理法》为龙头法，以大量的与房地产相关的法律为基础,以众多房地产行政法规、部委规章、最高人民法院司法解释、地方法规规章为重要组成部分的不同效力层级的全部法律规范、制度的总称。狭义的房地产法律规则是特指 1994 年 7 月 5 日第八届全国人民代表大会常务委员会第八次会议通过并于 1995 年 1 月 1 日实施并于 2007 年 8 月 30 日第十届全国人民代表大会常务委员会第二十九次会议修改的《中华人民共和国城市房地产管理法》。从我国经济生活的实际情况来看,房地产法律规则所调整的社会经济关系是十分广泛的,既有财产关系,也有非财产关系;既有房地产业的开发经营关系,也有公民之间、职工与其单位之间、公民与政府之间的基于房地产使用或产权而发生的非房地产业关系。从我国的司法实践来看,房地产案件主要由民事审判庭而不是经济审判庭审理,这在一定意义上表明房地产法律关系的性质并非完全属于生产经营范畴,而是大量地包括一般的或非经营性的民事法律关系。因此对房地产法律规则应作广义的理解。

(二)房地产法律规则的特点

房地产法律规则具有法的下列一般特点:(1)它是调整人们的行为或者社会关系的规范,具有规范性;(2)它是由国家制定或者认可的,体现了国家对人们行为的评价,具有国家意志性;(3)它是由国家强制力为最后保证手段的规范体系,具有国家强制性;(4)它在国家权力管辖范围内普遍有效,因而具有普遍性;(5)它是有严格的程序规定的规范,具有程序性。

与其他法律相比,房地产法律规则还具有自身的特征:

1. 房地产法律规则体系具有多样性。房地产法律规则是由国家有关机关、部门制定的法律、法规组成的统一的有机的整体。在调整房地产关系方面,既包括国家根本法与基本法,如《宪法》、《物权法》、《城市房地产管理法》、《民法通则》、《合同法》、《土地管理法》、《城乡规划法》等,也包括国家行政机关颁发的行政法规和规章,如《物业管理条例》、《城镇国有土地使用权出让和转让暂行条例》、《公积金管理条例》、《房屋登记办法》、《土地登记办法》、《商品房销售管理办法》及《城市商品房预售管理办法》等;同时还包括地方政府颁发的法规和规章。此外,调整房地产关系的法律规范,还有立法机关对有关法律的立法解释,最高审判机关在审理房地产案件中发布的各种司法解释,如《最高人民法院关于审理商品房买卖合同纠纷案件适用法律若干问题的解释》、《最高人民法院关于审理涉及国有土地使用权合同纠纷案件适用法律问题的解释》等。因此我们说调整房地产的法律规范具有多样性。

2. 房地产法律规则调整的房地产具有广泛性。房地产是房产和地产的合称。房地产法律规则包括房产法律规则也包括地产法律规则。房产从狭义上讲主要是房屋产权,从广义上理解,它包括房屋建设、房屋产权、房屋买卖、房屋租赁、房屋继承、房屋征收、房屋赠与等;地产包括地籍地权,广义的地产也包含了国有土地的开发、批租、出让、转让、租赁,以及对集体土地的征用、租赁等。在房地产的开发、经营、使用和管理的各个环节,都有有关的法律规则加以调整和规范。从这个意义上讲,调整房地产的法律规则所涉及的范围十分广泛。[①]

3. 房地产法律规则具有强制性。从房地产法律规范的内容看,从事房地产开发和经营活动,任何一个环节,都必须严格按照有关规定。如房地产开发用地的取得,开发企业必须通过招标、拍卖、挂牌,与国家依法签订国有土地使用权出让合同后方可取得开发用地……又如房地产抵押中,法律规则强调双方当事人在依法签订房地产抵押合同后要办理房地产抵押权登记,否则抵押权不能设立;在房地产转让活动中,《城市房地产管理法》第38条明确规定了禁止转让的房地产,就也是强制性规定,有关当事人必须遵守。这样规定的目的,在于保证房地产市场行为规范、有序地进行,不致于出现混乱局面。

(三)我国房地产法律规则的调整对象

房地产法律规则的调整对象是指特定领域的房地产社会经济关系。我国房地产法律规则主要规范和调整以下四类社会关系:

1. 房地产民事关系

房地产民事关系是我国房地产法律规则最重要的调整对象。房地产民事关系具体包括:房地产权属法律关系(包括物权关系、房地产抵押关系、房屋继承关系、房屋赠与关系等)、房地产转让关系、房屋租赁关系、房地产相邻关系、房屋征收关系、房地产抵押关系等。房地产民事关系中的某些部分以民法一般调整为主,专门法规调整为辅,如物权关系、房屋继承关系、房屋赠与关系、房屋租赁关系、房屋征收关系、房地产相邻关系等;另一部分则

[①]　资料来源:http://nanchong.house.sina.com.cn.

为以商法性质为主的一些房地产专门立法所调整,如房地产交易关系、房屋维修关系、房地产中介服务关系、物业管理关系等。

2. 房地产行政关系

房地产法律规则中有相当一部分内容是规范房地产行政关系的。在房地产行政关系中有一部分是纯粹的行政关系,如房地产行政管理体制关系;另一部分也是大部分属于与经济法律关系相交叉而又以行政性为主的关系,如房地产建设项目管理关系、房地产产权和产籍管理关系、房地产行业管理关系、房地产市场的监督管理关系等。这类关系的主要特征是不具备财产内容或者不以财产内容为主,主体之间完全是命令与服从、管理与被管理的关系。

3. 房地产经济关系

房地产经济关系是房地产法律规则的调整对象之一,也正是这类调整对象的存在,才使房地产法律规则具有相对独立的意义。房地产经济关系主要包括:土地管理关系(包括土地规划管理关系、国有土地使用权出让关系、集体土地使用关系、土地征用关系、土地保护关系、土地使用权转让关系等)、房地产规划管理关系(包括土地规划管理关系和城市建设规划关系)、房地产开发和经营管理关系、房地产税费收缴关系、房地产金融关系、房地产质量、价格管理关系、房地产国有资产经营管理关系、涉外房地产关系等。

4. 房地产社会保障关系

我国房地产法律规则还担负着调整房地产社会保障关系之重任。房地产社会保障关系具体内容包括:住宅社会保障关系、公有房屋的使用转让和管理关系、单位与其职工的房屋产权和使用关系、房地产消费者保护关系等。这类房地产关系虽然具有较强的公法性,但与房地产行政关系有本质上的区别;虽然具有一定的财产内容,但与民商事关系亦有本质上的区别;它与经济关系更为接近,但经营管理的因素很有限。在公有制国家,这类房地产关系曾长期依附于劳动关系,目前在我国,这类社会关系介乎于经济法律关系与劳动法律关系之间,而基本上可以纳入经济法律关系。在市场经济条件下房地产社会保障关系是房地产法律规则的重要调整对象。

二、我国房地产法律规则的基本原则

房地产法律规则的基本原则,是社会主义市场经济体制下房地产法本质的集中体现,是房地产经济规律在法律上的反映。它是房地产立法、执法、司法、守法全过程的基本指导思想和行动准则。我国房地产法律规则的基本原则主要有:

1. 坚持社会主义土地公有制的原则

社会主义土地公有制是我国土地制度的核心。我国目前的土地所有形态表现为两种,即国家所有和农村集体所有。在土地所有权上的表现,也分为国家土地所有权和集体土地所有权。我国《宪法》规定:"城市的土地属于国家所有。农村和城市郊区的土地,除法律规定属于国家所有的以外,属于集体所有。宅基地和自留地、自留山,也属于集体所有。国家为了公共利益的需要,可以依照法律规定对土地实行征收或征用并给予补偿。"在房地产开发领域坚持社会主义的土地公有制,主要目的就是要坚持城市的土地国有制,维护土地的国家所有权不受侵犯。

2. 坚持土地有偿使用的原则

土地资源就其自然形态本身来说,并不具有价值,但在商品经济条件下,土地经过开发利用,凝结了人类的活劳动和物化活动,土地不仅具有价值,而且受着商品价值规律的支配,使它变成一种有价值的自然资源。然而在计划经济的年代,行政手段无偿、无限期划拨、调剂土地,排除了市场机制的作用,土地使用价值的商品化未能得到发挥,因此要进行国有土地使用制度的改革,变无偿、无期限、不可流动的土地使用制度为有偿、有期限、可流动的土地使用制定。

3. 符合城市规划的原则

城市规划是城市发展的纲领,也是房地产开发和城市各项建设的依据。城市规划的任务就是根据国家城市发展和建设方针、经济技术政策、国民经济和社会发展长远规划、区域规划,以及城市所在地区的自然条件、历史情况、现状特点和建设条件,布置城镇体系,合理地确定城市在规划期内经济和社会发展的目标,确定城市的性质、规模和布局,统一规划、合理利用城市土地,综合部署城市经济、文化、公用事业等各项建设,保证城市有序协调发展。

4. 合理节约用地的原则

我国《宪法》明确规定:一切使用土地的组织和个人必须合理地利用土地。《土地管理法》也明确规定:非农业建设必须节约使用土地。这说明,节约用地本身并不是一件可有可无的事情,相反它是法律赋予管理机关加强用地管理的一项职责。同时也是所有用地的单位和个人在用地的过程中应尽的一项义务。中共中央、国务院在《关于进一步加强土地管理切实保护耕地的通知》中指出:土地是十分宝贵的资源和资产。我国耕地人均数量少,总体质量水平低,后备资源也不富裕,保护耕地就是保护我们的生命线。必须认真贯彻"十分珍惜和合理利用每寸土地,切实保护耕地"的基本国策;必须采取治本之策,扭转在人口继续增加的状况下耕地大量减少的失衡趋势。

5. 坚持经济效益、社会效益和环境效益相统一的原则

这是房地产开发必须坚持的原则,也是这项事业能保持强大生命力的根本保证。讲求经济效益就是在房地产投资领域讲求经济核算,强调投入产出的比例,为投资带来可观的经济效果。社会效益是指房地产开发对全社会所产生的效果和影响。环境效益是指房地产开发过程中,必须注重环境的优化,使房地产项目与周围环境融为一体,达到房地产项目与周围环境协调的最佳状态。经济效益、社会效益、环境效益三者是一个有机的整体。三者是矛盾的,但从最后的结果来看,三者又是统一的,管理者的最大任务就是寻求三者结合的最佳点。在实践中,常常会出现开发商只重视经济效益而忽视社会效益和环境效益的倾向,此时,政府的职责就是对这种行为进行合理的引导,以求得开发商的经济效益不损害社会效益和环境效益。

6. 维护当事人合法权益的原则

维护房地产权利人的合法权益不受侵犯,是房地产法的基本任务,也是房地产立法执法的出发点和最终归宿。房地产权利人的合法权益是其进行房地产交易和正常生产、生活的前提和基础,同时保护房地产权利人的合法权益也是维护正常的房地产市场秩序,促进社会主义市场经济发展的必要条件。我国《宪法》规定:"社会主义的公共财产神圣不可侵犯。国家保护社会主义的公共财产;禁止任何组织或者个人用任何手段侵占或者破坏国家的和集体的财产。""国家保护公民的私有财产不受侵犯。"现行的《城市房地产管理法》对房地产主体的权益进行了更充分、具体的保护。

三、我国房地产法律规则的作用

我国《城市房地产管理法》第 1 条规定:"为了加强对城市房地产的管

理,维护房地产市场秩序,保障房地产权利人的合法权益,促进房地产业的健康发展,制定本法。据此,房地产法律规则的作用有以下方面:

1. 加强房地产法制建设是房地产管理的需要。加强和完善房地产法制建设的首要目的,就是要加强对城市房地产的管理,一方面要保障国家的土地收益不流失;另一方面又要把房地产生产要素纳入社会主义市场经济的轨道,建立起符合社会主义市场经济体制的房地产产权制度、房地产市场运行制度和房地产管理制度,充分发挥城市房地产业作为支柱产业的巨大作用。

2. 加强房地产法制建设是维护房地产市场秩序的需要。最近几年来,我国的房地产市场成交量大,交易日趋活跃,空前繁荣。尽管如此,我国的房地产市场仍处在起步阶段,市场功能还十分脆弱,市场机制还不充分,交易行为还极不规范,市场管理还很薄弱,问题很多。《城市房地产管理法》的出台虽然对房地产开发、交易、消费、服务等全过程的一系列制度做出了规定,但《城市房地产管理法》并没有穷尽房地产业亟待规范的一系列问题,而且有些问题还有待细化和提高。因此,为了维护房地产市场秩序,促进社会主义市场经济的繁荣和发展,加强房地产法制建设仍然任重而道远。

3. 加强房地产法制建设是保障房地产权利人合法权益的需要。房地产权利人是指依法对房地产享有某种权利的自然人或法人。房地产权利人包括房屋的所有人、土地使用者、商品房预购人、房地产抵押权人、房屋承租人。我国的房地产权益是一个统一的、多层次的整体。从现有的房地产权益来看,主要包括如下一些权益:房地产物权(国有土地使用权、房屋所有权)、房地产他项物权(房地产抵押权)和房地产债权(房地产租赁权)等。房地产在现阶段既是重要的生产资料,又是必需的生活资料,国家为了维护房地产所有人或者使用人的利益,为了维护社会稳定,必须加强房地产管理,建立健全房地产法制。

4. 促进房地产业的健康发展。房地产业是从事房地产开发、经营、管理和服务的产业,是具有生产经营和服务职能的独立行业,它在国民经济中的地位和作用已日趋重要。房地产业是国民经济的重要支柱产业之一。房地产业的经营对象是房地产,而房地产则是社会最基本的生产资料和生活资料,所以房地产业的发展状况必定制约和影响着社会生产和生活的诸多方面。同时,从实物形态上看,房地产品是社会固定资产的最重要组成部分,而固定资产投资又是国民经济发展的龙头,所以房地产投资也必然带动社会经济的全面发展。正因为如此,世界各国大都把房地产业作为先行发展的产业,作为国民经济的基础产业。

四、我国房地产法律规则的立法发展

纵观新中国成立之后我国房地产法律规则,可将其立法发展大致分以下四个时期:

(一)新中国成立初期(1950—1954 年)

这个时期的房地产立法,主要围绕着三个方面目的:首先,废除封建土地制度,没收敌伪产(房产、地产和其他财产)。其次,保护公有的和公民个人所有的合法房地产,如《土地改革法》、《公房公产统一管理的决定》。土地改革完成后,我国确立了土地国有和私有并存的制度。第三,建立新的房地产管理机构和新的管理制度,如《关于填发土地房产所有证的指示》等。为了保护农民的土地财产权益,国家为当时取得土地所有权和房屋所有权者颁发了《土地证》和《房产证》,为房地产权利人合法权益的保护提供了依据和保证。[①]

(二)社会主义改造时期(1956—1966 年)

在新中国成立初期,国家发布了许多规范性文件对城市房屋私有制进行社会主义改造。如 1956 年《关于目前城市私有房产基本情况及进行社会主义改造的意见》,1964 年国务院批转国家房产管理局《关于私有出租房屋社会主义改造问题的报告》、《关于加强全民所有制房产管理工作的报告》,1965 年国务院批转国家房产管理局《关于制止降低公有住宅租金标准问题的报告》。这些文件不仅确立了城市土地归国家所有的原则,同时调整了城市房屋的占有和使用关系,为公有房产的管理提供了法律依据。这一时期房地产立法的主要目标是对城市出租的私有房屋和私营企业占有的土地进行社会主义改造,使城市的房屋和土地发展成以公有为主体的所有权关系,建立城市房地产的社会主义公有制。[②]

---

① 李延荣:《房地产法原理与案例教程》,中国人民大学出版社 2009 年版,第 13 页。
② 李延荣:《房地产法原理与案例教程》,中国人民大学出版社 2009 年版,第 14 页。

（三）"文化大革命"时期（1966—1976 年）

"文化大革命"时期整个国家的法制建设遭到极大破坏，城市的房产管理工作受到严重影响，有关立法工作处于停滞状态，当时各地的革命委员会可以随意制定"文件"。许多城市的公房被破坏、强占；许多私房被非法接管、充公，这些房屋于 1983 年至 1984 年通过落实政策逐步归还原房主。新中国成立后，我国的房地产管理工作和立法工作的成绩是不可忽视的，但问题也比较多，主要表现是：房地产的社会主义改造普遍存在过左的问题，有的地区侵占了不少私人合法的房地产；城市住宅实行福利性低租金制，无法实现住宅资金的良性循环；土地无偿、无期、不可流动的使用，地产的无权性不被承认，国家投巨资建设的房地产，成为国家财政的巨大包袱，已到了难以为继的程度。总之，在这段时间里我国的房地产立法工作是很落后的，且缺乏民主性、科学性和规范性，主管部门负责人对记者的谈话、主管部门就有关问题提交的报告，都被作为法律文件要求在全国执行。

（四）复苏和大发展时期（1980 年以后）

党的十一届三中全会之后，我国实行了改革开放政策。经济体制改革，尤其是土地使用制度的改革，使社会经济生活发生了巨大的变化，房地产立法开始受到重视，国家制定了不少法规、规章。这个时期还可分为两个阶段：

1. 1978 年至 1988 年

粉碎"四人帮"后，百废待兴。我们国家不能再继续走靠政策来管理国家的老路，而应该过渡到以法治国，法制建设摆到了前所未有的高度。从时间上说 1983 年是我国房地产法律规范建设年。1983 年 7 月 14 日至 20 日《住宅法》起草工作调研会在保定召开。1983 年 12 月 15 日《国务院关于严格控制城镇住宅标准的规定》（即国发〔1983〕193 号文件）下发各地执行。1983 年 12 月 17 日国务院发布《城市私有房屋管理条例》（国发〔1983〕194号）。这些法规、规章的制定和实施，对扩大住宅建设投资、房地产综合开发、住宅制度改革试点以及加强城市规划管理都起了重要作用。1984 年 10 月国家计委、原城乡建设环境保护部发布了《城市建设综合开发公司暂行办法》。1987 年 5 月国务院《关于加强城市建设工作的通知》明确提出，城市建设应当实行"统一规划、合理布局、综合开发、配套建设"。1987 年 4 月原城乡建设环境保护部发布了《城镇房屋所有权登记暂行办法》。这一时期的特点是：立法层次较低、条文规定不十分规范、有些方面政策和法律相混淆等。但无论如何,这一时期的房地产立法,为日后完善房地产法制奠定了基础。

2. 1988 年至今

这一阶段以修改《宪法》为标志。修改后的《宪法》指出:城市的土地属于国家所有,土地使用权可以依照法律的规定进行转让。在修改《宪法》的基础上,整个立法观念有了新的变化。随后国家修改了《土地管理法》,颁布了《城市规划法》(现修改为《城乡规划法》),国务院相继颁布了《城镇国有土地使用权出让和转让暂行条例》《外商投资开发经营成片土地暂行管理办法》等一系列与房地产相关的条例、规定,各省、市、自治区根据这些立法精神,也相继颁布了一系列地方性房地产法规、规章,加强对房地产业的法律调整,促使房地产业如火如荼地发展起来。1994 年 7 月 5 日第八届全国人大常委会第八次会议通过并颁布的《城市房地产管理法》是我国房地产法律规则中层次较高的立法,是调整房地产经济关系的最基本的法律。《城市房地产管理法》的出台,标志着我国的房地产法制建设基本成熟,全国人大所提出的立法目标基本实现。随着改革的深化、开放的扩大以及社会主义经济、政治、文化和社会建设的发展,为了维护国家基本经济制度,维护社会主义市场经济秩序,明确物的归属,发挥物的效用,保护权利人的物权,根据《宪法》,我国于 2007 年 3 月 16 日通过《物权法》,并于 2007 年 10 月 1 日起施行。2007 年 8 月 30 日第十届全国人大常委会第二十九次会议通过《关于修改〈城市房地产管理法〉的决定》,在该法第一章"总则"中增加一条,作为第六条,对房屋征收补偿制度作了明确规定。这标志着我国的房地产法制建设已经日趋成熟与完善。[1]

五、我国房地产法律规则的总体框架

(一)我国房地产法律规则的总体框架

我国房地产法律规则体系是指由调整房地产关系的全部法律规范按照一定的结构组成的集合。房地产法律规则体系是由法律部类结构、法律部门结构和效力层级结构三部分构成。

1. 房地产法律规则的法律部类结构

---

① 符启林著:《房地产法》,法律出版社 2009 年版,第 14—15 页。

在古代罗马时期法律被分为公法与私法两大类。罗马法学家乌尔比安说:"有关罗马国家的法为公法,有关私人的法为私法"。这种划分一直沿用到今天的欧洲大陆法系,传统的法律体系是由私法和公法两大结构要素构成,其中私法以民法和商法为核心,公法以行政法与刑法为核心。公法与私法的划分具有重要的理论和实践意义。一般来说,所谓公法主要是指关于国家或国家与个人之间权利义务关系的法律部门的总和,包括行政法、组织法、财政法、刑法等。所谓私法主要是指关于个体与个体之间权利义务关系的法律部门的总和,包括民法、商法、家庭法等。传统上,法律被分为公法、私法两大部类;但也有相当一部分法学专家认为存在兼有公法、私法性质,介于公法、私法之间的第三部类——社会法。

房地产法律规则是兼具公法、私法和社会法性质的法律规则。房地产法律规则中的行政法部分属于公法;民法部分(包括房地产主体制度、房地产法律行为制度、房地产物权制度和房地产债权制度等)属于私法;有关住宅保障的制度(如住房公积金制度、廉租住房制度、房屋拆迁安置制度等)带有明显的社会保障性质,属于社会法。因此可以说房地产法律规则体系是一个兼跨三大法律部类的综合性法律体系。

2. 房地产法律规则的法律部门结构

房地产法律规则包含了一整套调整房地产关系的法律规范,这些法律规范主要可分为两类,房地产民事法律规范和房地产行政法律规范。前者是调整房地产关系平等主体之间的财产关系的法律规范,后者是调整房地产行政管理机关与其行政相对人之间基于房地产而产生的行政关系的法律规范。按照房地产业的结构,我们可以进一步将现行房地产法律规范分为房地产开发法、房地产交易法、房地产管理法和房地产服务法等四个主要部分。

(1)房地产开发法律规则。这部分的主要法律法规规章包括:《物权法》、《城市房地产管理法》、《城乡规划法》、《土地管理法》及其实施条例的相关部分,如《招标投标法》、《建筑法》、《城镇国有土地使用权出让和转让暂行条例》、《外商投资开发经营成片土地暂行管理办法》、《城市房地产开发经营管理条例》相关部分,《国有土地上房屋征收与补偿条例》、《建设工程勘察设计管理条例》、《建设工程质量管理条例》、《建设用地计划管理办法》、《城市房地产开发管理暂行办法》、《工程建设项目实施阶段程序管理暂行规定》、《建筑工程设计招标投标管理办法》、《建筑工程施工许可管理办法》、《工程建设监理规定》、《建设工程质量管理办法》、《建设项目(工程)竣工验收办法》、《城市住宅小区竣工综合验收管理办法》等。

(2)房地产交易法律规则。这部分的主要法律法规规章包括:《物权法》、《民法通则》、《合同法》、《担保法》相关部分、《城市房地产管理法》相关部分、《城市房地产开发经营管理条例》相关部分、《城市房地产转让管理规定》、《划拨土地使用权管理暂行办法》、《商品房销售管理办法》、《城市商品房预售管理办法》、《城市房地产抵押管理办法》、《城市房屋租赁管理办法》、《城镇廉租住房管理办法》、《商品住宅价格管理暂行办法》等。

(3)房地产管理法律规则。这部分的主要法律法规规章包括:《城市房地产管理法》、《物权法》、《土地管理法》、《土地管理法实施条例》相关部分、《城市私有房屋管理条例》、《城市公有房屋管理规定》、《城市异产毗连房屋管理规定》、《城市危险房屋管理规定》、《城市房屋修缮管理规定》、《公有住宅售后维修养护管理暂行办法》,《土地登记办法》《房屋登记办法》、《城镇土地使用税暂行条例》、《耕地占用税暂行条例》、《土地增值税暂行条例》、《契税暂行条例》、《房产税暂行条例》等。

(4)房地产服务法律规则。这部分的主要法律法规规章包括:《城市房地产管理法》相关部分、《城市房地产中介服务管理规定》、《城市房地产市场估价管理暂行办法》、《土地估价机构管理暂行规定》、《城市新建住宅小区管理办法》等。①

3. 房地产法律规则的效力层级结构

房地产法体系由具有不同效力层级的法律规范性文件构成,即具有各种不同的房地产法渊源。房地产法的渊源可归纳为六类:

(1)宪法。《宪法》规定了与房地产有关的条文。如第10条规定:"城市的土地属于国家所有。""农村和城市郊区的土地,除由法律规定属于国家所有的以外,属于集体所有;宅基地和自留地、自留山,也属于集体所有。""国家为了公共利益的需要,可以依照法律规定对土地实行征收或征用并给予补偿。""任何组织或者个人不得侵占、买卖或者以其他形式非法转让土地。土地的使用权可以依照法律的规定转让。""一切使用土地的组

---

① 於向平、邱艳:《房地产法律制度研究》,北京大学出版社2004年版,第17—18页。

织和个人必须合理地利用土地。"

（2）法律。此类规范性文件主要有,《城市房地产管理法》、《物权法》、《土地管理法》、《城乡规划法》、《建筑法》、《招标投标法》、《农村土地承包法》、《农村土地承包经营纠纷调解仲裁法》、《民法通则》、《合同法》、《担保法》等数十部。

（3）行政法规。国务院对房地产法制建设非常重视,迄今为止颁布的专门或相关行政法规有三十余部,其中有《土地管理法实施条例》、《城镇国有土地使用权出让和转让暂行条例》、《城市房地产开发经营管理条例》、《城市私有房屋管理条例》、《国有土地上房屋征收与补偿条例》、《建设工程勘察设计管理条例》、《建设工程质量管理条例》以及近期的《国务院办公厅关于促进房地产市场平稳健康发展的通知》等。

（4）地方性法规规章。各省、自治区、直辖市人大及其常委会,省会城市和较大的市的人大及其常委会,颁布房地产的规范性文件。在房地产法律规则中地方法规占有相当数量,比如,国务院发布《物业管理条例》,辽宁省发布了《辽宁省物业管理条例》、大连市颁布了《大连市实施〈物业管理条例〉》办法》。国务院《公积金管理条例》颁布后,辽宁省、大连市分别出台了《辽宁省住房公积金管理规定》、《大连市住房公积金管理若干规定》。

（5）部门规章。国务院各部委和直属机构颁布的部门规章中,涉及房地产法律规则的为数不少,作为国务院房地产主管部门的住房与城乡建设部(原建设部)和国土资源部(原国家土地管理局)均颁布了大量房地产管理方面的部门规章。如建设部的《房屋登记办法》、《关于进一步加强房地产市场监管完善商品住房预售制度有关问题的通知》;国土资源部的《土地登记办法》、国土资源部《关于加强房地产用地供应和监管有关问题的通知》、《关于加强房地产用地供应和监管有关问题的通知》等。

（6）司法解释。最高人民法院颁布的、在房地产案件审判中适用的大量房地产司法解释,也是房地产法的重要渊源。如最高人民法院《关于审理房地产管理法施行前房地产开发经营案件若干问题的解答》、最高人民法院《关于审理城镇房屋租赁合同纠纷案件具体应用法律若干问题的解释》、最高人民法院《关于审理商品房买卖合同纠纷案件适用法律若干问题的解释》、最高人民法院《关于审理涉及农村土地承包纠纷案件适用法律问题的解释》、最高人民法院《关于审理涉及国有土地使用权合同纠纷案件适用法律问题的解释》等，为审理房地产管理法施行前的房地产开发经营纠纷案件提供了重要的适用依据。

（二）我国房地产法律规则体系存在的问题

虽然近年来我国颁布了大量的房地产法律、法规，形成了以《土地管理法》和《城市房地产管理法》、《物权法》为核心、系列单行法规并列、诸多规章相补充的法律体系框架，但立法质量特别是法律体系的整体质量有待进一步提高。使法律、法规的作用得不到应有的发挥或法律体系的整体效益相互抵销，无法达到立法应有的效果。

从根本上讲，房地产法律体系中出现的这些问题是房地产立法中存在问题的综合反映，集中表现在"缺"和"乱"两个方面：

1. 缺

所谓"缺"，是指构筑房地产法律体系核心的法律和作为房地产立法体系支柱的一些重要的单行法尚未出台，法律体系残缺不全，这是房地产立法不完善的表现。从立法学角度看，有无作为龙头的基本法，是某一法律体系是否完善的重要标志。我国房地产经济的发展需要一部完整的、先进的房地产法为其保驾护航，虽然我国已制定了《土地管理法》和《城市房地产管理法》、《物权法》，但从结构和条文内容看它们都不具有房地产基本法的性质，充其量只能被称作"准基本法"，实在难当此任。就单行法而言，一些反映房地产经济一般要求的重要法律如土地房屋征收与征用法律规则、住宅法律规则、物业转让法律规则等至今仍未出台。没有这些发展房地产经济所必需的配套法律，房地产法律体系就不可能完善，其缺陷也不会消除。①

2. 乱

所谓"乱"，是指现有的房地产法律、法规支离破碎、杂乱无章。主要表现如下：

（1）立法层次结构不清。如《土地管理法》和《城市房地产管理法》的关系就非常混乱。首先，从标题上和理论上无法确定二者是从属关系还是并列关系；其次，从内容上看，二者既有从属又有并行还有矛盾的部分。这两大重要法律之间的混乱关系给房地产的执法和司法实践带来了无穷的

---

① 张红："我国房地产立法问题研究"，资料来源：天工网。

后患。

（2）法律规范之间交叉重复。由于对"房地产"的概念认识不统一，对房地产的管理也非常分散。每个相关部门受部门权力职能和利益的影响，在承担房地产法律法规的起草任务，设计具体条文时，不可避免地要考虑或追求本部门的利益得失，同时，每个机关在起草法律草案或制定法规、部门规章时，都强调法律的"完善"，而不考虑与相关法律的关系，结果造成大量的重复立法，损害了法律公正和立法效果。①

（3）法律规定概念不清、逻辑上混乱。好多房地产法律规则概念，比如，在房地产业、房地产市场空前发展的今天，法律规则中一直没有关于什么是房地产的概念界定。同时房地产法律规则中逻辑错误的问题也是相当严重。在商品房预售法律规范中，达到预售条件的房屋就可以依法进行预售，但相关规则中却要求转让房地产时"房屋已经建成"的，要有"房屋所有权证"才能转让。这个规范的意思是：没建成可买，建成了没有办下所有权证不能卖。还有什么叫"建成"一直未做界定，是"封顶"还是"竣工"？是"验收"还是"验收合格"无从知晓。这给房地产实践带来很大的困惑。

（4）立法主体多元化，立法标准不一，立法层次偏低。在我国有关房地产的法律、法规，通常由相应的职能部门负责起草。比如，涉及房产方面的，由房管部门起草；涉及城市规划方面的，由城建部门草拟，从而使立法主体多元化。在立法标准上，各部门大多侧重于各自不同的各种需要和经济利益，部门利益意识难以克服，全局观念较差。实践中，凡是与土地、房屋建设、交易等有关的部委，均从各自的角度或利益出发，制定了各种各样的部门规章，每一种规章、办法或条例均只解决某一个方面的问题，因而出现了多部门、多角度的重复立法，导致一事多法，而不是一事一法。特别是国土管理部门和城市建设部门各自从自己的管辖范围出发，对房地产做出规范，导致许多制度难以统一。房地产立法文件的层次多，存在法律、行政法规、部门规章和地方性规章等不同的层次。现实中，一旦国家颁布了某个法律、法规，各个部门、各个地方即有相应的部门规章、地方法规和地方行政规章或办法出台；一些经济发达地区甚至超前性地制定出地方法规或办法。在《中华人民共和国立法法》（以下简称"《立法法》"）出台之前，人们对部门规

---

① 张红："我国房地产立法问题研究"，资料来源：天工网。

章、地方法规和地方行政规章的效力并没有统一的认识,这使得人们在适用房地产立法文件时具有一定的任意性。即使在效力明确的情况下,也存在前后立法不明确的情况,比如,对于《城镇国有土地使用权出让和转让暂行条例》已确立的土地使用权出租,《城市房地产管理法》既没有明确规范,但也没有明确废止。①

(三)完善我国房地产法律规则体系的对策

1. 优化我国房地产立法原则

(1)变"滞后立法"、"同步立法"为"超前立法"。总体而言我国现行房地产法律规则立法是一种滞后的,近年出台的房地产新政足以说明问题的严重存在。我国已经实行社会主义市场经济,通过市场、通过立法来调控房地产市场完全可行。"超前立法"要建立在深刻认识和领会社会主义市场经济规律的基础上,在科学预测现有经济关系发展趋势的前提下,进行有根据的立法。它是符合辩证唯物主义认识论的,反映了法律对经济基础的反作用。但是我国的房地产立法没有做到"超前立法"。在房地产市场失控的情况下,立法机关不能适时出台相关调控法律规则,却是靠政府出台大量的、密集的宏观调控政策。这越发暴露出立法的滞后。当然,"超前立法"并不是脱离现实经济生活关系的空想立法,"超前立法"较"现实法论"而言是更高层次的要求,是完善房地产立法所必不可少的。

(2)变"宜粗不宜细"立法为"明确性"立法。"宜粗不宜细"的立法指导思想在改革、开放初期,对于加快立法,曾起到过积极的作用,但也造成了房地产立法工作中的一些不良后果。改变这种不良现象,必须彻底摒弃"宜粗不宜细"的思想,采取"明确性"立法思想。以往强调房地产立法"宜粗不宜细",以便于人们掌握和法院灵活办案,是片面的。实际上,如果房地产立法缺乏明确性,不仅人们对房地产法的丰富内涵掌握不了,而且法院办案也会无法可依或无所适从。因此,从立法的实际意义出发,必须变"宜粗不宜细"立法为"明确性"立法。②

(3)建立灵敏的立法反应机制。我国现行的立法原则往往把立法视为一种任务,只要法律制定出来并获得通过就完成使命,不注重对法律在实践

①　高富平、黄武双著:《房地产法新论》,中国法制出版社 2000 年版,第 8 页。
②　张红:"我国房地产立法问题研究",资料来源:天工网。

中的实际效果的考察和评估,也未能根据实际状况对法律进行及时的修改和补充,从而在执法和司法实践中出现了许多"有法不可依"的尴尬情况。鉴于此,笔者建议在人大常委会及各部门分别设立相应的常设机构对已颁布的法律法规的实施情况进行调研和评估,并及时根据实施的情况对有关法律进行修改、补充和废止,建立灵敏的立法反应机制。

2. 完善我国房地产立法体制

我国目前以部门立法为基础的房地产立法体制存在的许多问题,严重影响了立法质量的提高,有待进一步完善。

(1)要改变现行的部门立法模式。这里可参考西方国家的立法助理制度,建立我国自己的由房地产法律专家、房地产实际专业人士和有关专家组成的专业常设房地产立法机构,这一机构可以隶属于全国人大常委会法工委,其成员可分为两部分,一部分为常设房地产法学家,负责草拟法案及审议草案的技术性工作,并在法律通过后,倾听各方意见,对法律及时加以修订;另一部分为可更换的房地产专业人士和相关专家(随所立法律而变动),主要负责特定法律草案的专业性和可操作性的把关问题,同时兼有收集各方意见和反馈信息的义务。设立这一超越各部门利益的常设机构有助于提高所房地产立法律的专业性、严谨性和公平性,也有助于加强立法机构同群众的联系,从而有利于立法质量的切实提高。①

(2)进一步完善立法程序。某项房地产政策或规定以法的形式明确下来,就要在一定的时间内执行,不能朝令夕改地经常变动,这就要求在房地产立法工作中尽可能地为进一步的改革留下余地,以法律一定时间内的时效性来保障法律、法规的相对稳定性。要做到这一点,一方面要从提高立法预测水平入手,解决未立法律的时效性;另一方面,则是要完善立法程序,针对已列入立法日程的法律草案,规定每一部法律制定过程所需的明确的时间表和工作进度表、杜绝法律制定过程中的审而不议、议而不决、决而不定或法律调研中的走过程式的调而不研、研而不究的拖冗作法,以保证所立法律的时效性,从而避免"去年出现问题、今年提出立法动议、后年才出台法律"的"雨后送伞"式的立法状况。

(3)在房地产立法工作中维护国家法制的统一。随着房地产立法步伐

---

① 张红:"我国房地产立法问题研究",资料来源:天工网。

的加快、立法数量的增多,不同法律部门、不同效力层次的法律规范之间呈现出错综复杂的关系,就更需要维护国家法制的统一。要依照法定职权立法,防止超越职权立法。部门立法(制定规章)、地方立法(制定地方性法规和政府规章)从性质上讲,都应该是对国家立法(制定法律和行政法规)的补充,是国家法律体系的组成部分。部门规章是行使管理权的一种具体表现,只要不同法律、行政法规相抵触,应当在全国范围内有效,地方性法规也不应当与之矛盾,这是保证国家行政管理权统一的需要。这样,就可以较好地解决房地产地方性法规与行政规章之间的矛盾。从法律体系内部关系讲,必须坚持行政法规不得同宪法和法律相抵触,地方性法规和规章不同宪法、法律、行政法规相抵触,规章也不能互相矛盾,以保证法律、法规的正确执行。①

3. 提高我国房地产立法技术

房地产立法作为现代立法的一种,是一项科学性很强的活动,它必须具备一定的条件,以科学的、系统化的手段来进行方能有效。这是提高房地产立法质量的基础,也是最关键、最具实际意义的一步。

(1)做好房地产立法预测工作。对我国房地产立法来说,进行立法预测有特殊重要的作用。目前房地产立法的任务非常繁重,如何分别轻重缓急、有计划、有步骤地立法,如何使房地产立法同社会需要、法律的实施及立法内部相协调是我国房地产立法亟待解决的问题。解决这些问题的方法很多,如通过法规汇编和法典编纂的方式来修订法体系中相互矛盾的地方。但法规汇编和法典编纂只能解决已然的问题即现存的法律体系中已经存在的不协调问题。而对未然的、尚未出现的问题则必须通过立法预测来解决。进行房地产立法预测可以对立法的整体状况、法与法之间的关系进行预先的把握,从而对将要发生的问题起到"防患于未然"的预防作用,应该说立法预测才是治本的方法。

(2)编制和实施房地产立法规划。房地产事业的发展、科学技术与统计信息技术的进步、房地产法所要调整的社会经济、政治、文化关系的发展本身都具有很大的计划性,在这种情况下,房地产立法如果没有科学的预测与计划,而是盲目地、走一步看一步地进行,就会永远落后于实践的需要,亦即总是"亡羊"之后才去"补牢",是不能适应社会发展需要的。而且,房地

---

① 张红:"我国房地产立法问题研究",资料来源:天工网。

产立法也是系统化的科学工程,如果没有计划,各个房地产法律、法规之间、房地产法与其他法律部门之间、各项法律规范与它们所调整的对象之间是难以协调一致的,因此必须加强房地产立法的规划工作。①

(3)提高房地产法的语言文字水平。立法质量的提高从某种程度上说是法的语言文字水平的提高。一般说来,法的语言文字应用陈述的方式来表达,可以用直接陈述的方式,也可以用间接陈述的方式。但不论采用什么方式,法的语言文字的基本要求、基本风格、基本特点都是相同的。一是明确、具体。即用明确的、清楚的、具体的、明白无误的语言文字来表述法的内容。只有法的语言文字明确、具体,才不会引致歧义,也才便于正确执行、适用和遵守。要做到这一点,"应该"、"可以"等字样的使用应特别谨慎;二是通俗、简洁,以便法律、法规的受众理解、掌握和遵守。立法者立法时要抛弃晦涩难懂、故作深奥的语言和文风,避免使用地方语言。多余的字句要删除,重复的现象应避免;三是严谨、规范。在一般情况下,立法者应按通常含义来准确地使用语言文字,特别是一些与日常生活中的含义不同的概念和词汇,否则就会给执法和司法实践留下后患。

(4)加强房地产法的修订、补充和编纂工作。法的修订、补充和编纂也是立法技术的重要环节,对于法体系的完善有积极的促进作用。通过法的修订、补充和编纂可以及时修改法中不合时宜的部分,增设为社会发展所需的法律条文,并将其汇编成册,便于保证法的时效性,也有利于法学研究和实际工作者的查阅、适用和援引。首先,要加快制订房地产基本法的进度。房地产基本法是构筑房地产法律体系的基础,也是房地产法典的核心内容,对制订其下各层次的法律、法规提供了法律依据。这也是理顺我国房地产法体系内部各层次关系的前提;其次,要对现行各房地产法律法规进行修改、补充。该删除的删除,该修正的修正,该合并的合并,该补充的补充,为下一步制定房地产法典创造条件;最后,要制定房地产法典。制定一部体系完整、结构协调、内容完善的房地产法典是提高房地产立法水平的根本措施和现实工作的客观要求,也是历史的必然,更是检验我国房地产立法技术水平的重要标志。②

---

① 张红:"我国房地产立法问题研究",资料来源:天工网。
② 张红:"我国房地产立法问题研究",资料来源:天工网。

中国房地产
法律规则研究

第二章 中国房地产权属法律规则

房屋所有权、土地所有权与使用权是民事主体最重要的权利以及利益来源。本章介绍中国房地产权属法律规则,内容包括土地权属规则、房屋权属规则以及房地产权属登记法律规则。分析中国土地权属法律规则存在的问题并提出完善方略;探讨中国特色的小产权房的产生与发展、存在并热销的主要原因、分析其法律规则与法律风险。

第一节　土地所有权与使用权法律规则

一、土地所有权与使用权基本理论

（一）土地所有权

1. 土地所有制与土地所有权

土地所有制是指在一定社会生产方式下,由国家确认的土地所有权归属的制度。土地所有制是生产资料所有制的重要组成部分,是土地制度的核心和基础。土地所有权是指土地所有者依法对土地占用、使用、收益、处分的权利。土地所有权是由土地所有制决定的,土地所有制是所有权的客观经济基础,土地所有权是所有制的法律形式。

2. 土地所有权的权能法理分析

土地所有权的权能包括土地占有权、土地使用权、土地收益权和土地处分权四项权能。

（1）土地占有权。土地占有权指对土地的控制。土地占有权是土地所有权一项重要的权能。在大多数情况下,土地占有人与土地所有权人是重合的,但是,土地占有权人也可以因客观情况情形发生与土地所有权发生分离,而成为非所有人享有的一项独立的权利,这种分离主要有以下几种:一是非所有人依法律规定取得对他人所有的土地的占有权;二是根据合同而转移的占有权,如土地租赁;三是在依合同而形成的他物权中,他物权人受到非法侵犯时,可基于占有权而提起占有之诉,诸如返还占有、排除妨害、恢复原状等,土地占有权人取得的土地占有权甚至可以对抗土地所有人。

(2)土地使用权。土地使用权指对土地的有效利用。在法律关系上,土地使用权表现为权利人依照自己的意志对土地加以利用或不利用的权利。土地使用权本身是由土地的使用价值决定的,获取土地的使用价值以满足土地所有人的需要,是土地所有人的意志和利益的体现。在土地交易中,交易双方看重的是土地的效用和对土地的使用权。土地使用权是直接于土地上行使的权力,因而其行使首先以占有土地为前提。土地所有权人可根据合同或法律的规定,将土地使用权让与他人行使。

(3)土地收益权。土地收益权是在土地上获取经济利益的权利。在法律关系上,土地收益权表现为权利人能够对土地产生的经济利益主张权利归属的地位。在当代,资本所有权已完全表现为一种收益权,现代所有权的观念就是由绝对权向收益权的转化。其实在西欧封建社会的双重所有权制度下(领主享有土地上级所有权,耕作人享有土地下级所有权),一般都把所有权看做一种收益权。因此,土地所有权人可以把土地占有权和使用权让渡于他人而保留一定的收益权。①

(4)土地处分权。土地处分权是指土地所有人对土地依法进行处置的权利,表现为对土地权利的转让。土地处分权有狭义和广义之分。狭义的土地处分权仅指对土地所有权的转让,它决定了土地的归属;广义的土地处分权是指对土地上各种权利的转让,可以由所有人行使,也可以由其他有权人行使。例如,在我国,以出让形式获得国有土地使用权的人可以把土地使用权再行转让。

2. 土地使用权基本理论

(1)土地使用权基本涵义

在传统民法中,土地使用权具体包括地上权、地役权、土地用益权以及使用权(法国民法典)、建筑权(瑞士民法典),而没有统一的土地使用权的概念。在我国,土地使用权是一种与土地所有权相并列的独立的民事权利,它是我国有中国特色的土地使用制度的产物,是一种新型物权。因此,关于我国土地使用权的定义,在传统民法中没有相应的概念。我国的土地使用权,指公民、法人及其他组织依法控制、支配国家所有或集体所有的土地及其收益,并排斥他人干涉的权利。按照《民法通则》,土地使用权属于"与财

---

① 符启林著:《房地产法》,法律出版社 2009 年版,第 43—44 页。

产所有权有关的财产权"。作为一种独立权利形态的存在,无论在立法上还是在实践中,它都已经得到确认。但在《物权法》中没有采用土地使用权的概念,因为土地使用权是一个广义的概念,泛指对土地的使用与收益权利,实际上包括了原先立法规定的土地使用权、土地承包经营权以及宅基地使用权,而这三类权利在权利的设定、利用等方面存在较大差别,当事人的权利义务存在不同之处,所以,《物权法》根据土地的用途,将土地使用权分解为土地承包经营权、建设用地使用权、宅基地使用权与地役权,并分章分别予以规定。因此,本书所用的土地使用权是作为土地承包经营权、建设用地使用权、宅基地使用权与地役权的上位概念而使用,并不意指某种具体的物权类型或是独立的物权形态。

(2)土地使用权的特征

土地使用权作为一项民事权利,具有以下特征:

首先,土地使用权是一种物权。所谓物权,是指权利主体支配物的绝对权。土地使用权虽然是土地所有权权能分离的结果,是在他人所有的土地上设定的权利,但它与在租赁、使用借贷、寄托等情况下因债而发生的占有权的转移是不同的,主要表现在:第一,土地使用权包含了占有、使用、收益的全部权能,而且可以依法处分;第二,土地使用权具有相当长的存续期间,而且这种存续可以不受债权制约;第三,土地使用期尚未届满,土地所有人不得收回土地,有法定事由者除外。

其次,土地使用权是一种他物权。所谓他物权是指在他人所有之物上设定的权利。在我国,土地使用权是在国有土地与集体所有土地上设定的,但集体土地要作房地产开发之用的,要先征收为国有土地。

再次,土地使用权是一种用益物权。所谓用益物权,是指以物之使用、收益为目的的他物权。土地使用权不论以何种方式获得,目的不外乎两种,或是非营利性使土地所有权为完全物权,土地使用权为限制物权。土地所有权的内容有对土地的占有、使用、收益、处分和排除他人干涉的权利,是一种完全的充分的财产权,故称为完全物权。土地使用权一般不包括决定财产命运的处分权能,所以称为限制物权。在我国,土地使用权中包含了一定范围的依法处分的权利。

在我国,土地所有权具有不可交易性,而土地使用权却可交易。我国的土地所有权不能通过市场发生转移,而且国家土地所有权绝对不能转移,但土地使用权却可以在地产市场上流转。

二、有关国家和地区土地所有权与使用权法律规则形态

纵观世界各国和地区土地所有权与使用权法律规则,土地所有及使用形式呈现多种形式,但概括起来土地所有及使用法律规则的形态主要可分为以下几种:

（一）全民所有,无偿使用法律规则形态

这种规则形态的代表是前苏联、原东欧诸国、蒙古、朝鲜、越南和土地制度改革前的中国。在这种土地所有制形式下,国家绝大部分土地都归属于全体人民,由国家代表全体人民对土地享有并行使所有权。全民或国家土地所有权是现实的而非名义上的,包括对土地的占有、使用、收益和处分这四种作为所有权的基本权能,因此是一种完全的土地所有权。国有土地所有权可以由国家或全民组织直接行使,也可以在保留土地处分权的前提下,把占有、使用及收益的权利授予集体组织、公民、法人或其他经济组织享有,所使用的土地都是通过无偿划拨形式取得的。

（二）土地上、下级所有权并存,土地使用受两个所有权制约

这种规则形态的代表是我国台湾,我国台湾地区的现行土地所有制是建立在孙中山先生倡导的"平均地权"的理念上的。"平均地权"的理念主张通过"申报地价"、"照价抽税"、"照价收买"、"涨价归公"四个重要措施,发挥"制止土地投机"和"杜绝土地垄断"的功能,其终极目标在于求"地尽其利",达成"地利公享"。台湾地区"土地法"第 11 条第 1 项规定,台湾地区的土地属于人民全体,其经人民（实指公民个人）依法取得土地所有权者,为私有土地。这一规定一方面表明台湾地区的土地归属于全体台湾人民,另一方面允许人民（即个人）依法取得土地的所有权,承认相对性土地私有制之存在,而将土地所有权之归属加以割裂,由所谓的"国家"或人民全体与私人共同享有,建立一个公有、私有并存之物权制土地所有制度。[1]

（三）土地由私有与各级政府分别所有,各自使用

所有制普遍存在于实行联邦制的资本主义国家中。例如美国,其土地大体上可分为公有土地和私有土地,公有土地即为各级政府分别所有的土

---

[1]　符启林著:《房地产法》,法律出版社 2009 年版,第 48 页。

地。美国公有的土地总共将近 87000 万英亩,它大约等于美国全部土地面积的 38%,其余 62% 的土地则分布在数百万私人手中。美国各级政府所拥有的土地在性质上都为公有土地。因美国政府结构分为联邦政府、州政府和地方政府(专指州以下的政府,包括市、县政府等),这些土地分别归联邦政府所有、州政府所有和地方政府所有。各级政府对土地的所有权是明晰的、确定的、具体的,各自独立,各级政府之间,无论是上级政府对下级政府,还是下级政府对上级政府,以及同级政府,都不能任意平调土地。如果确实需要,可以采取获得私有土地的方式,各级政府间可以买卖和租赁。

(四)土地由国王名义所有,土地使用权类似于土地所有权

这种土地所有及使用制度主要存在于英国、加拿大等英联邦国家和地区中,并且是从法律层面而言的。在英国,法律上规定英王(国家)是唯一的绝对的土地所有人,个人、企业和各种机构团体仅拥有土地的使用权(或占有权)。他们享有的各种在土地上的权益称为地产权(estate)。这样,土地名义上属于英王所有,但完全拥有土地权益的地产权人(即 estate in fee simple absolute)实际上是该土地所有者,只要不违反土地法、土地规划或侵犯他人利益,就可以随心所欲利用处分土地,地产权可通过拍卖、招标、协议等方式转让。所以,以地产权为核心,英国形成了在所有权不变前提下土地使用权(地产权)可以自由流通的土地制度模式。①

三、我国土地所有权与使用权法律规则

(一)我国土地所有权法律规则

1. 关于我国土地所有权的相关规定

我国《宪法》第 9 条规定:"矿藏、水流、森林、山岭、草原、荒地、滩涂等自然资源,都属于国家所有,即全民所有;由法律规定属于集体所有的森林和山岭、草原、荒地、滩涂除外。"《宪法》第 10 条规定:"城市的土地属于国家所有。农村和城市郊区的土地,除由法律规定属于国家所有的以外,属于集体所有;宅基地和自留地、自留山,也属于集体所有。国家为了公共利益的需要,可以依照法律规定对土地实行征收或者征用并给予补偿。"宪法的这些规定,确定了我国土地所有权制度。

---

① 符启林著:《房地产法》,法律出版社 2009 年版,第 50 页。

除《宪法》规定外,我国《土地管理法》第 8 条规定:"城市市区的土地属于国家所有。农村和城市郊区的土地,除由法律规定属于国家所有的以外,属于农民集体所有;宅基地和自留地、自留山,属于农民集体所有。"《土地管理法》进一步明确"城市市区"属于"国家所有"、农村和城市郊区的土地,除由法律规定属于国家所有的以外,属于"农民集体所有"。

2. 我国土地所有权的分类及范围划分

(1)我国土地所有权的分类

从我国《宪法》和《土地管理法》的相关规定看,我国的土地所有权只有国家土地所有权和农民集体土地所有权两种形式。不存在任何其他土地所有权形式,任何其他主体均不可能对土地享有所有权,只能依法享有使用权。

(2)国家土地所有权与农民集体土地所有权的范围划分

《土地管理法实施条例》第 2 条规定:"下列土地属于全民所有即国家所有:①城市市区的土地;②农村和城市郊区中已经依法没收、征收、征购为国有的土地;③国家依法征用的土地;④依法不属于集体所有的林地、草地、荒地、滩涂及其他土地;⑤农村集体经济组织全部成员转为城镇居民的,原属于其成员集体所有的土地;⑥因国家组织移民、自然灾害等原因,农民成建制地集体迁移后不再使用的原属于迁移农民集体所有的土地。"本条第(四)项即是所谓土地国家所有权的推定制度,即凡是不能证明为集体所有的土地都是国有土地,这符合国家主权原则。国家土地所有权在性质上虽然是一种民事权利,但国家土地所有权客体范围的划定,在很大程度上都是国家行使主权的结果。"国家可以而且常常把主要财产宣布为国有,从而把许多财富排除出私人所有的范围。大陆法系及普通法系地区,国家一般宣布拥有海岸、大陆架、内河航道及其河床的所有权,这些通常叫做公共财产,国家受人民之托为人民的利益而掌管它们。此外,国家可以宣布许多矿藏的所有权(在有些地区还包括石油和天然气)属于国家,主张无主土地及诸如水力等天然资源为国有。"依此,对于人为尚不能直接利用的国土,如沙漠、冰峰,以及江河、湖泊、海洋的水下地表,地下埋藏物、地下或地表的矿产等可利用资源都应作为国有土地的一部分,由国家享有所有权。①

---

① 符启林著:《房地产法》,法律出版社 2009 年版,第 51—52 页。

《物权法》第41条规定:"法律规定专属于国家所有的不动产和动产,任何单位和个人不能取得所有权",由此确立了国家专有制度。国家专有制度是指只能为国家所有而不能为任何其他人所有的制度。国家专有的财产由于不能为他人所拥有,因此不能通过交换或者赠与等任何流通手段转移所有权。国家专有的财产范围很广,包括但不限于:①国有土地;②海域;③水流;④矿产资源;⑤野生动物资源;⑥无线电频谱资源;⑦国防资产。国有土地的所有权只能属于国家所有即全民所有,并由国务院代表国家行使所有权,法律另有规定的,依照法律的规定。《物权法》第47条规定:"城市的土地,属于国家所有。法律规定属于国家所有的农村和城市郊区的土地,属于国家所有。"《物权法》第48条规定:"森林、山岭、草原、荒地、滩涂等自然资源,属于国家所有,但法律规定属于集体所有的除外。"同时,《物权法》第42条第1、2款规定:"为了公共利益的需要,依照法律规定的权限和程序可以征收集体所有的土地和单位、个人的房屋及其他不动产。征收集体所有的土地,应当依法足额支付土地补偿费、安置补助费、地上附着物和青苗的补偿费等费用,安排被征地农民的社会保障费用,保障被征地农民的生活,维护被征地农民的合法权益。"因此,根据《物权法》第47条、第48条与第42条的规定,国有土地的范围包括:①城市市区的土地;②法律规定属于国家所有的农村和城市郊区的土地;③依法不属于集体所有的森林、山岭、草原、荒地、滩涂及其他土地;④农村和城市市郊已被征收的土地。

农民集体土地所有权是我国土地所有权的另一种法律表现形式。我国相关法律规范关于农民集体土地所有权范围有着比较明晰的规定。我国《民法通则》第74条规定:"劳动群众集体组织的财产属于劳动群众集体所有……集体所有的土地依照法律属于村农民集体所有。"可见,集体土地所有权实质上是一定范围内的集体组织全体成员共同对集体的土地直接享有的所有权。《宪法》第10条第2款规定:"农村和城市郊区的土地,除由法律规定属于国家所有的以外,属于集体所有;宅基地和自留地、自留山,也属于集体所有。"《物权法》第58条规定:"集体所有的不动产和动产包括:①法律规定属于集体所有的土地和森林、山岭、草原、荒地、滩涂;②集体所有的建筑物、生产设施、农田水利设施;③集体所有的教育、科学、文化、卫生、体育等设施;④集体所有的其他不动产和动产。"《物权法》第60条规定:"对于集体所有的土地和森林、山岭、草原、荒地。滩涂等,依照下列规定行使所有权:①属于村农民集体所有的,由村集体经济组织或者村民委员会代表集体行使所有权;②分别属于村内两个以上农民集体所有的,由村内各该集体经济组织或者村民小组代表集体行使所有权;③属于乡镇农民集体所有的,由乡镇集体经济组织代表集体行使所有权。"因此,集体所有土地的范围包括耕地,也包括宅基地和自留地、自留山。同时集体所有土地的所有者只是农民集体,城镇集体不享有土地所有权,只能依法享有使用权。

(二)我国土地使用权法律规则

我国土地使用权法律规则主要体现在土地承包经营权制度、建设用地使用权制度、宅基地使用权制度之中,这些制度在本书中都将有详尽的介绍及阐述。

四、我国土地权属法律规则存在的问题及完善方略

(一)我国土地权属法律规则存在的问题

1."城市"、"城市郊区"、"农村"界限不清

根据我国《宪法》第10条和《土地管理法》第8条的规定,"城市"的土地属于国家所有。"农村"和"城市郊区"的土地,除由法律规定属于国家所有的以外,属于集体(农民)所有。从这些规定可以看出,所谓国家土地所有权与农民集体所有权地域范围的问题,实际上就是一个国有土地与集体土地的范围划分问题。而在上述规定中,没有对"城市"的概念做出一个明确的定义,也没有对"城市郊区"和"农村"的界限做出清晰的划分。我们知道作为根本大法的《宪法》不可能对这些概念或界限做出具体和科学的界定,但在相关的法律规范中应当对相关问题做出明确具体规定。如果不能界定相关概念,国家与集体土地所有权之间的划分将是一件很困难的事情,所有权纠纷会不可避免的发生。

2. 所有权权利主体虚化

《土地管理法》第2条规定:中华人民共和国实行土地的社会主义公有制,即全民所有制和劳动群众集体所有制全民所有,即国家所有土地的所有权由国务院代表国家行使。但由于我国地域辽阔,国务院是无法直接行使土地所有权。在现实中是由地方各级人民政府主要是由市、县人民政府及其土地管理部门实际行使该项权利,并依法律规定报上级人民政府审批及向上级人民政府上缴部分土地收益在我国,无论是土地出让还是土地划拨,

均以被授权的地方人民政府或其职能部门的名义对外作出,并由该部门对外承担法律责任,而授权机关——中央人民政府并不对外实施法律行为也不对外承担法律责任。这种格局已经形成。由此可以看出,《土地管理法》该条规定的抽象表述与实践是脱节的。同时也能看到在我国并未实现国家土地所有权主体代表的集中统一,国家土地所有权主体代表仍然是分散的、多层次的,各不同级别的政府分享对国有土地的收益权、处分权。而《土地管理法》所规定的中央人民政府为国家土地所有权主体的唯一代表仅具政治上的象征意义,而无法律上的实际意义。

相比于国家土地所有权代表的确定,集体土地所有权代表的确定问题更复杂,在实践中产生的争议更多。《土地管理法》第10条规定:"农民集体所有的土地依法属于村农民集体所有的,由村集体经济组织或者村民委员会经营、管理;已经分别属于村内两个以上农村集体经济组织的农民集体所有的,由村内各该农村集体经济组织或者村民小组经营、管理;已经属于乡(镇)农民集体所有的,由乡(镇)农村集体经济组织经营、管理。"我国《民法通则》和《农业法》也有近似的规定。但这些立法规定过于抽象和笼统,实际执行中易产生歧义。导致实践中集体土地所有权归属不清,所有权权属争议纠纷大量存在。

关于集体土地所有权的行使主体,从我国《土地管理法》第10条的语言逻辑方面分析,其实只有村一级农民集体所有才为我国集体土地所有权的最基本形态,而其他两级所有,立法是以排除法加以规定的。该条中两个"已经",即"已经"由村内两个以上农村集体经济组织的农民集体所有和"已经"属于乡(镇)农民集体所有,都是例外。该条规定实际上为村民小组农民集体拥有土地所有权设置了一个重要的前提条件,即一个村内已经存在两个以上集体经济组织。然而我国农村大部分地区,几乎不存在成形的村内两个以上集体经济组织,村民小组只是一个松散的村民内部组织①。而由人民公社演变而来的乡(镇),其作为一级人民政府已不能代表农民集体行使土地的所有权。

3. 所有权客体界定不明

《土地管理法》第8条第2款规定:"城市市区的土地属于国家所有。"

---

① 张庆华著:《中国土地法操作实务》,法律出版社2004年版,第15页。

《土地管理法实施条例》第 2 条对于国有土地的范围进行了界定,但对于何为"城市市区的土地"仍未加以细化,而只是将"城市市区的土地"与其他 5 类国有土地并列,从法律上构成全部国有土地范围。城市市区以外的土地如何界定国有或集体所有,这一问题是处理土地权属纠纷时经常面对的一个难题。首先需要解决的一个法律问题就是举证责任问题,当为一块土地究竟属于国有还是集体所有发生争议时,由谁负举证责任? 其确权的原则是什么? 民法理论上有著名的"无主地属于国有"的规则,若适用这一规则,如发生国家与农民集体对土地权利的争议时,应由农民集体负举证责任。如农民集体不能证明该土地属自己听有,则应推定该土地属于国有。然而我国的法律规定似乎与此规则正好相反。《土地管理法》第 8 条第 2 款规定:"农村和城市郊区的土地,除由法律规定属于国家所有的以外,属于农民集体所有。"《土地管理法实施条例》第 2 条具体规定了属于国有土地的六种情形,如果对于除此六种情形以外的权属发生争议,按照《土地管理法》第 8 条的规定,似乎对权属的举证责任应由国家承担。但是在我国很多地方还未开始或完成土地的登记确权发证工作的情况下,对这类权属不明的土地争议,如果简单理解法律或适用"谁主张,谁举证"的原则,那么让任何一方举证都是勉为其难。特别是有时权属的界定并不是只表现为所有者之间的争议,对于非所有者之间或非所有者与所有者之间的争议,有时权属的确定对于案件的审理也是至关重要的①。

4. 两种土地所有权在法律上不平等

在理论上所有制应该是一个经济概念,而所有权则纯粹是一个法的概念。就法律概念而言,无论是国家土地所有权还是集体土地所有权,其所具有的各项权能应当是一致的,也就是说在法律上,各类所有权应当是平等的。然而我国的土地所有权事实上包含了政治的含义。不容否认,从所有权内容的完整性和保护的力度上看,我国财产所有权可以划分三个层次:所有权最完整、保护力度最大的是国家所有权,其次是集体、私人财产所有权。在土地权利体系中,国家土地所有权与集体土地所有权的权能差异更加明显。虽然国家并未从立法上明确规定国家土地所有权和集体土地所有权为不同等级的所有权(这也是人们产生认识误区并进而对权利的不平等感到

---

① 张庆华著:《中国土地法操作实务》,法律出版社 2004 年版,第 19 页。

不满的一个重要原因），但是国家土地所有权与集体土地所有权事实上的差别还是非常明显的。国家土地所有权被认为"更具有绝对性和完全性"，"国家不仅可以决定国有土地的最终命运，也可以决定集体土地的最终命运"，因为"国家的这种决定土地最终命运的权利已超乎土地所有权这一民事财产权利可以包含的范畴，而具有公法上的国家主权与行政色彩。"①

但是集体土地所有权则显然是不完整和不充分的，这一点在所有权的处分权能和收益权能方面表现得最为明显。在我国，集体土地的所有者对其拥有的土地没有处分权，集体土地不得出让、转让、出租用于非农业建设，集体土地的所有者也不能擅自改变土地用途。由集体土地所有权派生出的土地承包经营权，根据 2003 年 3 月 1 日生效的《农村土地承包法》的规定，已经可以流转，这也是我国法律对农地流转限制的一大突破。然而这种流转仍有许多严格的前提条件。另外，集体土地的收益权也受到极大的限制，作为被征用的对象，对于征用补偿的多少，集体土地的所有者并无发言权。土地何时被征用、征用补偿的多少，集体土地的所有者只能被动地服从。这种限制和强制性征收行为已使集体土地所有权的主要权能不复存在②。

（二）完善我国土地权属法律规则的方略

完善我国土地权属法律规则应当从下面几个方面入手：

1. 科学界定"城市"、"城市郊区"、"农村"相关概念，明确规定国家土地所有权与集体土地所有权的权利主体及权利范围。虽然我国土地制度问题有的是历史遗留问题，消除现行相关法律规范中的问题会引起一系列问题，但在制度上要尽可能平衡两种土地所有权人的利益。

2. 加快农村集体土地的确权发证工作。解决国家和集体所有土地的权属争议的根本方法还是应当加快农村集体土地的确权发证工作。《土地管理法》第 11 条明确规定："农民集体所有的土地，由县级人民政府登记造册，核发证书，确认所有权。"《土地管理法实施条例》第 3 条规定："国家依法实行土地登记发证制度。依法登记的土地所有权和使用权受法律保护，任何单位和个人不得侵犯。"然而由于种种原因，我国土地的登记发证工作进行得并不顺利。目前全国大部分地区尚未颁发集体土地所有权证书。这

---

① 王卫国著：《中国土地权利的法制建设》，中国政法大学出版社 2002 年版，第 39 页。
② 张庆华著：《中国土地法操作实务》，法律出版社 2004 年版，第 21 页。

也是造成土地权属纠纷的一个重要原因。

3. 加强农村基层组织的建设,完善村民大会的选举制度。现行《土地管理法》规定的表决事项范围过窄,这难以使农民的集体意志对村干部的行为形成全面制约。针对目前农村土地所有权主体的代表(村干部)以权谋私、侵害农民土地权益现象十分严重的问题,立法上应对农民集体行使权利的范围和方法作出更加系统化和具体化的规定。主要应当扩大农民集体表决的适用范围,在立法上可规定集体土地所有者代表实施一切对集体土地的重大处置,例如,发包、出让、出租农地、分配宅基地、以土地使用权作价入股、出资或联营以及签订征地补偿协议等,均需经全体村民 2/3 以上的多数表决同意方可实施。

第二节 房屋所有权法律规则

一、房屋所有权法律规则

(一)房屋所有权涵义与权能

房屋所有权是指房屋所有人对房屋所享有的占有、使用、收益和处分的权利。在我国。房屋所有权的权利主体是拥有房屋所有权的国家、企业、事业单位、社会团体和个人,其客体是附着于土地之上的不动产房屋。房屋所有权的内容包括占有、使用、收益和处分四项权能。占有,是指房屋所有权人对房屋在事实上的支配或控制权;使用,是指房屋所有人按照房屋的性质和用途对其加以利用;收益,是指房屋所有人依法获取利用其房屋而产生的利益;处分,是指房屋所有人对自己的房屋按自己的意志进行事实上或法律上的处置,使自己丧失房屋所有权。

(二)房屋所有权的特点

房屋所有权的特点,一方面由房屋本身的性质所决定;另一方面也由我国的房屋所有权相关法律规则所决定。我国房屋所有权具有以下特点:

1. 房屋的国家所有权、集体所有权和个人所有权同时并存,同等地受到宪法和法律的保护。《物权法》第 4 条规定:"国家、集体、私人的物权和其他权利人的物权受法律保护,任何单位和个人不得侵犯"。

2. 房屋所有权可以转让,但受到土地使用权转让的制约。由于房屋所有权与土地使用权不可分离,因而,凡不可转让使用权的土地上的房屋,其所有权不能转让;非法转让土地使用权,会导致土地上房屋的转让的无效。

3. 房屋所有权的设立与移转,需办理房屋所有权登记和变更登记手续。不办理房屋所有权登记或变更登记手续,不发生确定房屋所有权或移转房屋所有权的效力。

(三)房屋所有权的取得、消灭

1. 房屋所有权的取得

房屋所有权的取得,指因法定事实的发生而使不具有某房屋所有权者获得该房屋的所有权。按照《民法通则》以及《物权法》关于所有权的规定,在我国所有权的取得有两种方式:原始取得和继受取得。同样,房屋所有权的取得方式也包括原始取得和继受取得。

(1)房屋所有权的原始取得,指房屋所有权人直接依法律规定,不以原所有权人的所有权和意志为依据即可取得房屋所有权。主要包括:①新建取得。这是原始取得的主要方式。比如《房屋登记办法》中的初始登记,实际上就是新建取得。但新修建的房屋如果是违法修建也不能取得所有权。②国家承继、没收取得。如新中国成立后,承继旧中国一切国有房屋,并没收了地主、官僚资产阶级的房产归国有。此外,一些违法建筑也得没收归国有。③无主房屋取得。无主房屋可依民法占有取得时效制度为占有人取得。但我国传统上无主房屋收归国家,集体经济组织成员死亡后无继承人的房屋收归集体。④添附取得,即在原有房屋上扩建、加层,添附人取得添附房屋的所有权,但添附必须依法进行才能取得所有权①。⑤善意取得,即买受人以房屋所有权移转为目的,善意、对价受让且办理所有权移转登记,即使出卖人无转移房屋所有权的权利,受让人仍取得房屋所有权的制度。关于善意取得,《物权法》第106条有这样的规定:"无处分权人将不动产或者动产转让给受让人的,所有权人有权追回;除法律另有规定外,符合下列情形的,受让人取得该不动产或者动产的所有权:①受让人受让该不动产或者动产时是善意的;②以合理的价格转让;③转让的不动产或者动产依照法律规定应当登记的已经登记,不需要登记的已经交付给受让人。受让人依照前款规定取得不动产或者动产的所有权的,原所有权人有权向无处分权人请求赔偿损失。当事人善意取得其他物权的,参照前两款规定。"

---

① 符启林、何培华主编:《房产法》,中国政法大学出版社2005年版,第18页。

（2）房屋所有权的继受取得，是指通过一定法律行为，根据原所有人的意思接受原房屋所有人转移的房屋所有权。继受取得的方式包括：买卖、互易、赠与、继承。《房屋登记办法》第 32 条规定的买卖、互换、赠与、继承与受遗赠、房屋分割合并，导致所有权发生转移的、以房屋出资入股、法人或者其他组织分立合并导致房屋所有权发生转移的、法律与法规规定的其他情形，当事人应当在有关法律文件生效或者事实发生后申请房屋所有权转移登记，新房屋所有权人取得房屋的方式实际上就是房屋所有权的继受取得。

2. 房屋所有权的消灭

房屋所有权的消灭，是指通过一定的法律行为或法律事实而使房屋所有权丧失或与原房屋所有人脱离的一种法律现象。房屋所有权消灭的原因主要有以下几种：

（1）所有权客体的消灭。房屋因拆除、倒塌或其他自然灾害而灭失将使房屋所有权不复存在。这是房屋所有权的绝对消灭。

（2）所有权主体的消灭。公民死亡和法人解散后，以其为主体的房屋所有权消灭，通过继承或其他方式归新的所有权人所有。

（3）所有权的转让。房屋经出卖、交换、赠与等行为转让给他人，原所有权消灭，由受让人取得所有权。

（4）所有权的抛弃。依法享有房屋所有权的人不愿意取得这项权利而予以放弃，如不愿接受赠与和继承，这是一种单方面消灭房屋所有权的行为。

（5）所有权因强制手段而被消灭。如新中国成立初国家通过立法没收地主、官僚资本家的房屋。另外，国家行政机关和司法机关也可依法强制房屋所有权的转移，如人民法院判决抵押人的房屋偿还债务。[①]

（五）关于小产权房的探讨

1. 小产权房的含义

通常所谓的"小产权房"，也称"乡产权房"、"集体产权房"。小产权房是指在农村集体土地上，由享有该土地所有权的农村集体经济组织单独开发，或与房地产开发企业联合开发建设，并由乡镇政府制作房屋权属证书的房屋。这种房屋权属证书没有县级以上房管部门盖章，仅有乡镇政府的盖

---

① 符启林著：《房地产法》，法律出版社 2009 年版，第 71 页。

章以证明其权属。房屋产权本无大小之分,但由于小产权房权利证明源于非职权部门,而房主在某种意义上又享有事实上的产权,故有"小产权"之称谓。"小产权房"并不是一个法律上的概念,它只是人们在社会实践中形成的一种约定俗成的称谓。

2. 小产权房的产生与发展

总体上看,我国小产权房的产生与发展过程,大致可分为三个阶段:

第一,萌芽阶段。随着我国市场经体制的建立,我国农村少数先富裕起来的农民,开始再建或将已有的建筑于农村集体经济组织划分给自己宅基地上的房屋或祖传下来的房屋卖给他人。该阶段是小产权房现象发生的萌芽阶段,其规模小,还没有目前意义上的"小产权"概念和需求。

第二,初步发展阶段。这个阶段在东南沿海开放地区表现比较明显:当地为吸引外资,大力发展乡镇企业,将农村集体经济组织的土地出租私人经营或者由农村集体经济组织长期对外租赁,不少地方政府为了自身的眼前利益,将耕地转为建设用地,进而建造并买卖少量住宅,此时"小产权"的概念和观念虽不清晰,但在实践中已经确立。

第三,加速发展阶段。这一时期,随着城市规模的扩张,居高不下的城市房价给城郊地带农村集体土地进行房地产开发提供了广阔的发展空间和巨大的市场需求——城市居民出于价格低廉和居住环境的考虑,愿意选择购买城郊农村的房屋;农民对房地产价值的逐渐认识和维权意识的提高,以及农民自身对高质量连幢房屋和居住小区的向往,使得房地产开发商同农村集体经济组织联手变相对农村集体土地进行开发建设,或者是农村集体经济组织集资建房自住或出售。而乡镇政府基于其土地利益和当地发展的考虑,又充当了保护伞的角色,为小产权房领发证件。[1]

3. 小产权房的价值利弊分析

客观地评价,小产权房在我国国情之下有利有弊,有学者对此总结如下:[2]小产权房的积极作用体现为:(1)在集体所有土地上开发建造小产权房,打破了政府对土地开发市场的垄断,降低了土地垄断市场中虚高的地价,回避了商品房价格只涨不跌的突出矛盾,而且小产权房确实解决了一部

---

[1] 张忠野、曾大鹏编著:《房地产法学》,格致出版社 2010 年版,第 61 页。
[2] 王云利:"浅析小产权房法律问题",载《法制与社会》2009 年第 1 期。

分低收入市民和农民的居住问题,缓解了城市住房的巨大压力——这对城市、部分市民和农民有利。(2)农民或集体经济组织通过出售小产权房,客观上获得了一定的经济利益,增加了收入,提高了生活水平,拓宽了融资渠道,有利农村经济的建设与发展——这对农民、农村和农业有利。(3)对乡镇地方而言,小产权房的开发建设有利于促进本地各项基础设施的建设,带动农村与城镇的一体化发展。

当然,小产权房存在的弊端也是很明显的:(1)小产权房最大的弊端就是法律上的风险性。因为小产权房建造在集体所有的土地上,不是真正合法的房屋所有权的适格客体。一旦国家认定小产权房是违法违规开发建房而要求拆除,或者发生了其他任何权益纠纷,购房人的利益将难于得到合法保护;同时,小产权房的建设质量欠缺相应监督,房屋质量无法保障,它的配套工程建设及后期维护也存在着隐患。(2)小产权房的建造,一般处于无序的状态,这样会破坏土地利用总体规划,造成建设用地的失控;尤其是在耕地上私自进行开发建设,会影响耕地保护,甚至危及粮食生产及经济安全。(3)以低廉的价格销售小产权房,会冲击商品房正常价格,造成房价混乱,从而在一定程度上扰乱房地产市场的正常秩序,甚至危及国家对房地产市场的有效监管。[1]

4. 小产权房的存在并热销的主要原因

小产权房的存在并热销的主要原因有:(1)城市房地产价格居高不下。小产权房最吸引人的地方就在于其价格优势,这从另一个角度也说明了现在全国许多大中城市高企的房价正是催生小产权房的重要原因之一。2006年和2007年我国的房地产市场价格经历了一次全国性的上涨。根据国家统计局发布的数据,2006年全年,全国房价平均上涨5.5%。北京、深圳是房价上涨最快的城市,北京达到10.4%、深圳达到10.0%。截至2007年6月北京普通住宅开盘整体均价10280元/平方米,比5月上涨了20.4%[2]。虽然年后稍有回落,据预测2007年北京市房地产均价仍上涨了11.74%。由于我国经济社会发展并不平衡,若干大城市的房价长期快速上涨,远远超出了当时当地一般就业人员的收入水平。与此同时,政府经济适用房、廉租

---

① 张忠野、曾大鹏编著:《房地产法学》,格致出版社2010年版,第61页。

② 资料来源:http://baike.baidu.com.

房的建设却始终无法满足这些住房需求。小产权房存在着大量现实的购买群。① (2)农村集体建设用地流转存在法律空间。根据我国相关法律规定,在农村集体所有的宅基地和集体建设用地上,农民可以自行经营,而且农民自建的住房也是可以进行交易的。实际上建设使用农村集体土地,法律规定只有四种情况:一是农民的宅基地,二是农村公共设施的用地,三是农村兴办的村办企业或者联营企业,四是根据担保法,使用农村集体用地抵押权实现的时候可以允许。除此以外,都是现行法律不允许的。从另外一个方面来解读,这就意味着在四种情况内建小产权房,就不涉及到所谓的"违法"问题。这里还有一个核心,就是只要不是占用耕地,办好相关小产权房建设用地的手续,就不应该存在什么大的原则问题。正是因为政策法律规定中存在很多模糊不清的地方,才导致了各地小产权房建设的泛滥,在合法与非法之间给小产权房留下了一个擦边球的空间。② (3)农地制度安排中的不合理。在我国城市国有建设用地有正式的土地使用权招、拍、挂市场,实行市场定价。而农村集体建设用地流转的使用权市场体系和价格制度一直没有建立起来,尽管各地基本上有征地区片综合地价标准,但实践中往往因为缺乏配套制度而不能得以实施。实际上"同地不同价"还是非常严重的存在;在城市建设用地使用主体拥有国有使用权,可以以此作为抵押到银行等融资机构进行再融资和资产评估,而农村建设用地,根据现行法律规范基本上不具有资产功能。同时法律规范对农村集体建设用地的用途还进行了严格的规定,不能随意转变用途,一旦转变必须要经过国家相关部门的审批和征收。这直接导致了农民在土地快速增值的过程中没有得到合理的利益补偿。而建设小产权房并通过出售小产权房,集体经济组织获得的收益远远高于政府征收土地的补偿金额。因此制度不合理也是小产权房有其广阔市场的原因之一。

5. 小产权房的法律规制

我国与小产权房规制有关的法律规范及主要规定如下:

《土地管理法》第 63 条规定,农民集体所有的土地的使用权不得出让、转让或者出租用于非农业建设;但是,符合土地利用总体规划并依法取得建

---

① 资料来源:http://baike.baidu.com.

② 资料来源:http://baike.baidu.com.

设用地的企业,因破产兼并等情形致使土地使用权依法发生转移的除外。

1999年,国务院办公厅发布《关于加强土地转让管理严禁炒卖土地的通知》指出:加强对农民集体土地的转让管理,严禁非法占用农民集体土地进行房地产开发。农民集体土地使用权不得出让、转让或出租用于非农业建设;对符合规划并依法取得建设用地使用权的乡镇企业,因发生破产、兼并等致使土地使用权必须转移的,应当严格依法办理审批手续。农民的住宅不得向城市居民出售,也不得批准城市居民占用农民集体土地建住宅,有关部门不得为违法建造和购买的住宅发放土地使用证和房产证。要对未经审批擅自将农民集体土地变为建设用地的情况进行认真清理。凡不符合土地利用总体规划的,要限期恢复农业用途,退还原农民集体土地承包者;符合土地利用总体规划的,必须依法重新办理用地手续。

2004年,国土资源部印发《关于加强农村宅基地管理的意见》(以下简称"《意见》")。《意见》特别强调,严禁城镇居民在农村购置宅基地,严禁为城镇居民在农村购买和违法建造的住宅发放土地使用证。《意见》强调农村村民一户只能拥有一处宅基地,面积不得超过省(区、市)规定的标准,不符合申请条件的不得批准宅基地。农村村民将原有住房出卖、出租或赠与他人后,再申请宅基地的,不得批准。

2007年,建设部发布的《关于购买新建商品房的风险提示》也再次强调:城市居民不要购买在集体土地上建设的房屋。目前的法律法规不允许在集体土地上进行房地产开发。不允许集体土地上建设的房屋向本集体经济组织以外成员销售。目前,有些村集体经济组织在本村集体土地上集中建设农民住宅楼,用于安置本集体经济组织成员,但在安置过程中,擅自扩大销售对象,以较低的价格向本集体经济组织以外成员销售。非集体经济组织成员购买此类房屋,将无法办理房屋产权登记,合法权益难以得到保护。有些项目允诺办理的"乡产权"、"小产权",均不符合法律规定,不受法律保护。

2007年12月国务院常务办公会,会议指出,我国耕地资源紧缺,土地供需矛盾突出,但土地利用方式粗放的现象相当普遍,节约用地的潜力很大,要大力促进节约用地和集约用地,保障经济社会可持续发展。会议强调:(1)严格执行土地用途管制制度,任何涉及土地管理制度的试验和探索都不能违反国家的土地用途管制制度。(2)严格规范使用农民集体所有土地进行建设,严禁非法占用(租用)农民集体土地进行非农业建设。城镇居民不得到农村购买宅基地、农民住宅或"小产权房",单位和个人不得非法租用、占用农民集体土地搞房地产开发。(3)严格控制集体建设用地规模,禁止通过"村改居"等方式非法将农民集体所有土地转为国有土地。(4)严格禁止和严肃查处"以租代征"等违法违规行为,坚决刹住乱占滥用农用地之风。

2008年1月国务院下发的《关于严格执行有关农村集体建设用地法律和政策的通知》指出,任何涉及土地管理制度的试验和探索,都不能违反国家的土地用途管制制度。同时强调:农村住宅用地只能分配给本村村民,城镇居民不得到农村购买宅基地、农民住宅或"小产权房"。单位和个人不得非法租用、占用农民集体所有土地搞房地产开发。农村村民一户只能拥有一处宅基地,其面积不得超过省、自治区、直辖市规定的标准。农村村民出卖、出租住房后,再申请宅基地的,不予批准。

2009年6月2日,深圳市通过《关于农村城市化历史遗留违法建筑的处理决定》规定,经普查记录的违法建筑,符合确认产权条件的,适当照顾原村民和原农村集体经济组织利益,在区分违法建筑和当事人不同情况的基础上予以处罚和补收地价款后,按规定办理初始登记,依法核发房地产证。确认产权的条件、处罚和补收地价款的标准与程序、办理初始登记的条件与程序等具体办法由市政府另行制定。实务界和民众对此的评价是,这标志着深圳的小产权房可能拿到全国首个"准生证"。

但国土资源部在2009年6月9日再次强调指出:"小产权房"实质是违法建筑,各地要严格依法查处大量存在的"小产权房"等违法用地;深圳市人大《关于农村城市化历史遗留违法建筑的处理决定》处理的是国有土地上的违法建筑,这与在农民集体土地上违规违法建设、向社会公众租售的"小产权房"有本质区别。深圳市依法采取拆除、没收、确权、临时利用等多种方式处理,对少数经依法处理,罚款和补交地价后确权的建筑,也主要是明确使用权,不能简单地理解为允许全部成为商品房进入市场流通。

2009年9月1日国土部下发《关于严格建设用地管理促进批而未用土地利用的通知》,严肃查处违反土地管理法律法规新建"小产权房"和高尔夫球场项目用地。必须严格按照《土地管理法》和《关于严格执行有关农村集体建设用地法律和政策的通知》(国办发〔2007〕71号)的规定执行。对在建在售的以新农村建设、村庄改造、农民新居建设和设施农业、观光农业等名义占用农村集体土地兴建商品住宅,在地方政府统一组织协调下,必须采取强力措施,坚决叫停管住并予以严肃查处。

据悉,2010 年国务院针对小产权房问题,已做出部署,责成国土资源部、住房和城乡建设部牵头,成立专门领导小组,负责小产权房的摸底和清理工作。国务院要求:一是所有在建及在售小产权房必须全部停建和停售;二是将以地方为主体组织摸底,对小产权房现状进行普查;三是责成领导小组研究小产权房问题,拿出相关处理意见和办法。

二、建筑物区分所有权法律规则

(一)建筑物区分所有权涵义

关于建筑物区分所有权一词的使用,各国立法例不尽相同,有"住宅所有权"、"公寓所有权"、"楼层所有权"、"建筑物区分所有权"等不同称谓。我国《物权法》使用了"建筑物区分所有权"一词。关于建筑物区分所有权的概念,理论上分别有一元论说、二元论说、三元论说三种观点。其中,一元论说认为,建筑物区分所有权是在专有部分上成立的所有权。二元论说认为,建筑物区分所有权是专有部分所有权和共有部分持分权构成的一项权利。三元论说认为,建筑物区分所有权是由专有所有权、共有部分持分权和基于对建筑物的管理、维护和修缮等共同事务而产生的成员权的总称。三元说克服了一元说和二元说的不足,从内涵上反映了建筑物区分所有权的本质特征,从外延上涵盖了建筑物区分所有权所折射的全部法律关系,故较之前两种学说,更为科学,为目前阶段物权法理论研究中的主导性学说。[①]

根据《物权法》,业主的建筑物区分所有权,是指业主对建筑物内的住宅、经营性用房等专有部分享有所有权,对专有部分以外的共有部分享有共有和共同管理的权利。其含义如下:第一,关于业主的建筑物区分所有权的概念,我国《物权法》采取了三元论说的观点,即业主的建筑物区分所有权的性质为一种特殊的复合性不动产所有权,其是关于专有部分的专有权、共有部分的共有权以及因共有关系而产生的管理权三者的结合。此三者相互

---

① 《〈中国人民共和国物权法〉条文理解与适用》,人民法院出版社 2007 年版,第 223页。

依赖、相互配合、相互制约,构成了不可分割的一个整体。第二,业主为建筑物区分所有权的权利主体,其身份具有多重性。与一般不动产所有权权利主体的单一性特征相比较,业主身份具有多重性,其既是专有所有权人,亦是共有所有权人,同时还是成员权主体。业主的主体范围亦应作广义解释,既可以是国家、国有企事业单位、集体所有制单位、各种社团及其他组织,也可以是中外合资、合作企业和独资企业,还可以是私营企业和公民。① 第三,专有部分系区分所有建筑物成立的基础,其意指构造上能够明确区分,具有排他性且可独立使用的作为区分所有权之标的的建筑物部分。共有部分为供业主共同使用的建筑物部分,是连接各个专有部分之纽带,业主相互司的共同体关系因共有部分之存在而得以成立。

(二)建筑物区分所有权内容

1. 专有所有权

业主对其建筑物专有部分享有所有权。《物权法》第 71 条规定:"业主对其建筑物专有部分享有占有、使用、收益和处分的权利。业主行使权利不得危及建筑物的安全,不得损害其他业主的合法权益。"关于专有部分的界定,《最高人民法院关于审理建筑物区分所有权纠纷案件具体应用法律若干问题的解释》(以下简称"《区分所有权解释》")第 2 条规定:"建筑区划内符合下列条件的房屋,以及车位、摊位等特定空间,应当认定为物权法第六章所称的专有部分:(1)具有构造上的独立性,能够明确区分;(2)具有利用上的独立性,可以排他使用;(3)能够登记成为特定业主所有权的客体。"

2. 共有所有权

共有所有权,又称"共用部分持分权",指区分所有权人对建筑物共用部分享有的占有、使用、收益的权利。共有所有权具有如下两个特征:其一,从属性。共用部分视为专有部分的从物,区分所有人取得专有所有权,亦附带取得共有部分持分权。将专有部分出让或抵押时,其效力均涉及共用部分。其二,不可分割性。共用部分持分权作为区分所有权三要素之一,由区分所有权人一并占有、处分,不得与专有所有权、成员权分割。

关于共有部分的范围,《区分所有权解释》第 3 条规定:除法律、行政法

① 《〈中国人民共和国物权法〉条文理解与适用》,人民法院出版社 2007 年版,第 225 页。

规规定的共有部分外,建筑区划内的以下部分,也应当认定为物权法第六章所称的共有部分:(1)建筑物的基础、承重结构、外墙、屋顶等基本结构部分,通道、楼梯、大堂等公共通行部分,消防、公共照明等附属设施、设备,避难层、设备层或者设备间等结构部分;(2)其他不属于业主专有部分,也不属于市政公用部分或者其他权利人所有的场所及设施等。共用部分又得分为法定共用部分或约定共用部分、全体共用部分或部分区分所有权人共用部分。《物权法》第73条规定:"建筑区划内的道路,属于业主共有,但属于城镇公共道路的除外。建筑区划内的绿地,属于业主共有,但属于城镇公共绿地或者明示属于个人的除外。建筑区划内的其他公共场所、公用设施和物业服务用房,属于业主共有。"《物权法》第74条规定:"建筑区划内,规划用于停放汽车的车位、车库应当首先满足业主的需要。建筑区划内,规划用于停放汽车的车位、车库的归属,由当事人通过出售、附赠或者出租等方式约定。占用业主共有的道路或者其他场地用于停放汽车的车位,属于业主共有。"

区分所有权人对共有所有权的行使受到更为严格的限制。对共用部分的修缮、管理、维护、改良、拆除等重大使用处分行为一般不得擅自进行,须经由区分所有权人会议决议或管理委员会、管理负责人决定。而且由于共有部分的利用不仅关系到建筑物整体效能,更攸关城市的安全美观,放又受行政法规、规划、建筑等的管制。但在合理合法的范围内,各区分所有权人则依共有的应有部分比例,对建筑物的共有部分有使用收益的权利,同时亦负担相应义务[1]。《物权法》第72条第1款规定:"业主对建筑物专有部分以外的共有部分,享有权利,承担义务;不得以放弃权利不履行义务";《物权法》第79条规定:"建筑物及其附属设施的维修资金,属于业主共有。经业主共同决定,可以用于电梯、水箱等共有部分的维修。维修资金的筹集、使用情况应当公布";《物权法》第80条规定:"建筑物及其附属设施的费用分摊、收益分配等事项,有约定的,按照约定;没有约定或者约定不明确的,按照业主专有部分占建筑物总面积的比例确定。"

3. 成员权

成员权又称社员权,指建筑物区分所有权人基于在一栋建筑物之构造、

---

① 符启林著:《房地产法》,法律出版社2009年版,第76页。

权利归属及使用上的不可分离的共同关系而产生的,作为建筑物的一个团体组织的成员而享有的权利与承担的义务①。成员权的主要特点有二:其一,成员权是区分所有权中的"人法性"因素。成员权主要是对全体区分所有权人的共同事务所享有的权利和承担的义务,它不仅仅是单纯的财产关系,其中有很大一部分是管理关系,具有人法(管理制度)的要素存在②。其二,成员权具有永续性。只要建筑物存在,就始终存在区分所有权人间的团体关系。基于共同关系而产生的成员权因而同样与共同关系共始终。

《物权法》规定业主可以设立业主大会,选举业主委员会。业主大会决定事项包括:(1)制定和修改业主大会议事规则;(2)制定和修改建筑物及其附属设施的管理规约;(3)选举业主委员会或者更换业主委员会成员;(4)选聘和解聘物业服务企业或者其他管理人;(5)筹集和使用建筑物及其附属设施的维修资金;(6)改建、重建建筑物及其附属设施;(7)有关共有和共同管理权利的其他重大事项。第(5)项和第(6)项规定的事项,应当经专有部分占建筑物总面积 2/3 以上的业主且占总人数 2/3 以上的业主同意;其他事项,应当经专有部分占建筑物总面积过半数的业主且占总人数过半数的业主同意。业主大会或者业主委员会的决定,对业主具有约束力。业主大会或者业主委员会作出的决定侵害业主合法权益的,受侵害的业主可以请求人民法院予以撤销。业主大会和业主委员会,对任意弃置垃圾、排放污染物或者噪声、违反规定饲养动物、违章搭建、侵占通道、拒付物业费等损害他人合法权益的行为,有权依照法律、法规以及管理规约,要求行为人停止侵害、消除危险、排除妨害、赔偿损失。业主对侵害自己合法权益的行为,可以依法向人民法院提起诉讼。

第三节　房地产权属登记法律规则

一、房地产权属登记规则概述

(一)房地产权属登记概念与功能

1. 房地产权属登记概念

---

① 陈华彬:《现代建筑物区分所有权制度研究》,法律出版社 1997 年版,第 196 页。

② "建筑物区分所有权之研究",载梁慧星主编:《民商法论丛》(第 1 卷),法律出版社 1992 年版,第 49—50 页。

房地产权属登记，又称房地产登记，指房地产管理部门对土地所有权、土地使用权、房屋所有权和房地产他项权利的登记。房地产是需要登记才能表征其权利的一种财产。登记的作用主要在于公示财产权利归属状态和权利范围，以使之生物权的对世效力。

2. 房地产权属登记功能

房地产权属登记具有三项功能，即权利确认功能、权利公示功能和管理功能。所谓权利确认功能，指通过房地产权属登记确认房地产权利归属状态。登记的房地产权利受国家强制力保护，可以对抗权利人以外任何人。所谓权利公示功能，指房地产权属登记公开房地产权利变动状况，昭示利益关系人与社会公众，保障房地产交易的安全。所谓管理功能，指房地产权属登记实现国家的管理意图，一方面通过登记建立产籍资料，进行产籍管理，另一方面通过登记审查相关权利设立、变更、终止的合法性，进而取缔或处罚违法行为。

（二）房地产权属登记的模式比较

现代各国的房地产权属登记（民法上称"不动产登记"）制度主要有三种模式。

1. 契据登记制。法国先采用，故又称"法国主义"，为日本、意大利、比利时、西班牙等国采用。其特征为：（1）登记为对抗要件。房地产权利变更因当事人意思表示一致，即生效力。登记仅为对抗第三人的要件，而非生效要件。（2）登记采取形式审查。只审查契约及登记手续是否完备，不问契约所载内容真实与否。（3）登记无公信力。已登记事项在实体法上不能成立时可以推翻，不得对抗第三人。（4）登记簿采取人的编成主义，以权利人登记顺序编成。

2. 权利登记制。德国先采用，故又称"德国主义"，为瑞士、奥地利、荷兰等国采用。其特征为：（1）登记为生效要件。房地产权利得失变更不经登记，不产生法律效力。（2）登记采取实质审查。登记机关除形式审查申请手续之外，还审查权利变动原因是否真实，有无瑕疵。（3）登记具有公信力，登记事项即使在实体法上不成立，也可对抗第三人，有绝对效力。（4）登记簿采取物的编成主义，以地号为顺序编成。

3. 托伦斯登记制。由澳大利亚托伦斯爵士1958年所创，为英国及英联邦地区采用。托伦斯制具有权利登记制上述四个特点。此外，主要特点在于：（1）登记机关设置赔偿基金。登记如有错误、虚伪或遗漏而致真正权利人受损害时,登记机关负损害赔偿之责。在权利登记制下,权利受害人得请求国家赔偿,登记机关本身不予赔偿。(2)任意登记制。不强制一切土地所有权、他项权利申请登记,但一经登记,如土地权利有变更或设定,则非经登记不发生效力。①

(二)我国房地产登记法律规则的沿革

新中国成立后,党和政府十分重视房地产的权属管理工作,在接收旧政府房地产权产籍资料后,通过清理和补充,建立了比较完善的档案。这些档案的建立为我国的城市建设、房屋管理、房地产税的征收,以及 20 世纪 50 年代中期对私人出租房屋的社会主义改造提供了重要的依据。20 世纪 50 年代后期,特别是文化大革命时期,我国的产权管理工作受到了严重的影响,致使现实生活中产生了许多产权不清、产籍不明的房屋。党的十一届三中全会以后,根据改革开放的需要和维护房地产权利人合法权益的要求,原城乡建设环境保护部和国家统计局于 1985 年进行了新中国成立后的第一次全国城镇房屋普查。在普查的基础上,原城乡建设环境保护部又于 1987 年开展了全国城镇房屋所有权总登记,统一了房屋所有权证书的样式。为了使我国的产权产籍管理工作进一步规范化、法制化,1987 年 4 月原城乡建设环境保护部颁布了《城镇房屋所有权登记暂行办法》,1990 年 12 月原建设部又制定了《城市房屋产权产籍管理暂行办法》(2001 年废止)。与此同时,原国家土地管理局还根据土地权属管理工作的需要,于 1989 年制定了《土地登记规则》。这些规范性文件的制定和实施,为我国房地产管理工作的开展和房地产登记制度的建立奠定了基础。②

随着我国经济体制改革的深入和各项配套改革措施的执行,我国的社会生活和经济管理体制发生了重大的变化。为了适应市场经济条件下房地产管理工作的需要,进一步完善我国的房地产权属管理制度,维护市场秩序,保障房地产权利人的合法权益,原建设部于 1997 年公布了《城市房屋权属登记管理办法》,并根据实践发展的需要于 2001 年 8 月 15 日对该办法进行了修改。2008 年《房屋登记办法》颁布,《城市房屋权属登记管理办法》

---

① 符启林著:《房地产法》,法律出版社 2009 年版,第 82—83 页。

② 李延荣主编:《房地产法原理与案例教程》,中国人民大学出版社 2009 年版,第 25 页。

同时废止。原国家土地管理局也于 1995 年对《土地登记规则》作了修改和补充。2008 年国土资源部《土地登记办法》实施,进一步完善了我国的房地产登记管理法律制度,并使之成为我国房地产管理法律制度的重要组成部分。由于我国实行的是社会主义生产资料公有制,土地在法律上属于禁止流通物,不能进入市场流通,自然也就不会发生权利流转,土地权属关系十分简单,土地权属管理的重要性被忽视了。所以,在过去相当长的时间里,我国对房地产的管理主要但就全国来讲,基本上还没有改变这种房地分管的局面。实践证明,这种实行多年的房地分管制度,弊多利少,不利于国家对房地产市场的管理,也不利于对房地产权利人合法权益的维护。从国外立法来看,虽然不动产登记的部门在不同的国家有所不同,如日本由法务局行使不动产登记管理权,英国由土地登记局行使登记管理权,但尚未发现哪个国家是将土地与房屋分别进行登记,分别建立权属管理制度的。我国这种在特殊历史条件下形成的特殊的房地产登记管理制度,具有一定的局限性和不科学性。今后随着我国法律制度的日益健全和完善,国家应通过立法,将两种权属登记制度统一起来,实现房地产登记的统一管理,从根本上解决房地产登记管理中存在的问题,并逐步与国际惯例接轨。①

(三)我国房地产登记机关

我国房地产是由国土资源部以及住房和城乡建设部(原建设部)两个部门分别负责的。与此相适应,房地产登记机关也有国土资源部、住房和城乡建设部两个部门分别进行。国土资源部负责土地登记,住房和城乡建设部负责房屋登记,具体的登记机关分别是两部门下属的土地管理局和房屋管理局。近年来,为了适应市场经济条件下房地产管理工作的需要,提高工作效率,在深圳市率先将房屋管理机关与土地管理机关合并:成立了房地产管理局,对房屋和土地实行了统一登记,权属证书由两证变为一证。之后广州、上海、北京也相继实行了两局合并,对房屋和土地的权属实行了统一管理。1994 年颁布、2007 年修订的《城市房地产管理法》以法律的形式,确认了这种现状。《城市房地产管理法》第 61 条明确规定:以出让或者划拨方式取得土地使用权,应当向县级以上地方人民政府土地管理部门申请登记,

① 李延荣主编:《房地产法原理与案例教程》,中国人民大学出版社 2009 年版,第 26 页。

经县级以上地方人民政府土地管理部门核实,由同级人民政府颁发土地使用权证书。在依法取得的房地产开发用地上建成房屋的,应当凭土地使用权证书向县级以上地方人民政府房产管理部门申请登记,由县级以上地方人民政府房产管理部门核实并颁发房屋所有权证书。房地产转让或者变更时,应当向县级以上地方人民政府房产管理部门申请房产变更登记,并凭变更后的房屋所有权证书向同级人民政府土地管理部门申请土地使用权变更登记,经同级人民政府土地管理部门核实,由同级人民政府更换或者更改土地使用权证书。法律另有规定的,依照有关法律的规定办理。同时,《城市房地产管理法》还在第 63 条规定:经省、自治区、直辖市人民政府确定,县级以上地方人民政府由一个部门统一负责房产管理和土地管理工作的,可以制作、颁发统一的房地产权证书,依照本法第 61 条的规定,将房屋的所有权和该房屋占用范围内的土地使用权的确认和变更,分别载入房地产权证书。可见,目前我国的房地产权属管理机关有两种:在实行房地分管的地方,房屋的登记机关是房管部门,土地的登记机关是国土资源管理部门;在实行统管的地方,房地产登记的机关是房地产管理机关。但总的来看,我国的房地产管理基本上还是分管或者说是以分管为主。由不同的职能部门分别进行管理,客观上存在很多弊端,既不方便登记,又影响工作效率。我国应当根据房地产发展的实践需要,对现行房地产登记管理体制进行改革,尽快改变这种房地分管的局面。统一由一个房地产登记机关代表政府按照统一的意志行使房地产的管理权,建立统一的房地产登记制度。这是市场经济条件下,进行房地产管理的客观要求。

二、土地登记法律规则

(一)土地登记概念

土地登记,是指将国有土地使用权、集体土地所有权、集体土地使用权和土地抵押权、地役权以及依照法律法规规定需要登记的其他土地权利记载于土地登记簿公示的行为。为规范土地登记行为,保护土地权利人的合法权益,根据《物权法》、《土地管理法》、《城市房地产管理法》和《土地管理法实施条例》,2007 年 11 月 28 日国土资源部第 5 次部务会议审议通过了《土地登记办法》(以下简称"《办法》"),并于 2008 年 2 月 1 日起施行。《办法》主要内容如下:

（二）土地登记的一般要求

1. 当事人申请登记

土地登记应当依照申请进行，但法律、法规和《办法》另有规定的除外。土地登记应当由当事人共同申请，但有下列情形之一的，可以单方申请：土地总登记；国有土地使用权、集体土地所有权、集体土地使用权的初始登记；因继承或者遗赠取得土地权利的登记；因人民政府已经发生法律效力的土地权属争议处理决定而取得土地权利的登记；因人民法院、仲裁机构已经发生法律效力的法律文书而取得土地权利的登记；更正登记或者异议登记；名称、地址或者用途变更登记；土地权利证书的补发或者换发；其他依照规定可以由当事人单方申请的情形。

2. 申请土地登记应当根据不同的登记事项提交的材料

申请人申请土地登记，应当根据不同的登记事项提交下列材料：土地登记申请书；申请人身份证明材料；土地权属来源证明；地籍调查表、宗地图及宗地界址坐标；地上附着物权属证明；法律法规规定的完税或者减免税凭证；本办法规定的其他证明材料。

3. 国土资源行政主管部门审核及实地查看

对当事人提出的土地登记申请，国土资源行政主管部门应当根据下列情况分别作出处理：（1）申请登记的土地不在本登记辖区的，应当当场作出不予受理的决定，并告知申请人向有管辖权的国土资源行政主管部门申请；（2）申请材料存在可以当场更正的错误的，应当允许申请人当场更正；（3）申请材料不齐全或者不符合法定形式的，应当当场或者在五日内一次告知申请人需要补正的全部内容；（4）申请材料齐全、符合法定形式，或者申请人按照要求提交全部补正申请材料的，应当受理土地登记申请。国土资源行政主管部门受理土地登记申请后，认为必要的，可以就有关登记事项向申请人询问，也可以对申请登记的土地进行实地查看。有下列情形之一的，不予登记：土地权属有争议的；土地违法违规行为尚未处理或者正在处理的；未依法足额缴纳土地有偿使用费和其他税费的；申请登记的土地权利超过规定期限的；其他依法不予登记的。

4. 登记及发证

国土资源行政主管部门应当对受理的土地登记申请进行审查，并按照下列规定办理登记手续：（1）根据对土地登记申请的审核结果，以宗地为单位填写土地登记簿;(2)根据土地登记簿的相关内容,以权利人为单位填写土地归户卡;(3)根据土地登记簿的相关内容,以宗地为单位填写土地权利证书。对共有一宗土地的,应当为两个以上土地权利人分别填写土地权利证书。国土资源行政主管部门在办理土地所有权和土地使用权登记手续前,应当报经同级人民政府批准。土地权利证书包括:(1)国有土地使用证;(2)集体土地所有证;(3)集体土地使用证;(4)土地他项权利证明书。

(三)土地登记种类

1. 土地总登记。所谓土地总登记,是指在一定时间内对辖区内全部土地或者特定区域内土地进行的全面登记。土地总登记应当发布通告。通告的主要内容包括:土地登记区的划分;土地登记的期限;土地登记收件地点;土地登记申请人应当提交的相关文件材料;需要通告的其他事项。对符合总登记要求的宗地,由国土资源行政主管部门予以公告。公告的主要内容包括:土地权利人的姓名或者名称、地址;准予登记的土地坐落、面积、用途、权属性质、使用权类型和使用期限;土地权利人及其他利害关系人提出异议的期限、方式和受理机构;需要公告的其他事项。公告期满,当事人对土地总登记审核结果无异议或者异议不成立的,由国土资源行政主管部门报经人民政府批准后办理登记。

2. 初始登记。所谓初始登记,是指土地总登记之外对设立的土地权利进行的登记。根据《办法》,下列情况下要进行土地初始登记:(1)依法取得国有土地使用权的,包括:依法以划拨方式取得国有建设用地使用权的;依法以出让方式取得国有建设用地使用权的;划拨国有建设用地使用权已依法转为出让国有建设用地使用权的;依法以国有土地租赁方式取得国有建设用地使用权的;依法以国有土地使用权作价出资或者入股方式取得国有建设用地使用权的;以国家授权经营方式取得国有建设用地使用权的。(2)依法确定集体土地所有权和使用权的,包括:农民集体土地所有权人应当持集体土地所有权证明材料,申请集体土地所有权初始登记;依法使用本集体土地进行建设的,当事人应当持有批准权的人民政府的批准用地文件,申请集体建设用地使用权初始登记;集体土地所有权人依法以集体建设用地使用权入股、联营等形式兴办企业的,当事人应当持有批准权的人民政府的批准文件和相关合同,申请集体建设用地使用权初始登记。依法使用本集体土地进行农业生产的,当事人应当持农用地使用合同,申请集体农用地使用权初始登记。

3. 变更登记。所谓变更登记,是指因土地权利人发生改变,或者因土地权利人姓名或者名称、地址和土地用途等内容发生变更而进行的登记。根据《办法》,下列情况下要进行土地变更登记:依法以出让、国有土地租赁、作价出资或者入股方式取得的国有建设用地使用权转让的;因依法买卖、交换、赠与地上建筑物、构筑物及其附属设施涉及建设用地使用权转移的;因法人或者其他组织合并、分立、兼并、破产等原因致使土地使用权发生转移的;因处分抵押财产而取得土地使用权的;土地使用权抵押期间,土地使用权依法发生转让的;经依法登记的土地抵押权因主债权被转让而转让的;因人民法院、仲裁机构生效的法律文书或者因继承、受遗赠取得土地使用权;已经设定地役权的土地使用权转移;地权利人姓名或名称、地址发生变化的;土地的用途发生变更的。

4. 注销登记。所谓注销登记,是指因土地权利的消灭等而进行的登记。根据《办法》,下列情况下要进行土地注销登记:发生可直接办理注销登记情形的,包括依法收回的国有土地、依法征收的农民集体土地、因人民法院、仲裁机构的生效法律文书致使原土地权利消灭,当事人未办理注销登记的;因自然灾害等原因造成土地权利消灭的;非住宅国有建设用地使用权期限届满,国有建设用地使用权人未申请续期或者申请续期未获批准的;已经登记的土地抵押权、地役权终止的;

5. 其他登记。其他登记,包括更正登记、异议登记、预告登记和查封登记。

(1)可以申请更正登记的情形有:国土资源行政主管部门发现土地登记簿记载的事项确有错误的;土地权利人认为土地登记簿记载的事项错误的。

(2)可以申请异议登记的情形有:土地登记簿记载的权利人不同意更正的,利害关系人可以申请异议登记。对符合异议登记条件的,国土资源行政主管部门应当将相关事项记载于土地登记簿,并向申请人颁发异议登记证明,同时书面通知土地登记簿记载的土地权利人。异议登记期间,未经异议登记权利人同意,不得办理土地权利的变更登记或者设定土地抵押权。

(3)可以申请预告登记的情形是:当事人签订土地权利转让的协议后,可以按照约定持转让协议申请预告登记。对符合预告登记条件的,国土资源行政主管部门应当将相关事项记载于土地登记簿,并向申请人颁发预告登记证明。预告登记后,债权消灭或者自能够进行土地登记之日起三个月内当事人未申请土地登记的,预告登记失效。预告登记期间,未经预告登记权利人同意,不得办理土地权利的变更登记或者土地抵押权、地役权登记。

(4)可以申请查封登记的情形是:国土资源行政主管部门应当根据人民法院提供的查封裁定书和协助执行通知书,报经人民政府批准后将查封或者预查封的情况在土地登记簿上加以记载。

(四)土地权利保护及法律责任

《办法》还对土地权利保护以及违反《办法》的法律责任做了规定,在此不做赘述。

三、房屋登记法律规则

(一)房屋登记概念

房屋登记,是指房屋登记机构依法将房屋权利和其他应当记载的事项在房屋登记簿上予以记载的行为。为了规范房屋登记行为,维护房地产交易安全,保护权利人的合法权益,依据《物权法》、《城市房地产管理法》、《村庄和集镇规划建设管理条例》等法律、行政法规,2008年1月22日建设部第147次常务会议讨论通过《房屋登记办法》(以下简称"《办法》"),本《办法》自2008年7月1日起施行。

(二)房屋登记程序

办理房屋登记,一般依照下列程序进行:

1. 申请。申请房屋登记,申请人应当向房屋所在地的房屋登记机构提出申请,并提交申请登记材料。申请登记材料应当提供原件。不能提供原件的,应当提交经有关机关确认与原件一致的复印件。申请人应当对申请登记材料的真实性、合法性、有效性负责,不得隐瞒真实情况或者提供虚假材料申请房屋登记。

2. 受理。申请人提交的申请登记材料齐全且符合法定形式的,应当予以受理,并出具书面凭证。申请人提交的申请登记材料不齐全或者不符合法定形式的,应当不予受理,并告知申请人需要补正的内容。

3. 审核。房屋登记机构应当查验申请登记材料,并根据不同登记申请就申请登记事项是否是申请人的真实意思表示、申请登记房屋是否为共有房屋、房屋登记簿记载的权利人是否同意更正,以及申请登记材料中需进一步明确的其他有关事项询问申请人。询问结果应当经申请人签字确认,并归档保留。房屋登记机构认为申请登记房屋的有关情况需要进一步证明的,可以要求申请人补充材料。

4. 记载于登记簿。登记申请符合下列条件的,房屋登记机构应当予以登记,将申请登记事项记载于房屋登记簿:(1)申请人与依法提交的材料记载的主体一致;(2)申请初始登记的房屋与申请人提交的规划证明材料记载一致,申请其他登记的房屋与房屋登记簿记载一致;(3)申请登记的内容与有关材料证明的事实一致;(4)申请登记的事项与房屋登记簿记载的房屋权利不冲突;(5)不存在本办法规定的不予登记的情形。登记申请不符合前款所列条件的,房屋登记机构应当不予登记,并书面告知申请人不予登记的原因。

有下列情形之一的,房屋登记机构应当不予登记:(1)未依法取得规划许可、施工许可或者未按照规划许可的面积等内容建造的建筑申请登记的;(2)申请人不能提供合法、有效的权利来源证明文件或者申请登记的房屋权利与权利来源证明文件不一致的;(3)申请登记事项与房屋登记簿记载冲突的;(4)申请登记房屋不能特定或者不具有独立利用价值的;(5)房屋已被依法征收、没收,原权利人申请登记的;(6)房屋被依法查封期间,权利人申请登记的;(7)法律、法规和本办法规定的其他不予登记的情形。

5. 发证。房屋登记机构应当根据房屋登记簿的记载,缮写并向权利人发放房屋权属证书。房屋权属证书是权利人享有房屋权利的证明,包括《房屋所有权证》、《房屋他项权证》等。申请登记房屋为共有房屋的,房屋登记机构应当在房屋所有权证上注明"共有"字样。预告登记、在建工程抵押权登记以及法律、法规规定的其他事项在房屋登记簿上予以记载后,由房屋登记机构发放登记证明。

(三)国有土地范围内房屋登记

1. 所有权登记

(1)房屋所有权初始登记。因合法建造房屋申请房屋所有权初始登记的,应当提交下列材料:登记申请书;申请人身份证明;建设用地使用权证明;建设工程符合规划的证明;房屋已竣工的证明;房屋测绘报告;其他必要材料。房地产开发企业申请房屋所有权初始登记时,应当对建筑区划内依法属于全体业主共有的公共场所、公用设施和物业服务用房等房屋一并申请登记,由房屋登记机构在房屋登记簿上予以记载,不颁发房屋权属证书。

(2)房屋所有权转移登记。发生下列情形之一的,当事人应当在有关法律文件生效或者事实发生后申请房屋所有权转移登记:买卖;互换;赠与;继承、受遗赠;房屋分割、合并,导致所有权发生转移的;以房屋出资入股;法人或者其他组织分立、合并,导致房屋所有权发生转移的;法律、法规规定的其他情形。

申请房屋所有权转移登记,应当提交下列材料:登记申请书;申请人身份证明;房屋所有权证书或者房地产权证书;证明房屋所有权发生转移的材料;其他必要材料。前款第四项材料,可以是买卖合同、互换合同、赠与合同、受遗赠证明、继承证明、分割协议、合并协议、人民法院或者仲裁委员会生效的法律文书,或者其他证明房屋所有权发生转移的材料。

(3)房屋所有权变更登记。发生下列情形之一的,权利人应当在有关法律文件生效或者事实发生后申请房屋所有权变更登记:房屋所有权人的姓名或者名称变更的;房屋坐落的街道、门牌号或者房屋名称变更的;房屋面积增加或者减少的;同一所有权人分割、合并房屋的;法律、法规规定的其他情形。申请房屋所有权变更登记,应当提交下列材料:登记申请书;申请人身份证明;房屋所有权证书或者房地产权证书;证明发生变更事实的材料;其他必要材料。

(4)房屋所有权注销登记。经依法登记的房屋发生下列情形之一的,房屋登记簿记载的所有权人应当自事实发生后申请房屋所有权注销登记:房屋灭失的;放弃所有权的;法律、法规规定的其他情形。申请房屋所有权注销登记的,应当提交下列材料:登记申请书;申请人身份证明;房屋所有权证书或者房地产权证书;证明房屋所有权消灭的材料;其他必要材料。

2. 抵押权登记

(1)房屋抵押权设立登记。以房屋设定抵押的,当事人应当申请抵押权登记。申请抵押权登记,应当提交下列文件:登记申请书;申请人的身份证明;房屋所有权证书或者房地产权证书;抵押合同;主债权合同;其他必要材料。

(2)抵押权变更登记。在下列情况下,当事人应当申请抵押权变更登记:抵押当事人、债务人的姓名或者名称;被担保债权的数额;登记时间。申请抵押权变更登记,应当提交下列材料:登记申请书;申请人的身份证明;房屋他项权证书;抵押人与抵押权人变更抵押权的书面协议;其他必要材料。

(3)押权转移登记。经依法登记的房屋抵押权因主债权转让而转让,申请抵押权转移登记的,主债权的转让人和受让人应当提交下列材料:登记申请书;申请人的身份证明;房屋他项权证书;房屋抵押权发生转移的证明材料;其他必要材料。

(4)抵押权注销登记。经依法登记的房屋抵押权发生下列情形之一的,权利人应当申请抵押权注销登记:主债权消灭;抵押权已经实现;抵押权人放弃抵押权;法律、法规规定抵押权消灭的其他情形。申请抵押权注销登记的,应当提交下列材料:登记申请书;申请人的身份证明;房屋他项权证书;证明房屋抵押权消灭的材料;其他必要材料。

3. 地役权登记

(1)地役权设立登记。在房屋上设立地役权的,当事人可以申请地役权设立登记。申请地役权设立登记,应当提交下列材料:登记申请书;申请人的身份证明;地役权合同;房屋所有权证书或者房地产权证书;其他必要材料。

(2)地役权变更登记、转移登记、注销登记。已经登记的地役权变更、转让或者消灭的,当事人应当提交下列材料,申请变更登记、转移登记、注销登记:登记申请书;申请人的身份证明;登记证明;证明地役权发生变更、转移或者消灭的材料;其他必要材料。

4. 预告登记。有下列情形之一的,当事人可以申请预告登记:预购商品房;以预购商品房设定抵押;房屋所有权转让、抵押;法律、法规规定的其他情形。

(1)预购商品房预告登记。预售人和预购人订立商品房买卖合同后,预售人未按照约定与预购人申请预告登记,预购人可以单方申请预告登记。申请预购商品房预告登记,应当提交下列材料:登记申请书;申请人的身份证明;已登记备案的商品房预售合同;当事人关于预告登记的约定;其他必要材料。

(2)预购商品房抵押权预告登记。申请预购商品房抵押权预告登记,应当提交下列材料:登记申请书;申请人的身份证明;抵押合同;主债权合同;预购商品房预告登记证明;当事人关于预告登记的约定;其他必要材料。

（3）房屋所有权转移预告登记。申请房屋所有权转移预告登记,应当提交下列材料:登记申请书;申请人的身份证明;房屋所有权转让合同;转让方的房屋所有权证书或者房地产权证书;当事人关于预告登记的约定;其他必要材料。

（4）房屋抵押权预告登记。申请房屋抵押权预告登记的,应当提交下列材料:登记申请书;申请人的身份证明;抵押合同;主债权合同;房屋所有权证书或房地产权证书,或者房屋所有权转移登记的预告证明;当事人关于预告登记的约定;其他必要材料。

5. 其他登记

（1）更正登记。权利人、利害关系人认为房屋登记簿记载的事项有错误的,可以提交下列材料,申请更正登记:登记申请书;申请人的身份证明;证明房屋登记簿记载错误的材料。

（2）异议登记。利害关系人认为房屋登记簿记载的事项错误,而权利人不同意更正的,利害关系人可以持登记申请书、申请人的身份证明、房屋登记簿记载错误的证明文件等材料申请异议登记。

（四）集体土地范围内房屋登记

1. 房屋所有权初始登记。因合法建造房屋申请房屋所有权初始登记的,应当提交下列材料:登记申请书;申请人的身份证明;宅基地使用权证明或者集体所有建设用地使用权证明;申请登记房屋符合城乡规划的证明;房屋测绘报告或者村民住房平面图;其他必要材料。申请村民住房所有权初始登记的,还应当提交申请人属于房屋所在地农村集体经济组织成员的证明。农村集体经济组织申请房屋所有权初始登记的,还应当提交经村民会议同意或者由村民会议授权经村民代表会议同意的证明材料。

2. 房屋所有权变更登记。发生下列情形之一的,权利人应当在有关法律文件生效或者事实发生后申请房屋所有权变更登记:房屋所有权人的姓名或者名称变更的;房屋坐落变更的;房屋面积增加或者减少的;同一所有权人分割、合并房屋的;法律、法规规定的其他情形。

3. 房屋所有权转移登记。房屋所有权依法发生转移,申请房屋所有权转移登记的,应当提交下列材料:登记申请书;申请人的身份证明;房屋所有权证书;宅基地使用权证明或者集体所有建设用地使用权证明;证明房屋所有权发生转移的材料;其他必要材料。申请村民住房所有权转移登记的,还应当提交农村集体经济组织同意转移的证明材料。农村集体经济组织申请房屋所有权转移登记的,还应当提交经村民会议同意或者由村民会议授权经村民代表会议同意的证明材料。

4. 抵押权登记。依法以乡镇、村企业的厂房等建筑物设立抵押,申请抵押权登记的,应当提交下列材料:登记申请书;申请人的身份证明;房屋所有权证书;集体所有建设用地使用权证明;主债权合同和抵押合同;其他必要材料。

5. 其他登记。办理集体土地范围内房屋的地役权登记、预告登记、更正登记、异议登记等房屋登记,可以参照适用国有土地范围内房屋登记的有关规定。

四、错误登记的赔偿责任

虽然长期以来,国家没有建立房地产登记错误赔偿制度,但从现行有关立法及登记实践来看,我国房地产登记的审查形式应为实质审查。《城市房地产转让管理规定》第7条明确规定,房地产管理部门对当事人提交的材料进行审查,核实申报的成交价格,并根据需要对转让的土地进行现场勘查和评估,然后办理房屋权属登记手续,核发土地权属证书。为了保证登记簿的真实性,登记机关的审查方式应采用实质审查,对权利本身存在与否及真实情况作出判断。

房地产管理机关对当事人的登记申请进行实质审查本身就决定了其对自己违法行使职权或错误登记给申请人及相关利害关系人造成的损失应承担赔偿责任。房地产登记机关是国家机关,以国家公信力为基础为当事人提供不动产交易的安全保障,其因行使职权而给当事人造成的损害,理应属于国家赔偿的范围。我国《国家赔偿法》第2条规定,国家机关和国家机关工作人员违法行使职权侵犯公民、法人和其他组织的合法权益造成损害的,受害人有依照本法取得国家赔偿的权利。新颁布的《物权法》基于对不动产公信力的维护和保障交易安全的目的,建立了实质审查的登记模式,这符合我国的实际需要。

1. 赔偿责任的归责原则

房地产登记机关因登记错误而给当事人造成损失的应该承担赔偿责任,是监督和制约登记机关职务行为的客观要求。房地产登记职权是国家权力的组成部分,通过让登记机关对其造成的损害承担赔偿责任,有利于督促登记机关合理谨慎地履行职责。

关于国家登记机关因登记错误承担赔偿责任时应适用何种归责原则,存在不同的主张:

第一种观点是无过错责任原则。该主张认为:国家机关及其工作人员在执行职务中造成损失的,不论行为人是否有过错,都应当由国家机关承担赔偿责任。采用无过错责任有利于受害人获得赔偿救济,相应地也加重了登记机关的责任。

第二种观点是过错推定责任。持此主张者认为,在过错责任原则中,按照"谁主张谁举证"的规则,一般是由受害人举证证明登记机关的行为是一种过错行为,登记机关并不承担证明自己行为不是过错行为的举证责任。但是严格使用此规则将使受害人遇到极大的困难,因此可以采取举证责任倒置的立法技术加强对受害人的保护,使登记机关就相反的事实负举证责任,即实行过错推定。所谓过错推定,是指法律规定行为人侵害他人人身、财产并造成损害的,应负民事责任,但如果加害人能够证明损害不是由于他的过错所致,可以被免除责任。

第三种观点是适用过错责任原则,持此主张者认为:国家机关或者其工作人员执行职务时的故意或过失行为侵犯了公民、法人或其他社会组织合法权益造成损害的,应对其造成的损害承担赔偿责任。如果无过错,则不承担责任。我们赞成过错责任原则的观点。因为登记行为造成损失,是追究责任的客观依据,但导致这种结果发生的原因是复杂的、多方面的,让登记行为人依过错责任原则承担损失赔偿责任,才能体现承担责任的公平、合理性,并防止赔偿责任扩大化①。

2. 登记机关的赔偿责任

《物权法》第 21 条第 1 款规定:当事人提供虚假材料申请登记,给他人造成损害的,应当承担赔偿责任。《物权法》第 21 条第 2 款规定:因登记错误,给他人造成损害的,登记机构应当承担赔偿责任。登记机构赔偿后,可以向造成登记错误的人追偿。《房屋登记办法》第 92 条规定第 1 款规定:申请人提交错误、虚假的材料申请房屋登记,给他人造成损害的,应当承担

---

① 王利明、杨立新:《侵权行为法》,法律出版社 2005 年版,第 423 页。

相应的法律责任。《国家赔偿法》第 28 条规定,不动产登记错误而造成他人损失的,按照直接损失给予赔偿。《房屋登记办法》第 92 条规定第 2 款规定:房屋登记机构及其工作人员违反本办法规定办理房屋登记,给他人造成损害的,由房屋登记机构承担相应的法律责任。房屋登记机构承担赔偿责任后,对故意或者重大过失造成登记错误的工作人员,有权追偿。

中国房地产
法律规则研究

第三章 中国房地产开发用地法律规则

本章介绍中国房地产开发用地法律规则,内容包括国有土地使用权出让法律规则、国有土地使用权划拨法律规则、国有土地使用权转让法律规则、国有土地使用权出租法律规则、国有土地使用权纠纷处理法律规则等。同时探讨中国国有土地使用权出让制度存在的问题、对土地使用权转让条件限制的是否合理进行分析,为完善我国土地租赁制度简介香港的土地租赁制度经验。

第一节 房地产开发用地法律规则概述

一、房地产开发用地的概念

(一)房地产开发用地概念

房地产开发是指在依法取得国有土地使用权的土地上,按照城市规划要求进行基础设施、房屋建设的行为。房地产开发用地,是指房地产开发商在依法取得的土地使用权进行投资开发基础设施和房屋建设的国有土地。房地产开发用地,具有以下特点:第一,从权利性质来看,房地产开发用地仅指取得开发用地的使用权,而不是指取得开发用地的所有权。国家实行土地所有权与土地使用权分离制度,使土地使用权商品化,开发商取得的仅是使用权。第二,从土地所有权来看,仅指城镇国有土地、而不包括集体所有的土地。我国对土地一级市场实行国家垄断经营的政策。能有偿出让使用权的土地只能是城镇国有土地,集体所有土地除国家征用外,不得出让,不得用于经营性房地产开发,不得转让、出租用于非农业建设。第三,从土地范围来看,出让的土地使用权只是一种地上使用权,该土地的地下资源和埋藏物仍属于国家所有。

(二)房地产开发种类

房地产开发包括土地开发和房屋开发。土地开发主要是指房屋建设的前期工作,主要有两种情形:一是新区土地开发,即把农业或者其他非城市用地改造为适合工商业、居民住宅、商品房以及其他城市用途的城市用地；二是旧城区改造或二次开发，即对已经是城市土地，但因土地用途的改变、城市规划的改变以及其他原因，需要拆除原来的建筑物，并对土地进行重新改造，投入新的劳动。就房屋开发而言，一般包括四个层次：第一层次为住宅开发；第二层次为生产与经营性建筑物开发；第三层次为生产、生活服务性建筑物的开发；第四层次为城市其他基础设施的开发。

房地产开发与房地产开发经营是有区别的，房地产开发是指依在取得国有土地使用权的土地上进行基础设施、房屋建设的行为。而房地产开发经营是指房地产开发企业在城市规划区内国有土地上进行基础设施建设、房屋建设，并转让房地产开发项目或者销售、出租商品房的行为。①

二、房地产开发用地制度的确立

世界各国的土地制度，大致可以分为三种模式：一是以土地私有制为基础的完全市场模式。这一模式下的土地可以在市场上自由买卖，价格也主要由供求关系和竞争程度决定，如美国、日本等。二是土地公有制为基础的非市场模式。在这种模式下，土地所有权属于国家（或集体），国家无偿分配给使用者使用，如前苏联、东欧国家。三是土地以公有制为主的国家控制的市场模式。在这种模式下，土地所有权属于国家，但在一定条件下允许出卖或再卖（转让），如英联邦国家。

我国传统的土地使用制度属于第二种模式，即土地使用制度实行行政划拨、无偿无限期使用、禁止土地转让的制度。改革我国传统的土地使用制度，选择何种模式呢？完全市场模式，与社会主义公有制相违背；土地公有制下的国家控制与市场调节相结合的模式，则比较适合我国的情况。

三、我国房地产开发用地制度的形成

（一）我国房地产开发用地制度形成的立法标志

我国现行土地使用制度的形成经历了一个逐步演变的过程。1980年7月26日，国务院《关于中外合营企业建设用地的暂行规定》规定："中外合

---

① 资料来源：http://baike.baidu.com.

营企业用地,不论新征土地,还是利用原来企业的场地,都应计收场地使用费。"这一规定是我国改变传统用地模式的最初尝试。1982年深圳经济特区开始按城市土地的不同等级向土地使用者收取不同标准的使用费,为我国土地使用制度的改革提供了实践经验。为了使土地使用权有偿出让、转让活动规范化和制度化,在地方性立法和经济特区的经验的基础上,通过修改《宪法》、修改《土地管理法》,发布实施《城镇国有土地使用权出让和转让暂行条例》,我国土地使用权有偿使用制度得以确立。

(二)我国现行土地使用制度的特点

我国现行土地使用制度显示出如下特点:

1. 国家实行国有土地有偿出让及保持少量必要的行政划拨。供应房地产开发用地,只转移了土地使用权,国家仍然享有土地所有权。

2. 土地使用权已成为具有相对独立意义的一种物权,即对土地享有依法占有、使用、收益和一定处分的权利,土地使用者成为权利主体。《物权法》中土地使用权已经作为一种独立的用益物权专章予以规定。

3. 国家垄断城镇土地一级市场,同时加强土地二级市场的管理。在房地产用地市场的第一个层次即出让活动中,是由政府统一出面的。集体所有的土地不得擅自出让,只能先征用转为国有土地后方可出让。第二个层次即转让活动,也要受到原土地使用权出让合同规定的条件和期限的制约。

4. 建立系统的登记制度,明确登记是确认土地使用权的要件。不论是土地权利还是房屋权属,都要进行登记。这一点《物权法》、《土地登记办法》和《房屋登记办法》已经明确规定。

(三)现行土地使用制度的作用

随着我国经济进一步对外开放、经济体制由计划经济向社会主义市场经济转制,价格机制、供求机制、竞争机制在经济中的运行,土地使用制度产生了根本性变化:已经由过去"无偿、无期限、无流动"的土地使用制度转为现在"有偿、有期限、可以流动"的土地使用制度,土地资源得到了充分利用。现行土地使用制度的具体作用表现如下:

1. 发挥了土地对国民经济发展的源头调控作用。中国土地市场的一个突出特征是国家通过土地出让的方式行使土地所有权,在价格、期限、用途等各方面做出规定,并按照计划和规划执行,这就可以保证在土地出让过程中,国家以土地所有者和管理者的身份执行国家经济宏观调控产业政策,对国家鼓励发展的产业,采取多供地、低地价或减免地价政策。对不鼓励或限制发展的产业,采取高地价或不供地政策,从而保证国民经济结构趋向合理。例如国家考虑到居民住房改善问题,大力提倡修建商品住宅、限制高档写字楼、花园别墅建设。

2. 促进城市现代化建设。一个城市发展的现代化水平,是衡量一个地区经济发展水平的重要标志。土地市场的形成与运作,促使城市发生了巨大变化。市场机制作用有效地提高了人们节约、合理利用土地的自觉性。市场机制的作用有效地促进城市土地利用结构趋于合理,城市规划得以顺利实施。由于不同城市不同地段引起的土地级差效益不同,并在市场机制下充分显示出来,随着城市土地级差收益逐步被人们所认识,利用城市级差地租进行老企业搬迁和居民住宅改造顺利进行,促进了城市功能趋于合理,改善了居民居住环境。①

3. 土地有偿使用是国家财政收入和建设资金的重要来源。我国城市建设资金长期以来没有一个稳定的来源,主要是依靠国家拨款。由于财力不足,不仅拨款数量不足,而且要视国家财政状况而定,很不稳定,造成了城市建设旧城改造欠账很多,城市基础设施十分落后。要改变这种局面就要有稳定的资金来源,实行城市土地有偿使用,收取土地使用费就是资金的重要来源。

4. 带动了房地产业的快速发展。房地产业迅速发展的基本动因是经济发展,而土地市场形成与发育,则是促进房地产业发展的必要条件,中国土地市场的建立,为房地产投资者创造了一个公平竞争的投资环境,市场机制逐步完善又在一定程度上降低了房地产投资的风险。从实践效果来看,随着中国土地市场发育完善而带来的房地产投资快速增长,房地产业将迅猛发展。

(四)现行房地产开发用地制度存在的问题及解决

国家的发展,现代化表征之一是城市化。随着我国城市化进程的进一步发展,市郊城市化和小城镇建设中土地问题开始暴露。在现行土地制度下,集体土地转为国有土地的唯一方式是征地,但征地并不适合城市化过程中的用地情形,导致大量问题的产生:(1)土地利用分散化、低效化;(2)集

---

① 张忠野、曾大鹏编著:《房地产法学》,格致出版社 2010 年版,第 133 页。

体土地国有化(征地)过程中土地收益流失严重,乡镇政府中间非法截留,农民未得到应得增值利益,生活贫困化,农民、农村基层组织与政府矛盾激化;(3)土地利用市场化程度低,政府在土地资源配置中依然起决定作用;(4)城乡收入差别扩大,与城镇化建设目的相左;(5)城镇化后的农民社会保障机制缺失,社会安定受到影响;(6)集体土地物权制度缺乏,农村城镇化建设对法律制度的需求加大;(7)集体土地所有权主体不明确,违背城市化与市场化同步、乡政府与乡村法人分离的市场主体法人格独立的客观规律;(8)集体土地利用市场化缺乏法律制度保障。因此,要完善现行土地制度,应从三个方面入手:(1)要以集体土地利用制度改革为核心和契机,完成农村城镇化建设;(2)满足实际对制度的需求,进行集体土地利用制度的创新;(3)坚持效率优先兼顾公平的市场配置资源的原则①。

第二节 国有土地使用权出让法律规则

一、国有土地使用权出让的概念与特点

土地使用权出让是指国家将国有土地使用权(以下简称"土地使用权")在一定年限内出让给土地使用者,由土地使用者向国家支付土地使用权出让金的行为。其法律特征主要表现为以下几个方面:

1. 土地使用权出让法律关系中的出让方是特定的,它只能是国有土地的所有者,国家。在实践中,土地出让权由国家授权地方人民政府土地管理部门来代表其行使。除国家或其法定代表外,任何单位和个人都不能作为出让方出让国有土地使用权;受让方主体是不特定的,中华人民共和国境内、外的公司、企业、其他经济组织和个人,除法律另有规定者外,均可作为受让方通过有偿出让的方式取得土地使用权,进行土地开发、利用和经营。

2. 土地使用权出让由人民政府负责,有计划有步骤地进行。出让土地的位置、用途、年限和其他条件,由人民政府土地管理部门会同城市规划部门、房产管理部门,共同拟定方案,经有批准权的人民政府批准后,由土地管理部门实施。

3. 土地使用权出让不包括地下资源、埋藏物和市政公共设施,受让方

---

① 张忠野、曾大鹏编著:《房地产法学》,格致出版社2010年版,第134页。

不得以享有土地使用权为由而主张地下资源、埋藏物和市政公共设施的权利。

4. 土地使用权出让属于要式法律行为,土地使用权出让方和受让方要依法签订土地使用权出让合同,并在受让方支付全部土地使用权出让金后,按规定进行登记,领取国有土地使用证。

二、国有土地使用权出让的范围

土地使用权出让的地域范围,是指在什么空间地域范围内的土地可以进行土地使用权出让。《城市房地产管理法》第 2 条、第 8 条规定:在中华人民共和国城市规划区国有土地(以下简称"国有土地")范围内取得房地产开发用地的土地使用权,从事房地产开发、房地产交易,实施房地产管理,应当遵守本法。城市规划区内的集体所有的土地,经依法征用转为国有土地后,该幅国有土地的使用权方可有偿出让。

在我国,城市是指国家按行政建制设立的直辖市、市、镇。依照我国法律规定。直辖市的设立,由全国人民代表大会审议决定;其他市的设立,有国务院审批;镇的设立,由省、自治区自治区、直辖市人民政府审批。城市规划是在一定时期内城市建设的发展计划,对城市内各方面的建设进行综合部署,作为城市开发、城市建设和城市管理的主要依据。城市规划区,是指城市市区、近郊区以及城市行政区域内因城市建设和发展需要实行规划控制的区域。城市规划区的范围,由城市人民政府在编制的城市总体规划中划定。

根据《城市房地产法管理法》规定,土地使用权出让的特定空间地域范围是城市规划区。不过,同时应当指出的是,城市规划区以外的国有土地也可以出让使用权,这主要指城市规划区以外的国有土地范围内的工矿区、农场、林场、港口、军事用地等,这些地域也可以参照进行土地使用权出让。

我国实行土地的公有制,具体包括国家所有和农村集体所有两种形式。对于国有土地,可以依法进行出让,而对于后者,则加以一定的限制。如果允许农村集体土地使用权直接进入地产市场,在目前条件下,势必导致房地产市场的混乱和土地资源的严重流失。为了贯彻执行切实保护耕地的基本国策,明确集体所有的土地不能开发经营房地产,房地产开发用地必须是国有土地,《城市房地产管理法》规定:"城市规划区内的集体所有的土地,经依法征用转为国有土地后,该幅国有土地的使用权方可出让。"

三、国有土地使用权出让的宏观调控

国有土地使用权出让关系到土地利用总体规划、城市规划和年度建设用地计划的落实,因此,《城市房地产管理法》规定:土地使用权出让,必须符合土地利用总体规划、城市规划和年度建设用地计划。

（一）土地使用权出让必须符合土地利用总体规划

土地利用总体规划,是指各级人民政府根据国民经济和社会发展的情况,对土地的开发、利用、整治和保护在时间上和空间上所作的战略构思和设计方案。土地利用总体规划是土地利用总体性的、战略性的、指导性的长期计划,其主要内容是根据土地自然特性、经济条件和国民经济、社会发展用地需求的长期预测,确定土地利用的目标、方向、结构和布局,对各主要用地部门的用地规模提出控制性指标,划分土地利用区域,制定实施规划的方针政策和措施。《土地管理法》第17条规定:"各级人民政府应当依据国民经济和社会发展规划、国土整治和资源环境保护的要求、土地供给能力以及各项建设对土地的需求,组织编制土地利用总体规划。"

（二）土地使用权出让必须符合城市规划

城市规划是国家为实现一定时期内城市的经济和社会发展目标,确定城市性质、规模和发展方向,合理利用城市土地,协调城市空间布局和各项建设的综合部署和具体安排。它是城市建设的蓝图,也是指导房地产开发的依据。

（三）土地使用权出让必须符合年度建设用地计划

建设用地计划是国民经济和社会发展计划的组成部分,是加强土地资源宏观管理的重要措施,是审批建设用地的依据之一。建设用地计划按级别分为国家、省(自治区、直辖市、计划单列省辖市)、省辖市(地区、自治州)、县(县级市、区)四级;按计划期分为五年计划和年度计划(与国民经济和社会发展计划相同)。年度建设用地计划是本行政区域内本计划年度国家建设、乡(镇)村集体建设和农村个人建房、新建、扩建、技改项目用地以及采掘、建材等行业生产用地的计划。土地使用权出让,必须符合年度建设用地计划,其含义包括两个方面的内容:一方面,土地使用权出让,必须符合年度建设用地计划所确定的出让地块幅数;另一方面,土地使用权出让,必

须符合年度建设用地计划所确定的出让土地总面积。

四、国有土地使用权出让的方式

国有土地使用权出让的方式，对土地使用者而言也即国有出让土地使用权取得的方式。根据《城镇国有土地使用权出让和转让暂行条例》和《城市房地产管理法》、《招标拍卖挂牌出让国有土地使用权规定》的规定，城镇国有土地使用权让有协议、招标、拍卖和挂牌出让四种方式。

（一）协议出让方式

协议方式出让土地使用权是由市、县人民政府土地管理部门根据土地用途、建设规划要求、土地开发程度等情况，与受让申请人协商用地条件和土地使用权出让金，双方经过协商达成协议后，受让方便依据协议取得土地使用权。

（二）招标出让方式

招标方式出让土地使用权是由市、县土地管理部门向符合规定条件的单位发出招标邀请书或者向社会公布招标条件，通过合法的招标程序择优确定中标者，向其出让土地使用权。招标方式包括邀请招标和公开招标。

（三）拍卖出让方式

拍卖方式出让土地使用权是由市、县土地管理部门或其委托的拍卖机构，在指定的时间地点，通过拍卖的方式公开叫价竞投，以出价最高者为受让人出让土地使用权。

（四）挂牌出让方式

挂牌方式出让土地使用权是指市、县人民政府土地行政主管部门或者其委托的中介机构就国有土地使用权发出挂牌公告，按公告规定的期限将拟出让宗地的交易条件在指定土地交易场所挂牌公布，接受竞买人的报价申请并更新挂牌价格，根据挂牌期限截止时的出价结果确定土地使用者的行为。

四种土地使用权出让方式各有利弊。协议方式简便易行，程序简单，但不能引入竞争机制，不利于土地使用者公平竞争，且容易滋生腐败。招标、拍卖挂牌出让方式透明度高，能够引入市场竞争机制，为土地使用者提供平等竞争机会，并有利于维护国家的合法权益，但程序比较复杂，工作量比较大，需要有相应的市场条件。所以，在土地使用权制度改革初期，各地方政府过多地采用了协议方式,导致土地使用权出让金普遍偏低,损害了国家利益。1995 年实施的《城市房地产管理法》进一步明确了三种出让方式适用的范围:商业、旅游、娱乐和豪华住宅用地,有条件的,必须采用拍卖、招标方式;没有条件,不能采用拍卖、招标方式的,可以采取双方协议的方式。同时还规定"采取双方协议方式出让土地使用权的"出让金不得低于按国家规定所确定的最低价。"因此,政府应依照法律规定尽可能地采用拍卖、招标方式出让土地使用权,无条件采用拍卖、招标方式而确需采用协议方式的,也应尽量做到公开、公平、公正,最大限度地减少协议出让的弊端。

2002 年 5 月 9 日国土资源部为规范国有土地使用权出让行为,优化土地资源配置,建立公开、公平、公正的土地使用制度,根据《城市房地产管理法》、《土地管理法》和《土地管理法实施条例》等法律、法规,制定《招标拍卖挂牌出让国有土地使用权规定》。2002 年 10 月,国土资源部和监察部联合发出《关于严格实行经营性土地使用权招标拍卖挂牌出让的通知》,该《通知》要求,各类工业园、科技园、开发区用地和各单位使用的原划拨土地改变为商业、旅游、娱乐、商品住宅项目用地的,必须由当地人民政府土地行政主管部门统一管理、统一供应。《通知》还要求,经营性土地使用权必须以招标、拍卖或者挂牌方式出让,其他土地的供应计划公布后,同一宗地有两个以上意向用地者的,也应当采取招标、拍卖或者挂牌方式出让。招标拍卖挂牌底价必须根据土地估价结果和政府产业政策集体决策,并严格保密。

五、国有土地使用权出让的年限

(一)国有土地使用权出让的最高年限

国有土地使用权出让的期限应在法律规定的年限内确定。我国《城镇国有土地使用权出让和转让暂行条例》规定的土地使用权出让年限是:居住用地 70 年;工业用地 50 年;商业、旅游、娱乐用地 40 年;综合或者其他用地 50 年。这是土地使用权出让期限的最高年限。在具体的土地使用权出让中,人民政府应根据具体情况和国家的产业政策,在法定最高年限之下,确定土地使用权出让的期限,不得超出法定最高期限出让。

(二)土地使用权出让合同约定的出让年限

土地使用权出让合同约定的出让年限是指出让方与受让方在出让合同中具体约定的受让方得以使用土地的期限。合同约定的土地使用权出让年限不得超过法律规定的土地使用权出让的最高年限,在法律规定的土地使用权出让的最高年限内,出让方和受让方得自由约定土地使用权出让的年限。

(三)土地使用权出让年限的计算

一般而言,土地使用权出让年限,以领取土地使用证之日为期间的起算点;划拨土地使用权补办出让合同的出让年限,按出让合同双方当事人约定的时间计算;通过转让方式取得的土地使用权,其使用年限为土地使用权出让合同约定的使用年限减去原土地使用者已使用年限后的剩余年限。

(四)土地使用权出让年限届满与续展

土地使用权出让是一种附终期的民事法律行为,在期限未届满前,其效果效力不终止,而期限届满时则效果效力终止。土地使用权的续展是指土地使用权出让年限的延续。《物权法》第 148 条规定:"建设用地使用权期间届满前,因公共利益需要提前收回该土地的,应当依照物权法的规定对该土地上的房屋及其他不动产给予补偿,并退还相应的出让金。《物权法》第 149 条规定:"住宅建设用地使用权期间届满的,自动续期。非住宅建设用地使用权期间届满后的续期,依照法律规定办理。该土地上的房屋及其他不动产的归属,有约定的,按照约定;没有约定或者约定不明确的,依照法律、行政法规的规定办理。"《城市房地产管理法》第 22 条规定:土地使用权出让合同约定的使用年限届满,土地使用者需要继续使用土地的,应当至迟于届满前一年申请续期,除根据社会公共利益需要收回该幅土地的,应当予以批准。经批准准予续期的,应当重新签订土地使用权出让合同,依照规定支付土地使用权出让金。

(五)国有土地使用权出让合同当事人的权利和义务

《物权法》第 138 条规定:采取招标、拍卖、协议等出让方式设立建设用地使用权的,当事人应当采取书面形式订立建设用地使用权出让合同。建设用地使用权出让合同一般包括下列条款:(1)当事人的名称和住所;(2)土地界址、面积等;(3)建筑物、构筑物及其附属设施占用的空间;(4)土地用途;(5)使用期限;(6)出让金等费用及其支付方式;(7)解决争议的方法。当事人签订土地使用权出让合同后,彼此间就形成一定的权利义务关系,相互享有权利和负有义务。

1. 出让方的权利和义务

（1）出让方的权利。作为出让方依合同享有的权利,一般包括以下方面:要求受让方按法律规定或合同约定交付出让金,否则出让方有权解除合同,并要求对方承担违约责任;监督土地使用权受让人行使权利的行为和对土地进行开发、利用及经营的活动;在土地使用权出让期限届满时,收回土地使用权。

（2）出让方的义务。作为出让方负有的义务一般包括以下方面:按合同规定向受让方提供土地使用权;在遇到不可抗力导致出让合同不能履行或不能完全履行时,应及时通知受让人;保证土地使用权受让人对土地的正常使用。

2. 受让方的权利和义务

（1）受让方的权利。作为受让方享有的权利,一般包括:要求出让方按合同的约定,按时提供土地使用权。出让方不能按约定时间提供土地使用权的,可以要求其承担违约责任;受让人对土地的开发利用达到法定要求后,有权对土地使用权及地上建筑物进行转让、出租和抵押;在土地使用权出让合同期限届满之前,遇特殊情况,国家提前收回土地使用权时,受让方有权要求给予适当的损失补偿;在土地使用权出让合同期限届满时,受让方需要继续使用土地的,可以申请续期。

（2）受让方的义务。作为受让方的土地使用权人负有的义务一般包括:按照合同约定的时间和方式交付土地使用权出让金;按出让合同确定的用途和要求使用土地。确需改变土地用途的,必须经出让方和市、县人民政府城市规划行政主管部门同意,经原批准机关批准,签订出让合同变更协议或重新签订出让合同,并依法调整出让金。

六、建设用地使用权的收回

建设用地使用权的收回,是指国家将建设用地使用权以出让合同的方式确定给建设用地使用者开发利用后,由于法定事由的发生,国家收回建设用地使用权,致使建设用地使用者不再享有建设用地使用权的行为。国家收回建设用地使用权一般有以下四种情况①:

1. 建设用地使用者违反城市规划或建设用地使用权出让合同的规定

---

① 符启林著:《房地产法》,法律出版社 2009 年版,第 120—121 页。

而开发利用土地,被国家强制收回。《城市房地产管理法》第 26 条规定,土地使用者应当按照土地使用权出让合同约定的土地用途、动工开发期限开发土地,超过出让合同约定的动工开发日期满 1 年未动工开发的,可以征收相当于土地使用权出让金 20% 以下的土地闲置费;满 2 年未动工开发的,可以无偿收回土地使用权,但是,因不可抗力或者政府、政府有关部门的行为或者动工开发必需的前期工作造成动工开发迟延的除外。

2. 建设用地使用权出让合同规定的期限届满,国家自动收回。建设用地使用权是他物权,并且附有期限,期限届满,建设用地使用权自动复归土地所有权,土地所有权回复其圆满支配状态。《土地管理法》第 58 条第 1 款第 3 项规定,土地出让等有偿使用合同约定的使用期限届满,土地使用者未申请续期或者申请续期未获批准的,由有关人民政府土地行政主管部门报经原批准用地的人民政府或者有批准权的人民政府批准,可以收回国有土地使用权。《城镇国有土地使用权出让和转让暂行条例》第 40 条也规定,土地使用权期满,土地使用权及其地上建筑物、其他附着物所有权由国家无偿取得;土地使用者应当交还土地使用证,并依照规定办理注销登记。但《物权法》规定住宅建设用地使用权期间届满的,自动续期。

3. 在建设用地使用权期限届满前国家因社会公共利益的需要,提前收回建设用地使用权。《土地管理法》第 58 条和《城市房地产管理法》第 20 条规定,在特殊情况下,根据社会公共利益的需要,国家可以依照法律程序提前收回土地使用权,国家应根据土地使用者使用年限和开发、利用土地的实际情况给予相应补偿。《物权法》第 148 条规定:"建设用地使用权期间届满前,因公共利益需要提前收回该土地的,应当依照本法第 42 条的规定对该土地上的房屋及其他不动产给予补偿,并退还相应的出让金。"

4. 为实施城市规划进行旧城区改建,需要调整使用土地的。《土地管理法》第 58 条规定,为实施城市规划进行旧城区改建,需要调整使用土地的,政府可以收回土地使用权,但对土地使用权人应当给予适当补偿。

七、我国土地使用权出让制度存在的问题及解决对策

(一)我国土地使用权出让制度存在的问题

由《宪法》、《土地管理法》、《物权法》《城市房地产管理法》以及《城镇国有土地使用权出让转让暂行条例》构成的我国土地使用权出让制度,内

容已经比较丰富、体系也日趋完整。但纵观全部制度,其中还存在很多不足。主要表现在以下方面①:

1. 我国国有建设用地使用权出让最高年限偏短、出让期限起算日期的规定不统一

(1)我国国有建设用地使用权出让最高年限偏短

前面谈到,出让最高年限:居住用地 70 年;工业用地 50 年;教育、科技、文化、卫生、体育用地 50 年;商业、旅游、娱乐用地 40 年;综合或其他用地 50 年。由此可以看出,出让年限的高低与土地投资收益状况相联系。如住宅用地,对多数住宅的购买者而言,买房不是为了投资,而是为了满足居住的需要,因此住宅用地出让的最高年限最长。而商业、娱乐用地、工业用地属于投资经营性质,并且投资回收速度快,因此此类用地出让的最高年限相对较短。而现代建筑在广泛地应用新材料、新技术的同时,还普遍地采用了可靠的防震抗灾措施,其自然"寿命"普通可以达到 100 年以上,相对于房屋的存续期限而言,我国土地出让的最高年限显然偏短。从目前来看,我国法律对国有建设用地使用权出让的最高年限规定的偏短导致以下弊端:首先,损害国有建设用地使用权人的利益。其次,损害国有建设用地所有权人的利益。由于建设用地使用权期限偏短,国有建设用地使用权人作为投资者为了回收其投资利益,势必导致短期行为,对国有建设用地进行过度的、不符合土地利用规律的开发利用,从而对国家利益造成损害。最后,对社会公共利益产生消极影响。国有建设用地使用权出让最高年限偏短会抑制国有建设用地使用权人对国有土地投资的积极性,不能达到对国有土地的充分利用,在一定程度上造成国家土地资源的浪费,影响社会公共利益。

(2)出让期限起算日期的规定不统一

关于出让期限的起算日期,我国法律法规的规定并不统一,导致理论和实践中出现了几种不同的理解和做法。《城镇国有土地使用权出让和转让暂行条例》第 16 条规定:"土地使用者在支付全部土地使用权出让金后,应当按照规定办理登记,领取土地使用证,取得土地使用权。"《城市房地产管理法》第 15 条规定:"土地使用权出让,应当签订书面出让合同。土地使用权出让合同由市、县人民政府土地管理部门与土地使用者签订"。通过出

---

① 张辉:"国有建设用地使用权出让法律制度研究",东北财经大学硕士学位论文。

让方式获得国有建设用地使用权必须以出让合同成立生效为提，因此，出让期限应当自出让合同成立生效之日起开始计算。根据国土资源部发布的《国有土地使用权出让合同范本》第6条规定："本合同项下的土地使用权出让年期为×年，自出让方向受让方实际交付土地之日起算，原划拨土地使用权补办出让手续的，出让年期自合同签订之日起算。"《物权法》第139条规定："设立建设用地使用权的，应当向登记机构申请建设用地使用权登记。建设用地使用权自登记时设立。登记机构应当向建设用地使用权人发放建设用地使用权证书"。

2. 建设用地使用权自动续期的规定过于原则化、缺乏操作性

（1）住宅建设用地使用权自动续期的规定过于原则化

《物权法》明确规定住宅建设用地使用权期间届满可以自动续期，这项规定为解决这一问题提供了新的思路和法律依据。随着住房制度改革，越来越多的城镇居民拥有自己的房屋，而且大量集中在住宅小区内。《物权法》的这一规定，回答了广大群众关于"70年大限到期后，我们的住房怎么办"的疑问。但是，我们应该注意的是，此次《物权法》并没有对续期的土地使用费支付标准和办法做出具体规定，这就使得建设用地使用权续期缺乏程序上的可操作性，过于原则化和概括化，导致广大人民群众的切身利益依旧得不到有效的保护，有关政策法规无法落实到实际，因此对于住宅建设用地使用权自动续期的操作程序以及相关措施有待于在日后的司法实践中进一步完善相关法律规范。

（2）非住宅建设用地使用权续期的规定缺乏操作性

对于非住宅建设用地使用权的续期，《物权法》只规定"依照法律规定办理"，此处"法律规定"应当指的是上述《城市房地产管理法》第22条的规定。笔者认为，根据该条规定，是否给予续期的批准权在国家，对于土地使用权人来说能否续期是待定的，其只享有续期期待权，这不能完全消除土地使用人的后顾之忧。土地使用人的申请有被政府拒绝的危险，且土地使用人只有在出让期限的最后一年才能知道是否可以继续投资，申请未得到批准前，投资者可能消极使用土地，造成土地使用后期的低效率用地，影响社会公共利益。而且当土地使用人的续期申请得到批准，需要与土地管理部门重新签订国有建设用地使用权出让合同，但法律对新合同与原合同在内容上有何联系、续期时的地价标准是以出让时还是续期时的市价为准等内

容均未作规定。因此,国有建设用地使用权续期作为国有建设用地使用权出让法律制度中一个具体制度,在程序和内容上还不够完善。

3. 国有建设用地使用权期间届满后地上建筑物归属规定存在缺陷

(1)国有建设用地使用权期间届满建筑物归属的规定存在冲突

在我国《物权法》未施行以前,关于建设用地使用权出让期限届满地上建筑物归属问题的处理,均是根据《城镇国有土地使用权出让和转让暂行条例》第40条的规定,即由国家无偿取得。这项规定显然是缺乏法律依据的,并且侵犯了地上建筑物所有权人的合法权益。当出让期限届满后,政府无偿收回建设用地使用权是正确的,但地上建筑物所有权是属于开发商、投资商的,其所有权受国家法律保护,如政府对地上建筑物一同无偿取得,实质上是对他人合法所有权的一种剥夺。《物权法》第149条对前述规定进行了修正,规定"土地上的房屋及其他不动产的归属,有约定的,按照约定;没有约定或者约定不明确的,依照法律、行政法规的规定办理"。因此在我国现行法律规范中关于国有建设用地使用权出让期限届满后地上建筑物归属问题的规定存在冲突,导致实践中土地管理部门利用行政职权不公平、不合理的收回建筑物所有权的现象层出不穷。

(2)国有建设用地使用权期间届满建筑物归属的规定不全面

《物权法》第149条的规定为地上建筑物归属问题打开了一个出口,开发了一条新的途径,即以当事人意思自治优先,以当事人双方协议约定排除一味由国家无偿取得。这无疑对保障国有建设用地使用权人的合法权益具有重大意义。但是物权法却并未完全否定国家对地上建筑物的无偿取得权,当国有建设用地使用权出让合同双方当事人对出让期限届满后地上建筑物的归属问题没有约定或者约定不明确,则只能"依照法律、行政法规的规定办理"。这里《物权法》并没有明确指出依照哪些法律法规的相关规定办理,但根据我国关于国有建设用地使用权出让制度的现行法律规范,只有适用上述《城镇国有土地使用权出让和转让暂行条例》第40条的规定,因此归根到底,仍然存在由国家无偿取得地上建筑物的可能性。既然存在这种情形,说明《物权法》对国有建设用地使用权人对其地上建筑物的所有权的保护是不全面、不彻底的。因此在实践中仍会不可避免地出现这种不公平的情形,即土地使用者的国有建设用地使用权被收回,其享有合法所有权的地上建筑物一同由国家无偿取得,而土地使用者却得不到合理的补偿。

（二）我国国有建设用地使用权出让制度的完善

对我国的国有建设用地使用权出让制度进行完善应当从以下方面入手：

1. 修改国有建设用地使用权出让最高年限和起算日期的规定

（1）延长不同种类国有建设用地使用权出让最高年限

《物权法》第149条规定了住宅建设用地使用权期间届满自动续期，解决了关系民生的住宅建设用地使用权期限问题，但对于工商业等非住宅建设用地，并没有做出明文的规定。因此需要法律、法规做出补充。前文已经论述法律对建设用地使用权出让的最高年限的规定偏短，我们应该以多长时间为好呢？笔者认为，对于非居住用地的建设用地使用权最高年限，考虑到我国各地经济发展水平的不同，各地土地使用人的一般投资回报率水平之间有很大的差异，因此此类建设用地使用权的最高年限，不宜由法律做出统一规定，可授权各地根据自身经济发展水平，结合当地实际，科学确定各种用地的最高使用期限，以地方法规的形式加以规定。

（2）出让期限的起算点应确定为国有建设用地使用权登记的日期

我国国有建设用地使用权出让期限应当自建设用地使用权登记之日起算。因为出让期限是建设用地使用权存续的期限，而根据《物权法》的规定，建设用地使用权自登记时设立，所以出让期限亦应当从登记时开始计算。另外，在实践中土地使用者往往在登记之前已实际占有土地，因此可能出现受让人还未取得建设用地使用权的情况下已开发利用土地的情形，这势必导致土地使用者实际使用的年限超过出让合同约定的出让期限。因此，在我国现行的土地管理和供应体制下，建设用地使用权的出让期限应当从建设用地使用权登记时起算。

2. 完善国有建设用地使用权出让续期制度

（1）续期制度完整框架和内容

国有建设用地使用权续期在理论上应是原国有建设用地使用权出让合同内容的延续，而变化的只是国有建设用地使用权期限。但在立法的设计和实践中，续期需要订立新的国有建设用地使用权出让合同。因此，在原合同与新合同的内容衔接方面，法律应做出规定。其次，国有建设用地使用权续期作为国有建设用地使用权出让法律制度中一个具体、完整的制度，法律应当对国有建设用地使用权续展申请期限、续展条件、可续展期限、续展次数有无限制以及审批程序等内容做出明确而具体的规定。

（2）对不同类型用地确立不同的续展出让金

我国国有建设用地使用权出让期限明显偏短，我们应当在综合考虑土地用途、各地经济发展水平、建筑物使用寿命等因素的前提下适当延长建设用地使用权出让期限。因此，对于非住宅建设用地使用权，例如商业、工业、旅游业等用地出让期届满后，建设用地使用权人提出续期申请，如在不违反土地利用总体规划的情形下，土地管理部门应当保证建设用地使用权人的优先权并以土地的市场价格重新确定建设用地使用权出让金。而且，对于不同类型的用地法律规定其最高出让年限不同，原因在于土地的投资收益状况不同，因此应当根据不同类型用地确立不同的续展出让金，这样才能公平合理地保护土地使用者的权利，使我国土地市场稳定发展。

3. 完善国有建设用地使用权收回的补偿规定

（1）建立合理的补偿程序和方法

从我国现行法律规范相关规定可以看出，政府在实施收回国有建设用地使用权行为时，原建设用地使用权人完全处于被动状态和不平等地位。我国建设用地使用权收回制度过分强调了收回的强制性，从而忽视了原建设用地使用权人的知情权、参与权与申诉权。从对建设用地使用权收回的认定到补偿费用的确定，基本都是由政府决定。现行法律不仅缺乏收回建设用地使用权的具体程序，也未明确规定收回建设用地使用权的补偿救济程序。原建设用地使用权人往往对行政机关确定的补偿范围、标准或数额等不服，却无法得到法律救济。因此我们应当尽快完善对收回国有建设用地使用权进行合理补偿的具体程序和救济程序的相关规定，促使行政机关"有法可依、有法必依"，这对于保护国有建设用地使用权人的合法权益和规范政府行为具有极为重要的意义。

（2）完善国有建设用地使用权出让期限届满后地上建筑物归属的规定

大陆法系国家的地上权制度的有关规定可以借鉴。从比较法学的角度来看，我国的建设用地使用权与大陆法系国家的地上权制度具有同质性。日本《民法典》第269条规定，地上权人于权利消灭时，可以回复土地原状，收去其工作物及竹木。但是，土地所有人通知愿以时价买取时，地上权人无正当理由不得拒绝。我国台湾地区"民法典"第840条规定，地上权人的工作物为建筑物者，如地上权因存续期间届满而消灭时，地上权人存在于地上的建筑物的利益仍受法律保护,而非一律无偿地由土地所有人取得。其保护的方式主要是给予地上权人以收回权、受补偿权。同时为兼顾土地所有人的利益,给予土地所有人以购买权、请求恢复原状的权利及延期请求权。

(3)国家行使购买权给予受让方货币补偿

毫无疑问,建设用地使用人在建造地上建筑物时投入了一定的资本,付出了劳力,如果国家作为土地所有人依约定或者因约定不明确而欲收回地上建筑物,那么应当合理行使购买权。笔者认为,土地所有人应按该建筑物和其他附着物的市价予以补偿,即根据原建设用地使用权人使用的土地用途、地上建筑物和其他附着物的价值、使用状况由土地管理部门会同房产管理部门与原建设用地使用权人进行协商,或根据房地产评估机构进行评估后的价值进行补偿。补偿范围主要包括:建筑物的实际价值,建设用地使用权中剩余的应返还给土地使用人的利用价值,土地使用人对土地进行改良工作而使土地的客观价值得以实际增加所支出的费用等。

第三节　国有土地使用权划拨法律规则

一、国有土地使用权划拨的概念、特点

国有土地使用权划拨是指县级以上人民政府依法批准,在土地使用者缴纳补偿、安置等费用后将该幅土地交付其使用,或者将土地使用权无偿交付给土地使用者的行为。

划拨土地使用权与出让土地使用权相比,具有以下主要特征:

1. 没有明确的期限。通过划拨方式取得的土地使用权,除法律、行政法规另有规定外,没有使用期限的限制。与出让土地使用权不同,出让土地使用权具有明确的期限。权利人享有土地使用权的起止时间,在出让合同中有明确的约定。土地使用权人必须按出让合同的约定行使权利。

2. 无须支付土地使用权出让金。通过划拨方式取得土地使用权,虽然土地使用者要缴纳补偿、安置等费用,但不必向国家支付地租性质的费用。这是出让土地使用权取得与划拨土地使用权取得的主要区别。

3. 不能擅自转让、出租和抵押。通过划拨方式取得的土地使用权,除符合法律规定的条件外,不得转让、出租和抵押。而出让土地使用权包括占有、使用、收益和处分四项权能,权利人对其享有的土地使用权享有处分权,

在合同约定的期限内,土地使用权人可以将其享有的土地使用权转让、出租或抵押。

二、划拨国有土地使用权取得的条件

通过划拨方式取得土地使用权,是国家为了支持或照顾某些公益性事业或特殊行业的发展,而对其建设项目用地采用的特殊的供地方式。为此,《城市房地产管理法》和《土地管理法》对划拨土地适用的范围作了明确的规定。可以通过划拨方式取得土地使用权的情况:(1)国家机关用地;(2)军事用地;(3)国家重点扶持的能源、交通、水利等项目用地。(4)公益事业用地;(5)城市基础设施用地;(6)法律、法规明确规定可以采用划拨方式供地的其他建设项目用地。在上述范围内,政府认为应当予以扶持,并给予政策上优惠的建设项目用地,经过批准,可以采用划拨方式取得土地使用权。

2001年11月国土资源部根据《土地管理法》和《城市房地产管理法》的规定,制定颁布实施的《划拨用地目录》,将可通过划拨方式确定土地使用权规定了19种情况。同时规定:符合本目录的建设用地项目,由建设单位提出申请,经有批准权的人民政府批准,方可以划拨方式提供土地使用权。对国家重点扶持的能源、交通、水利等基础设施用地项目,可以以划拨方式提供土地使用权。对以营利为目的,非国家重点扶持的能源、交通、水利等基础设施用地项目,应当以有偿方式提供土地使用权。以划拨方式取得的土地使用权,因企业改制、土地使用权转让或者改变土地用途等不再符合本目录的,应当实行有偿使用。

三、划拨国有土地使用权取得的程序

划拨土地使用权取得的程序,大体上是由以下步骤构成:

1. 用地单位提交用地申请。经批准的建设项目,需要使用国有土地的,建设单位应当持法律、法规规定的有关文件,向有批准权的县级以上人民政府土地行政主管部门提出建设用地申请。

2. 土地行政主管部门审查和报批。县以上人民政府土地管理部门对建设用地申请进行审查后,便划定用地范围,并组织建设单位与被征地单位及有关单位,依法商定征用土地的补偿、安置方案。然后,依照土地管理法规定的审批权限报有批准权的人民政府批准。

3. 土地划拨。建设用地申请及土地补偿安置方案,经有批准权的人民政府依法批准后,向建设单位颁发建设用地批准书,土地管理机关根据建设用地批准文件和建设进度,一次或分期划定建设用地,并督促被征地单位和建设单位按时移交土地,尽快落实土地补偿、安置方案。

4. 核发国有土地使用证。建设项目竣工后,建设项目主管部门组织有关部门验收时,县以上人民政府土地管理部门要到现场核查实际用地情况,终核查无误后,用地单位应到土地行政管理部门办理土地登记,由土地管理机关颁发《国有土地使用证》确认土地使用权。

四、划拨国有土地使用权的行使

根据《城市房地产管理法》、《土地管理法》的有关规定,土地使用者依法取得划拨土地使用权之后便在法律规定的范围内对划拨的土地享有占有、使用和收益的权利。其权利的行使受国家法律的保护。但土地使用者在行使权利时,也必须遵守国家法律、法规的有关规定。

1. 土地使用权人不得擅自改变土地用途。土地使用权人在使用土地过程中不得随意改变土地用途,特殊情况确需改变土地用途的,应得到人民政府批准,并要依法办理土地用途变更登记手续。

2. 土地使用权人在行使权利时,如遇社会公共利益需要,有义务服从人民政府收回土地使用权的决定。《土地管理法》第58条明确规定,有下列情形之一的,由有关人民政府土地行政主管部门报经原批准用地的人民政府或者有批准权的人民政府批准,可以收回国有土地使用权:(1)为公共利益需要使用土地的;(2)为实施城市规划进行旧城区改造,需要调整使用土地的;(3)公路、铁路、机场、矿场等经核准报废的。在上述情况下,土地使用权人有义务服从人民政府收回土地使用权的决定。

3. 划拨土地使用权的转移必须遵守有关法律、法规的规定。根据国务院发布的《城镇国有土地使用权出让和转让暂行条例》第45条规定,划拨土地使用权转让、出租和抵押要经市、县人民政府土地管理部门和房产管理部门批准,其条件是:(1)土地使用者必须是公司、企业、其他经济组织和个人;(2)领有国有土地使用证;(3)具有地上建筑物、其他附着物合法的产权证明;(4)依照有关法规的规定签订土地使用权出让合同,向当地市、县人民政府补交土地使用权出让金,或者以转让、出租、抵押所获收益抵交土地使用权出让金。《城市房地产管理法》,对划拨土地使用权转让的方式和条件又作了进一步的规定,即"以划拨方式取得土地使用权的,转让房地产时,应当按照国务院规定,报有批准权的人民政府审批。有批准权的人民政府准予转让的,应当由受让方办理地使用权出让手续,并依照国家有关规定缴纳土地使用权出让金。"

五、关于经济适用房用地制度的探讨

（一）我国经济适用房用地制度存在的问题

经济适用住房是指由国家给予政策性扶持和优惠,以行政划拨方式供应土地,并采用政府指导价以微利价格向中低收家庭出售的住房。从这一含义可得出经济适用住房是享受国家特殊优惠政策的住房。这种优惠政策主要体现在土地的供应方式采用行政划拨,并在税费征收上给予优惠,建设单位只需交纳征地和拆迁补偿、安置费用后即可获得土地使用权。

作为我国住房制度改革的一项配套政策,经济适用住房用地制度的推行在我国住房制度改革过程中发挥了重要作用。该制度推行以来也确实解决了许多中低收入家庭的住房问题,从而促进了我国取消实物分房,实现住房分配的货币化的房改目标的实现。但这一制度本身还有许多不尽完善之处:

1. 经济适用住房用地的无期限性与商品房用地的有期限性的矛盾难以解决

我们知道,商品房建设用地是以出让方式取得的,以出让方式取得的土地使用权是有期限的,最长期限可达 70 年。而经济适用住房用地则实行无偿划拨,没有使用期限的限制。这意味着经济适用住房用地只要不因国家征用,地上房屋还有使用价值,就可以永久使用而无需交纳土地费用。这在我国的住宅市场上就形成了两种产权制度:有期限产权和无期限产权——以较高的价格购买的商品房有使用期限,期满后还要补交土地费用后方可继续使用;以较低价格购买的经济适用房则无使用期限的限制,只要维护使用得当就可永久使用,而且无需交纳土地费用①。

2. 造成经济适用住房上市交易的混乱

国家财政部、国土资源部、建设部 1999 年 7 月 15 日发布的《已购公有

---

① 张庆华著:《中国土地法操作实务》,法律出版社 2004 年版,第 74 页。

住房和经济适用住房上市出售土地出让金和收益分配管理的若干规定》第2条规定："已购公有住房和经济适用住房上市出售时,由购房者按规定交纳土地出让金或相当于土地出让金的价款。交纳标准按不低于所购买的已购公有住房和经济适用住房坐落位置的标定地价的10%确定。购房者交纳土地出让金或相当于土地出让金的价款后,按出让土地使用权的商品住宅办理产权登记。"也就是说经济适用住房上市交易,购买者不仅要补交土地出让金,而且房屋产权也出无限期产权变成了有限期产权。但如果不上市交易呢?不仅仍可保持无限期产权的优越性,而且还可以节省一大笔土地费用。这样的政策无疑使得私下交易行为大行其道。现在许多城市经济适用住房以及公房出售后经房产登记部门上市交易量极少而私下交易行为普遍存在,与这种政策性规定不无关系。特别是我国法律并无明确的房地产买卖合同经登记生效的规定。大量的私下交易行为在发生纠纷以后补办了登记手续,在司法领域仍可确认其效力,使得这种以规避税费,继续享受优惠政策为目的的私下交易有增无减[1]。

(二)解决经济适用住房用地存在问题的对策

首先,要严格控制经济适用住房的区位选择和建设标准。经济适用住房之所以成为各种收入层次的人争相抢购的对象、甚至为了得到经济适用房不惜采用违反的手段,除了经济适用住房的一些"先天"优越性外,建筑标准的提高、区位的优越也是一个重要原因。众所周之,按照城镇住房制度改革的宗旨,建设经济适用住房是为了解决中低收入者住房困难问题,如果高收入家庭竞相购买,低收入家庭的住房问题仍然不能得到解决。事实上即使房价中不含土地费用,一般的中低收入者也未必就能买得起经济适用住房。其中深层次的问题引人深思。

其次,以廉租住房逐步取代经济适用住房。经济适用住房制度是在以取消实物分房,实现住房分配的货币化、商品化为目标的住房制度改革过程中创设的一项配套制度。应该说,这是一项过渡性政策,随着我国住房制度货币化目标的逐步实现,这一过渡性政策也将完成它的历史使命。建立一项既不会对现在的商品房市场体系产生冲击,又能解决低收入者的住房困难的长期而稳定的住房分配制度就显得尤为重要。廉租住房制度应当是解

---

[1]　张庆华著:《中国土地法操作实务》,法律出版社2004年版,第75页。

决这一问题的关键。厦门政府最近出台的廉租住房、公租房屋一系列政策制度值得借鉴。

最后,要改变经济适用住房的建设主体。目前我国承担经济适用住房建设任务的均为具有独立法人资格、自负盈亏的各种不同性质的经营实体。企业的一切经营活动皆以实现利润最大化为追求目标,在整个房地产业,平均利润率高达20%甚至更高的情况下,让承担经济适用住房建设的房地产企业只挣区区3%的利润是不现实的。既然经济适用住房建设属于公益事业性质,那么它就不应当具有盈利成份(3%的利润也是盈利),而这种非盈利性的公益事业的建设,其承担主体只能是具有公益服务职能的国家——各级人民政府。由国家负责经济适用住房的投资建设,其成本和价格的控制等问题就迎刃而解了。同时有关产权期限、转让、级差地租流失等问题,结合前面的廉租住房制度也可以得到妥善的解决。①

第四节　国有土地使用权转让法律规则

一、国有土地使用权转让的概念、特点

国有土地使用权转让,是指土地使用权人在其权利年限有效范围内,将其受让的土地使用权依法转移给他人的民事法律行为。具体而言,土地使用权转让是土地使用权出让后,受让方按照土地使用权出让合同约定的期限和条件对土地进行投资开发后,通过出售、赠与或交换等方式,将自己享有的尚未到期的土地使用权转让给受让人,受让人在转让人土地使用权有效年限内受让土地使用权的民事法律行为。

土地使用权转让与土地使用权出让存在明显的不同,土地使用权的出让是土地所有权的权能与土地所有权相分离而成为独立的土地使用权,其产生是土地所有权人行使土地所有权的结果;而土地使用权的转让则是土地使用权在转让人与受让人之间的移转,其产生是土地使用权人对土地使用权进行法律上处分的结果。土地使用权出让是土地使用权转让的前提和基础。土地使用权出让属土地一级市场,土地使用权转让属土地二级市场,没有土地使用权的出让就没有土地使用权的转让。划拨的土地使用权须补

---

① 张庆华著:《中国土地法操作实务》,法律出版社2004年版,第79页。

办出让手续,补交土地使用权出让金或以转让房地产所获收益中的土地收益上缴国家或作其他处理后才能转让。

二、国有土地使用权转让的形式

《城镇国有土地使用权出让和转让暂行条例》规定:土地使用权转让是指土地使用者将土地使用权再移转的行为,包括出售、交换和赠与。《城市房地产管理法》规定:房地产转让,是指房地产权利人通过买卖、赠与或者其他合法方式将其房地产转移给他人的行为。

1. 出售。土地使用权出售是指转让人以获取价金为目的将土地使用权转让给受让人,受让人支付价金或其他经济利益并获取土地使用权的民事法律行为。土地使用权出售是有偿行为,转让方以失去土地使用权为代价获取受让方价金或其他经济利益,受让方用此取得该土地使用权。

2. 交换。土地使用权交换是两个土地使用权人之间就土地使用权进行互易的行为,本质上是一种权利互易。土地使用权交换,双方当事人互负对等义务,都负有向对方当事人移转土地使用权的义务,并都负有权利瑕疵担保义务。土地使用权的交换准用土地使用权买卖的规定。

3. 赠与。土地使用权赠与是指土地使用权人将其权利无偿地移转给他人的行为。赠与行为是一种无偿行为,出赠人负有移转土地使用权的义务而受赠人无支付对价的义务;赠与行为是一种要式行为,须待土地使用权权属变更登记完成始生法律效力。

4. 继承。土地使用权继承是指土地使用权人死亡后,依法符合继承条件的人继承权利人土地使用权的行为。同时,广义的继承还包括企业合并分立的情况,企业合并分立也发生土地使用权的转移。

5. 土地使用权入股。土地使用权入股,即以土地使用权作价出资。《公司法》规定股东可以以土地使用权作价出资,并应当依法办理土地使用权的移转手续。

三、国有土地使用权转让的原则

(一)权利义务同时移转原则

权利义务同时移转原则又称"认地不认人"原则,是指土地使用权转让时,转让人与原土地使用权出让人所签订的出让合同以及登记文件中所载明的权利、义务随之移转给受让人,土地使用权发生多次移转亦是如此。《城镇国有土地使用权出让和转让暂行条例》第 21 条规定:"土地使用权转让时,土地使用权出让合同和登记文件中所载明的权利和义务随之转移。"《城市房地产管理法》第 41 条亦规定:"房地产转让时,土地使用权出让合同载明的权利、义务随之转移。"

(二)产权一致原则

产权一致原则是指土地使用权与其地上建筑物所有权的权利人一致,土地使用权转让时,其地上建筑物、其他附着物所有权亦随之移转;地上建筑物、其他附着物所有权转让时,其使用范围内的土地使用权亦随之转移。《城市房地产管理法》第 31 条规定:"房地产转让、抵押时,房屋所有权和该房屋占用范围内的土地使用权同时转让、抵押。"《城镇国有土地使用权出让和转让暂行条例》第 23 条、第 24 条规定:"土地使用权转让时,其地上建筑物、其他附着物所有权随之转让。""土地使用者转让地上建筑物、其他附着物所有权时,其使用范围内的土地使用权随之转让,但地上建筑物、其他附着物作为动产转让的除外。"

(三)效益不可损原则

效益不可损原则是指土地使用权的转让或地上建筑物、其他附着物所有权的转让,不得损害土地及地上建筑物的经济效益,并须经过政府审批。土地使用权转让时,其地上建筑物或其他附着物应同时转让,反之亦然,一般不允许将土地使用权与地上建筑物、其他附着物分开转让,如要分开转让,须经过政府部门批准。土地使用权转让价格明显低于市场价格时,市、县人民政府有优先购买权;转让以划拨方式取得土地使用权的房地产时,须报有批准权的人民政府审批,准予转让的,或者办理土地使用权出让手续并支付土地使用权出让金,或者不办理土地使用权出让手续而把转让收益中的土地收益上缴国家或作其他处理。转让土地使用权后须改变土地用途的,必须取得市、县人民政府土地管理部门和城市规划行政主管部门的同意,签订土地使用权出让合同变更协议或者重新签订土地使用权出让合同,并相应调整土地使用权出让金。

四、国有土地使用权转让的条件

土地使用权转让是一种民事法律行为,除具备民事法律行为的一般生

效要件外,尚须具备以下特别生效要件:

(一)土地使用权须具备可转让的条件

1. 以出让方式取得的土地使用权的转让条件。在这种方式下取得土地使用权的转让条件具体包括:(1)按照土地使用权出让合同约定已经支付全部土地使用权出让金,并取得土地使用权证书。(2)按照土地使用权出让合同约定进行投资开发。属于房屋建设工程的,完成开发投资总额的25％以上;属于成片开发土地的,形成工业用地或其他建设用地条件。转让土地使用权时房屋已建成的,还应当持有房屋所有权证。

2. 以划拨方式取得的土地使用权的转让条件。以划拨方式取得土地使用权的,转让房地产时,应当按照国务院的规定,报有批准权的人民政府审批。有批准权的人民政府准予转让的,应当由转让方办理土地使用权出让手续,并依照国家有关规定缴纳土地使用权出让金。

以划拨方式取得土地使用权的,转让房地产报批时,有批准权的人民政府按照国务院的规定决定可以不办理土地使用权出让手续的,转让方应当按照国务院规定将转让房地产所获收益中的土地收益上缴国家或者作其他处理。

3. 房地产禁止转让条件

房地产禁止转让的情形有:(1)以出让方式取得的土地使用权,不符合《城市房地产管理法》第 38 条规定的条件的,即不符合上述以出让方式取得土地使用权的转让条件的;(2)司法机关或行政机关依法裁定、决定查封或者以其他形式限制房地产权利的;(3)依法收回土地使用权的;(4)共有房地产未经其他共有人书面同意的;(5)权属有争议的;(6)未依法登记领取权属证书的;(7)法律、行政法规规定禁止转让的其他情形。

(二)当事人须订立书面转让合同

土地使用权转让是要式民事法律行为,当事人应当以书面形式签订土地使用权转让合同。土地使用权转让合同主要有土地使用权买卖合同、土地使用权交换合同、土地使用权赠与合同、土地使用权入股或联营合同等。土地使用权转让合同以土地使用权出让合同为前提订立,土地使用权转让时,土地使用权出让合同载明的权利义务随之转移,并且转让后的土地使用年限为原土地使用权出让合同约定的使用年限减去原土地使用者已使用年限后的剩余年限。

（三）须办理土地使用权过户登记

土地使用权的过户登记是指受让人凭依法取得的土地使用权的有效文件到法定机关办理土地使用权变更登记。土地使用权转让乃是不动产物权的变动，应当到法定机关办理登记才能发生物权变动的效力，即登记要件主义。在我国办理土地使用权登记的机关为市、县人民政府土地管理部门，其转让土地使用权的土地上尚有建筑物或其他定着物的，还应办理地上建筑物或其他定着物所有权的变更登记。办理地上建筑物或其他定着物所有权登记的机关为市、县人民政府房地产管理部门。

五、关于出让土地使用权转让条件存废问题探讨

在理论界关于出让土地使用权转让的条件存废争议一直没有停息过，主要观点有三种：一种意见认为，土地使用权的商品化，在于开发、利用和筹集建设资金，而非单纯的"炒地皮"，所以，法律应当明确规定完成开发土地全部投资的一定比例作为转让条件；另一种意见认为，土地使用权的商品化，根本目的在于吸引投资，以便筹集建设资金。所以，土地使用者一经取得土地使用权就可以转让，不需要有限制条件；第三种意见认为，土地使用权的商品化，重要的目的在于鼓励投资者开发土地，"炒地皮"有百害而无一利，所以主张使用者转让土地必须以完成合同规定的投资为前提。《城市房地产管理法》最终采纳了第一种意见。同时参考吸收了广东、福建等地的地方法规和部颁规章的内容。应该说，针对当时的房地产开发市场的现状，对土地使用权转让设置必要的限制条件，对于防止土地使用权空手倒卖，无序转让确实起到了一定的效果。

但是从2002年开始取消协议出让，经营性土地一律采取招标拍卖挂牌的方式出让之后，土地二级市场上的转让行为顿时大为减少，开发商从拍卖市场上竞得土地之后大多自己进行实际的开发，而很少再行转让了。因为单纯的土地转让再也不能为炒卖者带来暴利了。因此可以说，土地一级市场真正的市场化运作使得土地使用权非法转让自然而然地失去了存在的意义，可以说是不禁自灭。此时再设定以限制非法转让为目的的转让条件已无必要，而且对于已经取得完全用益物权的使用者来说，有时非以盈利为目的的正常的转让行为还可能受到不适当的限制。比如在取得土地使用权后，却因突发性的资金困难无力继续开发而转让土地使用权，或者因债务纠

纷而以土地使用权抵债的转让行为都可能因为这样的限制性规定而无法进行。因此,笔者认为,只要我国土地使用权出让方式能够坚持以招标、拍卖等市场化的方法运作,则土地出让与土地转让之间就不会形成太大的利润空间,空手倒卖土地使用权以获取暴利的行为就会大为减少甚至绝迹。而为了不影响正常的土地使用权转让行为,在我国土地市场秩序逐步好转后,应适时取消土地使用权转让的量化限制条件。①

第五节　国有土地使用权出租法律规则

我国国有土地的租赁关系有两种形态:一是国家将国有土地直接出租于土地使用权人使用;二是国有土地使用权人将其拥有使用权的土地出租于他人使用。

一、国家出租土地

(一)国家出租土地的含义

国家出租土地是指国家将国有土地出租给使用者使用,由使用者与县级以上人民政府土地行政主管部门签订一定年期的土地租赁合同,并支付租金的行为。我国实行土地有偿使用制度。国家将国有土地出租是国有土地有偿使用的一种形式,是出让方式的补充。当前在完善国有土地出让的同时,应当稳妥地推行国有土地租赁。

国家出租土地与土地使用权人出租土地的最大不同是出租人的不同。国家出租土地的出租人是拥有土地所有权的国家,由县级以上人民政府土地行政主管部门代表国家行使出租人的权利履行出租人的义务;而土地使用权人出租土地的出租人为土地使用权人,其只享有物权性质的土地使用权,而非所有权。

(二)国家出租土地的适用范围

国家应当严格依照《城市房地产管理法》、《土地管理法》以及《规范国有土地租赁若干意见》的有关规定确定国有土地出租的适用范围。对以下国有土地可以实行租赁:(1)对因发生土地转让、场地出租、企业改制和改

① 张庆华著:《中国土地法操作实务》,法律出版社 2004 年版,第 63—64 页。

变土地用途后依法应当有偿使用的土地,可以实行租赁。(2)对于新增建设用地,重点仍应是推行和完善国有土地出让,租赁只作为出让方式的补充。

对原有建设用地,法律规定可以划拨使用的仍维持划拨,不实行有偿使用,也不实行租赁。对于经营性房地产开发用地,无论是利用原有建设用地,还是利用新增建设用地.都必须实行出让,不得实行租赁。

(三)国家出租土地的方式

国家出租土地,可以采用招标、拍卖或者双方协议的方式。有条件的,必须采取招标、拍卖方式。采用双方协议方式出租国有土地的租金,不得低于出租底价和按国家规定的最低地价折算的最低租金标准。协议出租结果要报上级土地行政主管部门备案,并向社会公开披露,接受上级土地行政主管部门和社会的监督。

(四)国有土地租赁合同

租赁期限6个月以上的国有土地租赁,应当由市、县土地行政主管部门与土地使用者签订租赁合同。租赁合同内容应当包括出租方、承租方、出租宗地的位置、范围、面积、用途、租赁期限、土地使用条件、土地租金标准、支付时间和支付方式、土地租金标准调整的时间和调整幅度,出租方和承租方的权利义务等。

(五)国有土地租赁合同当事人权利义务

1. 出租人的权利义务

出租人的权利具体包括:(1)按约定收取租金;(2)承租人未按合同约定开发建设、未经土地行政主管部门同意转让、转租或不按合同约定按时交纳土地租金的,土地行政主管部门可以解除合同,依法收回出租土地使用权;(3)租赁期满承租人未申请续期或者虽申请续期但未获批准的,承租土地由国家依法无偿收回,并可要求承租人拆除地上建筑物、构筑物,恢复土地原状。出租人的义务具体包括:(1)按约定交付土地;(2)对土地使用者依法取得的承租土地使用权,在租赁合同约定的使用年限届满前不得收回,因社会公共利益的需要,依照法律程序提前收回的,应对承租人给予合理补偿;(3)承租期满,承租人申请续期的,除根据社会公共利益需要收回该幅土地以外,应予以批准。

2. 承租人的权利义务

承租人的权利具体包括:(1)承租人取得承租土地使用权;(2)承租人在按规定支付土地租金并完成开发建设后,经土地行政主管部门同意或根据租赁合同约定,可将承租土地使用权转租、转让或抵押;(3)在使用年限内,承租人有优先受让权;(4)承租期满,承租人可申请续期。承租人的义务具体包括:(1)按约定支付租金;(2)按约定开发建设和使用土地;(3)将承租土地使用权转租、转让或抵押时,依法办理登记。

二、国有土地使用权人出租土地

(一)国有土地使用权人出租土地

国有土地使用权人出租土地是指土地使用权人作为出租人,将土地使用权随同地上建筑物、其他定着物出租给承租人使用,承租人向出租人支付租金的双方民事法律行为。我国法律允许土地使用权人将其土地使用权出租。土地使用权与土地所有权分离后成为他物权的一种,是一种独立的财产权利,土地使用权人有权在其权利之上设置负担,将其享有的土地使用权予以出租。

土地使用权人出租土地与土地使用权转让不同。土地使用权转让是权利的彻底让与,亦即将土地使用权买断,由受让人取代转让人即原先土地使用权人的地位而成为新的土地使用权人,转让人就此失去土地使用权,转让人与国家所签订的土地使用权出让合同规定的权利义务随土地使用权转让而移转给受让人;土地使用权出租则是出租人将其权利租给承租人使用一定年限,出租人仍保有土地使用权,只是自己不直接使用土地,出租人作为土地使用权人仍须履行土地使用权出让合同,租赁合同届满而土地使用权合同尚未届满时,出租人有权收回土地并由自己直接使用。土地使用权转让是处分行为,而土地使用权出租是负担行为,土地使用权转让是转让人为受让人设立物权——土地使用权的行为,而土地使用权出租则是在出租人与承租人之间产生债权债务关系的行为。

(二)土地使用权人出租土地的生效要件

土地使用权人出租土地是一种民事法律行为,除应具备一般要件外,尚须具备以下特殊要件:

1. 土地使用权人须具备出租条件。具体包括:

(1)以出让方式取得土地使用权的,土地使用权人须按出让合同约定支付全部土地使用权出让金并取得土地使用证,并按土地使用权出让合同约定期限投资开发土地。对于房屋建设工程,须完成开发投资总额的25%以上;属于成片开发用地的须形成工业用地或者其他建设用地条件;土地出租时房屋已经建成的,还应当持有房屋所有权证书。

(2)以划拨方式取得土地使用权的,出租土地时,应经市、县人民政府土地管理部门和房产管理部门批准,与政府有关部门签订土地使用权出让合同,向当地市、县人民政府补交土地使用权出让金或以出租所获收益抵交土地使用权出让金。

2. 土地使用权的出租应当随同地上建筑物、其他定着物一起出租。《城镇国有土地使用权出让和转让暂行条例》第28条规定:"土地使用权出租是指土地使用者作为出租人将土地使用权随同地上建筑物、其他附着物租赁承租人使用,由承租人向出租人支付租金的行为。"

3. 签订土地租赁合同。土地使用权人出租土地,出租人与承租人应当签订租赁合同。土地出租合同是出租人将土地交给承租人使用、承租人向出租人支付租金的合意。土地出租合同应当以书面形式订立,并不得违反土地使用权出让合同。

4. 出租人须依法办理登记。

(三)土地使用权出租合同当事人的权利义务

1. 承租人取得租赁权,可以依照租赁合同对土地进行占有、利用和经营。同时,承租人应向出租人支付租金,并依租赁合同规定的条件使用土地,承租人不得自行转租,于租赁合同届满时应按照规定将土地交还给出租人。

2. 出租人仍继续履行土地使用权出让合同,土地使用权出让合同规定的权利义务并未随土地的出租而移转给承租人,仍由出租人承担。同时,出租人仍须承担租赁合同义务,即将土地交付给承租人占有使用并承担权利瑕疵担保责任。

3. 在租赁合同有效期间,承租人依其租赁权,出租人不得将土地再次出租。出租人如将土地使用权转让给第三人,租赁合同对新的土地使用权人继续有效,并且在有偿转让的条件下承租人有优先购买权,即在同等条件下优先于第三人而受让土地使用权。这就是不动产租赁权的物权化。

4. 出租期限不得超过出租人尚享有的权利年限,超过的部分归于无效。根据《合同法》的规定,土地租赁合同期限也不得超过 20 年,期满可以续订。

三、借鉴香港特区土地租赁制度经验

我国内地现有的土地出让制度是基本招搬香港特区的土地制度。香港特区土地制度的核心是有期限有偿的土地使用权制度。按照《香港特别行政区基本法》的规定,香港特区全部土地属于国家所有,由香港特别行政区政府管理、使用、开发、出租或批租给个人、法人或团体使用或开发。除香港政府使用的土地外,大都是批租给私人使用。批租的方式主要有招标、拍卖,对于教育等公共利益用地,则主要是协议出租。

香港特区土地批租主要采取勾地表制度。地政总署根据每年的卖地计划,编制一份可供申请售卖土地的列表(勾地表),勾地表上载有可供申请售卖土地的地段编号、地点、用途、土地面积以及预计最早可供售卖的日期等资料,任何人如有意申请勾地,则应进一步递交表明最低价额的申请表、拍卖或招标个案协议书,同时缴纳相当于最低价额的 5% 的按金(保证金)。倘若其最低价格获得接纳,地政总署会在该协议书上签署并注明日期,然后通知申请人,政府拟采取拍卖还是招标的方式出让土地,以及拍卖日期或者截标日期。地政总署会在相应媒体上发布广告,刊登宪报公告并分发卖地条件或招标公告,最后根据招标或拍卖结果批出土地。由此可见,勾地表制度本质上是用地人首先发出价格要约,由申请人根据市场预期初步定价,避免了政府定价的片面,降低了定价成本,也降低了政府可能定价过低导致的国有财产流失的风险。

无论以何种方式批租土地,土地利用人都要和政府签订包含详细批地条款的土地租契。批地条款详细规定了拍卖土地使用的具体条件,包括适用于所有土地的一般条款,例如按期缴纳租金、税费、违约收回土地等,也包括针对特定地块的具体批地条件,例如使用年期、续展期限、土地用途、建筑高度、容积率、最低投资额等。土地使用人必须严格遵守契约条款,如果需要改变土地用途等的,应和政府重新签订契约,补交地价。这种明晰、严格的契约制度,明确了土地使用人的权利和义务,最大限度地激发了土地业权人依约使用土地的积极性,克服了仅仅依靠公法手段对土地利用进行规制的不足。

对于已批租土地,政府主要是监督土地权利人严格执行土地批租条款。如果土地权利人发生拖延年租或擅自改变土地用途等违约现象,又不听从当局警告及时加以改正的,轻则承担违约责任,重则依据《政府土地权(重收及转归补救)条例》的规定收回土地使用权。对于未批租土地,则主要是保护其不被非法占用和非法破坏。根据《土地(杂项条文)条例》的规定,任何人非根据许可证、拨地契据或拨地备忘录而占用未批租土地,且经政府当局警告而不停止的,即属犯罪。一旦定罪,可罚款 10000 元及监禁 6 个月。对于擅自在未批租土地上建设的建筑物,且当局合理地相信该建筑物并无惯常及真正地使用,则当局可以驱赶该建筑物内的任何人或移走其财产,拆除该建筑物并接管因拆除而得的任何财产。为防止土地资源遭受破坏,《土地(杂项条文)条例》规定,任何人不得擅自采掘或移走未批租土地的泥土、草皮或石头,违反者即属犯罪。一旦定罪,即可处罚款 5000 元及监禁 6 个月①。

第六节　国有土地使用权纠纷处理法律规则

国有土地使用权纠纷处理法律规则主要体现在《最高人民法院关于审理涉及国有土地使用权合同纠纷案件适用法律问题的解释》(以下简称《解释》),该《解释》是 2004 年 11 月 23 日由最高人民法院审判委员会第 1334 次会议通过、并于 2005 年 8 月 1 日起施行的。主要规则如下:

一、土地使用权出让合同纠纷处理规则

(一)土地使用权出让合同概念

土地使用权出让合同,是指市、县人民政府土地管理部门作为出让方将国有土地使用权在一定年限内让与受让方,受让方支付土地使用权出让金的协议。

土地使用权出让合同具有以下特点:(1)它只是出让和受让双方当事人之间设立、变更关于土地使用权权利义务法律关系的协议。土地使用权出让合同与一般合同的最主要的区别是,土地使用权出让合同双方的权利

---

① 李凤章:"香港高效利用土地的法律经验",资料来源:http://www.lrn.cn.

义务是围绕土地使用权展开的。（2）土地使用权出让合同中的出让方是特定的，必须是市、县人民政府土地管理部门。前面谈到，土地使用权出让作为土地一级市场由国家垄断，由市、县人民政府土地管理部门代表国家出让土地使用权。农民集体经济组织以及其他任何主体都无权出让土地。（3）土地使用权出让合同中的受让方是土地使用者，即依法取得土地使用权的境内外公司、其他组织和个人等，成片出让合同中的受让方必须是在中国注册的外商投资开发企业。（4）土地使用权出让合同是订立转让合同的前提和基础条件，并对转让合同有重要的制约作用。

（二）土地使用权出让合同的无效

1. 因出让主体资格违法而使合同全部无效

《解释》对土地出让方主体作了明确，只能是政府土地管理部门，而不是其他组织、单位等一般主体或者政府的其他部门。针对现实中存在经济开发区管理委员会出让土地的现象，《解释》否定了开发区管理委员会签订土地出让合同的主体资格，其订立的土地使用权出让合同一律按照无效处理，即便是经过政府或政府部门授权也不行。《解释》之所以如此规定，主要是考虑到开发区管理委员会作为政府的代表机构仅对开发区范围内的土地使用承担一定的管理职责，允许开发区管理委员会直接作为签约主体或者经授权作为签约主体，显然违反我国《城市房地产管理法》第15条"土地使用权出让合同由市、县人民政府土地管理部门与土地使用者签订"的强制性条款。当然，为合理救济土地管理秩序，维护土地出让安全，《解释》还是遵照惯例对解释实施前后开发区管理委员会的签约效力作了区分，即在《解释》实施之前，由开发区管理委员会作为土地出让方签订的合同，如果在起诉以前经过了市、县人民政府土地管理部门追认的，可以认定合同有效。但必须注意，《解释》对于政府土地管理部门追认的时间和最高人民法院1995年出台的《关于审理房地产管理法施行前房地产开发经营案件若干问题的解答》（以下简称《解答》）有所不同，《解答》将违法行为补办合法手续的时间放宽至一审诉讼期间，而《解释》将政府土地管理部门追认时间限制在起诉前，目的是更为有效地督促政府部门依法主动规范地行使土地审批和管理的权力①。

---

① 资料来源：http://lawyer-liujj.spaces.live.com.

2. 因出让金过低而使合同部分无效

为了确保国家对土地所有权取得的经济利益,避免国家利益受到损失,《解释》对于通过协议方式出让土地使用权合同的价格条款作出明确规定,即协议出让土地使用权合同中土地使用权出让金低于当地政府按照国家规定确定的最低价的,应当认定该合同约定的价格条款无效。《解释》从司法实践出发,一方面将该价格条款的无效与土地出让合同本身区别开来,认为该条款的无效并不影响土地出让合同的整体效力;另一方面明确规定了该价格条款无效后的处理方式,即当事人可以请求按照订立合同时的市场评估价格交纳土地使用权出让金;如果受让方提出按照市场评估价格交纳出让金,出让方应当接受并予以执行;如果是出让方提出而受让方不接受的,受让方可以要求解除合同。因受让方解除合同而造成的损失,由出让方和受让方按照过错承担责任。《解释》没有进一步明确如何认定过错的情形,因为过错情形在实践中表现多样,形式复杂,不宜在《解释》中罗列,而由法院依据相应的法律法规根据实际情况作出判断和裁量。

(二)土地使用权出让合同的变更和解除

1. 土地使用权出让合同的变更

众所周知,土地用途是严格按照城市规划要求确定的,关系到城市发展的总体利益和长期利益,也反映着作为城市土地所有者的国家与土地使用者之间的经济利益关系。不同用途的土地使用权出让价格不同,一般而言高盈利性土地使用权出让价格高。为防止土地使用者将以相对较低的价格获得的地块,当作本应以较高价格才能获得的地块来开发,图谋高额利润,侵害国家利益,我国《城市房地产管理法》第17条规定,"土地使用者需要改变土地使用权出让合同约定的土地用途的,必须取得出让方和市、县人民政府城市规划行政主管部门的同意,签订土地使用权出让合同变更协议或者重新签订土地使用权出让合同,相应调整土地使用权出让金。"关于土地出让金的调整,《解释》规定:当事人请求按照订立合同时的市场评估价格交纳土地使用权出让金的,应予支持;受让方不同意按照市场评估价格补足,请求解除合同的,应予支持。因此造成的损失,由当事人按照过错承担责任

2. 土地使用权出让合同的解除

土地使用权出让合同可以依法订立,也可以依法变更。当出现法律规

定的情形也可以依法解除。《解释》对土地使用权出让合同的解除有以下规定:

(1)当事人请求按照订立合同时的市场评估价格交纳土地使用权出让金的,应予支持;受让方不同意按照市场评估价格补足,请求解除合同的,应予支持。因此造成的损失,由当事人按照过错承担责任。

(2)土地使用权出让合同的出让方因未办理土地使用权出让批准手续而不能交付土地,受让方请求解除合同的,应予支持。

(3)受让方擅自改变土地使用权出让合同约定的土地用途,出让方请求解除合同的,应予支持。

受让方经出让方和市、县人民政府城市规划行政主管部门同意,改变土地使用权出让合同约定的土地用途,当事人请求按照起诉时同种用途的土地出让金标准调整土地出让金的,应予支持。

二、土地使用权转让合同纠纷处理规则

(一)土地使用权转让合同概念

土地使用权转让合同,是指土地使用权人作为转让方将出让土地使用权转让于受让方,受让方支付价款的协议。土地使用权转让合同具有以下特征:

土地使用权的转让是不动产物权的转让,该行为除可能涉及合同法的诸多规定外,还具有不动产物权变动的各项特点,包括:

1. 土地使用权与地上建筑物、附着物一同移转。依我国现时法律,建筑物和其他定着物、附着物均附属于土地,土地使用权转让,地上物一并转让;转让地上物其依附的土地使用权一并转让。

2. 权利义务一同转移。这里的权利义务,是指土地使用权从土地所有权分离时出让合同所载明的权利义务及其未行使和未履行部分。按照合同法的规定,合同权利、合同义务可以分别转让,合同权利与义务也可以一并转让。但房地产相关法律规范规定,土地使用权转让时土地出让合同中的权利义务必须同时转让。

3. 土地使用权的转让需办理变更登记。我国现行立法对物权变动采取登记要件主义,即土地使用权转让合同的签订并不直接意味着土地使用权的移转,土地使用权的移转以登记为要件,转让合同中的受让人不是在转

让合同签定以后,而是在土地使用权依法登记到受让人名下以后方取得土地使用权。

(二)土地使用权证、土地使用权变更登记与合同效力

前面谈到,以出让方式取得的土地使用权的转让条件之一是"按照土地使用权出让合同约定已经支付全部土地使用权出让金,并取得土地使用权证书",没有取得土地使用权证书不得转让。但《解释》规定:转让方未取得出让土地使用权证书与受让方订立合同转让土地使用权,起诉前转让方已经取得出让土地使用权证书或者有批准权的人民政府同意转让的,应当认定合同有效。

至于土地使用权变更登记对转让合同效力的影响,早在《最高人民法院关于适用〈中华人民共和国合同法〉若干问题的解释(一)》(以下简称"《解释一》")中就有规定。《解释一》第9条规定:"依照合同法第44条第2款的规定,法律、行政法规规定合同应当办理批准手续,或者办理批准登记手续才生效,在一审法庭辩论终结前当事人仍未办理批准登记手续的,或者仍未办理批准、登记等手续的,人民法院应当认定该合同未生效;法律、行政法规规定合同应当办理登记手续,但未规定办理登记后生效的,当事人未办理登记手续不影响合同的效力,合同标的物所有权及其他物权不能转移。"《解释》对此的规定是:"土地使用权人作为转让方与受让方订立土地使用权转让合同后,当事人一方以双方之间未办理土地使用权变更登记手续为由,请求确认合同无效的,不予支持"。可见,《最高人民法院关于审理国有土地使用权转让合同及相关纠纷案件适用法律若干问题的解释》有关登记不是土地使用权转让合同生效要件的规定,也是对过去有益立法的承继。

(三)土地使用权转让活动中"一地多卖"问题

某些热门地块争相开发者很多,那些通过土地出让首先拿到地块的转让人为了获取最大利益,不负责任地多次与不同的受让人订立土地使用权转让合同,在以往处理中,存在多个转让合同的情况下,一般只认定能够获得土地使用权一方的转让合同有效,其它合同无效。但《合同法》施行后,限制了无效合同的认定。实践中发生同一地块多个土地转让合同均有效的情况。《解释》对处理此类纠纷给出了明确的依据,概括起来按照顺序分为四条优先原则,即已登记优先,合法先占土地优先、付款在先优先、合同成立

在前优先。具体法律规则如下：

土地使用权人作为转让方就同一出让土地使用权订立数个转让合同，在转让合同有效的情况下，受让方均要求履行合同的，按照以下情形分别处理：(1)已经办理土地使用权变更登记手续的受让方，请求转让方履行交付土地等合同义务的，应予支持；(2)均未办理土地使用权变更登记手续，已先行合法占有投资开发土地的受让方请求转让方履行土地使用权变更登记等合同义务的，应予支持；(3)均未办理土地使用权变更登记手续，又未合法占有投资开发土地，先行支付土地转让款的受让方请求转让方履行交付土地和办理土地使用权变更登记等合同义务的，应予支持；(4)合同均未履行，依法成立在先的合同受让方请求履行合同的，应予支持。

未能取得土地使用权的受让方请求解除合同、赔偿损失的，按照《合同法》的有关规定处理。

（四）划拨土地使用权转让合同的效力认定及合同性质转化

1. 划拨土地使用权转让合同的效力认定。土地使用权人未经有批准权的人民政府批准，与受让方订立合同转让划拨土地使用权的，应当认定合同无效。但起诉前经有批准权的人民政府批准办理土地使用权出让手续的，应当认定合同有效。

2. 划拨土地使用权转让合同性质转化。土地使用权人与受让方订立合同转让划拨土地使用权，起诉前经有批准权的人民政府同意转让，并由受让方办理土地使用权出让手续的，土地使用权人与受让方订立的合同可以按照补偿性质的合同处理；土地使用权人与受让方订立合同转让划拨土地使用权，起诉前经有批准权的人民政府决定不办理土地使用权出让手续，并将该划拨土地使用权直接划拨给受让方使用的，土地使用权人与受让方订立的合同可以按照补偿性质的合同处理。

三、合作开发房地产合同纠纷处理规则

（一）合作开发房地产合同概念、特点

严格说来，房地产行业的合作开发在法律上并不是一个含义十分确定的概念，迄今也没有关于这一概念的权威解释。依本文理解，合作开发房地产合同是指两个以上民事主体为共同开发房地产项目而签订的合同。这是

在广义上解读合作开发的概念。只要是两个以上的主体共同从事房地产开发即可构成合作开发,出资形式既可以是资金,也可以是土地使用权或其他无形财产。在形式上,无论合作各方是以股东名义出资设立房地产开发项目公司,还是不设立项目公司而直接由合作各方共同开发,均属合作开发房地产之列。当然,已成立的房地产开发项目公司在从事房地产开发时也可理解为是其股东之间的合作开发行为,但这种"合作开发"不具有法律上的特殊性,不包括在本文所称的合作开发房地产之列①。

《解释》对合作开发房地产合同做了这样的定义:合作开发房地产合同,是指当事人订立的以提供出让土地使用权、资金等作为共同投资,共享利润、共担风险合作开发房地产为基本内容的协议。

合作开发房地产合同的主要特点:

1. 合作开发房地产合同当事人的主体资格复杂。与单一的房地产开发企业进行房地产开发不同,合作开发房地产合同的主体要复杂得多。《城市房地产管理法》等相关法律法规对专门的房地产开发企业有着严格的资质要求,而合作开发则给大量的非房地产开发企业介入房地产开发提供了空间。因此,合作开发房地产合同的主体呈现出较为复杂的形态,既可以是外国的法人和自然人,也可以是国内的法人和自然人。我国立法并未禁止国内的自然人作为合作开发房地产合同的主体,但由于房地产开发企业的资质限制,故个人只能作为房地产项目公司(非中外合作经营房地产开发企业)的股东参与合作开发,而不能以个人名义直接从事房地产开发活动。②

2. 合作开发房地产合同具有多样性。合作开发房地产合同在合作形式上有着多样性。在组织形式上,既可以是两个以上民事主体为从事房地产开发而共同出资设立房地产项目公司,也可以是不成立项目公司而是由两个以上民事主体联合进行开发,各方对其开发所得房地产属共有关系;既可以是内资企业之间的合作开发,也可以是中外合作开发;中外合作开发既可以是成立中外合作经营企业进行开发,也可以是成立中外合资经营企业进行开发。

---

① "合作开发房地产合同研究",资料来源:http://china.findlaw.cn.
② "合作开发房地产合同研究",资料来源:http://china.findlaw.cn.

3. 共同投资、共享利润、共担风险是合作开发房地产合同本质属性。不论合作形式如何多样化,万变不离其宗的就是合作各方共同投资、共享利润、共担风险。而出资的形式主要有以土地使用权出资和以资金出资两种,此外还有一种特殊的出资,即以房地产开发企业资质作为出资。我们认为,在目前的环境下,房地产开发企业资质也是一种相对稀缺的资源,是无形财产的一种,以此作为出资,并不违反法律的禁止性规定。在实践中,单纯以房地产开发企业资质作为合作开发房地产的出资的较少,因为在合作各方拥有开发项目土地使用权的情况下,房地产开发企业资质可直接申请获得,因此房地产开发企业资质通常与其他出资形式共同作为合作开发房地产的出资①。这里还需指出如果合作各方仅仅约定共同投资、共享利润,缺少"共担风险",则合作合同的性质将发生改变。

(二)合作开发房地产合同的效力

1. 合作方资质对合同效力的影响

房地产业对于国民经济具有举足轻重的影响,我国法律对于房地产行业的从业资格有严格规定。《城市房地产管理法》第 30 条规定,房地产开发企业是以营利为目的,从事房地产开发和经营的企业。设立房地产开发企业,应备下列条件:(1)有自己的名称和组织机构;(2)有固定的经营场所;(3)有符合国务院规定的注册资本;(4)有足够的专业技术人员;(5)法律、行政法规规定的其他条件。设立房地产开发企业,应当向工商行政管理部门申请设立登记。工商行政管理部门对符合本法规定条件的,应当予以登记,发给营业执照;对不符合本法规定条件的,不予登记。目前我国把房地产企业的资质等级划分为四等,不同资质等级的企业能分别进行不同规模的开发经营活动。《解释》第 15 条规定,合作开发房地产合同的当事人一方具备房地产开发经营资质的,应当认定合同有效。当事人双方均不具备房地产开发经营资质的,应当认定合同无效。但起诉前当事人一方已经取得房地产开发经营资质或者已依法合作成立具有房地产开发经营资质的房地产开发企业的,应当认定合同有效。

2. 以划拨土地使用权作为投资合作开发房地产合同的效力认定

前面谈到,以划拨方式取得土地使用权的,转让房地产时,应当按照国

---

① "合作开发房地产合同研究",资料来源:http://china.findlaw.cn.

务院的规定,报有批准权的人民政府审批。有批准权的人民政府准予转让的,应当由转让方办理土地使用权出让手续,并依照国家有关规定缴纳土地使用权出让金。以划拨方式取得土地使用权的,转让房地产报批时,有批准权的人民政府按照国务院的规定决定可以不办理土地使用权出让手续的,转让方应当按照国务院规定将转让房地产所获收益中的土地收益上缴国家或者作其他处理。因此《解释》规定:土地使用权人未经有批准权的人民政府批准,以划拨土地使用权作为投资与他人订立合同合作开发房地产的,应当认定合同无效。但起诉前已经办理批准手续的,应当认定合同有效。

(三)合作开发房地产合同合同实际履行中的法律问题及处理

1. 投资额、房屋建筑面积、未足额出资的利润分配引发争议的处理

(1)关于投资额变化争议处理,《解释》规定:投资数额超出合作开发房地产合同的约定,对增加的投资数额的承担比例,当事人协商不成的,按照当事人的过错确定;因不可归责于当事人的事由或者当事人的过错无法确定的,按照约定的投资比例确定;没有约定投资比例的,按照约定的利润分配比例确定。

(2)关于房屋建筑面积减少引发争议的处理,《解释》有这样的规定:房屋实际建筑面积少于合作开发房地产合同的约定,对房屋实际建筑面积的分配比例,当事人协商不成的,按照当事人的过错确定;因不可归责于当事人的事由或者当事人过错无法确定的,按照约定的利润分配比例确定。房屋实际建筑面积超出规划建筑面积,经有批准权的人民政府主管部门批准后,当事人对超出部分的房屋分配比例协商不成的,按照约定的利润分配比例确定。对增加的投资数额的承担比例,当事人协商不成的,按照约定的投资比例确定;没有约定投资比例的,按照约定的利润分配比例确定。

(3)关于当事人未足额出资的利润分配争议,《解释》规定:合作开发房地产合同约定仅以投资数额确定利润分配比例,当事人未足额交纳出资的,按照当事人的实际投资比例分配利润。合作开发房地产合同的当事人要求将房屋预售款充抵投资参与利润分配的,不予支持。

2. 对违法建筑产生的利益法律不予保护

实践中,经常提到违法建筑与违章建筑这两个概念。那么,两者之间有何差别呢? 有一种观点认为,违法建筑与违章建筑是同一个概念,违章建筑是指未经主管部门许可而擅自兴建的各种建筑物。另一种观点认为,违法

建筑与违章建筑的情形不同,有必要加以区分。从法律规定来看,既然有合法建筑,与其相对应的只能是违法(或非法)建筑,违章建筑显然不能与合法建筑相匹配。从相关规定来看;违章建筑与违法建筑的概念经常混同。我们认为,违法建筑并不是简单的所谓未经相关主管部门的许可而动工兴建的建筑物,其本质上是违反了《土地管理法》、《城乡规划法》等相关法律法规的规定而建造的房屋及其设施。违法建筑没有所有权,可以被没收或强行拆除。违法建筑包括:(1)未取得建设用地使用权或宅基地使用权的;(2)未申请或申请未获得批准,未取得建设用地规划许可证和建设工程规划许可证而建成的建筑;(3)擅自改变建设工程规划许可证的规定建成的建筑;(4)擅自改变了使用性质建成的建筑;(5)擅自将临时建筑建设成为永久性的建筑。违章建筑仅仅表示违反了地方政府的相关规定,认定是否是公民的合法财产,是必须依照国家的相关法律为依据的。违章建筑可以分为必须拆除或没收的,和经过整改可以保留的。违章建筑经整改后,已符合法律规定的。可以归入合法建筑的范畴内。违章建筑包含了违法建筑,违法建筑必然是违章建筑①。《解释》第 19 条规定:"合作开发房地产合同的当事人请求分配房地产项目利益的,不予受理;已经受理的,驳回起诉:(1)依法需经批准的房地产建设项目未经有批准权的人民政府主管部门批准;(2)房地产建设项目未取得建设工程规划许可证;(3)擅自变更建设工程规划。因当事人隐瞒建设工程规划变更的事实所造成的损失,由当事人按照过错承担"。《解释》第 21 条规定:"当事人违反规划开发建设的房屋,被有批准权的人民政府主管部门认定为违法建筑责令拆除,当事人对损失承担协商不成的,按照当事人过错确定责任;过错无法确定的,按照约定的投资比例确定责任;没有约定投资比例的,按照约定的利润分配比例确定责任。"

3. 合作开发房地产合同名实不符时的处理原则

房地产合作并发合同是指当事人订立的以提供出让土地使用权、资金等作为共同投资,共享利润、共担风险合作开发房地产为基本内容的协议。因此判断合同的性质不能仅凭当事人约定的合同名称,合同的名称和内容不符合,应当以合同实际内容的性质和双方实际履行的行为性质来认定。

---

① 王进著:《房地产法焦点、难点、指引》,中国法制出版社 2008 年版,第 8 页。

还应依据当事人在合同中约定的权利义务的特征来判断：（1）合作开发房地产合同约定提供土地使用权的当事人不承担经营风险，只收取固定利益的，应当认定为土地使用权转让合同；（2）合作开发房地产合同约定提供资金的当事人不承担经营风险，只分配固定数量房屋的，应当认定为房屋买卖合同；（3）合作开发房地产合同约定提供资金的当事人不承担经营风险，只收取固定数额货币的，应当认定为借款合同；（4）合作开发房地产合同约定提供资金的当事人不承担经营风险，只以租赁或者其他形式使用房屋的，应当认定为房屋租赁合同。

这里需要特别指出的是，依照前述规则仅仅是对合同性质进行界定。界定后的合同是否有效、如何履行则要根据《合同法》等相关法律规范来确定。

中国房地产
法律规则研究

第四章　中国农村集体土地征收和国有土地上
房屋征收与补偿法律规则

随着城市化进程的加快和经济建设的需求,国家征收农村集体所有土地和国有土地上房屋的规模不断扩大。土地征收纠纷和房屋征收纠纷作为两种重要的纠纷类型,已经成为社会矛盾的焦点和影响社会稳定的重要因素。本章介绍我国农村土地征收制度,探讨规则存在的问题并提出问题解决的对策,同时对新出台的《国有土地上房屋征收与补偿条例》做了比较详尽的介绍与阐述。

第一节 农村集体土地征收法律规则

一、农村集体土地征收法律规则概述

(一)土地征收与征用法律涵义的明晰

1. 土地征收与征用在法律上明细的时间

征地制度是我国《宪法》、《物权法》和《土地管理法》等法律确定的重要土地制度,其内容包括土地征收和土地征用两部分。在 2004 年 3 月之前,"土地征用"的内涵还等同于"土地征收"。但 2004 年 3 月 14 日第十届全国人民代表大会第二次会议通过的《中华人民共和国宪法修正案》,将《宪法》第 10 条的部分内容修订为:"国家为了公共利益的需要,可以依照法律规定对土地实行征收或征用并给予补偿"。2004 年 8 月第十届全国人大常务委员会根据《宪法》有关规定,将《土地管理法》第 2 条第 4 款修改为"国家为了公共利益的需要,可以依法对土地实行征收或者征用并给予补偿",并将该法第 43 条第 2 款、第 45 条、第 46 条、第 47 条、49 条、第 51 条、第 78 条和第 79 条中的"征用,改为"征收",保持了同《宪法》的一致性。这些法律上的变动和区分,使我国征地制度中原有的"土地征用"被"土地征收"取代,新的"土地征用"成为另一种意义上的制度①。那么什么是土地

---

① 钟京涛著:《征地补偿法律适用与疑难解释》,中国法制出版社 2008 年版,第 2 页。

征收？什么是是土地征用？土地征收与土地征用存在哪些区别呢？

2. 土地征收的含义及特点

所谓土地征收是指国家为了公共利益或目的的需要，通过行政手段利用国家强制力，按照法律规定的程序，将一定范围的集体土地所有权强制转为国家所有，并依法给予集体土地所有权人和使用权人相应补偿的一种法律行为。土地征收是在社会主义公有制基础上的土地所有权转移，土地征收的对象只限于集体所有的土地，已经属于国家所有的土地则不存在征收问题。在我国，土地征收具有以下特征：(1)土地征收是国家行为具有国家强制力。征收是一种国家行为，是国家的专有权力，征收的主体是国家，具体由县级以上地方人民政府组织实施。换句话说，只有国家才能征收集体所有的土地。集体经济组织、其他任何单位和个人都没有征收土地的权力，否则，就是扰乱国家征收土地秩序的违法行为。(2)土地征收各个环节必须遵循法定程序。土地征收是对集体土地所有权的强制取得。作为一项严重影响相对人财产权的国家强制制度，必须得到有效的法律规制。相关法律规范规定了严格的征收程序，包括：申报、批准、公告、实施和监督等，这些程序是任何土地征收行为都必须遵守的，否则，就是违法征地，实施单位要承担相应的法律责任。(3)土地征收必须依法对集体土地所有权人和使用权人进行合理补偿和安置。土地是农民集体经济组织和农民的基本生产资料，一旦失去了土地，农民将永远失去赖以生存的物质基础。因此，土地征收必须依法对集体土地所有权人和使用权人进行合理补偿和安置。现行法律规范对征地补偿依据、标准，安置方式等都有比较详尽的规定，尽管其中还存在种种不完善。

3. 土地征用的含义及特点

所谓土地征用是指国家出于公共利益的目的，基于法律规定的特殊原因，在不改变土地所有权的前提下，通过行政主体运用国家强制手段依法强制取得一定时期土地使用权的一种行政行为。比如《物权法》第44条规定，因抢险、救灾等紧急需要，依照法律规定的权限和程序可以征用单位、个人的不动产或者动产。被征用的不动产或者动产使用后，应当返还被征用人。从现行法律规定来看，土地征用具有以下特征①：(1)土地征用的对象

_____

① 钟京涛著：《征地补偿法律适用与疑难解释》，中国法制出版社2008年版，第5页。

是土地的使用权,既包括国有土地使用权,也包括集体土地使用权;(2)土地征用是一种强制行为,由于征用的目的是特定条件下的公共利益,因此,在征用行为实施时不需征得权利人同意即可实施;(3)土地征用行为实施的条件是法定的,并有着严格的范围限制。根据法律规定,只有在因抢险、救灾等紧急需要的前提下,具有法定权限的机关按照法定程序才能实施征用,这三个条件缺一不可;(4)土地征用是具有一定期限的,在特定任务完成(或法定条件解除)后,土地使用权应当及时归还;(5)土地征用造成权利人损失的,应当给予一定的补偿。

4. 土地征收与征用的区别

土地征收和土地征用的区别表现在①:(1)在适用对象上,土地征收针对的是土地所有权;土地征用针对的是土地使用权;(2)在行为结果上,土地征收是国家强制地从被征收人手中剥夺所有权,其结果是物权发生转移,集体土地所有权消失;而土地征用则是在紧急情况下对土地的强制使用,只是土地使用权的临时转移或限制,特定条件消失后,土地使用权还要归还原权利人;(3)在适用程序上,土地征收在实施过程中要遵循严格的程序;土地征用,由于受特定情况的限制,对程序要求相对较宽松,可以先行用地;(4)在补偿方式上,由于土地征用不涉及所有权的转移,在紧急状态消失后土地使用权要归还,权利人的损失相对较小,因此,补偿主要针对征用前的实物状态或价值状态予以恢复,其补偿标准较低;而土地征收由于涉及所有权的转移,权利人损失较大,补偿标准也较高,除按国家规定的标准进行土地和地上附着物补偿外,还要按规定承担土地权利人相应的安置、社会保障等费用;(5)在适用条件上,土地征收主要是强调基于公共利益的需要;土地征用在强调公益性的同时,还要求存在紧急状态和紧急需要,其目的限制更为严格,一般适应于抢险、救灾等临时性的紧急状态。

(二)集体土地征收规则的发展历程

1. 新中国建设初期

在我国土地法规中,最早提到土地征收的是 1949 年 12 月 12 日公布的《处理无主土地暂行办法》。该办法第 9 条规定:"代管土地的政府有征用必要时,得于征用之。"1950 年 6 月 24 尽中央政府政务院公布的《铁路留用

---

① 钟京涛著:《征地补偿法律适用与疑难解释》,中国法制出版社 2008 年版,第 6 页。

土地办法》第 6 条、1950 年 6 月 28 日《土地改革法》第 3 条及 1950 年 11 月 21 日政务院公布的《城市郊区土地改革条例》第 14 条均提及土地征收问题。1953 年 12 月 5 日政务院通过关于《国家建设征用土地办法》，对土地征收规则作了较为完整的规定。1954 年 9 月 20 日的《宪法》对国家建设征收土地作了肯定。

　　这一时期虽然是我国土地征收制度法治化的初期，但其对其后土地征收制度的建立和立法思路的确立产生了重要影响。表现在：(1)没有科学地区别相关法律概念，以征用代替征收。(2)将土地征收目的扩大化。《国家建设征用土地办法》规定进行国家建设，包括国防工程、厂矿、铁路、交通、水利工程、市政建设以及其他经济文化建设，甚至发展私营经济企业和私营文教事业需用地，均可征地。(3)确定了土地审批权分级限额的控制模式。中央政府、大行政区行政委员会以及省、市、县政府均享有一定的审批权。(4)确定了以一定时期的土地平均产值作为土地征收补偿标准的制度。(5)确定补偿办法为支付土地补偿费、地上附着物和青苗赔偿费，政府和用地单位还必须帮助解决被征地农民生活出路问题①。

　　2.“大跃进”至“文化大革命”之前

　　由于新中国成立初期土地征收中的审批制度相对宽松，补偿费用也较低廉，土地征收中出现了严重的浪费现象。而且，这一时期，随着社会主义建设和社会主义改造的突飞猛进，高级农业生产合作社遍及全国，农村生产资料所有制关系发生了根本变化，相当部分农村土地已经由农民个人私有转为集体所有。为适应需要，经全国人大常委会批准，国务院于 1958 年 1 月 6 日公布施行修正后的《国家建设征用土地办法》。该办法在立法方面沿用了原有的模式和思路，但在内容上发生了一些变化：(1)部分上收了审批权限，强调节约用地；(2)需用地者发生改变，由于实行公有制，原来的私营经济企业和私营文教事业用地者等征收请求人开始淡出历史舞台，代之以公私合营企业、信用合作社、供销合作社、手工业生产合作社以及群众自办的公益事业用地者；(3)适当提高了补偿数额，土地补偿费的标准由原来的“3—5 年产量总值”改为“以其最近 2—4 年的年产量总值为标准”。

　　这一时期对其后的立法产生的影响是：确定了我国土地所有权流动的

---

① 林建伟著：《房地产法基本问题》，法律出版社 2006 年版，第 89 页。

单向性特征,即国家可从农村集体经济组织中取得土地所有权,反之则不可。随着农业合作化运动的完成,我国土地所有制的基本法律模式——城镇土地国家所有制和农村土地集体所有制已经形成,但宪法确立了国有土地所有权不得转让的原则,所以,国家对农村土地所有权的征收,不仅体现了国家征收行为的单一性,也使两种不同所有权之间的法律地位差异凸显。

3."文化大革命"期间

1965 年至 1976 年"文化大革命"期间,由于国内经济建设停滞不前,没有经济建设的用地需求,土地征收的立法工作也基本上处于停滞状态。

4. 十一届三中全会至今

党的十一届三中全会确定了以经济建设为中心的社会发展基本方针,自此形势发生了很大的变化,原有土地征收制度已不适应发展要求。1982年国务院颁行了《国家建设征用土地条例》。该条例在法律调整和内容的广度上有所变化,法律规范涵义更为明确和具有针对性。表现在:(1)以立法形式明确禁止集体土地的流转,集体以外用地者使用土地的唯一方式就是通过申请征收土地。(2)明确了审批程序:需用地人申请选址;土地行政主管部门组织需用地人与被征地人协商征地数量和补偿,达成初步协议;批准征地;核定面积,签订正式协议;划拨土地。(3)细化了补偿费的项目构成及具体标准,明确土地征收补偿费包括土地补偿费、安置补助费、地上附着物和青苗赔偿费。(4)增加了劳动力安置途径。可以采取发展农业生产、发展社队工副业生产、迁队或并队、安排就业、用地单位招工、农转非等多种安置方式。

1987 年 1 月 1 日生效的《土地管理法》对土地征收的办法进行了规定,从其内容来看,基本沿用《国家建设征用土地条例》的规定。1998 年 8 月29 日九届全国人大常委会通过了新修订的《土地管理法》,对土地征收制度作了较大幅度的调整。之后,国务院出台了《中华人民共和国土地管理法实施条例》(以下简称《土地管理法实施条例》)。国土资源部又先后于1999 年 3 月和 2001 年 10 月,分别以第 3 号令和第 10 号令发布施行了《建设用地审查报批管理办法》、《征用土地公告办法》。以上规定构成了我国现行土地征收制度的基本框架。

2004 年 3 月,全国人大通过宪法修正案,将征收与征用相区别,起到了正本清源的作用。2004 年 8 月,《土地管理法》作了相应修改,但此次修改不涉及其他内容。国务院 2004 年 10 月 21 日发布的《国务院关于深化改革严格土地管理的决定》。2007 年 3 月通过的《物权法》第 42 条对土地征收做了如下规定："为了公共利益的需要,依照法律规定的权限和程序可以征收集体所有的土地和单位、个人的房屋及其他不动产。征收集体所有的土地,应当依法足额支付土地补偿费、安置补助费、地上附着物和青苗的补偿费等费用,安排被征地农民的社会保障费用,保障被征地农民的生活,维护被征地农民的合法权益。征收单位、个人的房屋及其他不动产,应当依法给予拆迁补偿,维护被征收人的合法权益;征收个人住宅的,还应当保障被征收人的居住条件。任何单位和个人不得贪污、挪用、私分、截留、拖欠征收补偿费等费用。"关于土地征收,还有一部分具体的法律规则体现在国土资源部的规章中。如《关于完善农用地转用和土地征收审查报批工作的意见》、《征用土地公告办法》、《关于完善征地补偿安置制度的指导意见》、《关于开展制定征地统一年产值标准和征地区片综合地价工作的通知》、《国土资源听证规定》等。

二、集体土地征收程序规则

（一）集体土地征收程序

集体土地征收程序是国家在征收农村集体所有土地时必须依法遵循的步骤。科学、规范的土地征收程序,可以规范土地征收行政机关的行为,增加土地征收过程的透明度,在一定程度上避免土地征收活动中存在的暗箱操作行为,使被征收者及时了解征收的决策、执行依据和步骤等信息,增加可预见性,增强对行政机关征收行为的信服度,缓解两者间的矛盾冲突,最大限度地避免纠纷。同时,规范的征地程序,有利于提高行政效率,保证结果的一致性和稳定性。

关于土地征收的程序,我国现行法律规范没有统一、具体的规定,只是在《土地管理法》、《物权法》等法律规范和国土资源部颁布的行政规章中有一些原则性的规定。具体来说征收土地的程序,应当包括以下步骤①:

1. 发布征地预告。由市、县(区)级人民政府或国土资源行政主管部门在拟征地的村(居)委会发布征地预告,告知被征土地的集体经济组织和村民,预告须在村(居)委会公示栏张贴并由村(居)委会送达村(居)民小组。

---

① 钟京涛著:《征地补偿法律适用与疑难解释》,中国法制出版社 2008 年版,第 31 页。

预告内容包括:项目名称、立项批准机关和文号、拟征收土地的用途、位置、范围、面积、补偿标准、补偿方式、安置途径、申请听证的权利义务以及其他需要告知的事项。预告后抢栽、抢种的农作物或者抢建的建筑物不列入补偿范围。

2. 现状调查及确认。征地预告后,市、县(区)人民政府组织相关部门对征地情况进行调查,查清拟征土地的权属、地类、面积及地上附着物权属、种类、数量等现状情况,计算征地涉及的需要安置农民的情况,拟定征地补偿标准及(人员)安置方案,并由被征地农村集体经济组织、农民和地上附着物产权人共同确认。

3. 征询村民意见,组织征地听证。在上报征地材料前,县或市级国土资源行政主管部门会同所在的乡镇政府,就确认结果及拟征地的用途、位置、补偿标准和(人员)安置方案,在拟征地村予以公示,听取被征地农村村民和农村集体经济组织的意见,公示期限不得低于5个工作日。在征地情况公示期间,被征地农村集体经济组织和农村村民,对拟征收土地的补偿标准和(人员)安置方案提出听证申请的,国土资源行政主管部门依法组织听证,并将《听证通知书》送达当事人。国土资源行政主管部门应将村民对征收土地的意见和听证的材料作为报批的必备材料归档上报。

4. 征地材料的组织、审核及上报。市、县国土资源行政主管部门根据征地情况调查结果和市、县人民政府拟定的征地补偿标准及(人员)安置方案,以及建设项目的相关材料,依法拟订农用地转用方案、补充耕地方案、征收土地方案和供地方案,编制建设用地呈报说明书(简称"一书四方案"),经过区(县)人民政府初步审核同意后,由区(县)人民政府正式行文报批。区(县)人民政府同时应就征地补偿标准合法性、(人员)安置方案可行性及妥善安置被征地农民生产生活保障措施出具说明材料;征地公示意见较多、情况较复杂的,区(县)人民政府应当说明采纳意见的情况。

5. 征地的审查(核)、报批。市、县人民政府上报的征地材料,由省(自治区、直辖市)国土致府已经出具说明材料的,报请省级人民政府审批。需报国务院批准的,由省(自治区、直辖市)人民政府审查(核)后报请国务院批准,省国土资源厅(局)将征地材料报送国土资源部审查(核)。征地经国务院或省政府批准后,省国土资源厅或国土资源部下发征地批准文件。

6. 征地公告。经依法批准的征地项目,除涉及国家保密规定等特殊情况外,国土资源行政主管部门应在被征地所在的村、组公示征地批准事项。

若征地项目未获批准的,由发布预告的国土资源管理部门及时下发书面通知,取消原预告。市、县人民政府应当在收到省或国务院征收土地批准文件之日起 10 个工作日内在被征地所在村、组范围内进行征收土地公告。

7. 办理征地补偿登记。被征收土地的所有权人、使用权人持权属证书和其他产权证明等到公告指定的国土资源行政主管部门办理补偿登记。

8. 征地补偿安置方案拟定和报批。市、县国土资源行政主管部门根据征地方案制定征地补偿安置方案,征地补偿安置方案制定后予以公告,征求被征地农民集体和农民意见;公告期满当事人无异议或根据有关要求对征地补偿安置方案进完善后,将征求意见后的征地补偿安置方案,连同被征地农村集体经济组织、农村村民或者其他权利人的意见及采纳情况报市、县人民政府批准,并报省级土地行政主管部门备案后,予以组织实施。

9. 实施补偿安置方案和交付土地。征地补偿安置方案批准后,市、县人民政府应及时依法组织落实征地补偿安置事宜;监督建设单位与被征地农村集体经济组织依据批准的征收土地方案签订征地补偿安置协议书,并将征地补偿、安置费足额及时支付给被征地农村集体经济组织;监督、组织办理安置手续征地补偿费没有足额到位前,被征地农村集体经济组织和农民有权拒绝交地。

10. 征地争议的协调及裁决。被征地农村集体经济组织、农民对补偿标准有争议的,由人民政府协调;协调不成的,由批准征地的人民政府裁决。征地补偿、安置争议不影响征收土地方案的实施。

三、集体土地征收补偿与安置法律规则

(一)集体土地征收补偿与安置的含义

在土地征收制度中土地征收补偿与土地征收安置是两个不同的概念:土地征收补偿是因国家征收土地而对土地所有权人和地上附着物及青苗所有者的一种补偿。土地征收安置是指因土地征收对失去土地的农业人口采取补偿措施,实际上就是解决失地农民的就业问题。

(二)集体土地征收补偿与安置法律规则

根据《土地管理法》及《土地管理法实施条例》的规定,被征用土地的所有权人、使用权人应当在公告规定期限内,持土地权属证书到当地人民政府土地行政主管部门办理征地补偿登记。

征用土地的,按照被征用土地的原用途给予补偿。征用耕地的补偿费用包括土地补偿费、安置补助费以及地上附着物和青苗的补偿费。征用耕地的土地补偿费,为该耕地被征用前 3 年平均年产值的 6 至 10 倍。征用耕地的安置补助费,按照需要安置的农业人口数计算。需要安置的农业人口数,按照被征用的耕地数量除以征地前被征用单位平均每人占有耕地的数量计算。每一个需要安置的农业人口的安置补助费标准,为该耕地被征用前 3 年平均年产值的 4 至 6 倍。但是,每公顷被征用耕地的安置补助费,最高不得超过被征用前 3 年平均年产值的 15 倍。

征用其他土地的土地补偿费和安置补助费标准,由省、自治区、直辖市参照征用耕地的土地补偿费和安置补助费的标准规定。被征用土地上的附着物和青苗的补偿标准,由省、自治区、直辖市规定。征用城市郊区的菜地,用地单位应当按照国家有关规定缴纳新菜地开发建设基金。依照上述的规定支付土地补偿费和安置补助费,尚不能使需要安置的农民保持原有生活水平的,经省、自治区、直辖市人民政府批准,可以增加安置补助费。但是,土地补偿费和安置补助费的总和不得超过土地被征用前 3 年平均年产值的 30 倍。国务院根据社会、经济发展水平,在特殊情况下,可以提高征用耕地的土地补偿费和安置补助费的标准。

征地补偿安置方案确定后,有关地方人民政府应当公告,并听取被征地的农村集体经济组织和农民的意见。被征地的农村集体经济组织应当将征用土地的补偿费用的收支状况向本集体经济组织的成员公布,接受监督。征用土地的各项费用应当自征地补偿、安置方案批准之日起 3 个月内全额支付。土地补偿费归农村集体经济组织所有;地上附着物及青苗补偿费归地上附着物及青苗的所有者所有。征用土地的安置补助费必须专款专用,不得挪作他用。需要安置的人员由农村集体经济组织安置的,安置补助费支付给农村集体经济组织,由农村集体经济组织管理和使用;由其他单位安置的,安置补助费支付给安置单位;不需要统一安置的,安置补助费发放给被安置人员个人或者征得被安置人员同意后用于支付被安置人员的保险费用。禁止侵占、挪用被征用土地单位的征地补偿费用和其他有关费用。

在国土资源部颁发的《关于完善征地补偿安置制度的指导意见》关于土地征收补偿安置有以下规定:

1. 关于征地补偿标准

（1）统一年产值标准的制订。省级国土资源部门要会同有关部门制订省域内各县（市）耕地的最低统一年产值标准，报省级人民政府批准后公布执行。制订统一年产值标准可考虑被征收耕地的类型、质量、农民对土地的投入、农产品价格、农用地等级等因素。

（2）统一年产值倍数的确定。土地补偿费和安置补助费的统一年产值倍数，应按照保证被征地农民原有生活水平不降低的原则，在法律规定范围内确定；按法定的统一年产值倍数计算的征地补偿安置费用，不能使被征地农民保持原有生活水平，不足以支付因征地而导致无地农民社会保障费用的，经省级人民政府批准应当提高倍数；土地补偿费和安置补助费合计按30倍计算，尚不足以使被征地农民保持原有生活水平的，由当地人民政府统筹安排，从国有土地有偿使用收益中划出一定比例给予补贴。经依法批准占用基本农田的，征地补偿按当地人民政府公布的最高补偿标准执行。

（3）征地区片综合地价的制订。有条件的地区，省级国土资源部门可会同有关部门制订省域内各县（市）征地区片综合地价，报省级人民政府批准后公布执行，实行征地补偿。制订区片综合地价应考虑地类、产值、土地区位、农用地等级、人均耕地数量、土地供求关系、当地经济发展水平和城镇居民最低生活保障水平等因素。

（4）土地补偿费的分配。按照土地补偿费主要用于被征地农户的原则，土地补偿费应在农村集体经济组织内部合理分配。具体分配办法由省级人民政府制定。土地被全部征收，同时农村集体经济组织撤销建制的，土地补偿费应全部用于被征地农民生产生活安置。

2. 关于被征地农民安置途径

对被征地农民可以采取以下安置途径：（1）农业生产安置。征收城市规划区外的农民集体土地，应当通过利用农村集体机动地、承包农户自愿交回的承包地、承包地流转和土地开发整理新增加的耕地等，首先使被征地农民有必要的耕作土地，继续从事农业生产；（2）重新择业安置。应当积极创造条件，向被征地农民提供免费的劳动技能培训，安排相应的工作岗位。在同等条件下，用地单位应优先吸收被征地农民就业。征收城市规划区内的农民集体土地，应当将因征地而导致无地的农民，纳入城镇就业体系，并建立社会保障制度；（3）入股分红安置。对有长期稳定收益的项目用地，在农户自愿的前提下，被征地农村集体经济组织经与用地单位协商，可以以征地补偿安置费用入股,或以经批准的建设用地土地使用权作价入股。农村集体经济组织和农户通过合同约定以优先股的方式获取收益;(4)异地移民安置。本地区确实无法为因征地而导致无地的农民提供基本生产生活条件的,在充分征求被征地农村集体经济组织和农户意见的前提下,可由政府统一组织,实行异地移民安置。

四、农村集体土地征收存在的问题及解决对策

(一)我国土地征收程序存在的问题及解决对策

1. 我国土地征收程序存在的问题

科学合理的土地征收程序起着巨大的作用,但在我国,由于立法经验的不足和立法技术的落后,上述土地征收程序规定得粗糙,简单,与其他国家的规定相比,具有明显的不科学性和不合理性①。

(1)有关土地征收程序的立法比较简单、粗糙,在许多具体的制度设计上存在漏洞。具体表现在:第一,土地征收目的合法性审查没有纳入程序中。土地征收目的必须合法,必须是为了公共利益需要才能征收土地,这是国际上通行的原则,亦为我国法律所接受。但这一原则在我国土地征收实施过程中却受到了严重扭曲,表现在:一方面,我国对公共利益的界定不够明确;另一方面,公共利益在程序上没有保障,审批程序中没有征地目的合法性的专项审查,在征地公告中也没有征地目的合法性的专门说明。这样的一个直接后果是无论在实际操作中还是在观念上都淡化了对征收土地目的合法性这一基本前提的重视,导致一些经营性用地也采用征地方式,从而严重侵害了集体土地所有权和土地承包经营权。第二,缺少对行政机关的监督机制。在我国,行政机关既是土地征收的决定者,亦是执行者,处于绝对优势地位,必须严加监督,防止权力滥用,但我国现行土地立法并没有规定必要的监督机制。如在征地范围的决定权、征地审查权、赔偿方案确定权等方面都只规定由行政机关自主决定,具体实施,缺少对行政机关的必要监督,导致行政机关既当运动员又当裁判员,容易侵害集体和个人的合法权益,也会带来行政权力的泛滥,破坏政府和人民的关系,危害社会稳定和

---

① 陈良俊:"关于农村土地征收程序的问题与思考",资料来源:http://www.dyjlawyer.com.

繁荣。

（2）土地征收程序中对被征收者的保护不足。这主要表现在几方面：第一，土地征收程序透明度和公示性不够。如在补偿方案的确定上，是由政府自己核准并实施的，实难保障征收程序的公示性，难以避免暗箱操作行为的发生，因而难以保障被征收者的利益获得公正的保护。第二，被征收者在土地征收过程中缺乏表达自己意见的机会。整个征地过程中，被征收者都处于比较被动的局面。《土地管理法》第48条规定，征地补偿安置方案确定后，有关地方人民政府应当公告，并听取被征地的农村集体经济组织和农民的意见，但既然征地补偿方案已经确定，被征地者的意见所起的作用是微乎其微的。除此之外，被征地者在征收的目的性、征收的范围等方面都没有表达自己意见的机会。

（3）对被征地者的救济措施规定不足。对于土地征收出现争议时的行政和司法救济措施，现行立法缺乏明确全面的规定。比如，按照上述程序之规定规定，被征地者在征地范围、补偿标准等方面存在争议的，由县级以上地方人民政府协调；协调不成，由批准征地的人民政府裁决，并没有规定其向司法机关获得救济的权利，这样的救济措施是远远不够的。不难看出，此项制度的一个"致命"缺陷，也就是，各级人民政府充当了征地补偿争议的"调解员"和"裁判员"，补偿标准合不合适，完全由各级政府说了算。而众所周知的是，各级政府本来就是土地的出让者，在很多时候还是直接征地者，征地补偿标准本来就是他们制定的，补偿争议就是被征地人与政府之间的纠纷，老百姓对补偿标准有异议时到政府那里去申请裁决，结果可想而知。也就是说，各级政府既当"运动员"又当"裁判员"，他们便很难真正站在"第三方"的立场上，公平公正地协调和裁决征地补偿纠纷。

2. 我国土地征收程序存在问题解决对策

针对当前我国土地征收程序所存在的问题，笔者认为应借鉴各国的先进做法，并结合本国实际，重点是在其具体规定和实质内容上加以改革、完善，构建一个科学、合理的土地征收程序，以保障土地征收的公平正义①。

---

① 陈良俊："关于农村土地征收程序的问题与思考"，资料来源：http://www.dyjlawyer.com.

（1）增加对土地征收目的合法性的认定。根据《物权法》第42条"为了公共利益的需要,依照法律规定的权限和程序可以征收集体所有的土地和单位、个人的房屋及其他不动产"之规定,在土地征收程序中一定要增加对土地征收目的合法性的认定。这一阶段应包括两个环节:申请和核准。首先,由需用地人向政府有关部门提出征地申请,申请人应就征地的目的、条件、补偿等方面作出详细说明,并举行征地条件听证会和补偿安置听证会以征求被申请人的意见,双方进行充分协商以达成协议。行政主体应促使双方达成协议,如果达不成协议,则由行政主体进行裁决。其次,由政府有关部门根据需用地人提出的申请文件和有关法律规定进行审查,重点审查其目的合法性,对其是否符合公共利益进行专项审查,只有在符合公利益目的的前提下,才可以结合其他因素,作出是否批准土地征收的决定。土地征收的申请被批准以后,必须予以公告并通知被征地的集体经济组织和农民。

（2）完善土地征收与补偿公告程序。要依照国土资源部颁布的《征用土地公告办法》,完善土地征收与补偿公告程序。土地征收活动中要依法对征用土地公告和征地补偿、安置方案公告。征用农民集体所有土地的,征用土地方案和征地补偿、安置方案应当在被征用土地所在地的村、组内以书面形式公告。其中,征用乡（镇）农民集体所有土地的,在乡（镇）人民政府所在地进行公告。

①征用土地公告。被征用土地所在地的市、县人民政府应当在收到征用土地方案批准文件之日起10个工作日内进行征用土地公告,该市、县人民政府土地行政主管部门负责具体实施。征用土地公告应当包括下列内容包括:征地批准机关、批准文号、批准时间和批准用途;被征用土地的所有权人、位置、地类和面积;征地补偿标准和农业人员安置途径;办理征地补偿登记的期限、地点。被征地农村集体经济组织、农村村民或者其他权利人应当在征用土地公告规定的期限内持土地权属证书到指定地点办理征地补偿登记手续。被征地农村集体经济组织、农村村民或者其他权利人未如期办理征地补偿登记手续的,其补偿内容以有关市、县土地行政主管部门的调查结果为准。

②征地补偿、安置方案公告。有关市、县人民政府土地行政主管部门会同有关部门根据批准的征用土地方案,在征用土地公告之日起45日内以被征用土地的所有权人为单位拟订征地补偿、安置方案并予以公告。征地补偿安置、方案公告应当包括下列内容:本集体经济组织被征用土地的位置、

地类、面积,地上附着物和青苗的种类、数量,需要安置的农业人口的数量;土地补偿费的标准、数额、支付对象和支付方式;安置补助费的标准、数额、支付对象和支付方式;地上附着物和青苗的补偿标准和支付方式;农业人员的具体安置途径;其他有关征地补偿、安置的具体措施。被征地农村集体经济组织、农村村民或者其他权利人对征地补偿、安置方案有不同意见的或者要求举行听证会的,应当在征地补偿、安置方案公告之日起 10 个工作日内向有关市、县人民政府土地行政主管部门提出。

(3)完善土地征收补偿听证程序。要依照《国土资源听证规定》,完善土地征收补偿听证程序。县级以上人民政府国土资源行政主管部门依职权或者依当事人的申请组织听证。

在下列情形下,主管部门应当组织听证:①拟定或者修改基准地价;②编制或者修改土地利用总体规划和矿产资源规划;③拟定或者修改区域性征地补偿标准。在下列情形下,主管部门在报批之前,应当书面告知当事人有要求举行听证的权利:①拟定拟征地项目的补偿标准和安置方案的;②拟定非农业建设占用基本农田方案的。

(4)完善土地征收争议的解决机制。在土地征收补偿方面,被征地方可与用地方对征地的补偿标准等问题进行谈判、协商,由政府和农户选派的代表共同协商确定征收赔偿方案,意见不一时,由专设的独立社会机构(如征地仲裁机构)来裁决,补偿标准合不合理,应该由独立的社会机构说了算,而不是由各级政府说了算,当然也不是由被征地者说了算。因为只有独立的社会机构,才可能真正站在"第三方"的公正立场上,平衡政府或企业与被征地农民之间的利益,更有效地化解征地过程中的矛盾纠纷。当然,征收当事人也可以向人民法院起诉,由人民法院裁定,以保证补偿方案的公正性。在整个土地征收过程中,都要注重被征地农民在征地行为过程中的参与,让他们在征收的目的性、征收的范围、征收补偿安置和征收补偿安置费用的使用、管理等方面都有充分发表意见的机会,并能采取足够的措施保障他们的合法权益。同时,也要设置科学、合理的救济措施,保证在被征收者存有争议时,可以通过多种救济途径,有效地维护自己的合法利益。允许被征收者采取复议、申诉、仲裁或者诉讼等救济措施①。

---

① 蔡惠燕:"土地征收程序的完善",资料来源:http://www.chinalawedu.com.

（二）集体土地征收补偿与安置法律规则存在的问题及解决对策

1. 集体土地征收补偿与安置法律规则存在的问题

（1）征地补偿与安置依据不科学、标准不统一。我国《土地管理法》规定，征收土地的，按照被征收土地的原用途给予补偿。征收耕地的土地补偿费，为该耕地被征收前3年平均年产值的6至10倍。安置补助费为该耕地征收前3年平均年产值的4至6倍。每公顷最高不得超过被征收前3年平均年产值的15倍……《土地管理法》第47条关于征地补偿的具体规定，对于补偿标准规定了一个较大的幅度范围：6到10倍，最高不超过30倍，这个标准本身就带有了很大的随意性，6到30倍，其弹性幅度之大，只能用主观的"适当"来衡量。然后授权地方政府确定，政拥有较大的自由裁量权。政府既是利益分配者，又是利益获得者，被征收方又极少参与征收协商谈判过程，这就导致很多地方政府滥用自由裁量权，常常按照法定最低标准给予补偿，这不但远远不能解决被征地农民的长远生计问题，而且显失公平①。同时不管是"前3年平均年产值的6至10倍"还是"前3年平均年产值的4至6倍"，按照目前农产品的价格计算，农民获得的土地补偿费和安置补助费无论如何也高不到哪里去。不仅如此，如果前3年低产，农民因此获得到的补偿会更少；如果前3年因大灾而绝收，失地农民将不能获得任何补偿。因此以产值论补偿不仅不科学，实际操作也是个问题。

（2）征地安置主体单一、安置方式缺乏灵活性。在20世纪90年代中期以前，被征地农民的安置工作基本上由用地单位承担，一般情况下，被征地农民被直接安排到企业中工作。但是，随着征地制度、供地制度和企业用工制度的改革，在征地过程中用地企业不再承担安置农民的任务，而是由地方政府统一承担被征地农民的安置任务。政府一方面承受着对外招商引资的巨大压力；另一方面有要承担妥善安置被征地农民的重任，政府负担十分沉重。尽管国土资源部《关于完善征地补偿安置制度的指导意见》中对补偿安置方式有了原则性的规定，但因缺乏具体可行的操作措施，目前的征地补偿安置方式基本上是以"费"为表现形式的货币补偿，补偿安置方式缺乏应有的灵活性。主要原因是：一是与国家法律规范保持一致；二是这种方式

---

① 潘嘉玮著：《城市化进程中土地征收法律问题研究》，人民出版社2009年版，第211页。

简单易行,只要将"前三年平均年产值计算出来,乘上相应的倍数即可。没有更多的考虑土地资源节约利用,没有更好地考虑被征地农民的实际需求,更没有很好的贯彻"科学发展观"。

2. 集体土地征收补偿与安置法律规则问题的解决对策

(1)加快片区综合地价的实施工作,尽快建立配套政策。国土资源部曾在2004年、2005年研究制定了《关于完善征地补偿安置制度的指导意见》及《关于开展制定征地统一年产值标准和征地区片综合地价工作的通知》,要求省级国土资源部门要会同有关部门制订省域内各县(市)耕地的最低统一年产值标准,报省级人民政府批准后公布执行。制订统一年产值标准可考虑被征收耕地的类型、质量、农民对土地的投入、农产品价格、农用地等级等因素。有条件的地区,省级国土资源部门可会同有关部门制订省域内各县(市)征地区片综合地价,报省级人民政府批准后公布执行,实行征地补偿……各地尽快建立实施片区综合地价的配套政策,尽快做到统一年产值、同地同价。

(2)借鉴国外先进经验。在国外象美国、日本、德国、英国等土地征收补偿制度都比较完善,这些国家土地征收补偿制度值得借鉴的主要是:①土地征收制度有完善的法律支撑。无论各国实行何种性质的经济制度,保护社会成员的私有产权都是一项基本的宪法原则。美国作为一个判例法系的国家虽没有独立的土地征收法,但将1970年的"土地征收政策法"提升为法律,也具有独立的法律地位;英国的立法也有独立的土地征收法,1965年《强制购买法》、1981年《土地征收法》;日本1951年就颁布了《土地征用法》。②土地征收目的和范围较明确。世界各国都把土地征收的目的限定于公共目的或公共利益,即只有出于公共利益的情况下,国家或政府才有可能启用土地征收权。总体来看在大多数国家,土地征收的主要"公共利益"通常包括交通建设、公共建筑、军用目的、土地改革、公共辅助设施公园、运动场建设等6个方向的用途。③土地征收制度的补偿标准和范围较合理。虽然各国的补偿标准存在不同程度的差异,但大多数国家或地区的土地征收法或相关法律均有这样的规定:所有的土地所有人、承租人和占用者因土地被征收都有得到充分、合理、及时补偿的权利。④土地征收制度的程序较完备。除去申请、调查等活动外,国外土地征收程序大致包括三个步骤:①征收土地的公告或通知程序;②被征收土地权利人参与土地过程的透明程序;③申诉程序。

（3）完善、丰富土地征收补偿与安置方式。关于补偿标准,需要考虑三个因素:一是农民因土地被征收而实际发生的损失,包括农民从土地上可获得的收益、土地上的相关附属物等;二是土地的市场价值,对于被征收的物,其补偿的一个重要依据即是该物的价值,财产被剥夺时的现实价值是各国征收补偿考虑的一个重要因素;三是农民丧失土地后的生活保障,土地是农民赖以生存的生产资料,一旦丧失土地,意味着农民将失去生活来源[1]。

土地征收对集体土地所有者和土地使用者的补偿,可采取下列补偿方式:①货币补偿。货币补偿有方便快捷、简单易行之优势。②土地置换。这里的土地置换是指以符合土地利用总体规划为要求,以土地"占一补一"为前提条件,政府从集体经济组织取得建设用地,同时通过异地调整将适量的国有土地置换给集体经济组织。一句话就是拿国有土地换集体土地。尽管目前土地置换这种补偿制度在法律上没有规定,但从法理上不存在任何障碍,只是在具体操作环节上需要研究。目前有一点可以肯定,土地置换必须是在土地置换方均自愿协商的前提下方能进行。③农民集体土地所有权作价入股。土地征收涉及需要使用农民集体所有的土地,政府在与农民集体土地所有权人协商后,不采取将土地征收为国有方式,而土地还是农民集体所有,允许农民集体经济组织以将拟建设需要的土地作价入股,投入到建设中来。农民集体土地所有权人从建设项目中,按其股份享有权利承担义务。土地所有权作价入股可以在一定程度上,确保了失去土地的农民长期受益,将失地农民和国家建设"捆绑"在一起,形成利益共同体,与荣共荣,与损俱损,进而更好地做到和谐发展。④农民集体土地使用权作价入股。农民集体所有土地使用权人在征得所有权人同意后将依法享有的土地使用权入股到具体的建设项目中来。农民集体土地使用权作价入股与上述农民集体土地所有权作价入股的区别在于:首先前者是以依法享有的集体土地使用权入股,后者是以集体所有权入股;其次,前者投资主体是具体的集体土地使用权人,后者农民集体经济组织。这种补偿方式特别适用于下面三种主体:一是设立在征地范围内的企业,二是入股后能自行解决居住问题的宅基地

---

[1] 潘嘉玮著:《城市化进程中土地征收法律问题研究》,人民出版社2009年版,第211页。

使用权人,三是入股后能另谋职业解决生计的农村土地承包经营权人。

在土地征收安置方式上可以从单一的货币安置向多元化安置方式转变。①货币安置。货币安置是指在土地征收过程中,通过向安置对象支付货币安置补助费由其自谋职业解决生计一种安置方式。②创业与就业安置。鼓励具备创业条件的安置对象在建设项目中创业,鼓励不具备创业条件但有劳动技能的安置对象在建设项目中就业。③留地安置。留地安置是指政府在被征收土地上划出一部分土地留给被征地农民自由支配,由村集体经济组织牵头组织开发,按照自愿的原则,用于发展二、三产业。这种安置方式可以缓解就业压力,壮大集体经济,是被征地农民得到长期受益,充分调动被征地农民的积极性。④征地安置费用入股。需要安置的人员由农村集体经济组织安置的,安置补助费支付给农村集体经济组织,由农村集体经济组织管理和使用。⑤直接投资项目建设。直接投资项目建设是指农民集体经济组织在征得村民同意后还可以直接将征地安置费用投资具体建设项目,直接创办公司、企业和其他经济实体。⑥移地异地安置。如果在本地区确实无法为失地的农民提供基本生产生活条件的,在充分征求被征地农村集体经济组织和农户意见的前提下,可由政府统一组织,实行移地异地。

第二节　国有土地上房屋征收与补偿法律规则

一、国有土地上房屋征收与补偿概述

（一）国有土地上房屋征收与补偿立法

1991 年 6 月 1 日,国务院公布了《城市房屋拆迁管理条例》,经过十年,国务院于 2001 年 6 月 7 日对该条例进行了修改。修改后的拆迁条例适应了房地产市场发展的需要,但最近十年随着房地产市场的空前发展,房屋拆迁活动出现了很多问题,如暴力强拆、野蛮拆迁、补偿不公等。特别是在《物权法》公布之后,关于拆迁条例是否符合上位法的规定,也出现了很多争议。2007 年 10 月 1 日起施行的《物权法》第 42 条规定:“为了公共利益的需要,依照法律规定的权限和程序可以征收集体所有的土地和单位、个人的房屋及其他不动产。”2007 年 8 月 30 日,十届全国人大常委会第二十九次会议审议并通过了《全国人民代表大会常务委员会关于修改〈中华人民共和国城市房地产管理法〉的决定》,授权国务院就征收国有土地上单位、

个人的房屋与拆迁补偿制定行政法规。据此,有关部门针对实践中存在的突出问题,在对2001年颁布实施的《城市房屋拆迁管理条例》(以下简称《拆迁条例》)进行修改的基础上,制定了《国有土地上房屋征收与补偿条例征求意见稿》并公开征求群众意见。2011年,条例草案先后两次向社会公开征求意见,《国有土地上房屋征收与补偿条例》(以下简称《征收与补偿条例》)于2011年1月19日经国务院第141次常务会议通过,1月21日温家宝总理以第590号国务院令公布并实施。《征收与补偿条例》分总则、征收决定、补偿、法律责任、附则五章共35条。

(二)《征收与补偿条例》适用范围

《征收与补偿条例》第2条规定:"为了公共利益的需要,征收国有土地上单位、个人的房屋,应当对被征收房屋所有权人(以下称"被征收人")给予公平补偿。"本条规定了条例的适用范围。首先在空间范围上是国有土地,即发生在集体土地上的征收和补偿行为不适用本条例。其次本条例调整的是房屋征收与补偿活动,包括征收与补偿两个方面内容。征收和补偿是不可分割的两个内容,一般来说,给予合法、适当的补偿,是征收行为合法的基础。按照本条例的规定,只有在依法给予被征收人补偿后,才能完成征收行为①。

关于适用范围的问题,《征收与补偿条例》与《拆迁条例》相比较,有了很大的变化:第一,进一步强调了为"公共利益需要"方可实行征收,非公共利益需要,不得征收单位及个人的房屋;第二,将适用的区域范围明确为国有土地上的房屋,而《拆迁条例》的适用范围是城市规划区内国有土地上的房屋,对城市规划区外国有土地上实施房屋拆迁,是参照《拆迁条例》执行的,;第三,明确了补偿的基本要求,即公平补偿原则。这充分体现了在市场经济体系下对被征收人财产权等合法权益的尊重和保护。

(三)房屋征收与补偿的原则

征收与补偿的原则体现在《征收与补偿条例》第3条的规定中,该条规定:"房屋征收与补偿应当遵循决策民主、程序正当、结果公开的原则"。首先,要遵循决策民主原则。强调的是征收项目的确定应当建立在广泛征求意见的基础上,只有多数人接受的,才能确定为公共利益需要的项目。其次,程序要正当,强调的是征收决定的作出和征收行为的实施都应当严格依

---

① 《国有土地上房屋征收与补偿条例》注释本,法律出版社2011年版,第1页。

照有关法律程序,保证当事人合法权益;最后结果公开,即主要是针对征收补偿,只有公开,才能保证公平,也才能保证被征收人依法按时搬迁,顺利实施征收行为。民主决策、程序正当、公开透明是民主法治国家的重要体现。从操作层面看,乱决策、暗箱操作、结果不公开等正是引发拆迁之乱的主要根源,新条例规定了此三项原则,有利于从源头上控制搬迁之乱①。

(四)房屋征收部门及相关部门、单位

1. 征收行为实施机关。依据《征收与补偿条例》,市、县级人民政府负责本行政区域的房屋征收与补偿工作。《征收与补偿条例》这一规定将《拆迁条例》中赋予房屋拆迁管理部门的行政管理权上收到市、县级人民政府,为《征收补偿条例》第3条所确定的各项原则的实施提供了制度保障。

2. 房屋征收部门。市、县级人民政府确定的房屋征收部门(以下称房屋征收部门)组织实施本行政区域的房屋征收与补偿工作。市、县级人民政府有关部门应当依照本条例的规定和本级人民政府规定的职责分工,互相配合,保障房屋征收与补偿工作的顺利进行。由于各地的机构设置并不完全相同,承担的职责有较大差异,所以《征收与补偿条例》授权市、县级人民政府自行确定承担该职责的部门。

3. 配合部门。由于房屋征收与补偿涉及到多个部门,只有这些部门紧密配合,才能保障征收补偿工作的顺利开展。因此《征收与补偿条例》规定,市、县级人民政府有关部门应当依照本条例的规定和本级人民政府规定的职责分工,互相配合,保障房屋征收与补偿工作的顺利进行。

4. 征收实施单位。《征收与补偿条例》第5条规定:"房屋征收部门可以委托房屋征收实施单位,承担房屋征收与补偿的具体工作。房屋征收实施单位不得以营利为目的。房屋征收部门对房屋征收实施单位在委托范围内实施的房屋征收与补偿行为负责监督,并对其行为后果承担法律责任。"依据本条规定,第一,房屋征收部门可以委托房屋征收实施单位承担具体工作,也可以自行承担征收补偿的具体工作;第二,房屋征收实施单位行为后果的法律责任由房屋征收部门承担。《征收与补偿条例》对房屋征收实施单位的具体性质未做明确规定,但条例只做了一点原则限制,即"房屋征收

---

① 何福平、詹文天:"逐条解读《国有土地上房屋征收与补偿条例》",资料来源:http://new.21ccom.net.

实施单位不得以营利为目的"。

（五）监督与指导、举报与监察

依据《征收与补偿条例》，上级人民政府应当加强对下级人民政府房屋征收与补偿工作的监督；国务院住房城乡建设主管部门和省、自治区、直辖市人民政府住房城乡建设主管部门应当会同同级财政、国土资源、发展改革等有关部门，加强对房屋征收与补偿实施工作的指导。

任何组织和个人对违反本条例规定的行为，都有权向有关人民政府、房屋征收部门和其他有关部门举报。接到举报的有关人民政府、房屋征收部门和其他有关部门对举报应当及时核实、处理；监察机关应当加强对参与房屋征收与补偿工作的政府和有关部门或者单位及其工作人员的监察。

二、国有土地上房屋征收决定

（一）征收目的

《征收与补偿条例》第 8 条规定：为了保障国家安全、促进国民经济和社会发展等公共利益的需要，有下列情形之一，确需征收房屋的，由市、县级人民政府作出房屋征收决定：(1)国防和外交的需要；(2)由政府组织实施的能源、交通、水利等基础设施建设的需要；(3)由政府组织实施的科技、教育、文化、卫生、体育、环境和资源保护、防灾减灾、文物保护、社会福利、市政公用等公共事业的需要；(4)由政府组织实施的保障性安居工程建设的需要；(5)由政府依照城乡规划法有关规定组织实施的对危房集中、基础设施落后等地段进行旧城区改建的需要；(6)法律、行政法规规定的其他公共利益的需要。

征收目的总的原则是只有出于公共利益的需要，才能实施征收行为。从国外对于公共利益界定情况来看，向来有列举式和概括式两种模式，各有利弊。《征收与补偿条例》采用了概括式的方式界定公共利益。属于公共利益的建设活动，都是由政府来组织实施的。但政府组织实施，并不等于都要由政府直接作为建设主体，政府也可能吸收其他社会主体来实施一定的建设活动，或者由政府成立专门的机构或者企业来实施建设活动①。

（二）征收与规划

征收与规划的关系主要体现在《征收与补偿条例》第 9 条的规定：依照

---

① 《国有土地上房屋征收与补偿条例》注释本，法律出版社 2011 年版，第 5 页。

本条例第 8 条规定,确需征收房屋的各项建设活动,应当符合国民经济和社会发展规划、土地利用总体规划、城乡规划和专项规划。保障性安居工程建设、旧城区改建,应当纳入市、县级国民经济和社会发展年度计划。制定国民经济和社会发展规划、土地利用总体规划、城乡规划和专项规划,应当广泛征求社会公众意见,经过科学论证。也就是说,政府及政府部门应将国民经济和社会发展规划、土地利用总体规划、城乡规划和专项规划等作为公开行政的重点领域,把公众参与、专家论证作为制定详细规划的必经程序。地方人大在审议相关规划时,也应严格审查,切实履行人大的监督职责。

(三)征收补偿方案

1. 征收补偿方案的拟定程序

房屋征收部门拟定征收补偿方案,报市、县级人民政府。市、县级人民政府应当组织有关部门对征收补偿方案进行论证并予以公布,征求公众意见。征求意见期限不得少于 30 日。也就是说,征收补偿方案的制定程序是由征收部门报方案,政府论证并公开征求意见。为了给群众充分表达意见的机会,征求意见的时间不少于 30 日。对于征求意见的形式,各地可因地制宜,采用座谈会等形式进行。

2. 征收补偿方案征求意见

依据《征收与补偿条例》,市、县级人民政府应当将征求意见情况和根据公众意见修改的情况及时公布。因旧城区改建需要征收房屋,多数被征收人认为征收补偿方案不符合本条例规定的,市、县级人民政府应当组织由被征收人和公众代表参加的听证会,并根据听证会情况修改方案。关于征求意见的处理,包括两个方面:一是要公布征求意见的情况,二是要公布对公众意见采纳的情况。关于旧城改造应注意两个问题:一是这里的多数人应理解为过半数以上的人,即简单多数。二是根据听证会情况修改后的方案是否要再次公布,笔者以为结合第一款的规定,应当公布听证会意见的采纳情况;如市、县级人民政府认为确有必要的,还可以再次公布征求意见①。

3. 征收补偿决定作出的程序

---

① 何福平、詹文天:"逐条解读《国有土地上房屋征收与补偿条例》",资料来源: http://new.21ccom.ne.

《征收与补偿条例》第12条规定:"市、县级人民政府作出房屋征收决定前,应当按照有关规定进行社会稳定风险评估;房屋征收决定涉及被征收人数量较多的,应当经政府常务会议讨论决定。作出房屋征收决定前,征收补偿费用应当足额到位、专户存储、专款专用。"根据本条及上述相关条文的规定,可以归纳出作出征收决定的五个要件①:(1)属于因公共利益需要而实施的项目;(2)符合各项规划;(3)经过公开征求意见(听证)的征收补偿方案;(4)有风险评估报告;(5)专户存储、专款专用、足额到位的补偿资金证明。即只有当征收项目同时具备上述五个条件时,才能进入审查决定程序,缺少其中任何一项的,均不得作出房屋征收决定。

《征收与补偿条例》第13条规定:市、县级人民政府作出房屋征收决定后应当及时公告。公告应当载明征收补偿方案和行政复议、行政诉讼权利等事项。市、县级人民政府及房屋征收部门应当做好房屋征收与补偿的宣传、解释工作。房屋被依法征收的,国有土地使用权同时收回。

4. 被征收人权利救济

对被征收人救济权利的规定是在《征收与补偿条例》第14条,该条规定:"被征收人对市、县级人民政府作出的房屋征收决定不服的,可以依法申请行政复议,也可以依法提起行政诉讼。"据此,被征收人可以对征收决定提起行政复议或者行政诉讼。行政复议是政府内部的监督程序,具有程序简单、便民且不需要缴纳任何费用的好处,弊端是政府内部监督的力度可能不如外部监督。行政诉讼是司法机关对行政行为合法性的审查,其特点是只审查行政行为的合法性,而原则上不审查其合理性,而且程序严格,需要缴纳相关诉讼费用。允许当事人提起行政复议或者行政诉讼,其实质在于赋予了法院对政府作出的征收决定的审查权,即认定是否符合公共利益不仅仅是政府的权力,也是法院的权力。当然,法院不仅可以审查征收决定是否符合公共利益的需要,还可以对补偿标准、有关行政程序进行审查②。

5. 征收调查与征收范围限制

---

① 何福平、詹文天:"逐条解读《国有土地上房屋征收与补偿条例》",资料来源:http://new.21ccom.net.

② 《国有土地上房屋征收与补偿条例》注释本,法律出版社2011年版,第8页。

（1）征收调查。房屋征收部门应当对房屋征收范围内房屋的权属、区位、用途、建筑面积等情况组织调查登记，被征收人应当予以配合。调查结果应当在房屋征收范围内向被征收人公布"这就是新条例设立的房屋及相关情况进行征收调查的新程序。征收调查的情况在很大程序上决定了公平补偿的基本要求能否实现。

（2）征收范围限制。房屋征收范围确定后，不得在房屋征收范围内实施新建、扩建、改建房屋和改变房屋用途等不当增加补偿费用的行为；违反规定实施的，不予补偿。房屋征收部门应当将前款所列事项书面通知有关部门暂停办理相关手续。暂停办理相关手续的书面通知应当载明暂停期限。暂停期限最长不得超过 1 年。即凡是为不当增加补偿费用而实施的行为，均不予补偿。与《拆迁条例》相比较，删除了不得改变土地用途的规定及延长暂停期限的规定。

三、国有土地上房屋征收与补偿

（一）补偿内容

关于补偿项目，原《拆迁条例》的规定较为零散、模糊，而《征收与补偿条例》则集中、准确。《征收与补偿条例》第 17 条规定："作出房屋征收决定的市、县级人民政府对被征收人给予的补偿包括：（1）被征收房屋价值的补偿；（2）因征收房屋造成的搬迁、临时安置的补偿；（3）因征收房屋造成的停产停业损失的补偿。市、县级人民政府应当制定补助和奖励办法，对被征收人给予补助和奖励。"根据本条规定，征收补偿包括三个方面内容：一是被征收房屋价值的补偿。但是本条中未收回提及土地使用权的补偿，有待相关配套制度进一步明确。二是因征收房屋造成的搬迁、临时安置的补偿。搬迁补偿针对选择货币补偿或者产权调换的被征收人进行搬迁所需花费的补偿；临时安置补偿是针对选择产权调换的被征收人，其在搬进产权调换的房屋前，征收部门有义务对其进行临时安置，产生的费用应该给予补偿。三是因征收造成停产停业损失的补偿。这是针对征收非住宅房屋可能产生的对被征收人生产经营造成的影响给予的补偿。

为了保障困难户的安置，《征收与补偿条例》第 18 条规定："征收个人住宅，被征收人符合住房保障条件的，作出房屋征收决定的市、县级人民政府应当优先给予住房保障。具体办法由省、自治区、直辖市制定。"专条规定困难户的安置问题,且将该条提升至本章次条位置,彰显了立法机关对弱势群体的关注。在具体操作时,要优先安排被征收人享受住房保障,使其不再等待轮候保障房。

（二）房屋征收评估

关于房屋征收评估《征收与补偿条例》在第 19、20 条是这样规定的:对被征收房屋价值的补偿,不得低于房屋征收决定公告之日被征收房屋类似房地产的市场价格。被征收房屋的价值,由具有相应资质的房地产价格评估机构按照房屋征收评估办法评估确定。对评估确定的被征收房屋价值有异议的,可以向房地产价格评估机构申请复核评估。对复核结果有异议的,可以向房地产价格评估专家委员会申请鉴定。房屋征收评估办法由国务院住房城乡建设主管部门制定,制定过程中,应当向社会公开征求意见。房地产价格评估机构由被征收人协商选定;协商不成的,通过多数决定、随机选定等方式确定,具体办法由省、自治区、直辖市制定。

被征收房屋价值的评估直接决定了补偿的数额,向来为大家所关注。被征收房屋价值评估的原则,即不得低于房屋征收决定之日被征收房屋类似房地产的市场价格。因为房地产市场价格是由市场决定并得到大家接受的,被征收房屋的评估价值应该与相同地段、用途、使用年限等的房地产价值相当,至少是"不低于"。评估主体应当具备特定资质。房地产价格评估机构应当独立、客观、公正地开展房屋征收评估工作,任何单位和个人不得干预。关于异议的处置,包含两个程序,一是申请复核;二是申请鉴定。需要注意的是该项权利并不专属于被征收人,房屋征收部门对评估结果有异议的,同样可以申请复核及申请鉴定。

（三）补偿方式与补偿范围

1. 补偿方式。与《拆迁条例》相比较,新条例继续明确了货币补偿及产权调换两种安置补偿方式。《征收与补偿条例》第 21 条规定:被征收人可以选择货币补偿,也可以选择房屋产权调换。被征收人选择房屋产权调换的,市、县级人民政府应当提供用于产权调换的房屋,并与被征收人计算、结清被征收房屋价值与用于产权调换房屋价值的差价。因旧城区改建征收个人住宅,被征收人选择在改建地段进行房屋产权调换的,作出房屋征收决定的市、县级人民政府应当提供改建地段或者就近地段的房屋。

所谓"货币补偿",就是由征收人直接支付补偿金,征收人自行搬迁,执行起来比较方便简单。所谓"产权调换"是由征收人为被征收人寻找新的房屋,并计算被征收房屋与调换房屋的价值差额,双方进行差价结算。被征收人可以根据自己的需要,选择采用何种方式进行补偿,征收人应当给予满足。所谓"提供改建地段或者就近地段的房屋"实际上就是通常所说的"回迁",依据本条规定,对于旧城改造,涉及个人住宅的,实行原地段或就近地段安置的原则。故此,征收部门在制定补偿方案时,就应当提供原地段或近地段的安置房源。

2. 补偿范围。《征收与补偿条例》第 24 条规定:"市、县级人民政府及其有关部门应当依法加强对建设活动的监督管理,对违反城乡规划进行建设的,依法予以处理。市、县级人民政府作出房屋征收决定前,应当组织有关部门依法对征收范围内未经登记的建筑进行调查、认定和处理。对认定为合法建筑和未超过批准期限的临时建筑的,应当给予补偿;对认定为违法建筑和超过批准期限的临时建筑的,不予补偿。"据此,依法给予征收补偿的房屋必须是合法的房屋。作出征收决定前,要对征收范围的建筑进行调查、认定,对违法建筑进行相应的处罚和处理;在进行完这项工作以后,再有针对性地根据不同情况进行补偿。具体来说,对于合法建筑和没有超过批准期限的临时建筑,应当依照条例的规定进行补偿;对于违法建筑和超过批准期限的临时建筑,不予补偿。需要说明的是,这里的"违法建筑不予补偿"应当如何理解? 严格地说,应当是违法建筑的违法部分不予补偿,对于违法建筑中涉及的不违法的部分,应当给予等价的补偿。例如,地上建筑物可能违反规划要求,属于违法建筑,但是建筑物使用的土地,其使用权的取得可能是完全合法的,在这种情况下,如果进行房屋征收,对房屋不予补偿,但是对土地的使用权还是应当给予相应补偿。对超过批准期限的临时建筑同样存在这个问题,建筑可能是超过批准期限的,但是建筑占用的土地可能还是有使用权,也不应该完全不予补偿[1]。

(四)搬迁费、临时安置费、周转房及停产停业损失的补偿

1. 搬迁费、临时安置费、周转房。《征收与补偿条例》第 22 条规定:"因征收房屋造成搬迁的,房屋征收部门应当向被征收人支付搬迁费;选择房屋产权调换的,产权调换房屋交付前,房屋征收部门应当向被征收人支付临时

---

[1] 《国有土地上房屋征收与补偿条例》注释本,法律出版社 2011 年版,第 14 页。

安置费或者提供周转用房。"与《拆迁条例》相比较,《征收与补偿条例》主要变化有两点:一是明确规定搬迁费的支付者是房屋征收部门;二是搬迁费应支付给房屋所有权人,不再向承租人支付。但是对搬迁费、临时安置费的标准由谁制定未能明确。

2. 停产停业损失的补偿。关于停产停业损失的补偿《征收与补偿条例》第 23 条做了这样的规定:"对因征收房屋造成停产停业损失的补偿,根据房屋被征收前的效益、停产停业期限等因素确定。具体办法由省、自治区、直辖市制定。"原《拆迁条例》中对于停产停业损失补偿的规定,主要存在两个问题:一是未确定停产停业损失的计算方法,二是表述为"适当补偿"的不妥①。新条例力求从制度上解决问题,即根据房屋被征收前的效益、停产停业期限等因素确定。具体办法由省、自治区、直辖市制定。

(五)补偿协议与救济途径

1. 补偿协议。《征收与补偿条例》第 25 条第一款规定:"房屋征收部门与被征收人依照本条例的规定,就补偿方式、补偿金额和支付期限、用于产权调换房屋的地点和面积、搬迁费、临时安置费或者周转用房、停产停业损失、搬迁期限、过渡方式和过渡期限等事项,订立补偿协议。"实施征收前征收部门也对征收范围内的房屋情况进行了调查和公示,但具体到每一个被征收人,其选择怎样的补偿方式、应该获得多少数额的补偿款、什么时候完成搬迁、是给予临时安置费还是提供周转用房等,都需要进行一对一的协商,并且订立补偿协议。补偿协议是进行补偿和搬迁的直接依据,有重要的法律意义。补偿协议需要建立在征收人与被征收人协商的基础上。但需要说明的是,这种协商也并不是完全自由的,因为补偿标准是由地方人民政府统一规定的②。

2. 救济途径。《征收与补偿条例》第 25 条第二款规定:"补偿协议订立后,一方当事人不履行补偿协议约定的义务的,另一方当事人可以依法提起诉讼。"补偿协议签订以后,双方都应该按协议履行自己的义务。一方不履行义务,关于一方当事人不履行补偿协议约定的义务的时,新条例规定另一

---

① 何福平、詹文天:"逐条解读《国有土地上房屋征收与补偿条例》",资料来源:http://new.21ccom.net.

② 《国有土地上房屋征收与补偿条例》注释本,法律出版社 2011 年版,第 15 页。

方可以依法提起诉讼。与《拆迁条例》相比较,新条例删除了"可以依法申请人民法院先予执行"的表述。但这种诉讼的性质还可以做这样的考量:因为补偿协议有行政合同的性质,属于公民与行政机关签订的、非基于平等主体之间的合同。基于这个理由,补偿协议履行之诉,也具有行政诉讼的性质,而非一般因合同纠纷引起的民事诉讼。

（六）补偿决定

《征收与补偿条例》第 26 条规定:"房屋征收部门与被征收人在征收补偿方案确定的签约期限内达不成补偿协议,或者被征收房屋所有权人不明确的,由房屋征收部门报请作出房屋征收决定的市、县级人民政府依照本条例的规定,按照征收补偿方案作出补偿决定,并在房屋征收范围内予以公告。补偿决定应当公平,包括本条例第 25 条第一款规定的有关补偿协议的事项。被征收人对补偿决定不服的,可以依法申请行政复议,也可以依法提起行政诉讼。"该规定有以下含义:第一,关于补偿决定适用的情形。新条例列举了两种,即房屋征收部门与被征收人在规定的期限内未能达成补偿协议及被征收房屋所有权人不明的。第二,关于补偿决定的程序,新条例规定得比较原则,即由征收部门申报,由市、县级人民政府按照征收补偿方案作出决定并公告。第三,关于补偿决定的内容,应当包括补偿方式、补偿金额和支付期限、用于产权调换房屋的地点和面积、搬迁费、临时安置费或者周转用房、停产停业损失、搬迁期限、过渡方式和过渡期限等事项。第四,关于补偿决定的救济途径,明确了被征收人可申请行政复议或提起行政诉讼。需要注意的是:若被征收房屋是租赁房屋,且租赁双方未解除租赁关系的,市、县级人民政府在作出补偿决定时,应将承租人列为第三人。承租人认为补偿决定侵犯其合法权益的,可以申请行政复议或提起行政诉讼①。

（七）搬迁

1. 先补偿、后搬迁

野蛮拆迁一直是社会舆论抨击的对象,更应当是法律所禁止的,新条例禁止野蛮拆迁是顺应民心的。《征收与补偿条例》第 27 条规定:"实施房屋征收应当先补偿、后搬迁。作出房屋征收决定的市、县级人民政府对被征收

---

① 何福平、詹文天:"逐条解读《国有土地上房屋征收与补偿条例》",资料来源:http://new.21ccom.net.

人给予补偿后,被征收人应当在补偿协议约定或者补偿决定确定的搬迁期限内完成搬迁。任何单位和个人不得采取暴力、威胁或者违反规定中断供水、供热、供气、供电和道路通行等非法方式迫使被征收人搬迁。禁止建设单位参与搬迁活动。"

2. 强制搬迁

《征收与补偿条例》第28条规定:"被征收人在法定期限内不申请行政复议或者不提起行政诉讼,在补偿决定规定的期限内又不搬迁的,由作出房屋征收决定的市、县级人民政府依法申请人民法院强制执行。强制执行申请书应当附具补偿金额和专户存储账号、产权调换房屋和周转用房的地点和面积等材料。"新条例废止了争议颇大的行政强制拆迁,对于密切政府与人民群众的关系,化解行政争议,构建和谐社会的意义是不言而喻的。

关于申请司法行政强制执行,《征收与补偿条例》与《拆迁条例》相比亦有重大变化,其体现在三个方面:一是申请的时点的变化。《拆迁条例》中向法院申请强制拆迁的时点是当事人在裁决规定的搬迁期限内未搬迁的,即可申请。而新条例明确为在补偿决定规定的期限不搬迁,且在法定期限内不申请行政复议或者不提起行政诉讼,方可申请强制执行,即在补偿决定生效3个月后方可申请强制执行。若被征收人申请行政复议或(并)提起行政诉讼的,则应在复议、诉讼程序终结后,方可申请强制执行,此时点通常是在补偿决定生效半年后。二是申请人的主体发生了变化,由原来的房屋拆迁管理部门提升为市、县级人民政府。三是明确了申请强制执行的相关材料。新条例明确了强制执行申请书应当附具补偿金额和专户存储账号、产权调换房屋和周转用房的地点和面积等材料[①]。

(八)补偿结果公开

《征收与补偿条例》第29条规定:"房屋征收部门应当依法建立房屋征收补偿档案,并将分户补偿情况在房屋征收范围内向被征收人公布。审计机关应当加强对征收补偿费用管理和使用情况的监督,并公布审计结果。"新条例第三条确定了结果公开的原则,故本条第一款是该原则的具体体现。需要注意的是,房屋征收补偿档案应按照《政府信息公开条例》的相关规定

---

① 何福平、詹文天:"逐条解读《国有土地上房屋征收与补偿条例》",资料来源:http://new.21ccom.net.

进行公开,依法供人们查阅。关于审计监督的规定,亦属于新增内容,其与层级监督、行政监察构成了完整的行政监督体系,从而为"规范国有土地上房屋征收与补偿活动"提供了制度保障。

四、法律责任

《征收与补偿条例》对法律责任的规定主要有以下方面:

(一)政府及房屋征收部门的法律责任

市、县级人民政府及房屋征收部门的工作人员在房屋征收与补偿工作中不履行本条例规定的职责,或者滥用职权、玩忽职守、徇私舞弊的,由上级人民政府或者本级人民政府责令改正,通报批评;造成损失的,依法承担赔偿责任;对直接负责的主管人员和其他直接责任人员,依法给予处分;构成犯罪的,依法追究刑事责任。

(二)暴力强拆的法律责任

采取暴力、威胁或者违反规定中断供水、供热、供气、供电和道路通行等非法方式迫使被征收人搬迁,造成损失的,依法承担赔偿责任;对直接负责的主管人员和其他直接责任人员,构成犯罪的,依法追究刑事责任;尚不构成犯罪的,依法给予处分;构成违反治安管理行为的,依法给予治安管理处罚。

(三)暴力抗拆的法律责任

采取暴力、威胁等方法阻碍依法进行的房屋征收与补偿工作,构成犯罪的,依法追究刑事责任;构成违反治安管理行为的,依法给予治安管理处罚。

(四)非法占用征收补偿费用的法律责任

贪污、挪用、私分、截留、拖欠征收补偿费用的,责令改正,追回有关款项,限期退还违法所得,对有关责任单位通报批评、给予警告;造成损失的,依法承担赔偿责任;对直接负责的主管人员和其他直接责任人员,构成犯罪的,依法追究刑事责任;尚不构成犯罪的,依法给予处分。

(五)违法评估的法律责任

房地产价格评估机构或者房地产估价师出具虚假或者有重大差错的评估报告的,由发证机关责令限期改正,给予警告,对房地产价格评估机构并处5万元以上20万元以下罚款,对房地产估价师并处1万元以上3万元以下罚款,并记入信用档案;情节严重的,吊销资质证书、注册证书;造成损失的,依法承担赔偿责任;构成犯罪的,依法追究刑事责任。

中国房地产
法律规则研究

第五章 **中国房地产交易法律规则**

本章介绍中国房地产交易法律规则,主要内容包括房地产转让法律规则、房地产抵押法律规则、房屋租赁法律规则。其中探讨商品房预售制度存在的问题及解决对策、审视我国近期的房地产新政;在理论上厘清房地产抵押与按揭的区别;探讨廉租住房保障相关制度同时对我国的住房保障制度与政策进行介绍与阐述。

第一节 房地产交易法律规则概述

一、房地产交易的概念和特征

(一)房地产交易的概念

房地产交易是指以房地产为对象的交易。房地产交易常见的方式除了买卖还有租赁、互换和其他有偿转让或受让房地产的行为。《城市房地产管理法》第2条规定:"本法所称房地产交易,包括房地产转让、房地产抵押和房屋租赁。"

(二)房地产交易的特点

房地产交易除了具有一般商品交易的共性,还有下列特点①:

1. 房地产交易实物不发生空间位移。一般商品交易是通过交易对象发生空间位移的方式,从交易当事人一方交付给另一方而完成的。房地产由于自然地理位置不可移动,在交易中其实物不能发生空间位移,没有运输问题,只是通过一定的方式实现房屋所有权、建设用地使用权等房地产权利的转移,所以房地产交易实质上是房地产权利的交易。

2. 房地产交易交易活动主要在区域市场内进行。一般商品交易市场有本地市场、外地市场、国内市场、国外市场、国际市场之分。房地产由于是

---

① "房地产交易的概念和特点——2009年经济师房地产初级考点",资料来源:http://www.wesiedu.com.

不动产,只能就地开发、利用或消费,即使可以到异地去推销房地产,或者定位于投资的房地产存在跨区域的交易当事人,但房地产交易的具体活动,如房地产交割、权利转移登记等,根据属地原则,只能在房地产所在地完成。

3. 房地产交易交易存在多层次性。房地产是实物、权益和区位三者的结合体,其中的房地产权益是一个复杂的权利集合,除了所有权,还有使用权、地役权、抵押权等。所有权、使用权还可以分解为占有、使用、收益和处分等权能。房地产的这些权利和权能,可以合一由一人行使,也可以分离由不同的人行使。由于房地产交易实质上是房地产权利的交易,决定了即使同一宗房地产,因交易的权利和权能不同而导致交易对象不同,从而房地产交易存在多层次性。

4. 房地产交易与金融的关联性大。房地产价值量大,购置房地产特别是购置商品住房,通常是一个家庭的最大支出,因此往往需要金融机构提供贷款。除此之外,房地产交易与金融的关联性大还表现在交易资金的流转一般要通过金融机构提供的相关服务实现。

5. 受法规政策约束强。房地产是价值量大的商品,权属关系复杂,交易涉及的金额很大,交易安全对交易双方都非常重要,因此从保障交易当事人合法权益和维护社会经济秩序的要求出发,房地产交易过程要受到一系列法律、法规和政策的约束,而且交易当事人之间的交易只有经依法登记才发生效力,受法律保护。这种约束涉及交易主体资格、交易对象合法性以及交易提出、交易实施和完成的全过程。

二、房地产交易的分类

房地产交易可以从不同的角度进行分类:

1. 按交易形式的不同,房地产交易可分为房地产转让、房地产抵押、房地产租赁。房地产转让是指房地产权利人通过买卖、赠与或者其他合法方式将其房地产转移给他人的行为。房地产抵押是指抵押人以其合法的房地产以不转移占有的方式向抵押权人提供债务履行担保的行为。房地产出租是土地与房屋出租的总称,房地产租赁是承租人以支付租金为代价取得土地及房屋的使用权利,出租人按照合同规定的期限和标准,将出租土地房屋交付给承租人使用的行为。

2. 按交易客体中土地权利的不同,房地产交易可分为国有土地使用权及其地上房产的交易与集体土地使用权及其地上房产的交易。国有土地使用权及其地上房产的交易还可进一步按土地使用权的出让或划拨性质的不同进行分类。集体土地使用权及其地上房产的交易现行法律规范大多禁止或限制其交易。

3. 按交易房地产存在状况的不同,房地产交易可分为单纯的土地使用权交易、房地产期权交易和房地产现权交易。以无地上定着物的土地使用权交易是单纯的土地使用权交易;以交易时地上定着物房屋已经建成,房地产交易是房地产现权交易,如果交易时地上定着物房屋未建成,则是房地产期权交易。

三、房地产交易的原则

房地产交易应遵循以下一般规则:

1. 房产权与地产权一同交易规则。房地产转让、抵押、租赁时,房屋所有权和该房屋占用范围内的土地使用权同时转让、抵押、租赁。房产权与地产权是不能分割的,同一房地产的房屋所有权与土地使用权只能由同一主体享有,而不能由两个主体分别享有;如果由两个主体分别享有,他们的权利就会发生冲突,各自的权利都无法行使。

2. 房地产交易实行房地产价格评估原则。我国房地产价格构成复杂,非经专业评估难以恰当确定,《城市房地产管理法》规定,房地产交易中实行房地产价格评估制度。房地产价格评估,应当遵循公正、公平、公开的原则,按照国家规定的技术标准和评估程序,以基准地价、标定地价和各类房屋的重置价格为基准,参照当地的市场价格进行评估。

3. 房地产交易实行成交价格申报原则。房地产权利人转让房地产,应当向县级以上地方人民政府规定的部门如实申报成交价,不得瞒报或者作不实的申报。进行房地产交易要依法缴纳各种税费,要求当事人如实申报成交价格,便于以此作为计算税费的依据。当事人作不实申报时,国家将依法委托有关部门评估,按评估的价格作为计算税费的依据。

4. 依法办理登记(或备案)原则。房地产转让、抵押当事人应当依法办理权属变更或抵押登记,房屋租赁当事人应当依法办理租赁登记备案。根据《物权法》的相关规定,房地产转让、抵押,未办理权属登记,不发生物权设立和变动的效力。

四、房地产交易的管理机构

房地产交易的管理机构是指依法有权对房地产交易活动进行指导、监督、协调以及对房地产交易法律关系进行保护的国家机关和社会组织。根据我国有关法律的规定和目前的实际情况,我国的房地产交易管理机构,是国务院建设行政主管部门和土地管理部门。它们依照国务院规定的职权划分,各司其职、密切配合,负责全国的房地产交易管理工作①。

（一）房地产管理机关

这里的房地产管理机关是指国土资源部、住建部及其下属的县级以上地方人民政府的房产管理部门和土地管理部门。它们是行政管理机关,也是房地产法的执行机关,代表国家及地方人民政府,依照国家的有关政策和法律,结合房地产业的发展规律和社会需求,对房地产市场尤其是房地产交易行为进行指导、协调和监督,促进房地产交易的健康发展,保护房地产权利人的合法权益,防止国家土地收益的流失。

（二）房地产交易中心

房地产交易中心是国家根据房地产市场发展的需要而设立的,供人们进行房地产交易的固定场所。1992 年以后,随着我国房地产业的迅速发展及房地产市场的日益活跃,全国各大中城市都先后设立了房地产交易中心,强化了房地产交易管理,规范了房地产交易行为。各地房地产交易所的建立,为房地产交易提供了固定的场所和必要的服务。同时也在房地产交易指导、监督、价格调控以及查处违法行为、保证交易安全等方面起了重要的作用。根据建设部、国家物价局、国家工商局《关于加强房地产交易管理的通知》,房地产交易中心的主要职责如下:（1）为房地产交易提供洽谈、协商、交流信息、展示行情等各种服务;（2）提供有关房地产的法律、政策咨询;（3）接受有关房地产交易和经营管理的委托代理业务;（4）为房地产交易提供价格评估服务;（5）办理房地产交易登记、鉴证及权属转移手续。目前的房地产交易中心就其职能而言,具有经营与管理双重属性,它既代政府行使某些管理职权,又为了自身的利益从事一些经营活动。这是不符合我国经济体制改革的目标的,从长远来看,房地产交易所在完成其特定时期的

① 李延荣、周珂著:《房地产法》,中国人民大学出版社 2008 年版,第 148 页。

历史使命之后,应按照政企分开的原则,逐步实行企业化管理与经营①。

第二节　房地产转让法律规则

一、房地产转让一般法律规则

（一）房地产转让概念与特征

房地产转让是房地产交易最重要的内容。房地产转让法律规则主要体现在 1995 年 8 月 7 日建设部根据《城市房地产管理法》制定并发布、于 2001 年 8 月 15 日修改的《城市房地产转让管理规定》之中。当然《合同法》、《物权法》等相关法律规范不乏房地产转让的规定。根据《城市房地产管理法》的规定,房地产转让是指房地产权利人通过买卖、赠与或者其他合法方式将其房地产转移给他人的行为。从法律上讲,房地产转让具有以下特征:(1)房地产转让人必须是房地产权利人。房地产转让法律关系的双方主体,一方为转让人,另一方为受转让人。转让人即房地产权利人,称房地产的卖方、赠与方等,受转让人是房地产的买方、受赠方等。(2)房地产转让的权利内容是特定的房地产权利。房地产转让的权利内容包括国有土地使用权和国有土地上的房屋所有权。在一般情况下,上述两方面的权利可以合并为房屋所有权及其占用范围内的国有土地使用权,即有地有房的"房地产";但在尚无房屋建筑的情况下,房地产转让的权利内容就是有地无房的"房地产",即已完成规定比例投资额但未建成房屋的土地和形成用地条件的土地的使用权。

（二）房地产转让的方式

房地产转让的方式包括买卖、赠与和其他合法方式。

1. 房地产买卖。房地产买卖,是指房地产权利人将自己享有的国有土地使用权和房屋所有权转移给他人并由他人支付房地产价款的行为。

2. 房地产赠与。房地产赠与,是指房地产权利人自愿、无偿地将自己享有的国有土地使用权和房屋所有权转移给他人的行为。

3. 房地产转让的其他合法方式。包括(1)以房地产作价入股、与他人成立企业法人,房地产权属发生变更的;(2)一方提供土地使用权,另一方

---

① 李延荣、周珂著:《房地产法》,中国人民大学出版社 2008 年版,第 149 页。

或者多方提供资金,合资、合作开发经营房地产,而使房地产权属发生变更的;(3)因企业被收购、兼并或合并,房地产权属随之转移的;(4)以房地产抵债的;(5)法律、法规规定的其他情形。

(三)房地产转让条件

1.房地产转让的禁止条件

房地产转让,可以分为禁止转让、限制转让和依法自由转让三种情况。

(1)禁止转让的房地产

禁止房地产转让,是指法律规定不允许进行房地产转让的情形。根据《城市房地产管理法》和《城市房地产转让管理规定》的规定,不得转让房地产的情形有:①以出让方式取得土地使用权但不符合规定的条件的(下文有阐述);②司法机关和行政机关依法裁定、决定查封或者以其他形式限制房地产权利的。例如在城市改造规划实施范围内或者在国家建设征用土地范围内的房地产。③依法收回土地使用权的。例如依照《土地管理法》第19条规定,使用国有土地,有下列情形之一的,由土地管理部门报县级以上人民政府批准,收回用地单位的土地使用权,注销土地使用证:用地单位已经撤销或者迁移的;未经原批准机关同意,连续2年未使用的;不按批准的用途使用的;公路、铁路、机场、矿场等经核准报废的。④共有房地产,未经其他共有人书面同意。《城市私有房屋管理条例》第10条也规定,房屋所有人出卖共有房屋,须提交共有人同意的证明书。在同等条件下,共有人有优先购买权。⑤权属有争议的。权属有争议,其合法产权人尚未尚未确定,如果准其转让势必造成新的矛盾,对保护合法产权人及交易的安全均为不利。这里的权属有争议,应指已由合法的争议处理机关正式受理产权纠纷。⑥未依法登记领取权属证书的。房地产权的取得以办理产权登记、核发产权证书为准。未办理登记并领取产权证书,无从取得房地产权,亦无法行使处分权。但本项规定,不适用于本法第45条规定的商品房预购人将购买的未竣工的预售商品房再行转让的情况。⑦法律、行政法规规定禁止转让的其他情形。依照本条规定,存在法律、行政法规规定禁止转让的其他情况,其房地产也不能转让。例如,除依人民法院判决外,在城市改造规划实施范围内,在国家建设征收土地范围内的城市房屋,禁止转让,但禁止期限不得超过1年。寺庙、道观房地产产权一般归宗教团体所有,不得转让。

(2)限制转让的房地产

　　根据相关法律规范的规定,下列房地产属于受到买卖限制的房地产:①机关、团体、部队、企事业单位不得购买或变相购买城市私有房屋,如因特殊需要必须购买,须经县以上人民政府批准。②根据《经济适用住房管理办法》的相关规定,经济适用住房购房人拥有有限产权。购买经济适用住房不满 5 年,不得直接上市交易,购房人因特殊原因确需转让经济适用住房的,由政府按照原价格并考虑折旧和物价水平等因素进行回购。购买经济适用住房满 5 年,购房人上市转让经济适用住房的,应按照届时同地段普通商品住房与经济适用住房差价的一定比例向政府交纳土地收益等相关价款,具体交纳比例由市、县人民政府确定,政府可优先回购;购房人也可以按照政府所定的标准向政府交纳土地收益等相关价款后,取得完全产权。③单位集资建房的产权关系按照经济适用住房的有关规定执行。④房屋所有人出卖租出的城市私有房屋的,须在合理期限之前通知承租人,在同等条件下,承租人有优先购买权。⑤城市私房共有人出卖共有房屋的,在同等条件下,共有人有优先购买权。⑥公有旧房出售时,原住户有优先购买权;职工购买旧房居住或经营一定时期后(5 年),允许其出售,但原出售单位有优先购买权

　　(3)依法自由转让的房地产

　　①以出让方式取得土地使用权的,具备下列条件房地产可以转让:一是按照出让合同约定已经支付全部土地使用权出让金,并取得土地使用权证书;二是按照出让合同约定进行投资开发,属于房屋建设工程的,应完成开发投资总额的 25% 以上;属于成片开发土地的,依照规划对土地进行开发建设,完成供排水、供电、供热、道路交通、通信等市政基础设施、公用设施的建设,达到场地平整,形成工业用地或者其他建设用地条件。转让房地产时房屋已经建成的,还应当持有房屋所有权证书。

　　②以划拨方式取得土地使用权的,具备下列条件可以转让房地产:第一,以划拨方式取得土地使用权的,转让房地产时,按照国务院的规定,报有批准权的人民政府审批。有批准权的人民政府准予转让的,除符合可以不办理土地使用权出让手续的情形外,应当由受让方办理土地使用权出让手续,并依照国家有关规定缴纳土地使用权出让金。第二,以划拨方式取得土地使用权的,转让房地产时,属于下列情形之一的,经有批准权的人民政府批准,可以不办理土地使用权出让手续,但应当将转让房地产所获收益中的

土地收益上缴国家或者作其他处理。土地收益的缴纳和处理的办法按照国务院规定办理：(a)经城市规划行政主管部门批准,转让的土地用于建设《城市房地产管理法》第23条规定的项目的;(b)私有住宅转让后仍用于居住的;(c)按照国务院住房制度改革有关规定出售公有住宅的;(d)同一宗土地上部分房屋转让而土地使用权不可分割转让的;(e)转让的房地产暂时难以确定土地使用权出让用途、年限和其他条件的;(f)根据城市规划土地使用权不宜出让的;(g)县级以上人民政府规定暂时无法或不需要采取土地使用权出让方式的其他情形。依照前款规定缴纳土地收益或作其他处理的,应当在房地产转让合同中注明。依照上述转让的房地产再转让,需要办理出让手续、补交土地使用权出让金的,应当扣除已经缴纳的土地收益。

(四)房地产转让合同

1. 房地产买卖合同。房地产买卖合同,是指房地产买方与卖方就转移房屋所有权、土地使用权和支付房地产价款等房地产买卖事宜所达成的书面协议。交付房屋所有权和土地使用权并接受房地产价款的一方是卖方,支付房地产价款并接受房屋所有权和土地使用权的一方是买方。房地产转让合同应当载明下列主要内容：(1)双方当事人的姓名或者名称、住所;(2)房地产权属证书名称和编号;(3)房地产座落位置、面积、四至界限;(4)土地宗地号、土地使用权取得的方式及年限;(5)房地产的用途或使用性质;(6)成交价格及支付方式;(7)房地产交付使用的时间;(8)违约责任;(9)双方约定的其他事项。

2. 房地产赠与合同。房地产赠与合同是指房地产权利人作为赠与人将自己所有的房地产无偿转移给受赠人,受赠人表示接受的协议。房地产赠与合同的主要条款：(1)赠与双方当事人,即赠与人和受赠人;(2)赠与房地产基本情况;(3)赠与人自愿赠与的意思表示;(4)受赠人接受的意思表示;(5)交付时间;(6)赠与人所附义务;(7)其他约定的条款。

3. 房地产产权互换合同。房地产产权互换合同,也称房地产互易合同,是指不同产权人交换房屋所有权和国有土地使用权的合同。房地产产权互换合同的主要条款：(1)产权互换当事人;(2)互换标的物基本情况;(3)双方互换房地产产权的意思表示;(4)双方关于差价补偿的约定;(5)双方互换房地产产权的交付时间;(6)违约责任;(7)纠纷的解决;(8)其他约定的条款。

（五）房地产转让程序

房地产转让,应当按照下列程序办理:

1. 房地产转让当事人签订书面转让合同;

2. 房地产转让当事人在房地产转让合同签订后 90 日内持房地产权属证书、当事人的合法证明、转让合同等有关文件向房地产所在地的房地产管理部门提出申请,并申报成交价格;

3. 房地产管理部门对提供的有关文件进行审查,并在 7 日内作出是否受理申请的书面答复,7 日内未作书面答复的,视为同意受理;

4. 房地产管理部门核实申报的成交价格,并根据需要对转让的房地产进行现场查勘和评估;

5. 房地产转让当事人按照规定缴纳有关税费;

6. 房地产管理部门办理房屋权属登记手续,核发房地产权属证书。

二、商品房销售管理法律规则

为了规范商品房销售行为,保障商品房交易双方当事人的合法权益,根据《城市房地产管理法》、《城市房地产开发经营管理条例》,2001 年 3 月 14 日经建设部发布《商品房销售管理办法》(以下简称"《办法》"),该《办法》自 2001 年 6 月 1 日起施行。最高人民法院审判委员会于 2003 年 3 月 24 日通过《最高人民法院关于审理商品房买卖合同纠纷案件适用法律若干问题的解释》(以下简称"《解释》"),该《解释》自 2003 年 6 月 1 日起施行。

（一）商品房销售的种类

根据《办法》规定,商品房销售有以下两种分类:

1. 以销售时商品房是否建成为标准,商品房销售包括商品房现售和商品房预售。商品房现售,是指房地产开发企业将竣工验收合格的商品房出售给买受人,并由买受人支付房价款的行为。商品房预售,是指房地产开发企业将正在建设中的商品房预先出售给买受人,并由买受人支付定金或者房价款的行为。

2. 以销售主体的不同,商品房销售分为自行销售商品房和委托房地产中介服务机构销售商品房。房地产开发商可自行销售自己所建设的商品房,也可以通过具有房地产销售最高的房地产中介服务机构代理销售商品房。

（二）销售条件

1. 商品房预售实行预售许可制度

商品房预售条件及商品房预售许可证明的办理程序,按照《城市房地产开发经营管理条例》和《城市商品房预售管理办法》的有关规定执行。

2. 商品房现售的条件

商品房现售,应当符合以下条件:(1)现售商品房的房地产开发企业应当具有企业法人营业执照和房地产开发企业资质证书;(2)取得土地使用权证书或者使用土地的批准文件;(3)持有建设工程规划许可证和施工许可证;(4)已通过竣工验收;(5)拆迁安置已经落实;(6)供水、供电、供热、燃气、通讯等配套基础设施具备交付使用条件,其他配套基础设施和公共设施具备交付使用条件或者已确定施工进度和交付日期;(7)物业管理方案已经落实。

房地产开发企业应当在商品房现售前将房地产开发项目手册及符合商品房现售条件的有关证明文件报送房地产开发主管部门备案。房地产开发企业销售设有抵押权的商品房,其抵押权的处理按照《担保法》、《城市房地产抵押管理办法》的有关规定执行。

房地产开发企业不得在未解除商品房买卖合同前,将作为合同标的物的商品房再行销售给他人;不得采取返本销售或者变相返本销售的方式销售商品房;不得采取售后包租或者变相售后包租的方式销售未竣工商品房;商品住宅按套销售,不得分割拆零销售。

商品房销售时,房地产开发企业选聘了物业管理企业的,买受人应当在订立商品房买卖合同时与房地产开发企业选聘的物业管理企业订立有关物业管理的协议。

（三）房地产广告与商品房买卖合同

1. 房地产广告

（1）房地产广告的概念

房地产广告,指房地产开发企业、房地产权利人、房地产中介服务机构发布的房地产项目预售、预租、出售、出租、项目转让以及其它房地产项目介绍的广告。发布房地产广告,应当遵守《中华人民共和国广告法》、《城市房地产管理法》、《土地管理法》、国家工商行政管理局发布并于1997年2月1日起施行的《房地产广告发布暂行规定》的规定。

根据最高人民法院《解释》的规定,商品房的销售广告和宣传资料为要约邀请,但是出卖人就商品房开发规划范围内的房屋及相关设施所作的说明和允诺具体确定,并对商品房买卖合同的订立以及房屋价格的确定有重大影响的,应当视为要约。该说明和允诺即使未载入商品房买卖合同,亦应当视为合同内容,当事人违反的,应当承担违约责任。

(2)不得发布房地产广告的情形

下列情况不得发布房地产广告:①在未经依法取得国有土地使用权的土地上开发建设的;②在未经国家征用的集体所有的土地上建设的;③司法机关和行政机关依法裁定、决定查封或者以其他形式限制房地产权利的;④预售房地产,但未取得该项目预售许可证的;⑤权属有争议的;⑥违反国家有关规定建设的;⑦不符合工程质量标准,经验收不合格的;⑧法律、行政法规规定禁止的其它情形。

(3)发布房地产广告应当具备或者提供文件

发布房地产广告,应当具有或者提供下列相应真实、合法、有效的证明文件:房地产开发企业、房地产权利人、房地产中介服务机构的营业执照或者其它主体资格证明;建设主管部门颁发的房地产开发企业资质证书;土地主管部门颁发的项目土地使用权证明;工程竣工验收合格证明;发布房地产项目预售、出售广告,应当具有地方政府建设主管部门颁发的预售、销售许可证明;出租、项目转让广告,应当具有相应的产权证明;中介机构发布所代理的房地产项目广告,应当提供业主委托证明;工商行政管理机关规定的其它证明。

(4)房地产广告的内容

房地产预售、销售广告,必须载明以下事项:开发企业名称;中介服务机构代理销售的,载明该机构名称;预售或者销售许可证书号。仅介绍房地产项目名称的,可以不必载明上述事项。

房地产广告不得含有下列内容:房地产广告不得含有风水、占卜等封建迷信内容。对项目情况进行的说明、渲染,不得有悖社会良好风尚。房地产中表现项目位置,应以从该项目到达某一具体参照物的现有交通干道的实际距离表示,不得以所需时间来表示距离。房地产广告涉及内部结构、装修装饰的,应当真实、准确。预售、预租商品房广告,不得涉及装修装饰内容。房地产广告中不得利用其他项目的形象、环境作为本项目的效果。房地产广告中不得出现融资或者变相融资的内容,或含有升值或者投资回报的承诺。房地产广告中不得含有广告主能够为入住者办理户口、就业、升学等事项的承诺。

(四)房地产买卖合同

1. 商品房买卖合同概念及主要条款

根据《解释》的规定,商品房买卖合同,是指房地产开发企业将尚未建成或者已竣工的房屋向社会销售并转移房屋所有权于买受人,买受人支付价款的合同。

商品房销售时,房地产开发企业和买受人应当订立书面商品房买卖合同。房地产开发企业应当在订立商品房买卖合同之前向买受人明示《商品房销售管理办法》和《商品房买卖合同示范文本》;预售商品房的,还必须明示《城市商品房预售管理办法》。

商品房买卖合同应当明确以下主要内容:(1)当事人名称或者姓名和住所;(2)商品房基本状况;(3)商品房的销售方式;(4)商品房价款的确定方式及总价款、付款方式、付款时间;(5)交付使用条件及日期;(6)装饰、设备标准承诺;(7)供水、供电、供热、燃气、通讯、道路、绿化等配套基础设施和公共设施的交付承诺和有关权益、责任;(8)公共配套建筑的产权归属;(9)面积差异的处理方式;(10)办理产权登记有关事宜;(11)解决争议的方法;(12)违约责任;(13)双方约定的其他事项。

《解释》还规定,商品房的认购、订购、预订等协议具备《办法》第16条规定的商品房买卖合同的主要内容,并且出卖人已经按照约定收受购房款的,该协议应当认定为商品房买卖合同。

2. 商品房价格及计价方式

商品房销售价格由当事人协商议定,国家另有规定的除外。商品房销售可以按套(单元)计价,也可以按套内建筑面积或者建筑面积计价。按套(单元)计价或者按套内建筑面积计价的,商品房买卖合同中应当注明建筑面积和分摊的共有建筑面积。按套(单元)计价的现售房屋,当事人对现售房屋实地勘察后可以在合同中直接约定总价款。按套(单元)计价的预售房屋,房地产开发企业应当在合同中附所售房屋的平面图。平面图应当标明详细尺寸,并约定误差范围。房屋交付时,套型与设计图纸一致,相关尺寸也在约定的误差范围内,维持总价款不变;套型与设计图纸不一致或者相关尺寸超出约定的误差范围,合同中未约定处理方式的,买受人可以退房或者与房地产开发企业重新约定总价款。买受人退房的,由房地产开发企业承担违约责任。

3. 商品房面积及面积发生误差的处理方式

商品房建筑面积由套内建筑面积和分摊的共有建筑面积组成,套内建筑面积部分为独立产权,分摊的共有建筑面积部分为共有产权,买受人按照法律、法规的规定对其享有权利,承担责任。

按套内建筑面积或者建筑面积计价的,当事人应当在合同中载明合同约定面积与产权登记面积发生误差的处理方式。合同未作约定的,按以下原则处理:(1)面积误差比绝对值在3%以内(含3%)的,据实结算房价款;(2)面积误差比绝对值超出3%时,买受人有权退房。买受人退房的,房地产开发企业应当在买受人提出退房之日起30日内将买受人已付房价款退还给买受人,同时支付已付房价款利息。买受人不退房的,产权登记面积大于合同约定面积时,面积误差比在3%以内(含3%)部分的房价款由买受人补足;超出3%部分的房价款由房地产开发企业承担,产权归买受人。产权登记面积小于合同约定面积时,面积误差比绝对值在3%以内(含3%)部分的房价款由房地产开发企业返还买受人;绝对值超出3%部分的房价款由房地产开发企业双倍返还买受人。其中面积误差比公式为:

面积误差比=(产权登记面积−合同约定面积)÷合同约定面积×100%

按建筑面积计价的,当事人应当在合同中约定套内建筑面积和分摊的共有建筑面积,并约定建筑面积不变而套内建筑面积发生误差以及建筑面积与套内建筑面积均发生误差时的处理方式。

4. 定金及预定款

《办法》规定,不符合商品房销售条件的,房地产开发企业不得销售商品房,不得向买受人收取任何预订款性质费用。符合商品房销售条件的,房地产开发企业在订立商品房买卖合同之前向买受人收取预订款性质费用的,订立商品房买卖合同时,所收费用应当抵作房价款;当事人未能订立商品房买卖合同的,房地产开发企业应当向买受人返还所收费用;当事人之间另有约定的,从其约定。由于《办法》的这一规定在房地产实践中出现的很多问题,《解释》又规定,出卖人通过认购、订购、预订等方式向买受人收受定金作为订立商品房买卖合同担保的,如果因当事人一方原因未能订立商品房买卖合同,应当按照法律关于定金的规定处理;因不可归责于当事人双方的事由,导致商品房买卖合同未能订立的,出卖人应当将定金返还买受人。

5. 设计、规划变更

房地产开发企业应当按照批准的规划、设计建设商品房。商品房销售后,房地产开发企业不得擅自变更规划、设计。经规划部门批准的规划变更、设计单位同意的设计变更导致商品房的结构型式、户型、空间尺寸、朝向变化,以及出现合同当事人约定的其他影响商品房质量或者使用功能情形的,房地产开发企业应当在变更确立之日起10日内,书面通知买受人。买受人有权在通知到达之日起15日内做出是否退房的书面答复。买受人在通知到达之日起15日内未作书面答复的,视同接受规划、设计变更以及由此引起的房价款的变更。房地产开发企业未在规定时限内通知买受人的,买受人有权退房;买受人退房的,由房地产开发企业承担违约责任。

6. 违约责任

《解释》规定,具有下列情形之一,导致商品房买卖合同目的不能实现的,无法取得房屋的买受人可以请求解除合同、返还已付购房款及利息、赔偿损失,并可以请求出卖人承担不超过已付购房款一倍的赔偿责任:(1)商品房买卖合同订立后,出卖人未告知买受人又将该房屋抵押给第三人;(2)商品房买卖合同订立后,出卖人又将该房屋出卖给第三人。

出卖人订立商品房买卖合同时,具有下列情形之一,导致合同无效或者被撤销、解除的,买受人可以请求返还已付购房款及利息、赔偿损失,并可以请求出卖人承担不超过已付购房款一倍的赔偿责任:(1)故意隐瞒没有取得商品房预售许可证明的事实或者提供虚假商品房预售许可证明;(2)故意隐瞒所售房屋已经抵押的事实;(3)故意隐瞒所售房屋已经出卖给第三人或者为拆迁补偿安置房屋的事实。

出卖人迟延交付房屋或者买受人迟延支付购房款,经催告后在三个月的合理期限内仍未履行,当事人一方请求解除合同的,应予支持,但当事人另有约定的除外。法律没有规定或者当事人没有约定,经对方当事人催告后,解除权行使的合理期限为3个月。对方当事人没有催告的,解除权应当在解除权发生之日起1年内行使;逾期不行使的,解除权消灭。

当事人以约定的违约金过高为由请求减少的,应当以违约金超过造成的损失 30% 为标准适当减少;当事人以约定的违约金低于造成的损失为由请求增加的,应当以违约造成的损失确定违约金数额。商品房买卖合同没有约定违约金数额或者损失赔偿额计算方法,违约金数额或者损失赔偿额可以参照以下标准确定:逾期付款的,按照未付购房款总额,参照中国人民银行规定的金融机构计收逾期贷款利息的标准计算。逾期交付使用房屋的,按照逾期交付使用房屋期间有关主管部门公布或者有资格的房地产评估机构评定的同地段同类房屋租金标准确定。

由于出卖人的原因,买受人在下列期限届满未能取得房屋权属证书的,除当事人有特殊约定外,出卖人应当承担违约责任:(1)商品房买卖合同约定的办理房屋所有权登记的期限;(2)商品房买卖合同的标的物为尚未建成房屋的,自房屋交付使用之日起 90 日;(3)商品房买卖合同的标的物为已竣工房屋的,自合同订立之日起 90 日。由于出卖人的原因,导致买受人在商品房买卖合同约定或者上述规定的期限届满后超过 1 年无法办理房屋所有权登记的,买受人请求解除合同和赔偿损失的,应予支持。

《解释》还规定,买受人以出卖人与第三人恶意串通,另行订立商品房买卖合同并将房屋交付使用,导致其无法取得房屋为由,请求确认出卖人与第三人订立的商品房买卖合同无效的,应予支持;因房屋主体结构质量不合格不能交付使用,或者房屋交付使用后,房屋主体结构质量经核验确属不合格,买受人请求解除合同和赔偿损失的,应予支持;因房屋质量问题严重影响正常居住使用,买受人请求解除合同和赔偿损失的,应予支持。

7. 相关纠纷的处理

商品房买卖合同约定,买受人以担保贷款方式付款、因当事人一方原因未能订立商品房担保贷款合同并导致商品房买卖合同不能继续履行的,对方当事人可以请求解除合同和赔偿损失。因不可归责于当事人双方的事由未能订立商品房担保贷款合同并导致商品房买卖合同不能继续履行的,当事人可以请求解除合同,出卖人应当将收受的购房款本金及其利息或者定金返还买受人。因商品房买卖合同被确认无效或者被撤销、解除,致使商品房担保贷款合同的目的无法实现,当事人请求解除商品房担保贷款合同的,应予支持。

以担保贷款为付款方式的商品房买卖合同的当事人一方请求确认商品房买卖合同无效或者撤销、解除合同的,如果担保权人作为有独立请求权第三人提出诉讼请求,应当与商品房担保贷款合同纠纷合并审理;未提出诉讼请求的,仅处理商品房买卖合同纠纷。担保权人就商品房担保贷款合同纠纷另行起诉的,可以与商品房买卖合同纠纷合并审理。商品房买卖合同被确认无效或者被撤销、解除后,商品房担保贷款合同也被解除的、出卖人应当将收受的购房贷款和购房款的本金及利息分别返还担保权人和买受人。

买受人未按照商品房担保贷款合同的约定偿还贷款,亦未与担保权人办理商品房抵押登记手续,担保权人起诉买受人,请求处分商品房买卖合同项下买受人合同权利的,应当通知出卖人参加诉讼;担保权人同时起诉出卖人时,如果出卖人为商品房担保贷款合同提供保证的,应当列为共同被告。

买受人未按照商品房担保贷款合同的约定偿还贷款,但是已经取得房屋权属证书并与担保权人办理了商品房抵押登记手续,抵押权人请求买受人偿还贷款或者就抵押的房屋优先受偿的,不应当追加出卖人为当事人,但出卖人提供保证的除外。

（五）销售代理

房地产开发企业委托中介服务机构销售商品房的,受托机构应当是依法设立并取得工商营业执照的房地产中介服务机构。房地产开发企业应当与受托房地产中介服务机构订立书面委托合同,委托合同应当载明委托期限、委托权限以及委托人和被委托人的权利、义务。

受托房地产中介服务机构销售商品房时,应当向买受人出示商品房的有关证明文件和商品房销售委托书,如实向买受人介绍所代理销售商品房的有关情况,不得代理销售不符合销售条件的商品房,不得收取佣金以外的其他费用。《解释》规定,出卖人与包销人订立商品房包销合同,约定出卖人将其开发建设的房屋交由包销人以出卖人的名义销售的,包销期满未销售的房屋,由包销人按照合同约定的包销价格购买,但当事人另有约定的除外。出卖人自行销售已经约定由包销人包销的房屋,包销人请求出卖人赔偿损失的,应予支持,但当事人另有约定的除外。

（六）交付及保修

根据《解释》的规定,对房屋的转移占有,视为房屋的交付使用,但当事人另有约定的除外。房屋毁损、灭失的风险,在交付使用前由出卖人承担,交付使用后由买受人承担;买受人接到出卖人的书面交房通知,无正当理由拒绝接收的,房屋毁损、灭失的风险自书面交房通知确定的交付使用之日起由买受人承担,但法律另有规定或者当事人另有约定的除外。

房地产开发企业应当按照合同约定,将符合交付使用条件的商品房按期交付给买受人。未能按期交付的,房地产开发企业应当承担违约责任。因不可抗力或者当事人在合同中约定的其他原因,需延期交付的,房地产开发企业应当及时告知买受人。

房地产开发企业销售商品房时设置样板房的,应当说明实际交付的商品房质量、设备及装修与样板房是否一致,未作说明的,实际交付的商品房应当与样板房一致。

销售商品住宅时,房地产开发企业应当根据《商品住宅实行质量保证书和住宅使用说明书制度的规定》(以下简称"《规定》"),向买受人提供《住宅质量保证书》和《住宅使用说明书》。

房地产开发企业应当在商品房交付使用前按项目委托具有房产测绘资格的单位实施测绘,测绘成果报房地产行政主管部门审核后用于房屋权属登记。房地产开发企业应当在商品房交付使用之日起 60 日内,将需要由其提供的办理房屋权属登记的资料报送房屋所在地房地产行政主管部门。房地产开发企业应当协助商品房买受人办理土地使用权变更和房屋所有权登记手续。

商品房交付使用后,买受人认为主体结构质量不合格的,可以依照有关规定委托工程质量检测机构重新核验。经核验,确属主体结构质量不合格的,买受人有权退房;给买受人造成损失的,房地产开发企业应当依法承担赔偿责任。

房地产开发企业应当对所售商品房承担质量保修责任。当事人应当在合同中就保修范围、保修期限、保修责任等内容做出约定。保修期从交付之日起计算。商品住宅的保修期限不得低于建设工程承包单位向建设单位出具的质量保修书约定保修期的存续期;存续期少于《规定》中确定的最低保修期限的,保修期不得低于《规定》中确定的最低保修期限。非住宅商品房的保修期限不得低于建设工程承包单位向建设单位出具的质量保修书约定保修期的存续期。在保修期限内发生的属于保修范围的质量问题,房地产开发企业应当履行保修义务,并对造成的损失承担赔偿责任。因不可抗力或者使用不当造成的损坏,房地产开发企业不承担责任。《解释》规定,交付使用的房屋存在质量问题,在保修期内,出卖人应当承担修复责任;出卖人拒绝修复或者在合理期限内拖延修复的,买受人可以自行或者委托他人修复。修复费用及修复期间造成的其他损失由出卖人承担。

三、商品房预售管理法律规则

（一）商品房预售的的概念

商品房预售是指房地产开发企业将正在建设中的房屋预先出售给承购人,由承购人支付定金或房价款的行为。为加强商品房预售管理,维护商品房交易双方的合法权益,根据《城市房地产管理法》、《城市房地产开发经营管理条例》,1994 年 11 月 15 日建设部发布《城市商品房预售管理办法》,2001 年 8 月 15 日根据《建设部关于修改<城市商品房预售管理办法>的决定》修正。

（二）商品房预售的条件

商品房预售应当符合下列条件:(1)已交付全部土地使用权出让金,取得土地使用权证书;(2)持有建设工程规划许可证和施工许可证;(3)按提供预售的商品房计算,投入开发建设的资金达到工程建设总投资 25% 以上,并已经确定施工进度和竣工交付日期。

（三）商品房预售许可证

商品房预售实行许可证制度。开发企业进行商品房预售,应当向城市、县房地产管理部门办理预售登记,取得《商品房预售许可证》。《解释》规定,出卖人未取得商品房预售许可证明,与买受人订立的商品房预售合同,应当认定无效,但是在起诉前取得商品房预售许可证明的,可以认定有效。

开发企业申请办理《商品房预售许可证》应当提交下列证件（复印件）及资料:(1)土地使用权证书、建设工程规划许可证和施工许可证、投入开发建设的资金达到工程建设总投资 25% 以上等相关证明材料;(2)开发企业的《营业执照》和资质等级证书;(3)工程施工合同;(4)商品房预售方案。预售方案应当说明商品房的位置、装修标准、竣工交付日期、预售总面积、交付使用后的物业管理等内容,并应当附商品房预售总平面图、分层平面图。

房地产管理部门在接到开发企业申请后,应当详细查验各项证件和资料,并到现场进行查勘。经审查合格的,应在接到申请后的 10 日内核发《商品房预售许可证》。

开发企业进行商品房预售,应当向承购人出示《商品房预售许可证》。售楼广告和说明书必须载明《商品房预售许可证》的批准文号。未取得《商品房预售许可证》的,不得进行商品房预售。

（四）商品房预售的程序

商品房预售,开发企业应当与承购人签订商品房预售合同。预售人应当在签约之日起 30 日内持商品房预售合同向县级以上人民政府房地产管理部门和土地管理部门办理登记备案手续。商品房的预售可以委托代理人办理,但必须有书面委托书。

开发企业进行商品房预售所得的款项必须用于有关的工程建设。城市、县房地产管理部门应当制定对商品房预售款监管的有关制度。

预售的商品房交付使用之日起 90 日内,承购人应当持有关凭证到县级以上人民政府房地产管理部门和土地管理部门办理权属登记手续。最高人民法院《解释》规定,当事人以商品房预售合同未按照法律、行政法规规定办理登记备案手续为由,请求确认合同无效的,不予支持。当事人约定以办理登记备案手续为商品房预售合同生效条件的,从其约定,但当事人一方已经履行主要义务,对方接受的除外。

（五）完善商品房预售管理制度

不论是在理论界还是房地产实践中,也不论是现在还是商品房预售制度出台的当初,可以说关于商品房预售制度存废之争一直没有停止过。"存"与"废"两种观点各有其主张的理由:

主张不能取消商品房预售制度的,基于以下商品房预售具有以下积极意义:(1)商品房预售具有普遍性。自从 1994 年,预售许可制度建立以来,其占有的商品房的销售比例已经达到了 80%,甚至是 90% 以上,商品房预售已经成为我国房地产转让的重要方式之一。(2)商品房预售加速了建设资金的周转。由于我国城镇住房总量上的供不应求,加快建设、增加住房供应量是客观需要,能大大加速了建设资金的周转速度,提高了资金的使用效率,降低了资金的使用成本。(3)商品房预售时房地产开发融资的重要手段。我国的资本市场发展的滞后,决定了融资手段的单一、缺乏。而商品房的预售却是给出了一条融资的好路子。成为了房地产开发融资的重要手段。(4)商品房预售价格较现售要低。目前预售价格都普遍低于现售价格,达到了 10%—15%,这也是其受到群众爱戴的重要原因。

主张商品房预售制度必须取消的主要基于商品房预售具有下列弊端：(1)商品房预售中消费者利益的不到有利的保障。由于预售行为与房屋的实际交接之间有一定的时间差,这就给了部分经销商弄虚作假、规划改变等留下了空子,同时商品房预售剥夺了购房人作为消费者的知情权。(2)商品房预售各种风险因素较高。商品房的预售决定了政府和银行的监管能力要高,预售制度中隐含的各种风险因素要降到最低①。

尽管这些争议愈演愈烈,但从国家从政策方面对这一制度还是建议肯定的。比如为贯彻落实《国务院办公厅关于促进房地产市场平稳健康发展的通知》(国办发〔2010〕4 号)要求,进一步加强房地产市场监管,完善商品住房预售制度,整顿和规范房地产市场秩序,维护住房消费者合法权益,住房和城乡建设部于 2010 年 4 月 20 日发布《关于进一步加强房地产市场监管完善商品住房预售制度有关问题的通知》,对我国商品房预售制度做出以下补充：

1. 加强商品住房预售行为监管

未取得预售许可的商品住房项目,房地产开发企业不得进行预售,不得以认购、预订、排号、发放 VIP 卡等方式向买受人收取或变相收取定金、预定款等性质的费用,不得参加任何展销活动。取得预售许可的商品住房项目,房地产开发企业要在 10 日内一次性公开全部准售房源及每套房屋价格,并严格按照申报价格,明码标价对外销售。房地产开发企业不得将企业自留房屋在房屋所有权初始登记前对外销售,不得采取返本销售、售后包租的方式预售商品住房,不得进行虚假交易。

2. 完善商品住房预售制度

(1)严格商品住房预售许可管理。各地要结合当地实际,合理确定商品住房项目预售许可的最低规模和工程形象进度要求,预售许可的最低规模不得小于栋,不得分层、分单元办理预售许可。住房供应不足的地区,要建立商品住房预售许可绿色通道,提高行政办事效率,支持具备预售条件的商品住房项目尽快办理预售许可。

(2)强化商品住房预售方案管理。房地产开发企业应当按照商品住房预售方案销售商品住房。预售方案应当包括项目基本情况、建设进度安排、预售房屋套数、面积预测及分摊情况、公共部位和公共设施的具体范围、预

---

① "商品房预售制",资料来源:http://baike.soso.com.

售价格及变动幅度、预售资金监管落实情况、住房质量责任承担主体和承担方式、住房能源消耗指标和节能措施等。预售方案中主要内容发生变更的,应当报主管部门备案并公示。

(3)完善预售资金监管机制。各地要加快完善商品住房预售资金监管制度。尚未建立监管制度的地方,要加快制定本地区商品住房预售资金监管办法。商品住房预售资金要全部纳入监管账户,由监管机构负责监管,确保预售资金用于商品住房项目工程建设;预售资金可按建设进度进行核拨,但必须留有足够的资金保证建设工程竣工交付。

(4)严格预售商品住房退房管理。商品住房严格实行购房实名制,认购后不得擅自更改购房者姓名。各地要规范商品住房预订行为,对可售房源预订次数做出限制规定。购房人预订商品住房后,未在规定时间内签订预售合同的,预订应予以解除,解除的房源应当公开销售。已签订商品住房买卖合同并网上备案、经双方协商一致需解除合同的,双方应递交申请并说明理由,所退房源应当公开销售。

3. 加强预售商品住房交付和质量管理

(1)明确商品住房交付使用条件。各地要依据法律法规及有关建设标准,制定本地商品住房交付使用条件。商品住房交付使用条件应包括工程经竣工验收合格并在当地主管部门备案、配套基础设施和公共设施已建成并满足使用要求、北方地区住宅分户热计量装置安装符合设计要求、住宅质量保证书和住宅使用说明书制度已落实、商品住房质量责任承担主体已明确、前期物业管理已落实。房地产开发企业在商品住房交付使用时,应当向购房人出示上述相关证明资料。

(2)完善商品住房交付使用制度。各地要建立健全商品住房交付使用管理制度,确保商品住房项目单体工程质量、节能环保性能、配套基础设施和公共设施符合交付使用的基本要求。有条件的地方可借鉴上海、山东等地经验,通过地方立法,完善新建商品住房交付使用制度。各地要加强商品住房竣工验收管理,积极推行商品住房工程质量分户验收制度。北方地区要加强商品住房分户热计量装置安装的验收管理。

(3)落实预售商品住房质量责任。房地产开发企业应当对其开发建设的商品住房质量承担首要责任,勘察、设计、施工、监理等单位应当依据有关法律、法规的规定或者合同的约定承担相应责任。房地产开发企业、勘察、设计、施工、监理等单位的法定代表人、工程项目负责人、工程技术负责人、注册执业人员按各自职责承担相应责任。预售商品住房存在质量问题的，购房人有权依照法律、法规及合同约定要求房地产开发企业承担责任并赔偿相应损失。房地产开发企业承担责任后，有权向造成质量问题的相关单位和个人追责。

（4）强化预售商品住房质量保证机制。暂定资质的房地产开发企业在申请商品住房预售许可时提交的预售方案，应当明确企业破产、解散等清算情况发生后的商品住房质量责任承担主体，由质量责任承担主体提供担保函。质量责任承担主体必须具备独立的法人资格和相应的赔偿能力。各地要将房地产开发企业是否建立商品住房质量保证制度作为企业资质管理的重要内容。各地要鼓励推行预售商品住房质量保证金制度，研究建立专业化维修制度。

（六）实行购房限购令措施

国务院总理温家宝2011年1月26日主持召开国务院常务会议，会议确定的相关政策措施，简称"新国八条"。"新国八条"提出了要合理引导住房需求：各直辖市、计划单列市、省会城市和房价过高、上涨过快的城市，在一定时期内，要从严制定和执行住房限购措施。原则上对已有1套住房的当地户籍居民家庭、能够提供当地一定年限纳税证明或社会保险缴纳证明的非当地户籍居民家庭，限购1套住房；对已拥有2套及以上住房的当地户籍居民家庭、拥有1套及以上住房的非当地户籍居民家庭、无法提供一定年限当地纳税证明或社会保险缴纳证明的非当地户籍居民家庭，暂停在本行政区域内向其售房。实践证明"新国八条"作为宏观调控措施，对抑制房地产不合理的需求，稳定房价确实起到了积极的作用。

第三节　房地产抵押法律规则

一、房地产抵押法律规则概述

（一）房地产抵押概念与特点

房地产抵押，是指抵押人以其合法的房地产以不转移占有的方式向抵押权人提供债务履行担保的行为。债务人不履行债务时，抵押权人有权依法以抵押的房地产拍卖所得的价款优先受偿。我国房地产抵押法律规则主要体现在《城市房地产管理法》、《担保法》、最高院关于适用《担保法》若干问题的解释、《物权法》以及建设部于 1997 年通过、于 2001 年修订的《城市房地产抵押管理办法》中。

(二)房地产抵押的特点

房地产抵押作为担保形式的一种,除具有一般抵押所共有的特征外,又具有其独有的特征。

1. 房地产抵押的标的既包括不动产,也包括权利,其标的具有复杂性。作为房地产抵押标的的不动产,是抵押人拥有所有权的房屋及拥有使用权的土地,即房屋、土地及其他建筑物、林木、果园等土地定着物。作为房地产抵押标的的权利,是指抵押人拥有的存在于他人不动产上的权利,如地上权、用益权等。

2. 房地产抵押人须合格,所提供的房地产须合法。房地产抵押的抵押人必须合格是指抵押人必须是抵押物的所有权人,或者是土地使用权人或房屋经营权人,享有对抵押物完全的自由的处分权。

3. 房地产抵押是要式抵押。首先表现在抵押人和抵押权人应当签订书面抵押合同。其次表现在房地产抵押要办理抵押物登记。

4. 房地产抵押具有从属性、价值性。房地产抵押是以合法主债权成立为前提的,它是一种从属于主债权的担保物权。主债权成立,抵押权也就成立,主债权不成立,抵押权也就不成立。在主债权无效的条件下,抵押权人不能受到物权的保护。主债权转让,抵押权也随之转让,但抵押权不得与主债权分离而单独转让或者作为其他债权的担保。抵押权与其担保的主债权同时存在,主债权消失的,抵押权也随之消灭。

5. 以土地使用权作抵押的应受到土地使用权时间的限制,即应当在土地使用权出让期限内,否则抵押无效。

(三)房地产抵押的种类

1. 以不动产的形态划分,房地产抵押可以分为:(1)预购商品房贷款抵押。预购商品房贷款抵押指购房人在支付首期规定的房价款后,由贷款银行代其支付其余的购房款,将所购商品房抵押给贷款银行作为偿还贷款履行担保的行为;(2)在建工程抵押。在建工程抵押指抵押人为取得在建工程继续建造资金的贷款,以其合法方式取得的土地使用权连同在建工程的所投资产,以不转移占有的方式抵押给贷款银行作为贷款履行担保的行为;(3)现有产权房抵押。现有产权房抵押指抵押人为自己或第三人取得借款,以现有已取得房屋所有权证或土地使用证的房地产以不转移占有的方式抵押给出借人,作为履行债务担保;(4)以出让方式取得国有土地使用权抵押。以出让方式取得国有土地使用权抵押指受让人为取得借款而把受让所得的国有土地使用权以不转移占有的方式抵押给出借人的行为。

2. 以不动产的权能性质划分,房地产抵押可以分为:(1)拥有全部所有权的房地产抵押。拥有全部所有权的房地产抵押是指已购并持有产权证的商品房;(2)拥有部分所有权的房地产抵押。拥有部分所有权的房地产抵押是指城市职工所购买的直管公房,因其享受了国家的优惠政策,出售时,所得部分收益归国家所有。故抵押时应考虑这个因素;(3)已经抵押的房地产再抵押。已经抵押的房地产再抵押是指房地产所有权人已把所拥有的房地产作了抵押之后,经抵押权人同意,把已抵押的房地产再次进行抵押的行为。第二序位抵押权人对抵押物的处分往往只是部分的产权。

(四)房地产抵押与相关概念的区别

1. 房地产按揭

(1)房地产按揭的含义

关于按揭的含义在香港有狭义和广义两种说法:狭义的按揭是指业主(按揭人)将其物业转让予按揭受益人(通常银行)作为还款保证的法律行为。经过这样的转让,按揭受益人成为业主,还款后,按揭受益人将物业转回予原按揭人。广义的香港房地产按揭包括抵押。抵押一词在英文中的对应词应是 charge。抵押的基本特征是抵押人为保证偿还债务或履行对债权人的某些责任,在有关责任解除以前,抵押人把其资产的法定和衡平法权益赋予债权人。房地产抵押是业主赋予抵押权人某些权利,包括优先受偿权和直接取得或出售押物取得款项偿还债务或直接占管经营及取得抵押物经营收入等权利,作为还款的保证,但抵押权人不因此成为业主,还款后,抵押权人办理一些手续将其原有权益撤销。房地产抵押在香港亦有衡平法抵押和法定抵押。衡平法抵押是指将衡平法产业依法定手续办理抵押,法定抵押是指将法定式产业依照法定手续办理抵押,自 1984 年 11 月起,香港的法定式按揭已自动变为法定抵押。

(2)房地产按揭与抵押的异同

从狭义的香港房地产按揭来看,香港这种债务人将房屋产权转让给债权人作为偿还债务担保的法律行为在中国内地无法律依据,《担保法》规定的担保形式并不包括这种行为,与内地房地产开发商宣传的提供按揭促销行为也不同。因此,无论从法律规定还是房地产市场实际情况分析,该种狭义之房地产按揭在内地是不存在的。从广义的房地产按揭来看,香港房地产法定抵押与内地房地产抵押有相近之处。

首先,两地的房地产抵押均有登记程序。香港房地产法定抵押根据《房地产转让与物业条例》的规定,应将契约送田土厅登记,若抵押人是注册公司,契约还必须先在公司注册处登记,然后在田土厅登记;否则次于后来设定抵押登记的债权人受偿。内地的房地产抵押根据《担保法》的规定,必须到房地产抵押登记部门办理抵押物登记,否则该抵押权不生效。

其次,两地实现抵押权的权利内容亦有相近之处。香港房地产法定抵押在债务人发生以下三种违约事项的任何一种时,抵押权人享有8种法定权利。这三种违约事项为:(1)在抵押权人要求还款1个月后,债务人仍没有偿还款项;(2)利息到期后1个月未还;(3)除违约支付本金和利息外,抵押人违反按揭契据或《房地产转让与物业条例》的条款。抵押权人享有以下八种法定权利包括:(1)接收抵押物业或为此提出诉讼;(2)有权采取一切行动去保护及管理有关物业;(3)有权出租抵押物业及接受已出租的抵押物业:(4)可行使依附于抵押物业所有权的一切权利;(5)有解决、调解或参与同抵押物有关的纠纷或诉讼;(6)可以提出、执行、抗辩、放弃与抵押物业有关的索偿或诉讼;(7)出售或转让物业;(8)可进行或处置与抵押物业有关的必要事项。

内地房地产抵押的抵押权人则享有以下法定权利:(1)债务履行期届满,债务人不履行债务致使抵押物被人民法院依法扣押的,自扣押之日起抵押权人有权收取出抵押物分离的天然孳息及抵押人就抵押物可以收取的法定孳息;(2)债务履行期届满抵押权人未受偿的,可以与抵押人协议以抵押物折价或者以拍卖、变卖该抵押物所得的价款受偿;协议不成的,抵押权人可以向人民法院提起诉讼。

由此可见,香港与内地在抵押权实现方面的最大区别是:香港的抵押权人有权直接出租、出售或转让物业,而内地的抵押权人除非与债务人达成协议,否则只能通过诉讼程序来拍卖抵押的房地产,以达到优先受偿目的。

20世纪90年代初以来,内地的房地产开发商在房屋预售、销售过程中,将协助购房者以所购房屋向银行抵押贷款支付部分购房款的融资行为称作"提供按揭",并以此区别于一般只涉及两方当事人(借款人和贷款人)的传统房地产抵押贷款行为。其实,根据中国法律规定,将这种融资行为称为"购房抵押贷款"比称作"按揭"更贴切、合法。现时内地房地产开发商和开展内地外销楼按揭业务的香港银行提供给购房者签署的抵押贷款合同大多使用香港本地采用的合同文本。香港多家银行在《担保法》施行后,已经注意到两种法律制度下处理抵押贷款业务应有所不同。因此,在内地开展购房过程中的抵押贷款业务不可照搬香港房地产按揭做法,仍应遵守《担保法》有关房地产抵押的规定。

2. 房地产典当

(1)房地产典当的含义

房地产典当是指出典人将其自有房产提供给典权人在一定期限内使用、收益,而取得典价,待典期届满可按原典价赎回房产的法律制度。房屋典当随着房地产抵押担保制度的发展而逐步衰退,近年来已鲜有发生。

我国无房屋典当的专门法律,除最高人民法院对有关房屋典当案件请示的复函外,有关房屋典当案件的处理主要依据1979年2月2日最高人民法院《关于贯彻民事政策法律意见》、1984年8月30日《关于贯彻执行民事政策法律若干问题的意见》和1988年1月26日《关于贯彻执行<中华人民共和出民法通则>若干问题的意见》。《关于贯彻执行民事政策法律若干问题的意见》主要规定了典当期限,即超过30年未赎的,原则上视为绝卖。《关于贯彻执行〈民法通则〉若干问题的意见》主要规定了允许约定延长典期,允许约定典期届满时增减典价,即典期届满出典人的"找价权"。

(2)房地产抵押与典当的区别

抵押与典当的主要区别表现在以下方面:首先,房地产典当限于为借款合同提供担保、而抵押不仅可以为借款个同提供担保,还可以为其他债务履行提供担保,例如为债务人履行劳务的义务提供担保;其次,房地产典当以转移房地产的占有、使用和收益权为特征,承典人可占有、使用房屋或出租收益,以抵顶付出的典价应获得的利息收益,而房地产抵押关系中抵押人不将房地产转移给抵押权人占有、使用和收益;最后,房地产典当关系中,借款人和出典人是同一主体,而房地产抵押关系中,抵押人可以是债务人,也可以是债务人以外的第三人。

二、房地产抵押权的设定

（一）可以依法抵押的房地产

《物权法》第 180 条规定,债务人或者第三人有权处分的下列财产可以抵押:(1)建筑物和其他土地附着物;(2)建设用地使用权;(3)以招标、拍卖、公开协商等方式取得的荒地等土地承包经营权;(4)生产设备、原材料、半成品、产品;(5)正在建造的建筑物、船舶、航空器;(6)交通运输工具;(7)法律、行政法规未禁止抵押的其他财产。抵押人可以将前款所列财产一并抵押。

《物权法》第 182 条、第 183 条规定,以建筑物抵押的,该建筑物占用范围内的建设用地使用权一并抵押。以建设用地使用权抵押的,该土地上的建筑物一并抵押。抵押人未依照规定一并抵押的,未抵押的财产视为一并抵押。乡镇、村企业的建设用地使用权不得单独抵押。以乡镇、村企业的厂房等建筑物抵押的,其占用范围内的建设用地使用权一并抵押。

（二）禁止抵押的房地产

《物权法》第 184 条规定,下列财产不得抵押:(1)土地所有权;(2)耕地、宅基地、自留地、自留山等集体所有的土地使用权,但法律规定可以抵押的除外;(3)学校、幼儿园、医院等以公益为目的的事业单位、社会团体的教育设施、医疗卫生设施和其他社会公益设施;(4)所有权、使用权不明或者有争议的财产;(5)依法被查封、扣押、监管的财产;(6)法律、行政法规规定不得抵押的其他财产。《城市房地产抵押管理办法》对不得抵押的财产有下列规定:(1)权属有争议的房地产;(2)用于教育、医疗、市政等公共福利事业的房地产;(3)列入文物保护的建筑物和有重要纪念意义的其他建筑物;(4)已依法公告列入拆迁范围的房地产;(5)被依法查封、扣押,监管或者以其他形式限制的房地产;(6)依法不得抵押的其他房地产。

（三）房地产抵押设定的具体要求

1. 同一房地产两个以上抵押权的设定。同一房地产设定两个以上抵押权的,抵押人应当将已经设定过的抵押情况告知抵押权人。抵押人所担保的债权不得超出其抵押物的价值。房地产抵押后,该抵押房地产的价值大于所担保债权的余额部分,可以再次抵押,但不得超出余额部分。

2. 两宗以上房地产设定同一抵押权。以两宗以上房地产设定同一抵押权的,视为同一抵押房地产。但抵押当事人另有约定的除外。

3. 在建工程设定抵押权。以在建工程已完工部分抵押的,其土地使用权随之抵押。

4. 企业房地产抵押权的设定:(1)国有企业、事业单位法人以国家授予其经营管理的房地产抵押的;应当符合国有资产管理的有关规定。法律、法规有规定的除外;(2)以集体所有制企业的房地产抵押的,必须经集体所有制企业职工(代表)大会通过,并报其上级主管机关备案;(3)以中外合资企业、合作经营企业和外商独资企业的房地产抵押的,必须经董事会通过企业章程另有规定的除外;(4)以有限责任公司、股份有限公司的房地产抵押的,必须经董事会或者股东大会通过,但企业章程另有规定的除外;(5)有经营期限的企业以其所有的房地产设定抵押的,所担保债务的履行期限不应当超过该企业的经营期限。

5. 土地使用权抵押期限。以具有土地使用年限的房地产设定抵押的,所担保债务的履行期限不得超过土地使用权出让合同规定的使用年限减去已经使用年限后的剩余年限。

6. 共有房地产抵押权的设定。以共有的房地产抵押的,抵押人应当事先征得其他共有人的书面同意。

7. 预购商品房抵押。预购商品房贷款抵押的,商品房开发项目必须符合房地产转让条件并取得商品房预售许可证。

8. 订立抵押合同前抵押房地产已出租的,原租赁关系不受该抵押权的影响。抵押权设立后抵押房地产出租的,该租赁关系不得对抗已登记的抵押权。

9. 抵押房地产的保险。抵押当事人约定对抵押房地产保险的,由抵押人为抵押的房地产投保,保险费由抵押人负担。抵押房地产投保的,抵押人应当将保险单移送抵押权人保管。在抵押期间,抵押权人为保险偿的第一受益人。

10. 抵押权的继承。企业、事业单位法人分立或者合并后,原抵押合同继续有效,其权利和义务由变更后的法人享有和承担。抵押人死亡、依法被宣告死亡或者被宣告失踪时,其房地产合法继承人或者代管人应当继续履行原抵押合同。

（四）房地产抵押合同的订立

1. 房地产抵押合同应当载明下列主要内容：

房地产抵押，抵押当事人应当签订书面抵押合同。房地产抵押合同应当载明下列主要内容：（1）抵押人、抵押权人的名称或者个人姓名、住所；（2）主债权的种类、数额；（3）抵押房地产的处所，名称、状况、建筑面积、用地面积以及四至等；（4）抵押房地产的价值；（5）抵押房地产的占用管理人、占用管理方式、占用管理责任以及意外损毁、灭失的责任；（6）债务人履行债务的期限。（7）抵押权灭失的条件；（8）违约责任；（9）争议解决方式；（10）抵押合同订立的时间与地点；（11）双方约定的其他事项。以预购商品房贷款抵押的，须提交生效的预购房屋合同。

2. 在建工程抵押合同的主要内容

以在建工程抵押的，抵押合同还应当载明以下内容：（1）《国有土地使用权证》、《建设用地规划许可证》和《建设工程规划许可证》编号；（2）已交纳的土地使用权出让金或需交纳的相当于土地使用权出让金的款额；（3）已投入在建工程的工程款；（4）施工进度及工程竣工日期；（5）已完成的工作量和工程量。抵押权人要求抵押房地产保险的，以及要求在房地产抵押后限制抵押人出租、转让抵押房地产或者改变抵押房地产用途的，抵押当事人应当在抵押合同中载明。

（五）房地产抵押登记

1. 房地产抵押合同登记的时间

房地产抵押合同自签订之日起 30 日内，抵押当事人应当到房地产所在地的房地产管理部门办理房地产抵押登记。

2. 房地产抵押权设定的时间

《物权法》第 187 条规定："以本法第 180 条第 1 款第一项至第三项规定的财产或者第五项规定的正在建造的建筑物抵押的，应当办理抵押登记。抵押权自登记时设立。"这里特别需要强调：《物权法》的这一规定改变了《担保法》第 41 条"当事人以本法第 42 条规定的财产抵押的，应当办理抵押物登记，抵押合同自登记之日起生效"之规定。房地产抵押权生效的时间是"抵押权自登记时设立"，而当事人之间抵押合同的效力则要《合同法》等相关法律规范确定。

财产抵押是重要的民事法律行为，法律除要求设立抵押权要订立书面合同外,还要求对某些财产办理抵押登记,不经抵押登记,抵押权不发生法律效力。根据《物权法》规定,需要进行抵押登记的财产为:(1)建筑物和其他土地附着物;(2)建设用地使用权;(3)招标、拍卖、公开协商等方式取得的荒地等土地承包经营权;(4)正在建造的建筑物。不动产抵押登记,可以使得抵押财产的物上负担一目了然,使实现抵押权的顺序清楚明确,有利于预防纠纷,保护债权人和第三人的合法权益,维护交易安全,保障经济活动的正常进行①。

3. 登记机关审核及登记

登记机关应当对申请人的申请进行审核。凡权属清楚、证明材料齐全的,应当在受理登记之日起 7 日内决定是否予以登记,对不予登记的,应当书面通知申请人。

以依法取得的房屋所有权证书的房地产抵押的,登记机关应当在原《房屋所有权证》上作他项权利记载后,由抵押人收执,并向抵押权人颁发《房屋他项权证》。以预售商品房或者在建工程抵押的,登记机关应当在抵押合同上作记载。抵押的房地产在抵押期间竣工的,当事人应当在抵押人领取房地产权属证书后,重新办理房地产抵押登记。

按照《房屋登记办法》第 43 条规定,申请房屋抵押权登记,应当提交下列文件:(1)登记申请书;(2)申请人的身份证明;(3)房屋所有权证书或者房地产权证书;(4)抵押合同;(5)主债权合同;(5)其他必要材料。按照《土地登记办法》第 36 条规定:依法抵押土地使用权的,抵押权人和抵押人应当持土地权利证书、主债权债务合同、抵押合同以及相关证明材料,申请土地使用权抵押登记。

抵押合同发生变更或者抵押关系终止时,抵押当事人应当在变更或者终止之日起 15 日内,到原登记机关办理变更或者注销抵押登记。因依法处分抵押房地产而取得土地使用权和土地建筑物、其他附着物所有权的,抵押当事人应当自处分行为生效之日起 30 日内,到县级以上地方人民政府房地产管理部门申请房屋所有权转移登记,并凭变更后的房屋所有权证书向同级人民政府土地管理部门申请土地使用权变更登记。

---

① 资料来源:http://www.51test.net.

三、抵押房地产的占用与管理

（一）抵押房地产的占用与管理

已作抵押的房地产,由抵押人占用与管理。抵押人在抵押房地产占用与管理期间应当维护抵押房地产的安全与完好。抵押权人有权按照抵押合同的规定监督、检查抵押房地产的管理情况。

（二）房地产抵押权与抵押物的转让

1. 抵押权可以随债权转让。抵押权转让时,应当签订抵押权转让合同,并办理抵押权变更登记。抵押权转让后,原抵押权人应当告知抵押人。

2. 抵押物的转让经抵押权人同意,抵押房地产可以转让或者出租。抵押房地产转让或者出租所得价款,应当向抵押权人提前清偿所担保的债权。超过债权数额的部分,归抵押人所有,不足部分由债务人清偿。

（三）抵押物的征用

因国家建设需要,将已设定抵押权的房地产列入拆迁范围的,抵押人应当及时书面通知抵押权人;抵押双方可以重新设定抵押房地产,也可以依法清理债权债务,解除抵押合同。

（四）抵押物损毁灭失的处理

抵押人占用与管理的房地产发生损毁、灭失的,抵押人应当及时将情况告知抵押权人,并应当采取措施防止损失的扩大。抵押的房地产因抵押人的行为造成损失使抵押房地产价值不足以作为履行债务的担保时,抵押权人有权要求抵押人重新提供或者增加担保以弥补不足。抵押人对抵押房地产价值减少无过错的,抵押权人只能在抵押人因损害而得到的赔偿的范围内要求提供担保。抵押房地产价值未减少的部分,仍作为债务的担保。

四、抵押房地产的处分

（一）依法处分抵押房地产的情形

有下列情况之一的,抵押权人有权要求处分抵押的房地产:(1)债务履行期满,抵押权人未受清偿的,债务人又未能与抵押权人达成延期履行协议的;(2)抵押人死亡,或者被宣告死亡而无人代为履行到期债务的;或者抵押人的合法继承人、受遗赠人拒绝履行到期债务的;(3)抵押人被依法宣告解散或者破产的;(4)抵押人违反有关规定,擅自处分抵押房地产的;(5)抵押合同约定的其他情况。

（二）抵押房地产处分方法

1. 有上述情况之一的,经抵押当事人协商可以通过拍卖等合法方式处分抵押房地产,协议不成的,抵押权人可以向人民法院提起诉讼。

2. 抵押权人处分抵押房地产时,应当事先书面通知抵押人;抵押房地产为共有或者出租的,还应当同时书面通知共有人或承租人;在同等条件下,共有人或承租人依法享有优先购买权。

3. 同一房地产设定两个以上抵押权时,以抵押登记的先后顺序受偿。处分抵押房地产时,可以依法将土地上新增的房屋与抵押财产同处分,但对处分新增房屋所得,抵押权人无权优先受偿。

4. 以划拨方式取得的土地使用权连同地上建筑物设定的房地产抵押进行处分时,应当从处分所得的价款中缴纳相当于应当缴纳的土地使用权出让金的款额后,抵押权人方可优先受偿。法律、法规另有规定的依照其规定。

（三）中止处分抵押房地产的情形

抵押权人对抵押房地产的处分,因下列情况而中止:(1)抵押权人请求中止的;(2)抵押人申请愿意并证明能够及时履行债务,并经抵押权人同意的;(3)发现被拍卖抵押物有权属争议的;(4)诉讼或仲裁中的抵押房地产;(5)其他应当中止的情况。

（四）处分抵押房地产的分配顺序

处分抵押房地产所得金额,依下列顺序分配:(1)支付处分抵押房地产的费用;(2)扣除抵押房地产应缴纳的税款;(3)偿还抵押权人债权本息及支付违约金;(4)赔偿由债务人违反合同而对抵押权人造成的损害;(5)剩余金额交还抵押人。处分抵押房地产所得金额不足以支付债务和违约金、赔偿金时,抵押权人有权向债务人追索不足部分。

第四节　房地产租赁法律规则

一、房地产租赁法律规则概述

（一）房地产租赁的概念与特点

房地产租赁,是指房屋所有权人及土地使用权人作为出租人将其房屋及土地出租给承租人使用,由承租人向出租人支付租金的行为。提供房地产给他人使用,收取租金的一方当事人为出租人,使用房屋并支付租金的一方当事人为承租人。承租人使用的方式包括承租人居住、从事经营活动及以个作方式与他人从事经营活动。由于土地使用权出租的相关法律规则在前面第三章已经有较为详尽的阐述,因此,本部分只探讨房屋租赁法律规则。

(二)房屋租赁的特征

房屋租赁具有一下特征:(1)房屋出租的权利主体是房地产权利人。这里房屋的权利人一般都是房屋的所有权人,但也不排除受权利人委托的管理人。权利人除房屋所有权人之外的任何第三人都无权以房屋所有权人的名义出租房屋;(2)房屋出租的权利主体,只转移房屋的占有、使用权,不转移房屋的所有权。房屋所有权人或法定机关对出租房屋仍然可以行使处分权,如将出租房屋依法转让、抵押等;(3)房屋租赁是双务有偿的并有固定租期。租赁有偿性是主要的、普遍的,出租人交付出租的房屋给承租人,承租人交付租金给出租人。房屋租赁的租赁期是租赁合同关系中的一个重要条款,房屋租赁均有固定租期;(4)房屋租赁是要式法律行为。租赁合同双方须签订书面的房屋租赁合同,并到主管机关办理房屋租赁登记。

(三)房屋租赁的分类

1. 按房屋所有权主体不同,房屋租赁可分为公房租赁和私房租赁。公房租赁,是指公房出租人将其房屋交给承租人使用,承租人定期给付约定的租金,并于合同终止时将房屋返还出租人。包括国有房屋租赁和集体所有房屋租赁。国有房屋分为国家房产管理部门统一管理的房屋,称为"直管房屋"和由机关团体及全民所有制企业单位自行管理的房屋,称为"自管房屋"。私房租赁,即私有房屋租赁。该租赁关系中,出租人将其房屋出租给承租人,承租人按约定向出租人交纳租金,取得房屋的使用权,并于约定期限届满或终止租约时将房屋返还给出租人。

2. 按租赁房屋使用性质不同,可分为住宅用房的租赁和从事生产、经营活动用房的租赁。我国对住宅用房租赁与生产营业用房租赁采取不同的管理制度。对于住宅租赁,明确规定应当执行国家和房屋所在城市人民政府规定的租赁政策,即确认了国家和房屋所在城市人民政府规定的租赁政策的效力。对于生产性和营业性房屋的租赁,则放开政策性限制,无论公房或是私房,完全按照市场经济的活动原则办事,也采取互助、自愿的原则,就租金、承租期等双方各方面的权利和义务,通过平等协商订立合同和履行合同。

3. 按照房屋所在区域的不同,房屋租赁分为城市房屋租赁和农村房屋租赁。对于城市房屋租赁,现行法律规则比较完善,除了《民法通则》、《合同法》、《物权法》、《城市房地产管理法》、《城市房屋租赁管理办法》(以下简称"《办法》")之外,2009 年 6 月 22 日由最高人民法院审判委员会第1469 次会议通过《关于审理城镇房屋租赁合同纠纷案件具体应用法律若干问题的解释》(以下简称"《解释》"),该《解释》自 2009 年 9 月 1 日起施行。而农村房屋租赁法律规范极少,限制了农村的房屋租赁活动的开展。

二、房屋租赁合同

(一)房屋租赁合同的主要条款

房屋租赁,当事人应当签订书面租赁合同,租赁合同应当具备以下条款:(1)当事人姓名或者名称及住所;(2)房屋的坐落、面积、装修及设施状况;(3)租赁用途;(4)租赁期限;(5)租金及交付方式;(6)房屋修缮责任;(7)转租的约定;(8)变更和解除合同的条件;(9)违约责任;(10)当事人约定的其他条款。

(二)依法不得出租的房屋

《办法》第 6 条规定:公民、法人或其他组织享有所有权的房屋和国家授权管理和经营的房屋可以依法出租。有下列情形之一的房屋不得出租:(1)未依法取得房屋所有权证的;(2)司法机关和行政机关依法裁定、决定查封或者以其他形式限制房地权利的;(3)共有房屋未取得共有人同意的;(4)权属有争议的;(5)属于违法建筑的;(6)不符合安全标准的;(7)已抵押,未经抵押权人同意的;(8)不符合公安、环保、卫生等主管部门有关规定的;(9)有关法律、法规规定禁止出租的其他情形。

(三)房屋租赁合同的效力

房屋租赁合同的效力除了要按照一般合同效力理论来考量外,《解释》第 2 条、第 3 条分别有如下规定:《解释》第 2 条规定,"出租人就未取得建设工程规划许可证或者未按照建设工程规划许可证的规定建设的房屋,与承租人订立的租赁合同无效。但在一审法庭辩论终结前取得建设工程规划许可证或者经主管部门批准建设的,人民法院应当认定有效"。《解释》第 3

条规定,出租人就未经批准或者未按照批准内容建设的临时建筑,与承租人订立的租赁合同无效。但在一审法庭辩论终结前经主管部门批准建设的,人民法院应当认定有效。租赁期限超过临时建筑的使用期限,超过部分无效。但在一审法庭辩论终结前经主管部门批准延长使用期限的,人民法院应当认定延长使用期限内的租赁期间有效。

（四）房屋租赁合同的续租

《办法》第 11 条规定:"房屋租赁期限届满,租赁合同终止。承租人需要继续租用的,应当在租赁期限届满前 3 个月提出,并经出租人同意,重新签订租赁合同"。

出租人在租赁期限内死亡的,其继承人应当继续履行原租赁合同,住宅用房承租人在租赁期限内死亡的,其共同居住 2 年以上的家庭成员可以继续承租"。《合同法》对续租的承租人没有必须是"2 年以上的家庭成员"的要求,《合同法》第 234 条规定:"承租人在房屋租赁期间死亡的,与其生前共同居住的人可以按照原租赁合同租赁该房屋"。如果承租的房屋用于经营,《解释》第 19 条规定:"承租人租赁房屋用于以个体工商户或者个人合伙方式从事经营活动,承租人在租赁期间死亡、宣告失踪或者宣告死亡,其共同经营人或者其他合伙人请求按照原租赁合同租赁该房屋的,人民法院应予支持"。

（五）房屋租赁合同的变更与解除

《办法》第 12 条规定:有下列情形之一的,房屋租赁当事人可以变更或者解除租赁合同:(1)符合法律规定或者合同约定可以变更或解除合同条款的;(2)因不可抗力致使租赁合同不能继续履行的;(3)当事人协商一致的。因变更或者解除租赁合同使一方当事人遭受损失的,除依法可以免除责任的以外,应当由责任方负责赔偿。关于租赁合同的解除《解释》有如下规定:

1. 出租人就同一房屋订立数份租赁合同,在合同均有效的情况下,承租人均主张履行合同的,人民法院按照下列顺序确定履行合同的承租人:(1)已经合法占有租赁房屋的;(2)已经办理登记备案手续的;(3)合同成立在先的。不能取得租赁房屋的承租人请求解除合同、赔偿损失的,依照合同法的有关规定处理。

2. 承租人擅自变动房屋建筑主体和承重结构或者扩建,在出租人要求的合理期限内仍不予恢复原状,出租人请求解除合同并要求赔偿损失的,人民法院依照合同法第 219 条的规定处理。

3. 因下列情形之一,导致租赁房屋无法使用,承租人请求解除合同的,人民法院应予支持:(1)租赁房屋被司法机关或者行政机关依法查封的;(2)租赁房屋权属有争议的;(3)租赁房屋具有违反法律、行政法规关于房屋使用条件强制性规定情况的。

三、房屋租赁登记备案

(一)房屋租赁登记备案的时间

房屋租赁实行登记备案制度。签订、变更、终止租赁合同的,当事人应当向房屋所在地市、县人民政府房地产管理部门登记备案。房屋租赁当事人应当在租赁合同签订后 30 日内,持规定的文件到市、县人民政府房地产管理部门办理登记备案手续。

(二)房屋租赁登记备案与租赁合同效力

《解释》第 4 条规定:"当事人以房屋租赁合同未按照法律、行政法规规定办理登记备案手续为由,请求确认合同无效的,人民法院不予支持。当事人约定以办理登记备案手续为房屋租赁合同生效条件的,从其约定。但当事人一方已经履行主要义务,对方接受的除外"。由此,房屋租赁登记备案不是房屋租赁合同生效的必备条件,除非双方将租赁登记备案作为合同生效的条件附在租赁合同中。否则,只要房屋租赁合同双方当事人依法签订租赁合同,租赁合同即为有效。

(三)房屋租赁登记备案文件

申请房屋租赁登记备案应当提交下列文件:(1)书面租赁合同;(2)房屋所有权证书;(3)当事人的合法证件;(4)城市人民政府规定的其他文件。出租共有房屋,还须提交其他共有人同意出租的证明。出租委托代管房屋,还须提交委托代管人授权出租的证明。

房屋租赁申请经市、县人民政府房地产管理部门审查合格后,颁发《房屋租赁证》。县人民政府所在地以外的建制镇的房屋租赁申请,可由市、县人民政府房地产管理部门委托的机构审查,并颁发《房屋租赁证》。

四、房屋租赁合同当事人的权利和义务

房屋租赁当事人按照租赁合同的约定和法律规定,享有权利,并承担相

应的义务。

(一)出租人的权利义务

出租人在租赁期限内,确需提前收回房屋时,应当事先商得承租人同意,给承租人造成损失的,应当予以赔偿。出租人应当依照租赁合同约定的期限将房屋交付承租人,不能按期交付的,应当支付违约金,给承租人造成损失的,应当承担赔偿责任。出租住宅用房的自然损坏或合同约定由出租人修缮的,由出租人负责修复。不及时修复,致使房屋发生破坏性事故,造成承租人财产损失或者人身伤害的,应当承担赔偿责任。租用房屋从事生产、经营活动的,修缮责任由双方当事人在租赁合同中约定。

(二)承租人的权利义务

承租人必须按期缴纳租金,违约的,应当支付违约金。承租人应当爱护并合理使用所承租的房屋及附属设施,不得擅自拆改、护建或增添。确需变动的,必须征得出租人的同意,并签订书面合同。因承租人过错造成房屋损坏的,由承租人负责修复或者赔偿。关于拆改、护建或增添的处理,《解释》有如下具体规定:

1. 承租人经出租人同意装饰装修,租赁合同无效时,未形成附合的装饰装修物,出租人同意利用的,可折价归出租人所有;不同意利用的,可由承租人拆除。因拆除造成房屋毁损的,承租人应当恢复原状。已形成附合的装饰装修物,出租人同意利用的,可折价归出租人所有;不同意利用的,由双方各自按照导致合同无效的过错分担现值损失。

2. 承租人经出租人同意装饰装修,租赁期间届满或者合同解除时,除当事人另有约定外,未形成附合的装饰装修物,可由承租人拆除。因拆除造成房屋毁损的,承租人应当恢复原状。

3. 承租人经出租人同意装饰装修,合同解除时,双方对已形成附合的装饰装修物的处理没有约定的,人民法院按照下列情形分别处理:①因出租人违约导致合同解除,承租人请求出租人赔偿剩余租赁期内装饰装修残值损失的,应予支持;②因承租人违约导致合同解除,承租人请求出租人赔偿剩余租赁期内装饰装修残值损失的,不予支持。但出租人同意利用的,应在利用价值范围内予以适当补偿;③因双方违约导致合同解除,剩余租赁期内的装饰装修残值损失,由双方根据各自的过错承担相应的责任;④因不可归责于双方的事由导致合同解除的,剩余租赁期内的装饰装修残值损失,由双方按照公平原则分担。法律另有规定的,适用其规定。

4. 承租人经出租人同意装饰装修,租赁期间届满时,承租人请求出租人补偿附合装饰装修费用的,不予支持。但当事人另有约定的除外。

5. 承租人未经出租人同意装饰装修或者扩建发生的费用,由承租人负担。出租人请求承租人恢复原状或者赔偿损失的,人民法院应予支持。

6. 承租人经出租人同意扩建,但双方对扩建费用的处理没有约定的,人民法院按照下列情形分别处理:①办理合法建设手续的,扩建造价费用由出租人负担;②未办理合法建设手续的,扩建造价费用由双方按照过错分担。

(三)承租人的优先购买权

租赁期限内,房屋出租人转让房屋所有权的,承租人享有优先购买权。同时房屋受让人应当继续履行原租赁合同的规定。《解释》关于承租人优先购买权有以下规定:

1. 租赁房屋在租赁期间发生所有权变动,承租人请求房屋受让人继续履行原租赁合同的,人民法院应予支持。但租赁房屋具有下列情形或者当事人另有约定的除外:(1)房屋在出租前已设立抵押权,因抵押权人实现抵押权发生所有权变动的;(2)房屋在出租前已被人民法院依法查封的。

2. 出租人出卖租赁房屋未在合理期限内通知承租人或者存在其他侵害承租人优先购买权情形,承租人请求出租人承担赔偿责任的,人民法院应予支持。但请求确认出租人与第三人签订的房屋买卖合同无效的,人民法院不予支持。

3. 出租人与抵押权人协议折价、变卖租赁房屋偿还债务,应当在合理期限内通知承租人。承租人请求以同等条件优先购买房屋的,人民法院应予支持。

4. 出租人委托拍卖人拍卖租赁房屋,应当在拍卖5日前通知承租人。承租人未参加拍卖的,人民法院应当认定承租人放弃优先购买权。

5. 具有下列情形之一,承租人主张优先购买房屋的,人民法院不予支持:(1)房屋共有人行使优先购买权的;(2)出租人将房屋出卖给近亲属,包括配偶、父母、子女、兄弟姐妹、祖父母、外祖父母、孙子女、外孙子女的;(3)出租人履行通知义务后,承租人在15日内未明确表示购买的;(4)第三人善意购买租赁房屋并已经办理登记手续的。

（四）划拨土地上的房屋租赁

以营利为目的,房屋所有权人将以划拨方式取得使用权的国有土地上建成的房屋出租的,应当将租金中所含土地收益上缴国家。土地收益的上缴办法,应当按照财政部《关于国有土地使用权有偿使用收入征收管理的暂行办法》和《关于国有土地使用权有偿使用收入若干财政问题的暂行规定》的规定,由市、县人民政府房地产管理部门代收代缴。国务院颁布有新的规定时,从其规定。

五、房屋转租

房屋转租,是指房屋承租人将承租的房屋再出租的行为。房屋转租的法律规则主要有:

1. 承租人在租赁期限内,征得出租人同意,可以将承租房屋的部分或全部转租给他人。房屋转租,应当订立转租合同。转租合同必须经原出租人书面同意,并按依法办理登记备案手续。《解释》第 16 条规定:"出租人知道或者应当知道承租人转租,但在 6 个月内未提出异议,其以承租人未经同意为由请求解除合同或者认定转租合同无效的,人民法院不予支持。因租赁合同产生的纠纷案件,人民法院可以通知次承租人作为第三人参加诉讼"。

2. 房屋转租合同的收益。出租人可以从转租中获得收益。《合同法》第 225 条规定:"在租赁期间因占有、使用租赁物获得的收益,归承租人所有,但当事人另有约定的除外"。

3. 房屋转租合同期限。转租合同的终止日期不得超过原租赁合同规定的终止日期,但出租人与转租双方协商约定的除外。《解释》第 15 条规定:"承租人经出租人同意将租赁房屋转租给第三人时,转租期限超过承租人剩余租赁期限的,人民法院应当认定超过部分的约定无效。但出租人与承租人另有约定的除外"。

4. 房屋转租合同的变更、解除或者终止。转租合同生效后,转租人享有并承担转租合同规定的出租人的权利和义务,并且应当履行原租赁合同规定的承租人的义务,但出租人与转租双方另有约定的除外。转租期间,原租赁合同变更、解除或者终止,转租合同也随之相应的变更、解除或者终止。

第五节　廉租住房及其他住房保障法律规则

一、廉租住房法律规则

（一）廉租住房的概念与特点

1. 廉租住房的概念

廉租住房是指政府和单位在住房领域实施社会保障职能,向具有城镇常住居民户口的最低收入家庭提供的租金相对低廉的普通住房。城镇最低收入家庭的认定标准由市、县人民政府制定。

2. 廉租住房制度的特征

廉租房制度是为了解决部分居民住房支付能力的不足,由政府承担住房市场费用与居民支付能力之间差异的一种法律制度,具有以下特征①:（1）福利性。廉租房是社会成员由于各种原因陷入住房困难或无法享受其权益时,由政府按法定的程序和标准向其提供货币补贴、实物配租等援助。（2）保障性。廉租住房制度是住房保障的核心内容之一,是政府行使社会保障职能的具体体现。（3）公益性。廉租住房可以让城镇最低收入家庭获得生存空间,有家可归,提高城镇居民整体居住水平,提升城市形象,具有较强的公益性。

3. 廉租房与经济适用房的区别

廉租房与经济适用房的区别主要表现是:（1）两者的保障对象不同。按照政策规定,廉租住房的保障对象是城市最低收入家庭,经济适用房的保障对象为城市中低收入住房困难家庭。（2）两者的消费方式不同。廉租住房只出租,不出售;经济适用房主要用来出售,或者在租赁满一定期限的前提下出售。（3）两者的保障方式不同。廉租住房保障方式实行货币补贴和实物配租等相结合。货币补贴是指县级以上地方人民政府向申请廉租住房保障的城市低收入住房困难家庭发放租赁住房补贴,由其自行承租住房。实物配租是指县级以上地方人民政府向申请廉租住房保障的城市低收入住房困难家庭提供住房,并按照规定标准收取租金。经济适用住房保障方式是政府提供政策优惠,如土地划拨。

---

① 符启林著:《房地产法》,法律出版社 2009 年版,第 373 页。

（二）我国廉租住房制度的发展历程

1994 年和 1998 年，国务院发布了《关于深化城镇住房制度改革的决定》和《关于进一步深化城镇住房制度改革加快住房建设的通知》，标志着我国城镇住房改革的开始和住房保障制度的建立。目前我国的住房保障制度的建设进展相对滞后，面临着一系列的问题，这与我国住房保障法律制度的缺位不无关系。建设部 1999 年 4 月 22 日发布的《城镇廉租住房管理办法》（已废止），初步确立了廉租住房的基本框架。2003 年，《国务院关于促进房地产市场持续健康发展的通知》中，提出要强化政府住房保障职能，形成以财政预算为主，稳定规范的住房保障资金来源。同年 12 月 31 日，建设部会同有关部门联合发布了《城镇最低收入家庭廉租住房管理办法》（已废止）。2005 年，《国务院办公厅转发关于建设部等部门关于做好稳定住房价格工作意见的通知》，提出城镇廉租住房制度建设情况要纳入对地方政府工作的目标责任制管理，初步建立了廉租住房推进机制。此后，建设部又完善了城镇廉租住房租金管理制度，并颁布了城镇最低收入家庭廉租住房申请、审核及退出管理规定。建设部、发展改革委、监察部、民政部、财政部、国土资源部、人民银行、税务总局、统计局联合签署，于 2007 年 11 月 8 日发布了《廉租住房保障办法》（以下简称《办法》），从 2007 年 12 月 1 日起施行。与此同时，北京、上海、天津等各城市人民政府也相应地颁布了廉租住房"管理规定"和"保障办法"等。

（三）廉租住房保障方式

廉租住房保障方式实行货币补贴和实物配租等相结合。

1. 货币补贴。货币补贴是指县级以上地方人民政府向申请廉租住房保障的城市低收入住房困难家庭发放租赁住房补贴，由其自行承租住房。

采取货币补贴方式的，补贴额度按照城市低收入住房困难家庭现住房面积与保障面积标准的差额、每平方米租赁住房补贴标准确定。每平方米租赁住房补贴标准由市、县人民政府根据当地经济发展水平、市场平均租金、城市低收入住房困难家庭的经济承受能力等因素确定。其中对城市居民最低生活保障家庭，可以按照当地市场平均租金确定租赁住房补贴标准；对其他城市低收入住房困难家庭，可以根据收入情况等分类确定租赁住房补贴标准。

新建廉租住房，应当采取配套建设与相对集中建设相结合的方式，主要在经济适用住房、普通商品住房项目中配套建设。新建廉租住房,应当将单套的建筑面积控制在 50 平方米以内,并根据城市低收入住房困难家庭的居住需要,合理确定套型结构。配套建设廉租住房的经济适用住房或者普通商品住房项目,应当在用地规划、国有土地划拨决定书或者国有土地使用权出让合同中,明确配套建设的廉租住房总建筑面积、套数、布局、套型以及建成后的移交或回购等事项。

2. 实物配租。实物配租是指县级以上地方人民政府向申请廉租住房保障的城市低收入住房困难家庭提供住房,并按照规定标准收取租金。实施廉租住房保障,主要通过发放租赁补贴,增强城市低收入住房困难家庭承租住房的能力。廉租住房紧缺的城市,应当通过新建和收购等方式,增加廉租住房实物配租的房源。

市、县人民政府应当根据当地家庭平均住房水平、财政承受能力以及城市低收入住房困难家庭的人口数量、结构等因素,以户为单位确定廉租住房保障面积标准。

采取实物配租方式的,配租面积为城市低收入住房困难家庭现住房面积与保障面积标准的差额。实物配租的住房租金标准实行政府定价。实物配租住房的租金,按照配租面积和市、县人民政府规定的租金标准确定。有条件的地区,对城市居民最低生活保障家庭,可以免收实物配租住房中住房保障面积标准内的租金。

(四)保障资金及房屋来源

1. 采取多种渠道筹措资金

廉租住房保障资金来源包括:年度财政预算安排的廉租住房保障资金;提取贷款风险准备金和管理费用后的住房公积金增值收益余额;土地出让净收益中安排的廉租住房保障资金;政府的廉租住房租金收入;社会捐赠及其他方式筹集的资金。

提取贷款风险准备金和管理费用后的住房公积金增值收益余额,应当全部用于廉租住房建设。土地出让净收益用于廉租住房保障资金的比例,不得低于 10%。政府的廉租住房租金收入应当按照国家财政预算支出和财务制度的有关规定,实行收支两条线管理,专项用于廉租住房的维护和管理。对中西部财政困难地区,按照中央预算内投资补助和中央财政廉租住房保障专项补助资金的有关规定给予支持。

2. 廉租住房来源

实物配租的廉租住房来源主要包括:政府新建、收购的住房;腾退的公有住房;社会捐赠的住房;其他渠道筹集的住房。

廉租住房建设用地,应当在土地供应计划中优先安排,并在申报年度用地指标时单独列出,采取划拨方式,保证供应。廉租住房建设用地的规划布局,应当考虑城市低收入住房困难家庭居住和就业的便利。廉租住房建设应当坚持经济、适用原则,提高规划设计水平,满足基本使用功能,应当按照发展节能省地环保型住宅的要求,推广新材料、新技术、新工艺。廉租住房应当符合国家质量安全标准。

廉租住房建设免征行政事业性收费和政府性基金。鼓励社会捐赠住房作为廉租住房房源或捐赠用于廉租住房的资金。政府或经政府认定的单位新建、购买、改建住房作为廉租住房,社会捐赠廉租住房房源、资金,按照国家规定的有关税收政策执行。

(五)廉租住房申请与核准

1. 廉租住房申请。申请廉租住房保障,应当提供下列材料:(1)家庭收入情况的证明材料;(2)家庭住房状况的证明材料;(3)家庭成员身份证和户口簿;(4)市、县人民政府规定的其他证明材料。

2. 廉租住房审核程序。申请廉租住房保障,按照下列程序办理:(1)申请廉租住房保障的家庭,应当由户主向户口所在地街道办事处或者镇人民政府提出书面申请;(2)街道办事处或者镇人民政府应当自受理申请之日起 30 日内,就申请人的家庭收入、家庭住房状况是否符合规定条件进行审核,提出初审意见并张榜公布,将初审意见和申请材料一并报送市(区)、县人民政府建设(住房保障)主管部门;(3)建设(住房保障)主管部门应当自收到申请材料之日起 15 日内,就申请人的家庭住房状况是否符合规定条件提出审核意见,并将符合条件的申请人的申请材料转同级民政部门;(4)民政部门应当自收到申请材料之日起 15 日内,就申请人的家庭收入是否符合规定条件提出审核意见,并反馈同级建设(住房保障)主管部门;(5)经审核,家庭收入、家庭住房状况符合规定条件的,由建设(住房保障)主管部门予以公示,公示期限为 15 日;对经公示无异议或者异议不成立的,作为廉租住房保障对象予以登记,书面通知申请人,并向社会公开登记结果。经审核,不符合规定条件的,建设(住房保障)主管部门应当书面通知申请人,说明理由。申请人对审核结果有异议的,可以向建设(住房保障)主管部门申诉。

3. 轮候配租。建设(住房保障)主管部门应当综合考虑登记的城市低收入住房困难家庭的收入水平、住房困难程度和申请顺序以及个人申请的保障方式等,确定相应的保障方式及轮候顺序,并向社会公开。对已经登记为廉租住房保障对象的城市居民最低生活保障家庭,凡申请租赁住房货币补贴的,要优先安排发放补贴,基本做到应保尽保。实物配租应当优先面向已经登记为廉租住房保障对象的孤、老、病、残等特殊困难家庭,城市居民最低生活保障家庭以及其他急需救助的家庭。对轮候到位的城市低收入住房困难家庭,建设(住房保障)主管部门或者具体实施机构应当按照已确定的保障方式,与其签订租赁住房补贴协议或者廉租住房租赁合同,予以发放租赁住房补贴或者配租廉租住房。发放租赁住房补贴和配租廉租住房的结果,应当予以公布。

4. 租赁住房补贴协议。租赁住房补贴协议应当明确租赁住房补贴额度、停止发放租赁住房补贴的情形等内容。廉租住房租赁合同应当明确下列内容:(1)房屋的位置、朝向、面积、结构、附属设施和设备状况;(2)租金及其支付方式;(3)房屋用途和使用要求;(4)租赁期限;(5)房屋维修责任;(6)停止实物配租的情形,包括承租人已不符合规定条件的,将所承租的廉租住房转借、转租或者改变用途,无正当理由连续6个月以上未在所承租的廉租住房居住或者未交纳廉租住房租金等;(7)违约责任及争议解决办法,包括退回廉租住房、调整租金、依照有关法律法规规定处理等;(8)其他约定。

(六)廉租住房的监督管理

国务院建设主管部门、省级建设(住房保障)主管部门应当会同有关部门,加强对廉租住房保障工作的监督检查,并公布监督检查结果。市、县人民政府应当定期向社会公布城市低收入住房困难家庭廉租住房保障情况。市(区)、县人民政府建设(住房保障)主管部门应当按户建立廉租住房档案,并采取定期走访、抽查等方式,及时掌握城市低收入住房困难家庭的人口、收入及住房变动等有关情况。

已领取租赁住房补贴或者配租廉租住房的城市低收入住房困难家庭,应当按年度向所在地街道办事处或者镇人民政府如实申报家庭人口、收入及住房等变动情况。街道办事处或者镇人民政府可以对申报情况进行核实、张榜公布,并将申报情况及核实结果报建设(住房保障)主管部门。建设(住房保障)主管部门应当根据城市低收入住房困难家庭人口、收入、住房等变化情况,调整租赁住房补贴额度或实物配租面积、租金等;对不再符合规定条件的,应当停止发放租赁住房补贴,或者由承租人按照合同约定退回廉租住房。

城市低收入住房困难家庭不得将所承租的廉租住房转借、转租或者改变用途。城市低收入住房困难家庭违反前款规定或者有下列行为之一的,应当按照合同约定退回廉租住房:(1)无正当理由连续 6 个月以上未在所承租的廉租住房居住的;(2)无正当理由累计 6 个月以上未交纳廉租住房租金的。

城市低收入住房困难家庭未按照合同约定退回廉租住房的,建设(住房保障)主管部门应当责令其限期退回;逾期未退回的,可以按照合同约定,采取调整租金等方式处理。城市低收入住房困难家庭拒绝接受前款规定的处理方式的,由建设(住房保障)主管部门或者具体实施机构依照有关法律法规规定处理。城市低收入住房困难家庭的收入标准、住房困难标准等以及住房保障面积标准,实行动态管理,由市、县人民政府每年向社会公布一次。

(七)进一步建立健全城市廉租住房制度的新规定

在 2007 年国务院发布的《关于解决城市低收入家庭住房困难的若干意见》中,提出了进一步建立健全城市廉租住房制度的新规定,主要内容如下:

1. 逐步扩大廉租住房制度的保障范围。城市廉租住房制度是解决低收入家庭住房困难的主要途径。2007 年底前,所有设区的城市要对符合规定住房困难条件、申请廉租住房租赁补贴的城市低保家庭基本做到应保尽保;2008 年底前,所有县城要基本做到应保尽保。"十一五"期末,全国廉租住房制度保障范围要由城市最低收入住房困难家庭扩大到低收入住房困难家庭;2008 年底前,东部地区和其他有条件的地区要将保障范围扩大到低收入住房困难家庭。

2. 合理确定廉租住房保障对象和保障标准。廉租住房保障对象的家庭收入标准和住房困难标准,由城市人民政府按照当地统计部门公布的家庭人均可支配收入和人均住房水平的一定比例,结合城市经济发展水平和住房价格水平确定。廉租住房保障面积标准,由城市人民政府根据当地家庭平均住房水平及财政承受能力等因素统筹研究确定。廉租住房保障对象的家庭收入标准、住房困难标准和保障面积标准实行动态管理,由城市人民政府每年向社会公布一次。

3. 健全廉租住房保障方式。城市廉租住房保障实行货币补贴和实物配租等方式相结合,主要通过发放租赁补贴,增强低收入家庭在市场上承租住房的能力。每平方米租赁补贴标准由城市人民政府根据当地经济发展水平、市场平均租金、保障对象的经济承受能力等因素确定。其中,对符合条件的城市低保家庭,可按当地的廉租住房保障面积标准和市场平均租金给予补贴。

4. 多渠道增加廉租住房房源。要采取政府新建、收购、改建以及鼓励社会捐赠等方式增加廉租住房供应。小户型租赁住房短缺和住房租金较高的地方,城市人民政府要加大廉租住房建设力度。新建廉租住房套型建筑面积控制在 50 平方米以内,主要在经济适用住房以及普通商品住房小区中配建,并在用地规划和土地出让条件中明确规定建成后由政府收回或回购;也可以考虑相对集中建设。积极发展住房租赁市场,鼓励房地产开发企业开发建设中小户型住房面向社会出租。

5. 确保廉租住房保障资金来源。地方各级人民政府要根据廉租住房工作的年度计划,切实落实廉租住房保障资金:一是地方财政要将廉租住房保障资金纳入年度预算安排。二是住房公积金增值收益在提取贷款风险准备金和管理费用之后全部用于廉租住房建设。三是土地出让净收益用于廉租住房保障资金的比例不得低于 10% ,各地还可根据实际情况进一步适当提高比例。四是廉租住房租金收入实行收支两条线管理,专项用于廉租住房的维护和管理。对中西部财政困难地区,通过中央预算内投资补助和中央财政廉租住房保障专项补助资金等方式给予支持。

二、其他住房保障法律规则

保障性住房是指政府在对中低收入家庭实行分类保障过程中所提供的限定供应对象、建设标准、销售价格或租金标准,具有社会保障性质的住房。保障性安居工程主要是指城市的廉租住房、城市的经济适用住房,也包括在一些林区、垦区、煤矿职工的棚户区(危旧房)改造、游牧民定居工程①。

住房问题是重要的民生问题。党中央、国务院高度重视解决城市居民住房问题,始终把改善群众居住条件作为城市住房制度改革和房地产业发展的根本目的。20 多年来,我国住房制度改革不断深化,城市住宅建设持续快速发展,城市居民住房条件总体上有了较大改善。但也要看到,城市廉租住房制度建设相对滞后,经济适用住房制度不够完善,政策措施还不配套,部分城市低收入家庭住房还比较困难。《关于解决城市低收入家庭住房困难的若干意见》除了对城市廉租住房提出了建设性意见外,还对其他住房保障措施作了详细的规定,主要内容如下:

(一)明确指导思想、总体要求和基本原则

1. 指导思想。以邓小平理论和"三个代表"重要思想为指导,深入贯彻落实科学发展观,按照全面建设小康社会和构建社会主义和谐社会的目标要求,把解决城市(包括县城,下同)低收入家庭住房困难作为维护群众利益的重要工作和住房制度改革的重要内容,作为政府公共服务的一项重要职责,加快建立健全以廉租住房制度为重点、多渠道解决城市低收入家庭住房困难的政策体系。

2. 总体要求。以城市低收入家庭为对象,进一步建立健全城市廉租住房制度,改进和规范经济适用住房制度,加大棚户区、旧住宅区改造力度,力争到"十一五"期末,使低收入家庭住房条件得到明显改善,农民工等其他城市住房困难群体的居住条件得到逐步改善。

3. 基本原则。解决低收入家庭住房困难,要坚持立足国情,满足基本住房需要;统筹规划,分步解决;政府主导,社会参与;统一政策,因地制宜;省级负总责,市县抓落实。

(二)改进和规范经济适用住房制度

1. 规范经济适用住房供应对象。经济适用住房供应对象为城市低收入住房困难家庭,并与廉租住房保障对象衔接。经济适用住房供应对象的家庭收入标准和住房困难标准,由城市人民政府确定,实行动态管理,每年向社会公布一次。低收入住房困难家庭要求购买经济适用住房的,由该家庭提出申请,有关单位按规定的程序进行审查,对符合标准的,纳入经济适

---

① "保障性住房指的是什么?",资料来源:http://zhidao.baidu.com.

用住房供应对象范围。过去享受过福利分房或购买过经济适用住房的家庭不得再购买经济适用住房。已经购买了经济适用住房的家庭又购买其他住房的,原经济适用住房由政府按规定回购。

2. 合理确定经济适用住房标准。经济适用住房套型标准根据经济发展水平和群众生活水平,建筑面积控制在60平方米左右。各地要根据实际情况,每年安排建设一定规模的经济适用住房。房价较高、住房结构性矛盾突出的城市,要增加经济适用住房供应。

3. 严格经济适用住房上市交易管理。经济适用住房属于政策性住房,购房人拥有有限产权。购买经济适用住房不满5年,不得直接上市交易,购房人因各种原因确需转让经济适用住房的,由政府按照原价格并考虑折旧和物价水平等因素进行回购。购买经济适用住房满5年,购房人可转让经济适用住房,但应按照届时同地段普通商品住房与经济适用住房差价的一定比例向政府交纳土地收益等价款,具体交纳比例由城市人民政府确定,政府可优先回购;购房人向政府交纳土地收益等价款后,也可以取得完全产权。上述规定应在经济适用住房购房合同中予以明确。政府回购的经济适用住房,继续向符合条件的低收入住房困难家庭出售。

4. 加强单位集资合作建房管理。单位集资合作建房只能由距离城区较远的独立工矿企业和住房困难户较多的企业,在符合城市规划前提下,经城市人民政府批准,并利用自用土地组织实施。单位集资合作建房纳入当地经济适用住房供应计划,其建设标准、供应对象、产权关系等均按照经济适用住房的有关规定执行。在优先满足本单位住房困难职工购买基础上房源仍有多余的,由城市人民政府统一向符合经济适用住房购买条件的家庭出售,或以成本价收购后用作廉租住房。各级国家机关一律不得搞单位集资合作建房;任何单位不得新征用或新购买土地搞集资合作建房;单位集资合作建房不得向非经济适用住房供应对象出售。

(三)逐步改善其他住房困难群体的居住条件

1. 加快集中成片棚户区的改造。对集中成片的棚户区,城市人民政府要制定改造计划,因地制宜进行改造。棚户区改造要符合以下要求:困难住户的住房得到妥善解决;住房质量、小区环境、配套设施明显改善;困难家庭的负担控制在合理水平。

2. 积极推进旧住宅区综合整治。对可整治的旧住宅区要力戒大拆大建。要以改善低收入家庭居住环境和保护历史文化街区为宗旨,遵循政府组织、居民参与的原则,积极进行房屋维修养护、配套设施完善、环境整治和建筑节能改造。

3. 多渠道改善农民工居住条件。用工单位要向农民工提供符合基本卫生和安全条件的居住场所。农民工集中的开发区和工业园区,应按照集约用地的原则,集中建设向农民工出租的集体宿舍,但不得按商品住房出售。城中村改造时,要考虑农民工的居住需要,在符合城市规划和土地利用总体规划的前提下,集中建设向农民工出租的集体宿舍。有条件的地方,可比照经济适用住房建设的相关优惠政策,政府引导、市场运作,建设符合农民工特点的住房,以农民工可承受的合理租金向农民工出租。

《关于解决城市低收入家庭住房困难的若干意见》还对明确了完善配套政策和工作机制,如落实解决城市低收入家庭住房困难的经济政策和建房用地、确保住房质量和使用功能、健全工作机制、落实工作责任、加强监督检查、继续抓好国务院关于房地产市场各项调控政策措施的落实等提出了具体的建议。

从 2007 年《关于解决城市低收入家庭住房困难的若干意见》下发起,各地加大了解决城市低收入家庭住房困难工作的力度,通过这几年的努力,在 2005 年抽样统计 1000 万户低收入住房困难家庭当中,到 2008 年底,已经有 253 万户得到了解决,从 2009 年开始,是要解决剩下的 747 万户家庭住房问题。同时,住房和城乡建设部去年会同发展改革委、财政部、农业部、林业局对林区、垦区和煤矿职工居住条件,主要是居住在破旧、简陋和设施不全的棚户区的情况做了调查

2009 年温家宝总理在第十一届全国人民代表大会第二次会议的政府工作报告中,提出促进房地产市场要稳定健康发展。采取更加积极有效的政策措施,稳定市场信心和预期,稳定房地产投资,推动房地产业平稳有序发展。加快落实和完善促进保障性住房建设的政策措施,争取用三年时间,解决 750 万户城市低收入住房困难家庭和 240 万户林区、垦区、煤矿等棚户区居民的住房问题。

2011 年 2 月 24 日,国务院副总理李克强出席全国保障性安居工程工作会议并讲话。他强调,要认真贯彻落实党中央、国务院的决策部署,大规模实施保障性安居工程,加大投入,完善机制,公平分配,保质保量完成今年

开工建设1000万套的任务,努力改善群众住房条件。指出保障性安居工程体系是健全住房制度的重要内容,并提出了完善保障性安居工程体系具体措施:(1)把政府保障和市场供应结合起来,健全住房供应体系。实现广大人民群众住有所居,是构建和完善住房制度的根本目的。(2)以发展公共租赁住房为重点,实施好保障性安居工程。(3)推进棚户区改造,是保障性安居工程的重要任务,并提出了推进保障性安居工程建设的基本思路:一是保障基本需求;二是引导合理消费;三是加大政策支持;四是确保分配公平;五是实现持续运转;六是加强机制建设。每一种思路的推进都有一些具体的措施保驾护航。

中国房地产
法律规则研究

第六章　中国物业管理法律规则

　　本章主要介绍了中国物业管理法律规则。其内容包括业主及业主大会法律规则、前期物业管理法律规则、物业管理服务法律规则、物业的使用与维护法律规则。探讨现行法律规范中关于业主委员会法律地位规定的不足并提出完善建议。

第一节　物业管理法律规则概述

一、物业与物业管理

（一）"物业"一词的由来

　　在我国的房地产市场上有许多外来语，如"物业"、"按揭"、"楼花"等。在这些用语中有些只是在房地产实践中使用，有的被我国接受并通过法律规范加以确认。"物业"一词源于我国香港地区及东南亚，其一般的含义是指已经建成并投入使用的各类房屋以及与其配套的设备、设施和场地等。物业可大可小，一个单元住宅可以是物业，一座大厦也可以作为一项物业，同一建筑物还可按权属的不同分割为若干物业。物业含有多种业态如：办公楼宇、商业大厦、住宅小区、别墅、工业园区、酒店、厂房仓库等多种物业形式。

（二）物业管理

1. 物业管理含义

　　2003 年颁布并于 2007 年修改《物业管理条例》（以下简称"《条例》"）对物业管理所作的定义是"业主通过选聘物业服务企业，由业主和物业管理企业按照物业服务合同约定，对房屋及配套的设施设备和相关场地进行维修、养护、管理，维护相关区域内的环境卫生和秩序的活动"。《条例》所指的物业管理，仅指业主通过选聘物业服务企业对物业进行管理这种方式；其所规范的物业管理活动，也限于业主选聘物业服务企业所进行的物业管理服务活动。业主采用其他方式对建筑物管理服务的活动，《条例》不予规范，而且业主和物业服务企业必须通过订立物业服务合同的方式来明确双方的权利义务关系,物业服务合同是物业管理活动产生的基础。物业管理是房地产综合开发的派生物,它作为房地产市场的消费环节,实质上是房地产综合开发的延续和完善,是一种综合性经营服务方式①。

2. 物业管理的特点

物业管理具有以下特点:第一,物业管理职能的社会化。物业管理的社会化主要指它将分散的社会服务统一起来,在不同程度上或不同方式上,承担着某些社会职能,如消防、绿化、保安、清扫、水电等,业主只需根据物业管理部门批准的收费标准按时交纳物业费,就可获得相应的服务。第二,物业管理组织的专业化。物业管理一般是由专业的物业管理公司,对一定范围内的物业进行统一管理。物业公司通过设置专门的管理机构,配备专业人员,从事相应的管理业务。如配备具有管道、空调、机电设备、消防等专业技术的人员,从事专业化的服务。第三,管理过程的商业化。物业管理公司作为民事法律关系主体参与经营,应获得合理利润,亦即物业管理应实行有偿服务,各项收费按政府规定或市场定价。但是,物业管理商业化的经营目标是保本微利,量出为入,不得牟取高额利润。此外,物业管理公司可根据实际需要,开展多元化、多层次的经营服务,向居民提供尽可能方便的服务,同时推动自身的发展。第四,物业管理形式规范化。这是物业管理走向现代化、科学化的一个显著标志。这不仅指公司的设立必须符合法律规定的程序,而且包括其管理运作必须规范化,如物业的接管(包括竣工验收)要规范,与业主和使用人签订合同要规范,服务收费及岗位职责也要规范。第五,物业管理关系的契约化。契约化是指通过合同和公共契约的方式,来约定物业公司和业主的权利义务,并明确服务项目标的,包括经济利益和标准。这种在市场经济中出现的管理服务型的经济关系是一种合同式的平等关系,它彻底改变了原来房屋管理的行政式管理与被管理的关系。

二、物业管理的分类

(一)根据是否委托专业物业服务企业可分为委托服务型物业管理和自主经营型物业管理

1. 委托服务型物业管理。委托服务型物业管理是指现代物业业主将

---

① 符启林著:《房地产法》,法律出版社 2009 年版,第 315 页。

自己物业委托专业机构进行管理,是典型的物业管理方式。双方通过物业管理合同约定管理服务事项,明确双方权利义务,实现物业所有权与管理权的分离。在实践中,物业开发商作为第一业主,常先行选聘物业服务企业并签订前期物业管理合同;期满后再由全体业主决定续聘或改聘物业服务企业,签订物业管理合同。委托服务型物业管理按委托内容又可分为:(1)管理服务为主的委托管理。业主只将物业的日常管理服务事项委托物业服务企业,而不涉及物业的出租经营,主要适用于业主自有自用的物业,如住宅小区。(2)出租经营与管理服务并重的委托管理。在前述委托内容基础上,业主委托物业服务企业对物业出租经营,授予物业服务企业管理权与经营权,业主通过收取约定收益获得利润,主要适用于经营性物业,如商厦、写字楼等。

2. 自主经营型物业管理。自主经营型物业管理是指物业业主不委托专业机构而由自己直接实施管理,是传统的物业管理方式。自主经营型物业管理中的物业所有权与管理权未实现分离,两权合一,故物业业主即物业经营管理人。自主经营型物业管理体制一般适用于业主单一,物业规模较小的物业管理。自主经营型物业管理根据使用和经营方式与样式可以分为:(1)自有自用型。业主自己占有使用并自行管理自己的物业,其物业所有权由自己开发建设或是购买取得。(2)自有出租型。业主将物业出租交由他人使用,但保留物业的管理权①。

(二)根据业主的数量为标准,物业管理可以分为单一所有权型物业管理与多元所有权型物业管理

1. 单一所有权型物业管理。单一所有权型物业管理是物业的所有权人只有一人,该类型不排除在个别情况下一个所有权人为主的情形。例如,计划体制时期的公房管理,直管公房中可以包含部分代管或托管的房产。该类型的物业管理具有以下特征:(1)基本采取委托或行政授权进行管理。比如,直管公房多由政府主管部门通过行政授权交由各级房产经营单位进行管理,单位房产由其委托给内部组建的有关机构进行管理;(2)物业管理权不仅源于占主导地位的业主,还有非业主的行政授权。比如,公房场合房管所的管理是基于政府的公房管理部门的授权。

---

① 符启林著:《房地产法》,法律出版社 2009 年版,第 315 页。

2. 多元所有权型物业管理。多元所有权型物业管理是物业有多个业主,且任一业主都不能在决策上起支配作用。市场体制下的物业管理多属该种类型。多元所有权型有以下特征:(1)该项物业分属于不同的产权人,且每个产权人所拥有的财产份额都有形成不了权利垄断;(2)物业管理权源于商事委托合同。物业管理的立法大多作出了诸如在业主人住达到一定比例后成立业主委员会,然后由业主委员会来选聘物业管理公司进行管理。目前,有一些先期进入的物业管理属于临时管理,其管理权并非源于业主,在业主人住达到一定比例应由业主重新选定物业公司;(3)物业管理人是物业管理公司。业主委员会以自己的名义将物业委托物业管理公司管理,而作为委托合同另一方的物业管理公司就必须是具备法人资格的企业①。

三、物业管理的内容

物业管理涉及的领域相当广泛,按其服务的性质和提供的方式可分为以下三大类:

(一)公共性管理服务

公共性管理服务是物业管理公司面向所有住宅提供的最基本的管理与服务,业主在享受这些服务时,不需要事先提出或作出某种约定。其具体项目包括:(1)房屋修缮及其管理、装修管理;(2)房屋设备、设施的管理;(3)环境卫生管理;(4)绿化管理;(5)治安管理;(6)消防管理;(7)车辆道路管理;(8)公众代办性质的服务,如为业主和使用人代收代缴水、电、煤气费等。

(二)专项服务

专项服务是物业管理公司事先设立服务项目并公布服务内容和收费标准,当业主及物业使用人需要这种服务时,可以自行选择的服务。其具体内容包括:(1)办各种商业服务项目,如小型商场、美发厅、修理店等;(2)办各种文化、教育、卫生、体育类场所;(3)为服务对象洗、缝制衣物,代购日常日用品,及接送小孩子入托、上学等。

(三)特约服务

特约服务是为满足业主和物业使用人的个别需求,受特别委托而提供

---

① 张忠野、曾大鹏编著:《房地产法学》,格致出版社2010年版,第232页。

的服务,实际上是专项服务的补充和完善。如代购粮、油、煤气、家庭卫生服务等。

四、物业管理的产生与发展

(一)西方国家物业管理的兴起

现代意义的物业管理起源于 19 世纪 60 年代的英国。当时伴随英国的工业革命及工业发展,大量农村人口涌入城市,住房空前紧张,城市原有的房屋设施满足不了陡增的需求,有些房屋开发商相继在城市中修建了大量条件较简陋的简易住房。由于疏于管理,加之条件恶劣,与之相伴出现了拖欠租金和破坏房屋及设施的现象。为维护居住者和业主的权利,19 世纪 80 年代,英国有一位叫 Octavia Hill 的女士对其名下出租的物业制定了一套较为规范的管理办法,要求承租者遵守;作为房东,她也应及时对损坏的设备、设施进行修缮,从而改善了工人们的居住环境,也维护了业主的利益,这就是现代物业管理的起源①。

19 世纪 90 年代,美国等西方国家经济迅速发展,随着科技和建筑技术不断进步,带有电梯的高层建筑出现。此类建筑结构复杂,附属设备较多,而且为多个业主共有,在日常维护中技术性强、管理工作量大,于是开始出现了专业的物业管理机构。1908 年,美国人霍尔特(John Welt)在芝加哥创立了世界上第一个物业管理行业组织"芝加哥建筑物管理人员组织",几年之后美国成立了一个全国性的组织"建筑物业主组织",并在此基础上组建了"建筑物业主与管理人员协会"。后来类似的组织也出现在英国、加拿大、日本等国。由此物业管理兴起并流行于国际,成为现代化城市的朝阳产业②。

(二)我国物业管理的产生和发展

在我国,物业管理是一种新的经济活动类型,是一个与广大人民生活息息相关的新兴的行业。早在 20 世纪 20 年代的上海就出现了专业物业管理的萌芽。20 世纪 70 年代末,以广州为先导,内地借鉴了香港的物业管理经验。1981 年 3 月全国第一家物业管理公司——深圳市物业管理公司经过

---

① 班道明主编:《物业管理概论》,中国林业出版社 2000 年版,第 9 页。
② 林建伟著:《房地产法基本问题》,法律出版社 2006 年版,第 335 页。

注册,正式挂牌营业。进入 20 世纪 90 年代,各地的物业管理事业从无到有、从沿海到内地,如雨后春笋般蓬勃发展。物业管理类型涉及各个领域,形成包括房屋及其附属设备、设施与相关场地的维护、修缮和管理等基本业务、治安、清洁绿化和车辆管理等专项业务、为业主提供工作、生活上便利的各类经营业务等在内的综合性服务体系。它的产生与发展有着深刻的社会基础:一是计划体制下长期实行的国家"统一计划、集中管理"的住房福利配给,随市场经济的确立和发展逐步转变为住房的商品化;二是伴随城镇住房制度改革的深化,财产占有形式发生了重大变化,原来的国家管理与被管理关系也逐渐演变成为社会服务与被服务的关系;三是居民的生活水平不断提高,围绕高值耐用的生活必需资料——住房而展开的各种消费需求(包括住房面积、住房方便性、舒适程度、个性化等方面)都急剧增加,并提出了新的要求[1]。

第二节　业主及业主大会法律规则

一、业主

(一)业主的概念

《条例》第 6 条规定:"房屋的所有权人为业主"。依据《条例》只有依法取得房屋所有权的人才是业主。在司法实践中大量的存在虽然没有取得房屋所有权证,但房屋已经交付买受人,买受人已经实实在在的享受到业主权利的情况,最高人民法院于 2009 年 3 月 23 日由最高人民法院审判委员会第 1464 次会议通过并于 2009 年 10 月 1 日起施行的《关于审理建筑物区分所有权纠纷案件具体应用法律若干问题的解释》(以下简称"《区分所有权解释》")中第 1 条明确规定:"依法登记取得或者根据物权法第二章第三节规定取得建筑物专有部分所有权的人,应当认定为物权法第六章所称的业主。基于与建设单位之间的商品房买卖民事法律行为,已经合法占有建筑物专有部分,但尚未依法办理所有权登记的人,可以认定为物权法第六章所称的业主"。根据《区分所有权解释》关于业主的规定,业主包括以下几种人:(1)依法登记取得房屋所有权的人。(2)根据物权法第二章第三节规定

---

① 林建伟著:《房地产法基本问题》,法律出版社 2006 年版,第 336 页。

取得建筑物专有部分所有权的人。《物权法》第二章第三节规定可认定为业主的情形有如下几种：一是因人民法院、仲裁委员会的法律文书或者人民政府的征收决定等取得所有权的人；二是因继承或者受遗赠取得物权的人；三是因合法建造、拆除房屋等事实行为设立并取得物权的人。

（二）业主的权利

业主享有的权利体现在三个方面，即业主对其专有部分享有所有权，业主对建筑区划内的共有部分享有共有权，以及业主对建筑区划内的共有部分享有共同管理的权利。业主可以自行管理建筑物及其附属设施，也可以委托物业服务机构或者其他管理人管理。业主可以设立业主大会，选举业主委员会，制定或者修改业主会议议事规则和建筑物及其附属设施的管理规约，选举业主委员会和更换业主委员会成员，选聘和解聘物业服务机构或者其他管理人，筹集和使用建筑物及其附属设施的维修资金，改建和重建建筑物及其附属设施等。

根据《条例》第6条第二款规定，业主在物业管理活动中，具体享有下列一些权利：（1）按照物业服务合同的约定，接受物业服务企业提供的服务；（2）提议召开业主大会会议，并就物业管理的有关事项提出建议；（3）提出制定和修改管理规约、业主大会议事规则的建议；（4）参加业主大会会议，行使投票权；（5）选举业主委员会委员，并享有被选举权；（6）监督业主委员会的工作；（7）监督物业服务企业履行物业服务合同；（8）对物业共用部位、共用设施设备和相关场地使用情况享有知情权和监督权；（9）监督物业共用部位、共用设施设备专项维修资金（以下简称"专项维修资金"）的管理和使用；（10）法律、法规规定的其他权利。

（三）业主的义务

依据《条例》第7条，业主在物业管理活动中，履行下列义务：（1）遵守管理规约、业主大会议事规则；（2）遵守物业管理区域内物业共用部位和共用设施设备的使用、公共秩序和环境卫生的维护等方面的规章制度；（3）执行业主大会的决定和业主大会授权业主委员会作出的决定；（4）按照国家有关规定交纳专项维修资金；（5）按时交纳物业服务费用；（6）法律、法规规定的其他义务。

依据《区分所有权解释》，业主还应当承担以下具体义务：

1. 业主不得擅自将住宅改变为经营性用房。业主将住宅改变为经营性用房,未按照物权法第77条的规定经有利害关系的业主同意,有利害关系的业主请求排除妨害、消除危险、恢复原状或者赔偿损失的,人民法院应予支持。将住宅改变为经营性用房的业主以多数有利害关系的业主同意其行为进行抗辩的,人民法院不予支持。业主将住宅改变为经营性用房,本栋建筑物内的其他业主,应当认定为物权法第77条所称"有利害关系的业主"。建筑区划内,本栋建筑物之外的业主,主张与自己有利害关系的,应证明其房屋价值、生活质量受到或者可能受到不利影响。

2. 业主不得有损害他人合法权益的行为。业主或者其他行为人违反法律、法规、国家相关强制性标准、管理规约,或者违反业主大会、业主委员会依法作出的决定,实施下列行为的,可以认定为物权法第83条第二款所称的其他"损害他人合法权益的行为":(1)损害房屋承重结构,损害或者违章使用电力、燃气、消防设施,在建筑物内放置危险、放射性物品等危及建筑物安全或者妨碍建筑物正常使用;(2)违反规定破坏、改变建筑物外墙面的形状、颜色等损害建筑物外观;(3)违反规定进行房屋装饰装修;(4)违章加建、改建,侵占、挖掘公共通道、道路、场地或者其他共有部分。

二、业主大会

(一)业主大会的成立

1. 成立的条件

《条例》第9条规定:一个物业管理区域成立一个业主大会。物业管理区域的划分应当考虑物业的共用设施设备、建筑物规模、社区建设等因素。具体办法由省、自治区、直辖市制定。《业主大会和业主委员会指导规则》(以下简称"《规则》")第7条规定:业主大会根据物业管理区域的划分成立,一个物业管理区域成立一个业主大会。只有一个业主的,或者业主人数较少且经全体业主同意,不成立业主大会的,由业主共同履行业主大会、业主委员会职责。

2. 成立程序

根据《规则》业主大会成立的程序如下:

(1)建设单位报送筹备首次业主大会文件资料

物业管理区域内,已交付的专有部分面积超过建筑物总面积50%时,建设单位应当按照物业所在地的区、县房地产行政主管部门或者街道办事处、乡镇人民政府的要求,及时报送下列筹备首次业主大会会议所需的文件资料:物业管理区域证明;房屋及建筑物面积清册;业主名册;建筑规划总平面图;交付使用共用设施设备的证明;物业服务用房配置证明;其他有关的文件资料。

(2)相关部门组织指导成立首次业主大会筹备组

符合成立业主大会条件的,区、县房地产行政主管部门或者街道办事处、乡镇人民政府应当在收到业主提出筹备业主大会书面申请后 60 日内,负责组织、指导成立首次业主大会会议筹备组。首次业主大会会议筹备组由业主代表、建设单位代表、街道办事处、乡镇人民政府代表和居民委员会代表组成。筹备组成员人数应为单数,其中业主代表人数不低于筹备组总人数的一半,筹备组组长由街道办事处、乡镇人民政府代表担任。筹备组中业主代表的产生,由街道办事处、乡镇人民政府或者居民委员会组织业主推荐。筹备组应当将成员名单以书面形式在物业管理区域内公告。业主对筹备组成员有异议的,由街道办事处、乡镇人民政府协调解决。建设单位和物业服务企业应当配合协助筹备组开展工作。

筹备组应当做好以下筹备工作:确认并公示业主身份、业主人数以及所拥有的专有部分面积;确定首次业主大会会议召开的时间、地点、形式和内容;草拟管理规约、业主大会议事规则;依法确定首次业主大会会议表决规则;制定业主委员会委员候选人产生办法,确定业主委员会委员候选人名单;制定业主委员会选举办法;完成召开首次业主大会会议的其他准备工作。

(3)首次业主大会的召开

筹备组应当自组成之日起 90 日内完成筹备工作,组织召开首次业主大会会议。业主大会自首次业主大会会议表决通过管理规约、业主大会议事规则,并选举产生业主委员会之日起成立。划分为一个物业管理区域的分期开发的建设项目,先期开发部分符合条件的,可以成立业主大会,选举产生业主委员会。首次业主大会会议应当根据分期开发的物业面积和进度等因素,在业主大会议事规则中明确增补业主委员会委员的办法。

(二)业主大会决定职权与职责

下列事项有业主大会决定:(1)制定和修改业主大会议事规则;(2)制

定和修改管理规约;(3)选举业主委员会或者更换业主委员会委员;(4)制定物业服务内容、标准以及物业服务收费方案;(5)选聘和解聘物业服务企业;筹集和使用专项维修资金;(6)改建、重建建筑物及其附属设施;改变共有部分的用途;(7)利用共有部分进行经营以及所得收益的分配与使用;(8)法律法规或者管理规约确定应由业主共同决定的事项。

（三）业主大会会议

1. 业主大会形式

业主大会会议分为定期会议和临时会议。业主大会定期会议应当按照业主大会议事规则的规定由业主委员会组织召开。有下列情况之一的,业主委员会应当及时组织召开业主大会临时会议:(1)经专有部分占建筑物总面积20%以上且占总人数20%以上业主提议的;(2)发生重大事故或者紧急事件需要及时处理的;(3)业主大会议事规则或者管理规约规定的其他情况。业主大会会议可以采用集体讨论的形式,也可以采用书面征求意见的形式;但应当有物业管理区域内专有部分占建筑物总面积过半数的业主且占总人数过半数的业主参加。采用书面征求意见形式的,应当将征求意见书送交每一位业主;无法送达的,应当在物业管理区域内公告。凡需投票表决的,表决意见应由业主本人签名。

2. 业主投票权的行使

根据《区分所有权解释》和《规则》规定,业主大会确定业主投票权数,可以按照下列方法认定专有部分面积和建筑物总面积:(1)专有部分面积按照不动产登记簿记载的面积计算;尚未进行登记的,暂按测绘机构的实测面积计算;尚未进行实测的,暂按房屋买卖合同记载的面积计算;(2)建筑物总面积,按照前项的统计总和计算。业主大会确定业主投票权数,可以按照下列方法认定业主人数和总人数:(1)业主人数,按照专有部分的数量计算,一个专有部分按一人计算。但建设单位尚未出售和虽已出售但尚未交付的部分,以及同一买受人拥有一个以上专有部分的,按一人计算;(2)总人数,按照前项的统计总和计算。

业主大会应当在业主大会议事规则中约定车位、摊位等特定空间是否计入用于确定业主投票权数的专有部分面积。一个专有部分有两个以上所有权人的,应当推选一人行使表决权,但共有人所代表的业主人数为一人。业主为无民事行为能力人或者限制民事行为能力人的,由其法定监护人行使投票权。业主因故不能参加业主大会会议的,可以书面委托代理人参加业主大会会议。未参与表决的业主,其投票权数是否可以计入已表决的多数票,由管理规约或者业主大会议事规则规定。物业管理区域内业主人数较多的,可以幢、单元、楼层为单位,推选一名业主代表参加业主大会会议,推选及表决办法应当在业主大会议事规则中规定。业主可以书面委托的形式,约定由其推选的业主代表在一定期限内代其行使共同管理权,具体委托内容、期限、权限和程序由业主大会议事规则规定。

业主大会会议决定筹集和使用专项维修资金以及改造、重建建筑物及其附属设施的,应当经专有部分占建筑物总面积三分之二以上的业主且占总人数三分之二以上的业主同意;决定本《规则》第17条规定的其他共有和共同管理权利事项的,应当经专有部分占建筑物总面积过半数且占总人数过半数的业主同意。

三、业主委员会

(一)业主委员会的成立

1. 业主委员会的产生

业主委员会由业主大会会议选举产生,由5至11人单数组成。业主委员会委员应当是物业管理区域内的业主,并符合下列条件:(1)具有完全民事行为能力;(2)遵守国家有关法律、法规;(3)遵守业主大会议事规则、管理规约,模范履行业主义务;(4)热心公益事业,责任心强,公正廉洁;(5)具有一定的组织能力;(6)具备必要的工作时间。业主委员会委员实行任期制,每届任期不超过5年,可连选连任,业主委员会委员具有同等表决权。业主委员会应当自选举之日起7日内召开首次会议,推选业主委员会主任和副主任。

2. 业主委员会的备案

业主委员会应当自选举产生之日起30日内,持下列文件向物业所在地的区、县房地产行政主管部门和街道办事处、乡镇人民政府办理备案手续:(1)业主大会成立和业主委员会选举的情况;(2)管理规约;(3)业主大会议事规则;(4)业主大会决定的其他重大事项。业主委员会办理备案手续后,可持备案证明向公安机关申请刻制业主大会印章和业主委员会印章。业主委员会任期内,备案内容发生变更的,业主委员会应当自变更之日起

30 日内将变更内容书面报告备案部门。

3. 业主委员会的职责

业主委员会履行以下职责：(1)执行业主大会的决定和决议；(2)召集业主大会会议,报告物业管理实施情况；(3)与业主大会选聘的物业服务企业签订物业服务合同；(4)及时了解业主、物业使用人的意见和建议,监督和协助物业服务企业履行物业服务合同；(5)监督管理规约的实施；(6)督促业主交纳物业服务费及其他相关费用；(7)组织和监督专项维修资金的筹集和使用；(8)调解业主之间因物业使用、维护和管理产生的纠纷；(9)业主大会赋予的其他职责。

业主委员会应当向业主公布下列情况和资料：(1)管理规约、业主大会议事规则；(2)业主大会和业主委员会的决定；(3)物业服务合同；(4)专项维修资金的筹集、使用情况；(5)物业共有部分的使用和收益情况；(6)占用业主共有的道路或者其他场地用于停放汽车车位的处分情况；(7)业主大会和业主委员会工作经费的收支情况；(8)其他应当向业主公开的情况和资料。

4. 业主大会的召开

业主委员会应当按照业主大会议事规则的规定及业主大会的决定召开会议。经 1/3 以上业主委员会委员的提议,应当在 7 日内召开业主委员会会议。业主委员会会议由主任召集和主持,主任因故不能履行职责,可以委托副主任召集。业主委员会会议应有过半数的委员出席,作出的决定必须经全体委员半数以上同意。业主委员会委员不能委托代理人参加会议。业主委员会应当于会议召开 7 日前,在物业管理区域内公告业主委员会会议的内容和议程,听取业主的意见和建议。业主委员会会议应当制作书面记录并存档,业主委员会会议作出的决定,应当有参会委员的签字确认,并自作出决定之日起 3 日内在物业管理区域内公告。

5. 业主大会的档案、印章与工作经费

业主委员会应当建立工作档案,工作档案包括以下主要内容：(1)业主大会、业主委员会的会议记录；(2)业主大会、业主委员会的决定；(3)业主大会议事规则、管理规约和物业服务合同；(4)业主委员会选举及备案资料；(5)专项维修资金筹集及使用账目；(6)业主及业主代表的名册；(7)业主的意见和建议。

业主委员会应当建立印章管理规定,并指定专人保管印章。使用业主大会印章,应当根据业主大会议事规则的规定或者业主大会会议的决定;使用业主委员会印章,应当根据业主委员会会议的决定。业主大会、业主委员会工作经费由全体业主承担。工作经费可以由业主分摊,也可以从物业共有部分经营所得收益中列支。工作经费的收支情况,应当定期在物业管理区域内公告,接受业主监督。工作经费筹集、管理和使用的具体办法由业主大会决定。

6. 业主委员会委员资格的终止

(1)有下列情况之一的,业主委员会委员资格自行终止:因物业转让、灭失等原因不再是业主的;丧失民事行为能力的;依法被限制人身自由的;法律、法规以及管理规约规定的其他情形。

(2)业主委员会委员有下列情况之一的,由业主委员会1/3以上委员或者持有20%以上投票权数的业主提议,业主大会或者业主委员会根据业主大会的授权,可以决定是否终止其委员资格:以书面方式提出辞职请求的;不履行委员职责的;利用委员资格谋取私利的;拒不履行业主义务的;侵害他人合法权益的;因其他原因不宜担任业主委员会委员的。

业主委员会委员资格终止的,应当自终止之日起3日内将其保管的档案资料、印章及其他属于全体业主所有的财物移交业主委员会。业主委员会任期内,委员出现空缺时,应当及时补足。业主委员会委员候补办法由业主大会决定或者在业主大会议事规则中规定。业主委员会委员人数不足总数的1/2时,应当召开业主大会临时会议,重新选举业主委员会。

业主委员会任期届满前3个月,应当组织召开业主大会会议,进行换届选举,并报告物业所在地的区、县房地产行政主管部门和街道办事处、乡镇人民政府。业主委员会应当自任期届满之日起10日内,将其保管的档案资料、印章及其他属于业主大会所有的财物移交新一届业主委员会。

四、相关部门对业主大会的指导和监督

根据《规则》,物业所在地的区、县房地产行政主管部门和街道办事处、乡镇人民政府对业主大会的指导和监督主要体现在以下方面:

1. 接受投诉。物业所在地的区、县房地产行政主管部门和街道办事

处、乡镇人民政府应当积极开展物业管理政策法规的宣传和教育活动,及时处理业主、业主委员会在物业管理活动中的投诉。

2. 督促建设单位报送筹备资料。已交付使用的专有部分面积超过建筑物总面积 50%,建设单位未按要求报送筹备首次业主大会会议相关文件资料的,物业所在地的区、县房地产行政主管部门或者街道办事处、乡镇人民政府有权责令建设单位限期改正。

3. 指导和监督召开业主大会和业主委员会会议。业主委员会未按业主大会议事规则的规定组织召开业主大会定期会议,或者发生应当召开业主大会临时会议的情况,业主委员会不履行组织召开会议职责的,物业所在地的区、县房地产行政主管部门或者街道办事处、乡镇人民政府可以责令业主委员会限期召开;逾期仍不召开的,可以由物业所在地的居民委员会在街道办事处、乡镇人民政府的指导和监督下组织召开。

按照业主大会议事规则的规定或者 1/3 以上委员提议,应当召开业主委员会会议的,业主委员会主任、副主任无正当理由不召集业主委员会会议的,物业所在地的区、县房地产行政主管部门或者街道办事处、乡镇人民政府可以指定业主委员会其他委员召集业主委员会会议。

召开业主大会会议,物业所在地的区、县房地产行政主管部门和街道办事处、乡镇人民政府应当给予指导和协助。召开业主委员会会议,应当告知相关的居民委员会,并听取居民委员会的建议。在物业管理区域内,业主大会、业主委员会应当积极配合相关居民委员会依法履行自治管理职责,支持居民委员会开展工作,并接受其指导和监督。

4. 监督业主大会印章、业主委员会印章的使用与档案资料的管理。违反业主大会议事规则或者未经业主大会会议和业主委员会会议的决定,擅自使用业主大会印章、业主委员会印章的,物业所在地的街道办事处、乡镇人民政府应当责令限期改正,并通告全体业主;造成经济损失或者不良影响的,应当依法追究责任人的法律责任。

业主委员会委员资格终止,拒不移交所保管的档案资料、印章及其他属于全体业主所有的财物的,其他业主委员会委员可以请求物业所在地的公安机关协助移交。业主委员会任期届满后,拒不移交所保管的档案资料、印章及其他属于全体业主所有的财物的,新一届业主委员会可以请求物业所在地的公安机关协助移交。

5. 组织业主委员会换届选举工作。业主委员会在规定时间内不组织换届选举的,物业所在地的区、县房地产行政主管部门或者街道办事处、乡镇人民政府应当责令其限期组织换届选举;逾期仍不组织的,可以由物业所在地的居民委员会在街道办事处、乡镇人民政府的指导和监督下,组织换届选举工作。因客观原因未能选举产生业主委员会或者业主委员会委员人数不足总数的 1/2 的,新一届业主委员会产生之前,可以由物业所在地的居民委员会在街道办事处、乡镇人民政府的指导和监督下,代行业主委员会的职责。

6. 依法追究违反行为人的法律责任。业主大会、业主委员会作出的决定违反法律法规的,物业所在地的区、县房地产行政主管部门和街道办事处、乡镇人民政府应当责令限期改正或者撤销其决定,并通告全体业主。业主不得擅自以业主大会或者业主委员会的名义从事活动。业主以业主大会或者业主委员会的名义,从事违反法律、法规的活动,构成犯罪的,依法追究刑事责任;尚不构成犯罪的,依法给予治安管理处罚。

五、关于业主委员会诉讼主体资格的探讨

(一)业主委员会可以依法作为原告

业主委员会作为民事主体或民事诉讼主体法律规定已经十分明确。2003 年 8 月 20 日发布并生效的《最高人民法院关于金湖新村业主委员会是否具备民事诉讼主体资格请示一案的复函》明确批示,根据《中华人民共和国民事诉讼法》第 49 条、最高人民法院《关于适用〈中华人民共和国民事诉讼法〉若干问题的意见》第 40 条的规定,金湖新村业主委员会符合"其他组织"条件,对房地产开发单位未向业主委员会移交住宅区规划图等资料、未提供配套公用设施、公用设施专项费、公共部位维修费及物业管理用房、商业用房的,可以自己名义提起诉讼。

值得注意的是,《最高人民法院关于审理物业管理纠纷案件具体应用法律若干问题的解释》(以下简称"《物业纠纷解释》")第 2 条规定:符合下列情形之一,业主委员会或者业主请求确认合同或者合同相关条款无效的,人民法院应予支持:(1)物业服务企业将物业管理区域内的全部物业管理业务一并委托他人而签订的委托合同;(2)物业管理合同中免除物业服务企业责任、加重业主委员会或者业主责任、排除业主委员会或者业主主要权

利的条款。《物业纠纷解释》第 8 条规定：业主大会按照《物权法》第 76 条规定的程序作出解聘物业服务企业的决定后，业主委员会请求解除物业管理合同的，人民法院应予支持。《物业纠纷解释》第 10 条规定：物业管理合同的权利义务终止后，业主委员会请求物业服务企业退出物业管理区域、移交物业管理用房和相关设施，以及物业管理所必需的相关资料和由其代管的专项维修资金的，人民法院应予支持。这些规定实际上均明确了业主委员会的诉讼主体资格和诉讼权利。该《解释》规定，业主委员会或者业主请求物业服务企业承担继续履行、采取补救措施或者赔偿损失等违约责任的，应予支持。同时，明确规定对物业服务企业提供服务不达标的，业主委员会或业主都可以通过民事诉讼的方式要求物业公司承担相应的责任。这也就意味着，《物业纠纷解释》赋予了业主委员会相应的民事主体资格[①]。

(二)业主委员会能否作为诉讼被告尚无明确依据

按照现行法律规范，业主作为被告法律依据不足。由于业主委员会是业主大会的执行机关，其没有独立的财产，不能独立承担民事责任。因此作为被告不适格。从司法实践看大部分地方法院对业主委员会作为被告的案件不受理。业主委员会代替全体业主以自己名义提起诉讼的，只限制在涉及全体业主公共利益的物业管理纠纷范围内，超出此范围，不能以业主委员会名义代替全体业主起诉；业主委员会一般只能作原告，不能作被告。从法律上讲，业主委员会是有权代表业主大会对外签订合同的，也可以代表业主作出其他民事行为，如果完全剥夺业委会作为被告资格，与业主委员会发生法律关系的相对人的利益可能就无法得到保护。所以业主委员会能否作为诉讼被告要根据具体案情来确定。

第三节　前期物业管理法律规则

一、前期物业管理的概念

(一)前期物业管理的概念

前期物业管理，是指在业主、业主大会选聘物业管理企业之前，由建设

[①]　宋安成著：《业主权利疑难对策》，中国法制出版社 2010 年版，第 48—49 页。

单位选聘物业管理企业实施的物业管理。一般意义上的物业管理,是从住宅小区成立业主委员会选聘物业管理公司后开始,而"前期物业管理"仅存在于业主委员会成立之前。前期物业管理期间,由于业主委员会尚未成立,没有行使选聘物业公司的职权机构,但已有部分业主入住,不能没有物业管理和服务,那只能由开发商选聘物业管理单位,或者就是开发商属下的物业公司来承担物业管理和服务工作。由于实施物业管理的时间越长,其经济效益才越能显示;短期的物业管理,由于开始时得做大量准备,要理顺和协调各种关系,还要在某些方面先投入点资金等,它的效益是出在一段时期以后。所以开发商在选聘物业管理单位时,签约一般都签几年,否则物业公司不大愿意接受短期协议。然而,开发商与物业公司的签约,却无法制约业主、业主委员会成立以后,任何时候解聘物业公司的权利①。

(二)前期物业管理与一般物业管理的区别:

前期物业管理有别于一般意义上的物业管理,主要表现如下:

1. 时间上的差别。我们通常所说的物业管理是业主大会、业主委员会成立之后,由业主大会选聘出物业服务企业后所进行的物业管理;而前期物业管理存在于业主委员会与业主大会选聘的物业服务企业签订物业服务合同之前。

2. 合同主体不同。《条例》第 21 条规定,"在业主、业主大会选聘物业服务企业之前,建设单位选聘物业服务企业的,应当签订书面的前期物业服务合同。"可见,前期物业服务合同是由建设单位与物业服务企业签订的,虽然建设单位不是被服务的主体,但却是合同的一方当事人;通常所说的物业服务合同是由业主委员会与物业服务企业签订的,业主委员会与物业服务企业是合同的双方当事人。

3. 物业服务企业产生的方式不同。《条例》第 24 条规定,"国家提倡建设单位按照房地产开发与物业管理相分离的原则,通过招投标的方式选聘具有相应资质的物业服务企业。住宅物业的建设单位,应当通过招投标的方式选聘具有相应资质的物业服务企业;投标人少于 3 个或者住宅规模较小的,经物业所在地的区、县人民政府房地产行政主管部门批准,可以采用协议方式选聘具有相应资质的物业服务企业。"《前期物业管理招标投标管

---

① 资料来源:http://www.54owner.com.

理暂行办法》第 3 条规定,"住宅及同一物业管理区域内非住宅的建设单位,应当通过招投标的方式选聘具有相应资质的物业管理企业;投标人少于3 个或者住宅规模较小的,经物业所在地的区、县人民政府房地产行政主管部门批准,可以采用协议方式选聘具有相应资质的物业管理企业。国家提倡其他物业的建设单位通过招投标的方式,选聘具有相应资质的物业管理企业。"前期的物业服务企业是由建设单位通过招投标方式或者以协议方式选聘的,旧有的"谁开发、谁管理"即开发商自己成立物业公司实施前期物业管理的做法有违法律规定;而通常所指的物业服务企业是由业主大会选聘的,且是经过专有部分占建筑物总面积过半数的业主且占总人数过半数的业主同意的,业主大会既可以通过招投标方式选聘也可以通过其他方式选聘①。

二、前期物业服务合同与临时管理规约

(一)前期物业服务合同

《条例》第 21 条规定:"在业主、业主大会选聘物业管理企业之前,建设单位选聘物业管理企业的,应当签订书面的前期物业服务合同"。

为了贯彻《物业管理条例》,规范前期物业管理活动,引导前期物业管理活动当事人通过合同明确各自的权利与义务,减少物业管理纠纷,2004年 9 月 6 日建设部制定了《前期物业服务合同(示范文本)》供建设单位与物业管理企业签约参考使用。《前期物业服务合同(示范文本)》内容涉及物业基本情况、服务内容与质量、服务费用、物业的经营与管理、物业的承接验收、物业的使用与维护、专项维修资金、违约责任、其他事项等九个方面。

(二)临时管理规约

1. 临时管理规约制定

物业建成后,业主的入住是一个逐渐的过程,业主大会并不能立即成立。但基于物业的正常使用和已经入住业主共同利益的考虑,便有了制定业主共同遵守准则的需要,否则物业的使用、维护、管理可能处于混乱无序的状态,无法及时有效地建立和谐的生活秩序。因此,业主临时管理规约在物业买受人购买物业时就须存在,这种在业主大会制定业主规约之前存在

① 资料来源:http://www.sohu.com.

的业主公约,称为业主临时管理规约。《条例》第 22 条规定:"建设单位应当在销售物业之前,制定临时管理规约,对有关物业的使用、维护、管理,业主的共同利益,业主应当履行的义务,违反临时管理规约应当承担的责任等事项依法作出约定。建设单位制定的临时管理规约,不得侵害物业买受人的合法权益"。

(1)业主临时规约制定的主体。业主临时规约一般由建设单位在出售物业之前预先制定,建设单位制定的业主临时管理规约毕竟不同于全体业主通过规定程序制定的管理规约,它并不一定能完全体现全体业主的意志,所以这个"业主规约"只是临时存在的,具有过渡性质,因此称为"业主临时管理规约"。在业主大会成立后,业主通过业主大会会议表达自己的意志,决定制定新的业主管理规约,或者修改业主临时规约,当然也可以继续保持业主临时管理规约,但此时的业主临时管理规约经过业主大会的审议通过后,已经转化为正式的管理规约。

(2)业主临时规约制定的时间。建设单位制定业主临时规约的时间应当在物业销售之前。在实践中,建设单位一般将业主临时管理规约作为物业买卖合同的一部分或附件,或者在物业买卖合同中有明确要求物业买受人遵守业主临时管理规约的条款,通过这种方式让物业买受人作出遵守业主临时管理规约的承诺,这在客观上要求业主临时公约应当在物业销售前制定。无论物业的现售还是预售,建设单位都应预先制定业主临时管理规约。

(3)业主临时规约制定的内容。建设单位制定的业主临时管理规约应当包含《条例》第二章第 17 条正式业主管理规约同样的内容,即对有关物业的使用、维护、管理,业主的共同利益,业主应当履行的义务,违反规约应当承担的责任等事项依法作出约定。

(4)业主临时管理规约内容限制。业主临时管理规约由建设单位制定,但由于物业买受人在购房时与建设单位的实力对比中处于劣势,对于业主临时公约的制定缺乏主动参与的机会。建设单位基于对自己有利的动机,往往试图保持对物业一定的控制权,可能会利用制定业主临时规约的机会,在规约中加入不公正的条款,从而损害物业买受人的利益。为了消除业主临时管理规约中可能存在的不公正内容,保障物业买受人的利益,《条例》对业主临时管理规约的内容进行了原则上的限制,即规定建设单位制定的业主临时规约,不得侵害物业买受人的合法权益。

2. 业主管理规约的说明与承诺

《条例》第 23 条规定："建设单位应当在物业销售前将临时管理规约向物业买受人明示，并予以说明。物业买受人在与建设单位签订物业买卖合同时，应当对遵守临时管理规约予以书面承诺"。

首先，建设单位对业主临时管理规约负有说明义务。业主临时管理规约一经签订后便对业主产生约束力，但由于业主临时管理规约的制定权在建设单位手中，建设单位有可能滥用单方制定业主临时管理规约的权利。因此，对建设单位规定了说明的义务，可以防止其利用物业买受人缺少经验和专业知识而拟定不公平条，以维护物业买受人的利益。建设单位制定的业主临时规约，应当在物业销售之前向物业买受人明示，对业主临时管理规约的主要内容，向物业买受人陈述，并就容易导致购房人混淆的地方进行解释说明，以使物业买受人准确理解未来自己的权利与义务。其次，物业买受人对业主临时管理规约承诺的义务。为了进一步强化和保护物业买受人的权益，物业买受人应当对遵守业主临时规约进行承诺。承诺是一个合同法上的概念，是相对于要约而言的，指受要约人做出的接受要约人发出的要约的意思表示。为了避免建设单位和物业买受人对是否已经明示和说明的事实发生争议，减少纠纷，承诺应当采用书面的方式。实践中，通常的做法是建设单位将业主临时规约作为物业买卖合同的附件，或者在物业买卖合同中明确规定要求物业买受人遵守业主临时规约的条款，让物业买受人在物业买卖合同上签字确认。物业买受人签字确认后也就意味着业主临时规约得到物业买受人的接受和认可，从而为物业买受人遵守业主临时规约提供了合理的依据①。

三、前期物业服务企业的选聘

（一）物业服务企业的概念

通常意义的物业管理企业，是指受物业所有人的委托，依据物业管理合委托同，对物业的房屋建筑及共设备、市政公用设施、绿化、卫生、交通、治安和环境容貌等管理项目进行维护、修缮和整治、并向物业所有人和使用人提供综合性有偿服务的企业。2007 年修订的《条例》将"物业管理企业"更改

---

① 资料来源：http://www.ecpmi.org.cn.

为"物业服务企业"。

（二）物业管理企业的选聘

为了规范前期物业管理招标投标活动，保护招标投标当事人的合法权益，促进物业管理市场的公平竞争，《条例》和建设部《前期物业管理招标投标管理暂行办法》均规定，国家提倡建设单位按照房地产开发与物业管理相分离的原则，通过招投标的方式选聘具有相应资质的物业管理企业。住宅物业的建设单位，应当通过招投标的方式选聘具有相应资质的物业管理企业；投标人少于3个或者住宅规模较小的，经物业所在地的区、县人民政府房地产行政主管部门批准，可以采用协议方式选聘具有相应资质的物业管理企业。

在物业管理发展初期，我国对物业管理项目基本上是实行"谁开发、谁管理"的模式，住宅小区的物业由建设单位自建自管。"建"与"管"之间界限模糊，缺乏明确的交接验收手续，遗留的大量问题，导致物业管理企业在承接物业项目后不能正确地处理前期建设和后期维修、养护的关系，容易引发纠纷。招投标制度的推行，增加了前期物业管理的透明性，为物业管理企业创造了公平、公正、公开的市场竞争环境，有利于物业管理行业整体的健康发展。目前我国还不宜采取"一刀切"强制推行招投标制度，现阶段国家还是提倡建设单位按照房地产开发与物业管理相分离的原则，通过招投标的方式选聘物业管理企业。《条例》特别要求，住宅物业的建设单位，应当以招投标的方式选聘物业管理企业。而非住宅物业是否以招投标方式选聘物业管理企业，目前不做强制性要求。

（三）建设单位与物业服务企业的物业交接

建设单位与物业买受人签订的买卖合同应当包含前期物业服务合同约定的内容。前期物业服务合同可以约定期限；但是，期限未满、业主委员会与物业服务企业签订的物业服务合同生效的，前期物业服务合同终止。业主依法享有的物业共用部位、共用设施设备的所有权或者使用权，建设单位不得擅自处分。物业服务企业承接物业时，应当对物业共用部位、共用设施设备进行查验。在办理物业承接验收手续时，建设单位应当向物业管理企业移交下列资料：（1）竣工总平面图，单体建筑、结构、设备竣工图，配套设施、地下管网工程竣工图等竣工验收资料；（2）设施设备的安装、使用和维护保养等技术资料；（3）物业质量保修文件和物业使用说明文件；（4）物业管理所必需的其他资料。物业管理企业应当在前期物业服务合同终止时将上述资料移交给业主委员会。建设单位应当按照规定在物业管理区域内配置必要的物业管理用房。建设单位应当按照国家规定的保修期限和保修范围,承担物业的保修责任。

第四节　物业管理服务法律规则

一、物业服务企业

（一）物业服务企业的概念

物业服务企业,是指依法设立、具有独立法人资格,从事物业管理服务活动的企业。物业服务企业是根据合同接受业主或者业主管理委员会的委托,依照有关法律、法规的规定或合同的约定,对特定区域内的物业实行专业化管理以获取相应报酬的经济实体。物业管理企业与业主的关系,是一种服务与被服务的关系。

从事物业管理活动的企业应当具有独立的法人资格。国家对从事物业管理活动的企业实行资质管理制度。具体办法由国务院建设行政主管部门制定。从事物业管理的人员应当按照国家有关规定,取得职业资格证书。一个物业管理区域由一个物业管理企业实施物业管理。

（二）物业服务企业资质

建设部已于 2004 年 2 月 24 日通过《物业管理企业资质管理办法》（以下简称"《办法》"）,该《办法》自 2004 年 5 月 1 日起施行。2007 年 1 月 30 日建设部通过了《关于修改〈物业管理企业资质管理办法〉的规定》。并将《办法》修改成《物业服务企业资质管理办法》。《办法》将物业服务企业资质等级分为一、二、三级。国务院建设主管部门负责一级物业服务企业资质证书的颁发和管理。省、自治区人民政府建设主管部门负责二级物业服务企业资质证书的颁发和管理,直辖市人民政府房地产主管部门负责二级和三级物业服务企业资质证书的颁发和管理,并接受国务院建设主管部门的指导和监督。设区的市的人民政府房地产主管部门负责三级物业服务企业资质证书的颁发和管理,并接受省、自治区人民政府建设主管部门的指导和监督。

各资质等级物业服务企业的条件如下:

1. 一级资质:(1)注册资本人民币 500 万元以上;(2)物业管理专业人员以及工程、管理、经济等相关专业类的专职管理和技术人员不少于 30 人。其中,具有中级以上职称的人员不少于 20 人,工程、财务等业务负责人具有相应专业中级以上职称;(3)物业管理专业人员按照国家有关规定取得职业资格证书;(4)管理两种类型以上物业,并且管理各类物业的房屋建筑面积分别占下列相应计算基数的百分比之和不低于 100%:多层住宅 200 万平方米;高层住宅 100 万平方米;独立式住宅(别墅)15 万平方米;办公楼、工业厂房及其它物业 50 万平方米。(5)建立并严格执行服务质量、服务收费等企业管理制度和标准,建立企业信用档案系统,有优良的经营管理业绩。

2. 二级资质:(1)注册资本人民币 300 万元以上;(2)物业管理专业人员以及工程、管理、经济等相关专业类的专职管理和技术人员不少于 20 人。其中,具有中级以上职称的人员不少于 10 人,工程、财务等业务负责人具有相应专业中级以上职称;(3)物业管理专业人员按照国家有关规定取得职业资格证书;(4)管理两种类型以上物业,并且管理各类物业的房屋建筑面积分别占下列相应计算基数的百分比之和不低于 100%:多层住宅 100 万平方米;高层住宅 50 万平方米;独立式住宅(别墅)8 万平方米;办公楼、工业厂房及其它物业 20 万平方米。(5)建立并严格执行服务质量、服务收费等企业管理制度和标准,建立企业信用档案系统,有良好的经营管理业绩。

3. 三级资质:(1)注册资本人民币 50 万元以上;(2)物业管理专业人员以及工程、管理、经济等相关专业类的专职管理和技术人员不少于 10 人。其中,具有中级以上职称的人员不少于 5 人,工程、财务等业务负责人具有相应专业中级以上职称;(3)物业管理专业人员按照国家有关规定取得职业资格证书;(4)有委托的物业管理项目;(5)建立并严格执行服务质量、服务收费等企业管理制度和标准,建立企业信用档案系统。新设立的物业服务企业,其资质等级按照最低等级核定,并设一年的暂定期。

(三)物业服务企业的业务范围

一级资质物业服务企业可以承接各种物业管理项目。二级资质物业服务企业可以承接 30 万平方米以下的住宅项目和 8 万平方米以下的非住宅项目的物业管理业务。三级资质物业服务企业可以承接 20 万平方米以下住宅项目和 5 万平方米以下的非住宅项目的物业管理业务。

物业服务企业取得资质证书后,不得降低企业的资质条件,并应当接受资质审批部门的监督检查。资质审批部门应当加强对物业服务企业的监督检查。

二、物业服务合同

（一）物业服务合同概念与特点

物业服务合同,是指物业服务公司接受业主或业主委员会的聘任和委托从事物业管理服务,与业主或业主委员会订立的约定书面协议。物业服务合同属于合同法上的无名合同范畴,物业服务合同和合同法上的委托合同有一定相似之处,但又不同于委托合同:委托合同建立在委托关系之上,委托关系是一种有很强人身关系的合同,是建立在信赖基础之上。但物业服务合同是有期限的,不能随意终止。另外,物业服务合同有特定的财产管理内容;物业服务企业作为服务提供者,具有独立法人资格,以自己的名义从事管理和服务活动;物业服务企业可以将专项服务项目委托给他人完成等。出于这些特殊性的存在,不能将物业服务合同简单地等同于委托合同。

（二）物业服务合同内容

业主委员会应当与业主大会选聘的物业服务企业订立书面的物业服务合同。物业服务合同的内容应当由当事人约定。物业服务合同一般应当具备以下主要内容:(1)物业管理事项,主要包括物业共用部位的维护与管理,物业共用设备设施及其运行的维护和管理,环境卫生、绿化管理服务,物业管理区域内公共秩序、消防、变通等协助管理事项的服务,物业装饰装修管理服务,专项维修资金的代管服务,物业档案资料的管理。(2)服务质量,即对物业服务企业提供的服务在质量上的具体要求。(3)服务费用,目前主要有两种计算方式:一是按照每平方米多少元来计算;二是按照每户多少元来计算。(4)双方的权利义务。(5)专项维修资金的管理和使用。(6)物业管理用房。(7)合同期限,期限条款应当尽量明确、具体,或者明确规定计算期限的方法。(8)违约责任,即物业服务合同当事人一方或者双方不履行合同或者不适当履行合同,依照法律的规定或者按照当事人的约定应当承担的法律责任。此外,物业服务合同一般还应载明双方当事人的基本情况、物业管理区域的范围、合同终止和解除的约定、解决合同争议的方法以及当事人约定的其他事项等内容。

（三）物业服务企业的义务和责任

《条例》第36条规定："物业服务企业应当按照物业服务合同的约定，提供相应的服务。物业服务企业未能履行物业服务合同的约定，导致业主人身、财产安全受到损害的，应当依法承担相应的法律责任"。

首先，物业服务企业应当向业主提供服务。物业管理是服务性行业，物业服务企业是以提供物业服务为对价来获取物业服务费用的；物业服务企业提供的应当是"相应"的服务，而"相应"的判断标准，在于物业服务企业提供的服务是否符合物业服务合同的约定。按照《条例》第35条的规定，物业服务合同的当事人应当就物业服务质量等进行约定。物业服务企业提供的服务应当符合合同的约定，否则将构成违约，并应承担相应的法律责任。

其次，业主人身和财产损害的责任承担。物业服务企业就业主受到的人身和财产损害承担责任有一个前提条件，就是物业服务企业未能履行物业服务合同的约定，即物业服务企业存在违约行为。"未能履行"，包括根本不履行和不完全履行两种情形。依据合同法的规定，物业管理企业根本不履行合同义务和不完全履行合同义务的，均需承担违约责任。

值得注意的是，物业服务企业未能履行物业服务合同中的约定，导致业主人身、财产受到损害的，"依法"承担的是"相应"的法律责任。所谓"依法"，主要是指依照《民法通则》、《合同法》、《刑法》以及《条例》等法律、法规的规定。这些法律法规对承担民事（违约或者侵权）责任、刑事责任、行政责任的条件、方式等有明确规定。所谓"相应"，有两层含义：一是根据不同的情况，承担不同类型的责任。例如，构成违约和侵权的，承担违约和侵权责任；违反行政管理秩序的，承担行政责任；构成犯罪的，承担刑事责任。二是根据物业服务合同的不同约定，承担不同的责任。违约责任是物业服务合同的主要内容之一，物业服务企业不履行物业服务合同义务的，应当按照合同约定承担责任①。

《物业纠纷解释》第3条规定："物业服务企业不履行或者不完全履行物业服务合同约定的或者法律、法规规定以及相关行业规范确定的维修、养护、管理和维护义务，业主请求物业服务企业承担继续履行、采取补救措施

---

① 资料来源：http://www.ecpmi.org.cn.

或者赔偿损失等违约责任的,人民法院应予支持。物业服务企业公开作出的服务承诺及制定的服务细则,应当认定为物业服务合同的组成部分"。

(三)业主入住后物业承接验收和物业资料移交

《条例》第37条规定:"物业服务企业承接物业时,应当与业主委员会办理物业验收手续。业主委员会应当向物业服务企业移交本条例第29条第一款规定的资料"。本条是关于物业管理企业与业主委员会之间物业承接验收和资料移交的规定。对于物业的承接验收,《条例》有三条规定,其中第28条、第20条是物业服务企业与建设单位在前期物业管理活动中的承接验收以及资料移交的规定。物业管理服务承接物业时,应当与业主委员会就物业进行核验。主要是要查清物业的基本状况,了解物业的质量、共用部位和公用设施设备、物业管理用房等情况。关于移交物业资料及《条例》第29条已经有了明确规定的全部资料。

三、物业服务收费

(一)物业服务服务费的概念

物业服务费,是指物业服务单位接受物业产权人、使用人委托对城市住宅小区内的房屋建筑及其设备、公用设施、绿化、卫生、交通、治安和环境容貌等项目开发日常维护、修缮、整治服务及提供其它与居民生活相关的服务所收取的费用。

《条例》第41条规定:"物业服务收费应当遵循合理、公开以及费用与服务水平相适应的原则,区别不同物业的性质和特点,由业主和物业管理企业按照国务院价格主管部门会同国务院建设行政主管部门制定的物业服务收费办法,在物业服务合同中约定"。这是《条例》关于物业服务费用的规定。这条规定有有以下四层含义:第一,物业服务费用应当由业主和物业管理企业协商确定。业主接受物业管理企业提供的物业服务属于一种市场交易行为,具体的服务内容和相应的服务费用应由交易双方协商确定;第二,不同性质和特点的物业,其物业服务费用也应有所不同。物业性质和特点不同,业主对物业服务的需求也会不同。例如,住宅物业和非住宅物业的业主、普通住宅物业与高档住宅物业的业主,对物业管理企业提供的物业服务的内容、质量会有不同的要求,而物业服务费用是与物业服务的内容、质量密切相关的;第三,物业服务收费,应当遵循合理、公开以及费用与服务水平相适应的原则。物业服务费用的确定应当具有合理性,体现物业服务的价值;物业服务收费的项目、标准、程序等应当公开,不能暗箱操作;物业服务收费应当按质论价,质价相符既不能只收费不服务,也不能多收费不服务,也不能多收费少服务;第四,业主和物业管理企业应当按照物业服务收费办法来确定物业服务费用。考虑到目前物业管理市场发育还不完善,完全由市场形成价格的机制没有形成,涉及广大老百姓日常生活的物业服务费用仍需要国家进行必要的指导和规范,对物业管理企业的价格行为也需予以规范和监督。因此,《条例》规定由国务院价格主管部门和国务院建设主管部门制定物业服务收费的具体管理办法,来规范牧业服务收费行为①。

(二)物业服务费用的构成

按照国家发改委、建设部(2003)1864 号文件,住宅小区物业服务费用的构成包括以下部分:(1)管理、服务人员的工资和按规定提取的福利费;(2)公共设施、设备日常运行、维修及保养费;(3)绿化管理费;(4)清洁卫生费;(5)保安费;(6)办公费;(7)物业管理单位固定资产折旧费;(8)法定税费。第 2 项至第 6 项费用支出是指除工资及福利费以外的物资损耗补偿和其它费用开支。

(三)物业服务费的定价

物业服务收费应当遵循合理、公开以及费用与服务水平相适应的原则,区别不同物业的性质和特点,由业主和物业服务企业按照国务院价格主管部门会同国务院建设行政主管部门制定的物业服务收费办法,在物业服务合同中约定。县级以上人民政府价格主管部门会同同级房地产行政主管部门,应当加强对物业服务收费的监督。物业服务企业可以根据业主的委托提供物业服务合同约定以外的服务项目,服务报酬由双方约定。物业管理区域内,供水、供电、供气、供热、通讯、有线电视等单位应当向最终用户收取有关费用。物业服务企业接受委托代收前款费用的,不得向业主收取手续费等额外费用。

(四)物业服务费的收缴

经物价部门核定的或由物业服务单位与小区管理委员会或物业产权人代表、使用人代表协商议定的收费项目、收费标准和收费办法应当在物业管

---

① 资料来源:http://www.ecpmi.org.cn.

理合同中明文约定。物业服务收费实行明码标价,收费项目和标准及收费办法应在经营场所或收费地点公布。

《条例》第42条规定:业主应当根据物业服务合同的约定交纳物业服务费用。业主与物业使用人约定由物业使用人交纳物业服务费用的,从其约定,业主负连带交纳责任。已竣工但尚未出售或者尚未交给物业买受人的物业,物业服务费用由建设单位交纳。

缴纳物业管理服务费是业主法定义务之一,对此《物业纠纷解释》第1条规定:"建设单位依法与物业服务企业签订的前期物业服务合同,以及业主委员会与业主大会依法选聘的物业服务企业签订的物业服务合同,对业主具有约束力。业主以其并非合同当事人为由提出抗辩的,人民法院不予支持";《物业纠纷解释》第6条规定:经书面催交,业主无正当理由拒绝交纳或者在催告的合理期限内仍未交纳物业费,物业服务企业请求业主支付物业费的,人民法院应予支持。物业服务企业已经按照合同约定以及相关规定提供服务,业主仅以未享受或者无需接受相关物业服务为抗辩理由的,人民法院不予支持。《物业纠纷解释》第7条规定:"业主与物业的承租人、借用人或者其他物业使用人约定由物业使用人交纳物业费,物业服务企业请求业主承担连带责任的,人民法院应予支持"。

物业服务单位有下列行为之一者,由政府价格监督检查机关依照国家有关规定予以处罚:(1)越权定价、擅自提高收费标准的;(2)设立收费项目,乱收费用的;(3)不按规定实行明码标价的;(4)提供服务质价不符的;(5)只收费不服务或多收费少服务的;(6)其它违反本办法的行为。《物业服务纠纷解释》第5条规定:"物业服务企业违反物业服务合同约定或者法律、法规、部门规章规定,擅自扩大收费范围、提高收费标准或者重复收费,业主以违规收费为由提出抗辩的,人民法院应予支持。业主请求物业服务企业退还其已收取的违规费用的,人民法院应予支持"。

第五节　物业的使用与维护法律规则

一、物业使用法律规则

关于物业的使用,相关法律规则主要有以下规定:

（一）不得擅自改变公共建筑和共用设施用途

《条例》第50条规定："物业管理区域内按照规划建设的公共建筑和共用设施，不得改变用途。业主依法确需改变公共建筑和共用设施用途的，应当在依法办理有关手续后告知物业服务企业；物业服务企业确需改变公共建筑和共用设施用途的，应当提请业主大会讨论决定同意后，由业主依法办理有关手续"。物业管理区域内公共建筑和共用设施，是满足业主正常的生产、生活需求的，原则上不能改变用途。在特定情况下物业管理区域内按照规划建设的公共建筑和共用设施可以改变用途的，应当遵循相应的程序，即物业服务企业确需时可以提请业主大会启动申请改变程序：业主依法确需改变公共建筑和共用设施用途的，应当在依法办理有关手续后告知物业服务企业；物业服务企业确需改变公共建筑和共用设施用途的，应当提请业主大会讨论决定同意后，由业主依法办理有关手续。

（二）物业管理区域内道路、场地设施维护

《条例》第52条规定："业主、物业服务企业不得擅自占用、挖掘物业管理区域内的道路、场地，损害业主的共同利益。因维修物业或者公共利益，业主确需临时占用、挖掘道路、场地的，应当征得业主委员会和物业服务企业的同意；物业服务企业确需临时占用、挖掘道路、场地的，应当征得业主委员会的同意。业主、物业服务企业应当将临时占用、挖掘的道路、场地，在约定期限内恢复原状"。物业管理区域内道路、场地是不可缺少的共用设施，业主、物业服务企业不得擅自占用、挖掘物业管理区域内的道路、场地，损害业主的共同利益。如果物业管理区域内物业维修、管线检修、道路修整等客观需要或公共利益需要，可以占用、挖掘道路、场地，但是需经业主委员会和物业服务企业同意。业主委员会作为业主大会的执行机构，物业服务企业旨在维护全体业主合法权益，二者应当承担起对业主确需临时占用、挖掘道路、场地行为的监督工作。物业服务企业确需临时占用、挖掘道路、场地的，应当征得业主委员会的同意。业主、物业服务企业应当将临时占用、控掘的道路、场地，在约定期限内恢复原状。

《条例》第52条还规定："供水、供电、供气、供热、通讯、有线电视等单位，应当依法承担物业管理区域内相关管线和设施设备维修、养护的责任。前款规定的单位因维修、养护等需要，临时占用、挖掘道路、场地的，应当及时恢复原状"。供水、供电、供气、供热、通讯、有线电视等单位因维修养护而临时占用、挖掘道路、场地后,应当恢复原状义务的规定。《条例》第53条还对业主装修做了规定:业主需要装饰装修房屋的,应当事先告知物业服务企业。物业服务企业应当将房屋装饰装修中的禁止行为和注意事项告知业主。

二、物业维护法律规则

关于物业维护的相关法律规则主要体现在住房专项维修资金制度中。《条例》第54条规定:"住宅物业、住宅小区内的非住宅物业或者与单幢住宅楼结构相连的非住宅物业的业主,应当按照国家有关规定交纳专项维修资金。专项维修资金属业主所有,专项用于物业保修期满后物业共用部位、共用设施设备的维修和更新、改造,不得挪作他用。专项维修资金收取、使用、管理的办法由国务院建设行政主管部门会同国务院财政部门制定"。根据2007年10月30日建设部与财政部发布《住宅专项维修资金管理办法》(以下简称《办法》),该《办法》规定:本办法所称住宅专项维修资金,是指专项用于住宅共用部位、共用设施设备保修期满后的维修和更新、改造的资金。《办法》对商品住宅、售后公有住房住宅专项维修资金的交存、使用、管理和监督做了详细的规定。

(一)住宅专项维修资金的交存

1. 住宅专项维修资金交存主体

下列物业的业主应当按照《办法》的规定交存住宅专项维修资金:(1)住宅,但一个业主所有且与其他物业不具有共用部位、共用设施设备的除外;(2)住宅小区内的非住宅或者住宅小区外与单幢住宅结构相连的非住宅。物业属于出售公有住房的,售房单位应当按照本办法的规定交存住宅专项维修资金。

2. 住宅专项维修资金交存比例

商品住宅的业主、非住宅的业主按照所拥有物业的建筑面积交存住宅专项维修资金,每平方米建筑面积交存首期住宅专项维修资金的数额为当地住宅建筑安装工程每平方米造价的5%至8%。直辖市、市、县人民政府建设(房地产)主管部门应当根据本地区情况,合理确定、公布每平方米建筑面积交存首期住宅专项维修资金的数额,并适时调整。

3. 住宅专项维修资金管理

从公有住房售房款中提取的住宅专项维修资金属于公有住房售房单位所有。业主大会成立前,商品住宅业主、非住宅业主交存的住宅专项维修资金,由物业所在地直辖市、市、县人民政府建设(房地产)主管部门代管。直辖市、市、县人民政府建设(房地产)主管部门应当委托所在地一家商业银行,作为本行政区域内住宅专项维修资金的专户管理银行,并在专户管理银行开立住宅专项维修资金专户。商品住宅的业主应当在办理房屋入住手续前,将首期住宅专项维修资金存入住宅专项维修资金专户。未按规定交存首期住宅专项维修资金的,开发建设单位或者公有住房售房单位不得将房屋交付购买人。

(二)住宅专项维修资金的使用

1. 住宅专项维修资金使用原则

住宅专项维修资金应当专项用于住宅共用部位、共用设施设备保修期满后的维修和更新、改造,不得挪作他用。住宅专项维修资金的使用,应当遵循方便快捷、公开透明、受益人和负担人相一致的原则。

2. 住宅专项维修资金的分摊

住宅共用部位、共用设施设备的维修和更新、改造费用,按照下列规定分摊:(1)商品住宅之间或者商品住宅与非住宅之间共用部位、共用设施设备的维修和更新、改造费用,由相关业主按照各自拥有物业建筑面积的比例分摊。(2)售后公有住房之间共用部位、共用设施设备的维修和更新、改造费用,由相关业主和公有住房售房单位按照所交存住宅专项维修资金的比例分摊;其中,应由业主承担的,再由相关业主按照各自拥有物业建筑面积的比例分摊。(3)售后公有住房与商品住宅或者非住宅之间共用部位、共用设施设备的维修和更新、改造费用,先按照建筑面积比例分摊到各相关物业。其中,售后公有住房应分摊的费用,再由相关业主和公有住房售房单位按照所交存住宅专项维修资金的比例分摊。(4)住宅共用部位、共用设施设备维修和更新、改造,涉及尚未售出的商品住宅、非住宅或者公有住房的,开发建设单位或公有住房单位应当按照尚未售出商品住宅或者公有住房的建筑面积,分摊维修和更新、改造费用。

3. 住宅专项维修资金的划转

住宅专项维修资金划转业主大会管理前,需要使用住宅专项维修资金的,按照以下程序办理:(1)物业服务企业根据维修和更新、改造项目提出使用建议;没有物业服务企业的,由相关业主提出使用建议;(2)住宅专项维修资金列支范围内专有部分占建筑物总面积2/3以上的业主且占总人数2/3以上的业主讨论通过使用建议;(3)物业服务企业或者相关业主组织实施使用方案;(4)物业服务企业或者相关业主持有关材料,向所在地直辖市、市、县人民政府建设(房地产)主管部门申请列支;其中,动用公有住房住宅专项维修资金的,向负责管理公有住房住宅专项维修资金的部门申请列支;(5)直辖市、市、县人民政府建设(房地产)主管部门或者负责管理公有住房住宅专项维修资金的部门审核同意后,向专户管理银行发出划转住宅专项维修资金的通知;(6)专户管理银行将所需住宅专项维修资金划转至维修单位。

住宅专项维修资金划转业主大会管理后,需要使用住宅专项维修资金的,按照以下程序办理:(1)物业服务企业提出使用方案,使用方案应当包括拟维修和更新、改造的项目、费用预算、列支范围、发生危及房屋安全等紧急情况以及其他需临时使用住宅专项维修资金的情况的处置办法等;(2)业主大会依法通过使用方案;(3)物业服务企业组织实施使用方案;(4)物业服务企业持有关材料向业主委员会提出列支住宅专项维修资金;其中,动用公有住房住宅专项维修资金的,向负责管理公有住房住宅专项维修资金的部门申请列支;(5)业主委员会依据使用方案审核同意,并报直辖市、市、县人民政府建设(房地产)主管部门备案;动用公有住房住宅专项维修资金的,经负责管理公有住房住宅专项维修资金的部门审核同意;直辖市、市、县人民政府建设(房地产)主管部门或者负责管理公有住房住宅专项维修资金的部门发现不符合有关法律、法规、规章和使用方案的,应当责令改正;(6)业主委员会、负责管理公有住房住宅专项维修资金的部门向专户管理银行发出划转住宅专项维修资金的通知;(7)专户管理银行将所需住宅专项维修资金划转至维修单位。

4. 不得从住宅专项维修资金中列支的费用

下列费用不得从住宅专项维修资金中列支:(1)依法应当由建设单位或者施工单位承担的住宅共用部位、共用设施设备维修、更新和改造费用;(2)依法应当由相关单位承担的供水、供电、供气、供热、通讯、有线电视等管线和设施设备的维修、养护费用;(3)应当由当事人承担的因人为损坏住宅共用部位、共用设施设备所需的修复费用;(4)根据物业服务合同约定,应当由物业服务企业承担的住宅共用部位、共用设施设备的维修和养护费用。

5. 住宅专项维修资金的收益

在保证住宅专项维修资金正常使用的前提下,可以按照国家有关规定将住宅专项维修资金用于购买国债。利用住宅专项维修资金购买国债,应当在银行间债券市场或者商业银行柜台市场购买一级市场新发行的国债,并持有到期。利用业主交存的住宅专项维修资金购买国债的,应当经业主大会同意;未成立业主大会的,应当经专有部分占建筑物总面积 2/3 以上的业主且占总人数 2/3 以上业主同意。利用从公有住房售房款中提取的住宅专项维修资金购买国债的,应当根据售房单位的财政隶属关系,报经同级财政部门同意。禁止利用住宅专项维修资金从事国债回购、委托理财业务或者将购买的国债用于质押、抵押等担保行为。下列资金应当转入住宅专项维修资金滚存使用:(1)住宅专项维修资金的存储利息;(2)利用住宅专项维修资金购买国债的增值收益;(3)利用住宅共用部位、共用设施设备进行经营的,业主所得收益,但业主大会另有决定的除外;(4)住宅共用设施设备报废后回收的残值。

第六节　法律责任

一、建设单位的法律责任

(一)建设单位违反规定选聘物业服务企业的法律责任

住宅物业的建设单位未通过招投标的方式选聘物业管理企业或者未经批准,擅自采用协议方式选聘物业管理企业的,由县级以上地方人民政府房地产行政主管部门责令限期改正,给予警告,可以并处 10 万元以下的罚款。

(二)建设单位擅自处分属于业主的物业共用部位、共用设施设备的法律责任

建设单位擅自处分属于业主的物业共用部位、共用设施设备的所有权或者使用权的,由县级以上地方人民政府房地产行政主管部门处 5 万元以上 20 万元以下的罚款;给业主造成损失的,依法承担赔偿责任。

（三）建设单位不移交有关资料的法律责任

违反本条例的规定，不移交有关资料的，由县级以上地方人民政府房地产行政主管部门责令限期改正；逾期仍不移交有关资料的，对建设单位、物业管理企业予以通报，处 1 万元以上 10 万元以下的罚款。

（四）建设单位不按照规定配置必要的物业管理用房的法律责任

建设单位在物业管理区域内不按照规定配置必要的物业管理用房的，由县级以上地方人民政府房地产行政主管部门责令限期改正，给予警告，没收违法所得，并处 10 万元以上 50 万元以下的罚款。

二、物业服务企业的法律责任

（一）物业企业未取得资质证书从事物业管理得法律责任

未取得资质证书从事物业管理的，由县级以上地方人民政府房地产行政主管部门没收违法所得，并处 5 万元以上 20 万元以下的罚款；给业主造成损失的，依法承担赔偿责任。以欺骗手段取得资质证书的，依照相关规定处罚，并由颁发资质证书的部门吊销资质证书。

物业服务企业聘用未取得物业管理职业资格证书的人员从事物业管理活动的，由县级以上地方人民政府房地产行政主管部门责令停止违法行为，处 5 万元以上 10 万元以下的罚款；给业主造成损失的，依法承担赔偿责任。

（二）物业企业擅自转委托物业的法律责任

物业服务企业将一个物业管理区域内的全部物业管理一并委托给他人的，由县级以上地方人民政府房地产行政主管部门责令限期改正，处委托合同价款 30% 以上 50% 以下的罚款；情节严重的，由颁发资质证书的部门吊销资质证书。委托所得收益，用于物业管理区域内物业共用部位、共用设施设备的维修、养护，剩余部分按照业主大会的决定使用；给业主造成损失的，依法承担赔偿责任。

（三）物业企业挪用专项维修资金的法律责任

挪用专项维修资金的，由县级以上地方人民政府房地产行政主管部门追回挪用的专项维修资金，给予警告，没收违法所得，可以并处挪用数额 2 倍以下的罚款；物业管理企业挪用专项维修资金，情节严重的，并由颁发资质证书的部门吊销资质证书；构成犯罪的，依法追究直接负责的主管人员和其他直接责任人员的刑事责任。

（四）物业服务企业擅自改变物业管理用房的用途

未经业主大会同意，物业服务企业擅自改变物业管理用房的用途的，由县级以上地方人民政府房地产行政主管部门责令限期改正，给予警告，并处1万元以上10万元以下的罚款；有收益的，所得收益用于物业管理区域内物业共用部位、共用设施设备的维修、养护，剩余部分按照业主大会的决定使用。

有下列行为之一的，由县级以上地方人民政府房地产行政主管部门责令限期改正，给予警告，并按照本条第二款的规定处以罚款；所得收益，用于物业管理区域内物业共用部位、共用设施设备的维修、养护，剩余部分按照业主大会的决定使用：（1）擅自改变物业管理区域内按照规划建设的公共建筑和共用设施用途的；（2）擅自占用、挖掘物业管理区域内道路、场地，损害业主共同利益的；（3）擅自利用物业共用部位、共用设施设备进行经营的。个人有前款规定行为之一的，处1000元以上1万元以下的罚款；单位有前款规定行为之一的，处5万元以上20万元以下的罚款。

三、业主的法律责任

（一）业主欠缴物业费的法律责任

《条例》第67条规定："违反物业服务合同约定，业主逾期不交纳物业服务费用的，业主委员会应当督促其限期交纳；逾期仍不交纳的，物业管理企业可以向人民法院起诉。"

《物业纠纷解释》第6条规定："经书面催交，业主无正当理由拒绝交纳或者在催告的合理期限内仍未交纳物业费，物业服务企业请求业主支付物业费的，人民法院应予支持。物业服务企业已经按照合同约定以及相关规定提供服务，业主仅以未享受或者无需接受相关物业服务为抗辩理由的，人民法院不予支持"。《物业纠纷解释》第7条还规定："业主与物业的承租人、借用人或者其他物业使用人约定由物业使用人交纳物业费，物业服务企业请求业主承担连带责任的，人民法院应予支持"。

（二）业主以业主大会或者业主委员会的名义违法犯罪的法律责任

业主以业主大会或者业主委员会的名义，从事违反法律、法规的活动，构成犯罪的，依法追究刑事责任；尚不构成犯罪的，依法给予治安管理处罚。违反本条例的规定，国务院建设行政主管部门、县级以上地方人民政府房地产行政主管部门或者其他有关行政管理部门的工作人员利用职务上的便利,收受他人财物或者其他好处,不依法履行监督管理职责,或者发现违法行为不予查处,构成犯罪的,依法追究刑事责任;尚不构成犯罪的,依法给予行政处分。

中国房地产
法律规则研究

第七章 中国农村房地产法律规则

　　本章介绍中国农村房地产法律规则,内容主要涉及农村土地承包法律规则、农村集体建设用地法律规则。具体内容涉及农村土地承包方式以及农村土地承包经营权流转相关问题的探讨,同时对我国现行关于农村宅基地使用权相关法律规则进行剖析,对农村建设用地流转制度的完善有详尽的论述。

第一节　农村土地承包法律规则

一、农村土地承包法律规则概述

（一）农村土地承包法律规则基本概念

1. 农村土地

　　农村土地,是指农民集体所有和国家所有依法由农民集体使用的耕地、林地、草地以及其他依法用于农业的土地。农村土地与农民集体所有的土地不是一个概念,一般所说的农民集体所有的土地是指所有权归农民集体的全部土地,其中主要有农业用地、农村建设用地等。农村土地承包法规定的农村土地,既包括农民集体所有的农业用地,也包括国家所有依法归农民集体使用的农业用地。用于农业的土地,主要有耕地、林地和草地,还有一些其他用于农业的土地,如养殖水面等。此外,还有荒山、荒丘、荒沟、荒滩等"四荒地","四荒地"依法是要用于农业的,也属于农村土地。

2. 农村土地承包法

　　农村土地承包法有广义与狭义两种含义。广义的农村土地承包法是调整和规范农村土地承包关系的法律规范的总称。而狭义的农村土地承包法则是指 2002 年 8 月 29 日第九届全国人民代表大会常务委员会第二十九次会议通过的并于 2003 年 3 月 1 日起施行的《中华人民共和国农村土地承包法》(以下简称"《农村土地承包法》")。《农村土地承包法》是我国第一部以法律形式对土地承包中涉及的重要问题作出全面规定法律规范,对于保障亿万农民的根本权益,促进农业发展,保持农村稳定,具有深远意义。

(二)农村土地承包法律规则的沿革

我国农村集体经济组织实行家庭承包经营为基础、统分结合的双层经营体制,经历了不断完善和发展的过程。

1978年安徽省凤阳县小岗村农民打破土地公有制,在全国率先实行包产到户,成为农村经营体制改革的发端。此后,联产承包责任制在全国农村普遍得到实行,中央多次以1号文件对此予以肯定和规范。1982年中央1号文件指出:"目前实行的各种责任制,包括小段包工定额计酬,专业承包联产计酬,联产到劳,包产到户、到组,包干到户、到组,等等,都是社会主义集体经济的生产责任制。不论采取什么形式,只要群众不要求改变,就不要变动。1984年中央1号文件又规定,土地承包期应在15年以上,生产周期长的带有开发性的项目,如果树、森林、荒山、荒地等,承包期还应更长。1993年又针对第一轮承包期陆续到期的情况,规定承包期再延长30年。

1993年《宪法修正案》第6条将《宪法》第8条第1款修改为:农村中的家庭联产承包为主的责任制和生产、供销、信用、消费等各种形式的合作经济,是社会主义劳动群众集体所有制经济。参加农村集体经济组织的劳动者,有权在法律规定的范围内经营自留地、自留山、家庭副业和饲养自留畜。从而把农村家庭联产承包为主的责任制写入宪法,为建立新的农村经营体制提供了宪法依据。

1995年3月28日国务院《批转农业部关于稳定和完善土地承包关系意见的通知》指出:"以家庭联产承包为主的责任制和统分结合的双层经营体制,是党在农村的一项基本政策和我国农村经济的一项基本制度,必须保持长期稳定,任何时候都不能动摇。要通过强化农业承包合同管理等一系列措施,使农村的土地承包关系真正得到稳定和完善。"

1997年8月27日中共中央办公厅、国务院办公厅《关于进一步稳定和完善农村土地承包关系的通知》提出:以家庭联产承包为主的责任制和统分结合的双层经营体制,是我国农村经济的一项基本制度。稳定土地承包关系,是党的农村政策的核心内容。

1998年10月14日中共中央《关于农业和农村工作若干重大问题的决定》以家庭承包经营取代联产承包责任制,提出"长期稳定以家庭承包经营为基础、统分结合的双层经营体制",要求"坚定不移地贯彻土地承包期再延长三十年不变的政策,同时要抓紧制定确保农村土地承包关系长期稳定的法律法规,赋予农民长期而有保障的土地使用权。"

1999 年《宪法修正案》再次明确规定:"农村集体经济组织实行家庭承包经营为基础、统分结合的双层经营体制。"2002 年 12 月 28 日修订的《农业法》第 5 条第 2 款规定:"国家长期稳定农村以家庭承包经营为基础、统分结合的双层经营体制,发展社会化服务体系,壮大集体经济实力,引导农民走共同富裕的道路。"

以家庭承包经营为基础、统分结合的双层经营体制,是党在农村的基本政策,是对农村生产关系作出的新的调整。实行家庭承包经营,符合生产关系要适应生产力发展要求的规律,使农户获得充分的经营自主权,能够极大地调动农民的积极性,解放和发展农村生产力;符合农业生产自身的特点,可以使农户根据市场、气候、环境和农作物生长情况及时作出决策,保证生产顺利进行,也有利于农户自主安排剩余劳动力和剩余劳动时间,增加收入。这种经营方式,不仅适应以手工劳动为主的传统农业,也能适应采取先进科学技术和生产手段的现代农业,具有广泛的适应性和旺盛的生命力。家庭承包经营是集体经济组织内部的一个经营层次,是双层经营体制的基础,不能把它与集体统一经营割裂开来,要切实保障农户的土地承包经营权、生产自主权和经营收益权,使之成为独立的市场主体。同时,在坚持家庭承包责任制长期稳定的基础上,要不断完善和健全双层经营体制,鼓励和引导集体经济组织逐步壮大经济实力,从而增强集体经济组织为农户提供生产、经营和技术服务的实力。①

(三)农村土地承包法的基本原则

农村土地承包法的基本原则,是指农村土地承包立法、司法以及相关民事活动的基本准则,是农村土地承包法所调整的社会关系的综合反映。农村土地承包法的功能突出表现在它的指导性,它对农村土地承包立法、司法以及相关民事活动都有约束力,且对农村土地承包法的具体法律规范具有

---

① 《〈中华人民共和国物权法〉条文理解与适用》,人民法院出版社 2007 年版,第 371—372 页。

补充作用①。根据《农村土地承包法》的规定，可以将我国农村土地承包法的基本原则概括为：

1. 维护农村土地承包关系长期稳定发展的原则

土地之于农民，是农民生产与发展的最基本的依赖。因此建立稳定、长期的土地承包关系对农民来讲至关重要。为此，《土地管理法》第 14 条规定："农民集体所有的土地由本集体经济组织的成员承包经营，从事种植业、林业、畜牧业、渔业生产。土地承包经营期限为 30 年"；《农村土地承包法》第 20 条规定："耕地的承包期为 30 年。草地的承包期为 30 年至 50 年。林地的承包期为 30 年至 70 年；特殊林木的林地承包期，经国务院林业行政主管部门批准可以延长"。

2. 在男女平等的前提下保护妇女合法权益原则

《农村土地承包法》第 5 条规定："农村集体经济组织成员有权依法承包由本集体经济组织发包的农村土地。任何组织和个人不得剥夺和非法限制农村集体经济组织成员承包土地的权利。"同时在第 6 条则规定："农村土地承包，妇女与男子享有平等的权利。承包中应当保护妇女的合法权益，任何组织和个人不得剥夺、侵害妇女应当享有的土地承包经营权"。

3. 公开、公平、公正及正确处理三者利益关系原则

《农村土地承包法》第 7 条规定："农村土地承包应当坚持公开、公平、公正的原则，正确处理国家、集体、个人三者的利益关系"。农村土地承包坚持"公开、公平、公正"的原则，就是凡是本集体经济组织成员，不分性别、年龄、民族等都一律平等地、不受歧视地享有承包土地的权利，任何组织和个人都不能剥夺和侵害这个权利；同时必须严格依法定程序承包土地，必须保护集体经济组织成员的知情权和参与权，必须坚持民主原则，听取集体经济组织成员的意见，尊重他们的意愿；承包方案确定后，要向本集体经济组织的全体成员公布。同时农村土地承包活动中还要处理好国家、集体和个人三者的利益关系。生产资料社会主义公有制和党在农村的以家庭承包经营为基础，统分结合的，双层经营体制，已经清楚地回答了这个问题。"交够国家的，留够集体的，剩下都是自己的"，这是实践中总结出来的处理国

---

① 刘静等主编：《农村土地承包法原理精要与实务指南》，人民法院出版社 2008 年版，第 13 页。

家、集体和个人利益关系的一种通俗的说法①。

4. 依法、自愿、有偿地进行土地承包经营权流转原则

《农村土地承包法》第 33 条规定:土地承包经营权流转应当坚持"平等协商、自愿、有偿,任何组织和个人不得强迫或者阻碍承包方进行土地承包经营权流转"。土地承包经营权对集体经济组织成员来说,绝不仅仅是一种田面耕种权,集体经济组织成员拥有的土地承包经营权其内涵应十分丰富,《物权法》已经将农村土地承包经营权作为一项重要物权加以认定与保护。要才能切实保护和实现承包方的土地承包经营权。在依法、自愿、有偿的条件下,农村集体经济组织成员对自己的土地承包经营权进行流转,是承包方土地承包经营权的重要的实现方式。

(四)农村土地承包法律规则立法构成

毋庸置疑,"三农"问题一直是党和国家工作重点,至少连续 7 年中共中央一号文件都是关于"三农"问题的。我国农村法制建设已经取得了巨大的成果。仅就农村土地承包,立法已经日趋完善,已经形成了一套成熟的并具有中国特色的农村土地承包法律规则。现行农村土地承包法律规则立法主要内体现在 2002 年通过的《农村土地承包法》、2004 年修正的《土地管理法》、2007 年通过的《物权法》、2005 年通过的《农村土地承包经营权流转管理办法》(以下简称"《流转管理办法》")、2005 年通过的《农村土地承包经营权证管理办法》、2005 年通过的《最高人民法院关于审理涉及农村土地承包纠纷案件适用法律问题的解释》(以下简称"《解释》")、2009 年通过的《农村土地承包经营纠纷调解仲裁法》等。同时中央和地方政府还颁布大量的农村土地承包方面的政策、法规。

二、家庭承包法律规则

(一)家庭承包的含义

《农村土地承包法》将农村土地承包按照承包人不同分为家庭承包和其他承包两种方式。所谓家庭承包,是指农民集体经济组织按照公平分配、人人有份的原则,统一将耕地、林地、草地承包给本集体经济组织农户的一

---

① 张庆华著:《中国土地法操作实务》,法律出版社 2004 年版,第 125 页。

种承包方式①。

家庭承包的主要特点如下:(1)发包方是集体经济组织,承包方是本集体经济组织内部的农户;以户为生产经营单位承包,也就是以一个农户家庭的全体成员作为承包方,与本集体经济组织或者村委会订立一个承包合同,享有合同中约定的权利,承担合同中约定的义务。承包户家庭中的成员死亡,只要这个承包户还有其他人在,承包关系仍不变,由这个承包户中的其他成员继续承包;(2)承包对象具有福利和社会保障功能,主要是耕地、林地和草地;但不限于耕地、林地、草地;(3)集体经济组织根据公平分配和人人有份的原则统一发包;集体经济组织的每个人,不论男女老少,都平均享有承包本农民集体的农村土地的权利,除非他自己放弃这个权利。也就是说,这些农村土地对本集体经济组织的成员来说,是人人有份的,任何组织和个人都无权剥夺他们的承包权;(4)承包期限以及承包双方当事人的权利义务有法律规定。与其他方式承包不同,家庭承包期限以及承包双方当事人的权利义务有法律规定,而其他方式承包相关内容由当事人依法在承包合同中约定。

(二)家庭承包的发包方和承包方及权利和义务

1. 家庭承包发包方

《农村土地承包法》第12条关于家庭承包方式下的发包方是这样规定的:农民集体所有的土地依法属于村农民集体所有的,由村集体经济组织或者村民委员会发包;已经分别属于村内两个以上农村集体经济组织的农民集体所有的,由村内各该农村集体经济组织或者村民小组发包。村集体经济组织或者村民委员会发包的,不得改变村内各集体经济组织农民集体所有的土地的所有权。国家所有依法由农民集体使用的农村土地,由使用该土地的农村集体经济组织、村民委员会或者村民小组发包。

发包方享有下列权利:(1)发包本集体所有的或者国家所有依法由本集体使用的农村土地;(2)监督承包方依照承包合同约定的用途合理利用和保护土地;(3)制止承包方损害承包地和农业资源的行为;(4)法律、行政法规规定的其他权利。发包方承担下列义务:(1)维护承包方的土地承包经营权,不得非法变更、解除承包合同;(2)尊重承包方的生产经营自主权,

---

① 资料来源:http://www.fundfund.cn.

不得干涉承包方依法进行正常的生产经营活动;(3)依照承包合同约定为承包方提供生产、技术、信息等服务;(4)执行县、乡(镇)土地利用总体规划,组织本集体经济组织内的农业基础设施建设;(5)法律、行政法规规定的其他义务。

2. 家庭承包承包方

《农村土地承包法》第 15 条规定:家庭承包的承包方是本集体经济组织的农户。

承包方依法享有的权利有:(1)依法享有承包地使用、收益和土地承包经营权流转的权利,有权自主组织生产经营和处置产品;(2)承包地被依法征用、占用的,有权依法获得相应的补偿;(3)法律、行政法规规定的其他权利。承包方依法承担义务是:(1)维持土地的农业用途,不得用于非农建设;(2)依法保护和合理利用土地,不得给土地造成永久性损害;(3)法律、行政法规规定的其他义务。

(三)承包的原则与程序

1. 承包原则

(1)承包权平等、自愿原则。按照规定统一组织承包时,本集体经济组织成员依法平等地行使承包土地的权利,也可以自愿放弃承包土地的权利。只要是农村集体经济组织中的成员,其对集体土地都享有一定的权益,都有权依法承包由农村集体经济组织发包的土地。任何组织和个人不得剥夺或者非法限制农村集体经济组织成员承包土地的权利。这是土地承包中应当遵循的重要原则。这里的“平等”主要体现在两个方面:一是本集体经济组织的成员都平等地享有承包本集体经济组织土地的权利,无论男女老少、体弱病残。二是本集体经济组织成员在承包过程中都平等地行使承包本集体经济组织土地的权利,发包方应当平等地对待每一个本集体经济组织成员的承包权。

(2)民主协商,公平合理原则。发包方在发包过程中应当与作为承包方的本集体经济组织成员民主协商,应当充分听取和征求本集体经济组织成员的意见,不得搞“暗箱操作”。同时要求本集体经济组织成员之间所承包的土地在“质”和“量”上不能有大的差别,即使有差别,也应当在“公平合理”的范围内。

承包方案依法经本集体经济组织成员的村民会议 2/3 以上成员或者

2/3 以上村民代表的同意。根据《村民委员会组织法》的规定,村民会议由本村 18 周岁以上的村民组成。农村土地承包方案是涉及村民利益的重大事项,原则上应由本集体经济组织 18 周岁以上的村民参加的村民会议讨论通过,而且必须经本集体经济组织村民会议的 2/3 以上成员或 2/3 以上村民代表同意,否则该承包方案不能生效。

（3）承包程序合法原则。承包程序应当符合法律的规定,违反法律规定的承包程序进行的承包是无效的。土地承包应当按照以下程序进行:首先,本集体经济组织成员的村民会议选举产生承包工作小组;其次,承包工作小组依照法律、法规的规定拟订并公布承包方案;第三,依法召开本集体经济组织成员的村民会议,讨论通过承包方案;最后公开组织实施承包方案。

2. 承包程序

为防止农村土地承包过程中的随意性,从程序上确保土地承包的公平、公开、公正,保障农民的土地权益不受侵害,依据《农村土地承包法》的规定土地承包应当依照以下程序进行:

（1）本集体经济组织成员的村民会议选举产生承包工作小组。强调承包小组应当由本集体经济组织成员的村民会议选举产生。选举产生的承包工作小组要能够代表和反映了本集体经济组织成员的意志,可以保证承包过程的公平合理;同时承包小组成员应当是乐于为本集体组织做出奉献的人担当,因为承包工作是一项比较复杂繁重的工作,它涉及土地的丈量、统计、承包方案的拟订等一系列的事项和艰苦的工作。

（2）承包工作小组依照法律、法规的规定拟订并公布承包方案。承包工作小组应当在对本集体经济组织的土地状况进行调查,同时对本集体经济组织的成员承包土地的愿望进行了解,之后拟订承包方案。需要强调的是,承包工作小组应当依照"法律、法规的规定"拟订承包方案,如在拟订承包方案时不得剥夺或非法限制本集体经济组织成员的土地承包经营权,不得歧视妇女等。

（3）依法召开本集体经济组织成员的村民会议,讨论通过承包方案。承包工作小组确定承包方案后,集体经济组织应当依法召开本集体经济组织的村民会议,由村民会议讨论通过承包方案。根据《农村土地承担法》第 18 条第 3 项的规定,承包方案应当按照本法第 12 条的规定,依法经本集体经济组织的村民会议 2/3 以上成员或者 2/3 以上村民代表同意。

（4）公开组织实施承包方案。这一阶段直接关系到承包方案的内容能否落实到实处。承包方案依法经本集体经济组织的村民会议 2/3 以上成员或者 2/3 以上村民代表同意后，农村集体经济组织应当公开组织实施承包方案，将承包方案中的内容落实。

（5）签订承包合同。在签订承包合同过程中需要注意的是在拟订合同条款时应当充分听取承包各方当事人的意见，以充分反映农民和集体经济组织的意志。签订承包合同除了要遵守《农村土地承包法》外，还应遵守《合同法》等相关法律规范的规定。

（四）承包期限和承包合同

1. 承包期限

承包期限是指农村土地承包经营权存续的期间，在这个期间内，承包方享有土地承包经营权，依照法律的规定和合同的约定，行使权利，承担义务。《农村土地承包法》第 20 条规定："耕地的承包期为 30 年。草地的承包期为 30 年至 50 年。林地的承包期为 30 年至 70 年；特殊林木的林地承包期，经国务院林业行政主管部门批准可以延长"。这是承包期限是法定期限。为了稳定既存的农村土地承包关系，防止因本法的实施引发重新承包土地，造成不必要的混乱，更好地维护承包方的合法权益，《农村土地承包法》在第 62 条对这种情况做了特别规定："本法实施前已经按照国家有关农村土地承包的规定承包，包括承包期限长于本法规定的，本法实施后继续有效，不得重新承包土地。"如果承包合同期限短语此期限的，《解释》第 7 条则有这样的规定："承包合同约定或者土地承包经营权证等证书记载的承包期限短于农村土地承包法规定的期限，承包方请求延长的，应予支持"。

2. 土地承包合同

（1）土地承包合同概念

土地承包合同是发包方与承包方之间达成的，关于农村土地承包权利义务关系的协议。

（2）土地承包合同的主要条款

承包合同一般包括以下条款：发包方、承包方的名称，发包方负责人和承包方代表的姓名、住所；承包土地的名称、坐落、面积、质量等级；承包期限和起止日期；承包土地的用途；发包方和承包方的权利和义务；违约责任。

（3）土地承包合同生效与承包权的取得

承包合同自成立之日起生效。承包方自承包合同生效时取得土地承包经营权。县级以上地方人民政府应当向承包方颁发土地承包经营权证或者林权证等证书，并登记造册，确认土地承包经营权。颁发土地承包经营权证或者林权证等证书，除按规定收取证书工本费外，不得收取其他费用。承包合同生效后，发包方不得因承办人或者负责人的变动而变更或者解除，也不得因集体经济组织的分立或者合并而变更或者解除。国家机关及其工作人员不得利用职权干涉农村土地承包或者变更、解除承包合同。

（五）土地承包经营权的保护

关于土地承包经营权的保护，农村土地承包法有以下规定：

1. 承包期内发包方不得收回承包地

《农村土地承包法》第26条规定："承包期内，发包方不得收回承包地。在承包期内，如果承包方全家迁入小城镇落户的，应当按照承包方的意愿，保留其土地承包经营权或者允许其依法进行土地承包经营权流转。如果承包方全家迁入设区的市转为非农业户口的，应当将承包的耕地和草地交回发包方。承包方不交回的，发包方可以收回承包的耕地和草地。承包方交回承包地或者发包方依法收回承包地时，承包方对其在承包地上投入而提高土地生产能力的，有权获得相应的补偿"。根据本条的规定，承包方全家迁入设区的市，转为非农业户口的，应当主动将承包的耕地和草地交回发包方，承包方不交回的，发包方可以收回承包的耕地和草地。交回的耕地和草地，应当用于调整承包土地或者承包给新增人口。还需注意的是承包方应当交回的承包地仅指耕地和草地，并不包括林地。

2. 承包期内发包方不得调整承包地

《农村土地承包法》第27条规定："承包期内，因自然灾害严重毁损承包地等特殊情形对个别农户之间承包的耕地和草地需要适当调整的，必须经本集体经济组织成员的村民会议2/3以上成员或者2/3以上村民代表的同意，并报乡（镇）人民政府和县级人民政府农业等行政主管部门批准。承包合同中约定不得调整的，按照其约定"。根据该条规定，承包地调整是有严格条件和程序的：自然灾害……个别农户……耕地和草地……适当调整……2/3以上同意……乡（镇）人民政府和县级人民政府农业等行政主管部门批准。缺少其中任何环节，"调整"将会因非法而无效。

下列土地应当用于调整承包土地或者承包给新增人口:(1)集体经济组织依法预留的机动地;(2)通过依法开垦等方式增加的;(3)承包方依法、自愿交回的。集体经济组织依法预留的机动地、通过依法开垦等方式增加的土地、承包方依法、自愿交回的土地,应当用于调整承包土地或者承包给新增人口。即在因自然灾害严重毁损承包地等特殊情形需要调整土地时,应当将这些土地用于调整承包地;在因出生、婚嫁、户口迁移等原因新增人口时,应当将这些土地承包给新增人口。之所以这样规定,是考虑到在目前我国农村人多地少,土地是农民基本生活保障的情况下,将集体预留的机动地、经开垦等增加的土地和承包方交回的土地用于调整承包土地或者承包给新增人口,既有利于保持已有承包关系的长期稳定,也有利于解决无地少地农民的土地问题,符合广大农民的根本利益。

3. 承包地的自愿交回

《农村土地承包法》第 29 条规定:"承包期内,承包方可以自愿将承包地交回发包方。承包方自愿交回承包地的,应当提前半年以书面形式通知发包方。承包方在承包期内交回承包地的,在承包期内不得再要求承包土地"。《解释》第 10 条规定:"承包方交回承包地不符合农村土地承包法第 29 条规定程序的,不得认定其为自愿交回"。是否交回承包地,何时交回承包地,是承包方的权利,以承包方自愿为原则。承包方在交回承包地前,应当慎重考虑,只有在有了稳定的非农职业或者稳定的收入来源,确实不再需要依赖土地的情况下,才可以交回承包地。承包方自愿交回承包地的,应当提前半年以书面形式通知发包方。规定通知义务,主要是考虑能够让发包方对交回的土地做出使用上的安排,避免因承包方自愿交回而造成土地闲置[①]。

4. 妇女承包权的特殊保护

《农村土地承包法》第 30 条规定:"承包期内,妇女结婚,在新居住地未取得承包地的,发包方不得收回其原承包地;妇女离婚或者丧偶,仍在原居住地生活或者不在原居住地生活但在新居住地未取得承包地的,发包方不得收回其原承包地"。《妇女权益保障法》第 30 条规定:"农村划分责任田、口粮田等,以及批准宅基地,妇女与男子享有平等权利,不得侵害妇女的合

[①] "中华人民共和国农村土地承包法释义",资源来源:http:www.Chinataiwan.org.

法权益。妇女结婚、离婚后，其责任田、口粮田和宅基地等，应当受到保障。"婚姻法也规定在离婚时，夫或妻在家庭土地承包经营中享有的权益等，应当依法予以保护。作为规范农村土地承包的基本法律，《农村土地承包法》第 6 条明确规定："农村土地承包，妇女与男子享有平等的权利。承包中应当保护妇女的合法权益，任何组织和个人不得剥夺、侵害妇女应当享有的土地承包经营权。"同时，本条对妇女结婚、离婚或者丧偶后土地承包经营权的保护问题，做了具体规定。

5. 承包收益与承包经营权的继承

《农村土地承包法》第 31 条规定："承包人应得的承包收益，依照继承法的规定继承。林地承包的承包人死亡，其继承人可以在承包期内继续承包"。家庭承包的承包方是本集体经济组织的农户，家庭中部分成员死亡的，由于作为承包方的户还存在，因此不发生继承的问题，由家庭中的其他成员继续承包。只有在因承包人死亡，承包经营的家庭消亡，其承包地不允许继承，应当由集体经济组织收回。林地承包的承包人死亡，其继承人可以在承包期内继续承包。"允许林地继承，与规定林地不得收回和调整的原因一致，主要是考虑到林地的承包经营与耕地、草地的承包经营相比有其特殊性。

（六）土地承包经营权的流转

1. 土地承包经营权的流转方式

通过家庭承包取得的土地承包经营权可以依法采取转包、出租、互换、转让或者其他方式流转。《流转管理办法》具体规定了流转方式的含义：

（1）土地承包经营权转让。土地承包经营权转让是指承包方有稳定的非农职业或者有稳定的收入来源，经承包方申请和发包方同意，将部分或全部土地承包经营权让渡给其他从事农业生产经营的农户，由其履行相应土地承包合同的权利和义务。转让后原土地承包关系自行终止，原承包方承包期内的土地承包经营权部分或全部灭失。

（2）土地承包经营权转包。土地承包经营权转包是指承包方将部分或全部土地承包经营权以一定期限转给同一集体经济组织的其他农户从事农业生产经营。转包后原土地承包关系不变，原承包方继续履行原土地承包合同规定的权利和义务。接包方按转包时约定的条件对转包方负责。承包方将土地交他人代耕不足一年的除外。

（3）土地承包经营权互换。土地承包经营权互换是指承包方之间为方便耕作或者各自需要，对属于同一集体经济组织的承包地块进行交换，同时交换相应的土地承包经营权。

（4）土地承包经营权入股。土地承包经营权入股是指实行家庭承包方式的承包方之间为发展农业经济，将土地承包经营权作为股权，自愿联合从事农业合作生产经营；其他承包方式的承包方将土地承包经营权量化为股权，入股组成股份公司或者合作社等，从事农业生产经营。

（5）土地承包经营权出租。土地承包经营权出租是指承包方将部分或全部土地承包经营权以一定期限租赁给他人从事农业生产经营。出租后原土地承包关系不变，原承包方继续履行原土地承包合同规定的权利和义务。承租方按出租时约定的条件对承包方负责。

2. 土地承包经营权流转的原则

土地承包经营权流转应当遵循以下原则：（1）平等协商、自愿、有偿，任何组织和个人不得强迫或者阻碍承包方进行土地承包经营权流转；（2）不得改变土地所有权的性质和土地的农业用途；（3）流转的期限不得超过承包期的剩余期限；（4）受让方须有农业经营能力；（5）在同等条件下，本集体经济组织成员享有优先权。

3. 土地承包经营权流转主体与流转收益

土地承包经营权流转的主体是承包方。承包方有权依法自主决定土地承包经营权是否流转和流转的方式。承包期内，发包方不得单方面解除承包合同，不得假借少数服从多数强迫承包方放弃或者变更土地承包经营权，不得以划分"口粮田"和"责任田"等为由收回承包地搞招标承包，不得将承包地收回抵顶欠款。土地承包经营权流转的转包费、租金、转让费等，应当由当事人双方协商确定。流转的收益归承包方所有，任何组织和个人不得擅自截留、扣缴。

4. 土地承包经营权流转合同与流转程序

土地承包经营权流转合同一般包括以下条款：（1）双方当事人的姓名、住所；（2）流转土地的名称、坐落、面积、质量等级；（3）流转的期限和起止日期；（4）流转土地的用途；（5）双方当事人的权利和义务；（6）流转价款及支付方式；（7）违约责任。

土地承包经营权采取转包、出租、互换、转让或者其他方式流转，当事人双方应当签订书面合同。采取转让方式流转的,应当经发包方同意;采取转包、出租、互换或者其他方式流转的,应当报发包方备案。土地承包经营权流转合同除需经流转双方当事人签字外,采取转让方式流转的,该转让合同应当经发包方同意。发包方不同意,土地承包经营权转让合同不成立。采取转包、出租、互换方式或者其他方式流转的,应当将此类流转合同报发包方备案。不论发包方是否同意,都不影响该流转合同的成立。《解释》第13条规定:"承包方未经发包方同意,采取转让方式流转其土地承包经营权的,转让合同无效。但发包方无法定理由不同意或者拖延表态的除外"。《解释》第14条规定:"承包方依法采取转包、出租、互换或者其他方式流转土地承包经营权,发包方仅以该土地承包经营权流转合同未报其备案为由,请求确认合同无效的,不予支持"。

　　土地承包经营权采取互换、转让方式流转,当事人要求登记的,应当向县级以上地方人民政府申请登记。未经登记,不得对抗善意第三人。承包方可以在一定期限内将部分或者全部土地承包经营权转包或者出租给第三方,承包方与发包方的承包关系不变。承包方将土地交由他人代耕不超过一年的,可以不签订书面合同。承包方之间为方便耕种或者各自需要,可以对属于同一集体经济组织的土地的土地承包经营权进行互换。承包方有稳定的非农职业或者有稳定的收入来源的,经发包方同意,可以将全部或者部分土地承包经营权转让给其他从事农业生产经营的农户,由该农户同发包方确立新的承包关系,原承包方与发包方在该土地上的承包关系即行终止。承包方之间为发展农业经济,可以自愿联合将土地承包经营权入股,从事农业合作生产。承包方对其在承包地上投入而提高土地生产能力的,土地承包经营权依法流转时有权获得相应的补偿。

三、其他方式承包法律规则

（一）其他方式承包含义

1. 其他承包方式的概念

　　其他方式承包相对于家庭承包而言,是指集体经济组织通过招标、拍卖,公开协商等方式,将"四荒地"等承包给本集体经济组织成员或集体经济组织以外的单位和个人的一种承包方式。

2. 其他承包方式的特点

其他方式承包的特点如下:(1)其他方式承包的发包方是集体经济组织,承包方可以是本集体经济组织内部的农户、联户和成员,也可以是经本集体经济组织外的企事业单位和个人;(2)承包对象主要是荒山、荒沟、荒丘、荒滩等,没有福利和社会保障功能;(3)承包方式是招标、拍卖、公开协商等市场化有竞争的方式运作;(4)承包期限以及承包双方当事人的权利义务由承包双方协定。

(二)其他方式承包合同

以其他方式承包农村土地的,应当签订承包合同。当事人的权利和义务、承包期限等,由双方协商确定。以招标、拍卖方式承包的,承包费通过公开竞标、竞价确定;以公开协商等方式承包的,承包费由双方议定。荒山、荒沟、荒丘、荒滩等可以直接通过招标、拍卖、公开协商等方式实行承包经营,也可以将土地承包经营权折股分给本集体经济组织成员后,再实行承包经营或者股份合作经营。承包荒山、荒沟、荒丘、荒滩的,应当遵守有关法律、行政法规的规定,防止水土流失,保护生态环境。

(三)本集体经济组织成员享有优先承包权

以其他方式承包农村土地,在同等条件下,本集体经济组织成员享有优先承包权。发包方将农村土地发包给本集体经济组织以外的单位或者个人承包,应当事先经本集体经济组织成员的村民会议2/3以上成员或者2/3以上村民代表的同意,并报乡(镇)人民政府批准。由本集体经济组织以外的单位或者个人承包的,应当对承包方的资信情况和经营能力进行审查后,再签订承包合同。但《解释》第11条规定优先权的除外情况:"土地承包经营权流转中,本集体经济组织成员在流转价款、流转期限等主要内容相同的条件下主张优先权的,应予支持。但下列情形除外:(1)在书面公示的合理期限内未提出优先权主张的;(2)未经书面公示,在本集体经济组织以外的人开始使用承包地两个月内未提出优先权主张的"。

(四)其他方式承包经营权的流转

《农村土地承包法》第49条规定:"通过招标、拍卖、公开协商等方式承包农村土地,经依法登记取得土地承包经营权证或者林权证等证书的,其土地承包经营权可以依法采取转让、出租、入股、抵押或者其他方式流转"。

"其他方式承包"与"家庭承包"之间有诸多区别,其中对承包经营权流转的规定方面也有显著的不同。主要有以下几个方面①：

1. 流转的客体有一定区别。在家庭承包中，流转的客体一般为耕地、林地和草地的承包经营权。而其他方式的承包，流转的客体一般为"四荒"等土地的承包经营权。

2. 流转的方式有一定区别。家庭承包的流转方式有转包、出租、互换、转让等方式。而其他方式的承包的流转方式有转让、出租、入股、抵押等方式。比如以家庭承包方式获得的土地承包经营权不得抵押，依照我国《担保法》第34条、第37条的规定，耕地、自留地、自留山等集体所有的土地使用权不得抵押，而依法承包的荒山、荒沟、荒丘、荒滩等荒地的土地使用权可以抵押。

3. 流转的前提有一定区别。家庭承包取得了土地承包经营权后，由于已由人民政府发证并登记造册，土地承包经营权得到了确认，因此即已具备流转的权利基础。以招标、拍卖、公开协商等方式取得的土地承包经营权，有的与发包方是债权关系，如承包鱼塘，承包期3年，其间是一种合同关系。而承包"四荒"，由于期限较长，有的达到50年，双方需要建立一种物权关系，因此必须在依法登记，取得土地承包经营权证或者林权证等证书的前提下才能流转。

4. 流转的条件有一定区别。主要体现在：（1）家庭承包中的转包、出租和互换，双方当事人在签订合同后，要报发包方备案；采取转让的流转方式的，转让方应当有稳定的非农职业或者稳定的收入来源，并要经过发包方同意。而其他方式的承包中的流转则无此要求，主要原因是其他方式的承包是通过市场化的行为并支付一定的对价获得的，而家庭承包是通过行使成员权获得的，在我们国家具有社会保障和社会福利性质。（2）家庭承包中接受流转的一方有的须为本集体经济组织的成员，如互换；或者从事农业生产经营的农户，如转让。而在其他方式的承包中则对受让方没有特别限制。接受流转的一方可能是本集体经济组织以外的个人、农业公司或其他组织。

（五）以其他方式取得土地的承包经营权继承

《农村土地承包法》第50条规定："土地承包经营权通过招标、拍卖、公开协商等方式取得的，该承包人死亡，其应得的承包收益，依照继承法的规

---

① "中华人民共和国农村土地承包法释义"，资料来源：http://www.Chinataiwan.org.

定继承;在承包期内,其继承人可以继续承包"。以其他方式取得土地的承包经营权继承与家庭承包方式继承有一定的差别。主要体现在①:(1)在家庭承包的方式中,家庭成员死亡的,不发生土地承包经营权本身的继承问题,而是由这承包户内的其他成员继续承包。而在其他方式的承包中则有所不同。如承包本村荒山的承包人,荒山的经营权可以由其继承人继续承包,如果所有的继承人都不愿意承包经营,还可以将经营权转让,把转让费作为遗产处理。(2)在家庭承包方式中,林地承包的承包人死亡,其继承人可以在承包期内继续承包。本条规定的其他方式的承包的继承与林地承包是相似的,即:以其他方式承包的承包人死亡后,其所承包的"四荒"的经营权在承包期内由继承人继续承包。

第二节　农村集体建设用地法律规则

一、农村集体建设用地法律规则概述

（一）农村集体建设用地使用权概念

"集体建设用地使用权"并非法定用语,因此,在对其下定义之前,必须先分析该词的由来。1986 年的《土地管理法》将建设用地分解为"国家建设用地"和"乡(镇)村建设用地",并规定了不同的审批程序。1998 年修订后的《土地管理法》继续沿用了这种分类办法,对"国家建设用地"和"乡(镇)村建设用地"的用地原则、审批程序和权限、权属登记分别作了不同的规定,如该法第 43 条第 1 款规定:"任何单位和个人进行建设,需要使用土地的,必须依法申请使用国有土地;但是,兴办乡镇企业和村民建设住宅经依法批准使用本集体经济组织农民集体所有的土地的,或者乡(镇)村公共设施和公益事业建设经依法批准使用农民集体所有的土地的除外。"原国家土地管理局根据这种分类办法,在其制订的《确定土地所有权和使用权的若干规定》第 43 条规定:"乡(镇)村办企业事业单位和个人依法使用农民集体土地进行非农业建设的,可依法确定使用者集体土地建设用地使用权……"由于"集体土地建设用地使用权"的表述似嫌烦琐,目前理论界和

---

① "中华人民共和国农村土地承包法释义",资料来源:http://www.Chinatainwan.org.

实务界更多地使用了"集体建设用地使用权"一词①。根据以上分析,笔者认为,集体建设用地使用权是指民事主体以非农业建设为使用目的,依法对集体土地所享有的占有、使用、收益及一定处分的权利。这种权利的客体是农民集体所有的土地,权利的行使是以非农目的方式进行,如建造房屋、修建道路、开办企业②。

(二)集体建设用地使用权的特征

集体建设用地使用权作为与国有土地使用权并称的、相对独立的物权,具有如下法律特征:

1. 集体建设用地使用权是用益物权。集体建设用地使用权是由集体土地所有权派生出的一种用益物权,是一种独立的使用权,该权利自身具有占有、使用、收益和一定处分的内容,具备财产权的特征,区别于土地所有权人基于自己拥有的土地所享有的使用权能。

2. 集体建设用地使用权是一种限制物权。建设用地使用权主体不能任意使用土地,必须严格按照批准的土地用途使用,如依法取得使用权的农村公益事业用地不能用于建设乡镇企业。

3. 集体建设用地使用权的主体具有社区性。现行法律将集体建设用地使用权的主体限定于本社区集体组织的成员或者是集体组织本身,非集体组织成员不能单独成为集体建设用地使用权的主体③。

4. 集体建设用地使用权的种类具有多样性。依照使用目的不同,可将这类使用权细分为不同的种类,每一种类使用权的主体、内容都有所不同④。

(三)集体建设用地使用权的种类

依我国现行《土地管理法》的规定,我国目前集体建设用地使用权主要分为宅基地使用权、乡镇企业建设用地使用权和乡(镇)村公共设施、公益事业用地使用权三种类型。

1. 宅基地使用权。宅基地使用权通常是指农村村民修建住宅所使用

① 林建伟著:《房地产法基本问题》,法律出版社 2006 年版,第 119 页。
② 江平:《中国土地立法研究》,中国政法大学出版社 1999 年版,第 280 页。
③ 林建伟著:《房地产法基本问题》,法律出版社 2006 年版,第 120—121 页。
④ 陈小君《农村土地法律制度研究——田野调查报告》,中国政法大学出版社 2003 年版,第 239—240 页。

的集体土地。包含主要建筑物(居住用房)和附属建筑(如厨房、仓房、厕所、畜舍、沼气池等)以及房屋周围为独家使用的土地。

2. 乡镇企业建设用地使用权。乡镇企业建设用地使用权包括农村集体经济组织投资兴办企业或与其他单位、个人以土地使用权入股、联营等形式共同举办企业所使用的集体土地。乡镇企业涉及行业广泛,大体包括工矿企业、建筑企业、运输业、商业、饮食服务业和部分养殖业等。

3. 乡(镇)村公共设施、公益事业用地使用权。乡(镇)村公共设施用地是指集体投资或集资建设道路、桥梁、供电、供水设施等建设项目所使用的土地;公益事业用地是指乡(镇)、村行政办公、文化科研、医疗卫生、教育设施等用地。

二、宅基地使用权法律规则

(一)宅基地使用权的含义与特点

我国《物权法》规定的宅基地使用权是农村居民因建造自有房屋而对集体所有土地的占有、使用的权利。宅基地使用权主要有以下特点:

第一,宅基地的所有权归集体。《宪法》第10条规定:"城市的土地属于国家所有。农村和城市郊区的土地,除由法律规定属于国家所有的以外,属于集体所有;宅基地和自留地、自留山,也属于集体所有。"因此,宅基地的所有权属性,已经用根本法的形式固定为集体所有。而《土地管理法》第8条第2款规定:"城市的土地属于国家所有。农村和城市郊区的土地,除由法律规定属于国家所有的以外,属于农民集体所有;宅基地和自留地、自留山,属于农民集体所有。"因此宅基地确定为归农民集体所有是现行法律规范的规定。

第二,宅基地使用权的主体是特定的农村居民。宅基地使用权的主体只能是农村集体经济组织的成员,农村集体经济组织以外的人员不能申请并取得宅基地使用权。不仅《宪法》、《物权法》、《土地管理法》等法律规定了宅基地使用权的主体是农村居民,国务院办发布的《关于加强土地转让管理严禁炒卖土地的通知》也明确规定:"农村的住宅不得向城市居民出售。"国务院《关于深化改革严格土地管理的决定》再次强调:"加强农村宅基地管理,禁止城镇居民在农村购置宅基地",通过禁止城镇居民购买取得宅基地并取得宅基地使用权,宅基地使用权的主体限定为农村居民。

第三,宅基地使用权具有福利性。在1990年,国务院批转国家土地管理局关于加强农村宅基地管理工作请示的通知中提出,进行农村宅基地有偿使用试点⋯⋯到了1993年7月,为了减轻农民的负担,中共中央办公厅、国务院办公厅发布的《关于涉及农民负担项目审核处理意见的通知》,取消农村宅基地有偿使用收费和农村宅基地超占费。宅基地通常是与本集体经济组织的成员权是紧密联系在一起的,只有集体经济组织的成员才能享有宅基地的使用权。相关法律规范同时规定,在国家征收宅基地时,应当给予农民适当的经济补助。因此,宅基地使用权具有福利和社会保障功能。

（二）关于宅基地使用权的取得、行使和转让

《物权法》第153条规定:宅基地使用权的取得、行使和转让,适用土地管理法等法律和国家有关规定。关于宅基地使用权的取得、行使和转让,物权法未作具体规定,而是规定适用《土地管理法》等法律和国家有关规定,而目前除物权法外,只有《土地管理法》和《担保法》对宅基地使用权作了规定,另外还有一些国家政策方面的规定①。

《物权法》规定,宅基地使用权的取得适用《土地管理法》等法律和国家有关规定。《土地管理法》第62条规定:"农村村民一户只能拥有一处宅基地其宅基地的面积不得超过省、自治区、直辖市规定的标准。农村村民建住宅,应当符合乡（镇）土地利用总体规划,并尽量使用原有的宅基地和村内空闲地。农村村民住宅用地,经乡（镇）人民政府审核,由县级人民政府批准;其中,涉及占用农用地的,依照本法第44条的规定办理审批手续。农村村民出卖、出租住房后,再申请宅基地的,不予批准。"

关于宅基地使用权的行使,根据《物权法》、《土地管理法》等法律规定,宅基地使用权只能由宅基地使用权人行使,任何组织和个人不得侵占、损毁宅基地。根据《物权法》关于所有权的一般规定,所有权人对自己所有的不动产或者动产,依照法律规定享有占有、使用、收益和处分的权利。但是关于宅基地使用权的行使,却与一般的物权行使有很大不同,主要表现在宅基地使用权人在对宅基地行使收益和处分权利的时候,受到严格限制②。比如《担保法》第37条规定,宅基地的使用权不得抵押。国务院1999年和

---

① 《中华人民共和国物权法》条文理解与适用,人民法院出版社2007年版,第458页。
② 《中华人民共和国物权法》条文理解与适用,人民法院出版社2007年版,第458页。

2004 年两个文件也禁止城镇居民购买宅基地和农村的住宅。《土地管理法》虽未明确规定宅基地使用权不得转让和抵押，但有关"农村村民出卖、出租住房后，再申请宅基地的，不予批准"的规定。宅基地使用权是农民安身立命之本，从全国范围看，目前允许宅基地使用权转让和抵押的条件尚不成熟。在司法实践中关于宅基地纠纷的处理应当注意以下问题：

（1）关于宅基地使用权的抵押。宅基地使用权的抵押一般都是由抵押住房而来，如果允许抵押宅基地，存在诸多问题。比如，因实现抵押权而丧失宅基地使用权的村民，如不能再次分得宅基地，其居住将难以解决；在实现抵押权时，房屋可以查封，但地不能卖，也将导致抵押权无法实现。因此担保法明确规定宅基地使用权不得抵押。既然法律已有明确规定，则无论在集体经济组织外部，还是集体经济组织内部，均不得将宅基地使用权用于抵押。而且，不仅宅基地使用权不能抵押，在宅基地上建造的房屋也不能抵押，否则由于存在宅基地不得抵押的法律规定而使房屋的抵押权人不能实现房屋的抵押权。实践中出现以农村房屋或宅基地使用权作为抵押的，应当认定为无效。

（2）关于宅基地使用权的转让。处理宅基地使用权转让纠纷，应当把握以下原则：第一，宅基地使用权不得单独转让。在下列情况下，转让农村住房或宅基地使用权的，应当认定为无效：①城镇居民购买农村住房和宅基地的，因违反国家有关规定，应认定无效；②法人或其他组织购买农村住房和宅基地的，因不具备宅基地使用权人主体资格，应认定无效；③《土地管理法》规定，取得宅基地使用权应先经过集体经济组织批准，擅自转让农村住房和宅基地，未征得本集体经济组织同意的，应认定无效；④向本集体经济组织以外的农村村民转让农村住房和宅基地的，因违反了集体经济组织的成员权属性，应当认定无效；⑤受让人已经有住房，不符合宅基地分配条件的，应认定无效。第二，转让宅基地使用权，必须同时具备以下条件的：①转让人拥有二处以上的农村住房（含宅基地）；②转让人与受让人为同一集体经济组织内部的成员；③受让人没有住房和宅基地，且符合宅基地使用权分配条件；④转让行为须征得本集体经济组织同意；⑤宅基地使用权不得单独转让，必须与合法建造的住房一并转让。

（3）关于宅基地使用权的租赁。宅基地使用权能否出租，法律和有关政策并无规定，但是基于宅基地使用权是供农民建造房屋及其附属设施之用，原则上,宅基地使用权不得单独出租。鉴于《土地管理法》规定农村村民可以将房屋出租,因出租并不发生房屋所有人和土地使用权人主体的改变,在不违反法律和国家有关规定的宅基地使用权用途的情况下,可以认定农民出租房屋的行为有效。但因出租人无住房而要求解除租赁关系的,应当准许①。

（三）关于宅基地使用权消灭和重新分配宅基地

《物权法》第154条规定:"宅基地因自然灾害等原因灭失的,宅基地使用权消灭。对失去宅基地的村民,应当重新分配宅基地"。一般来讲出现下面两种情况重新分配宅基地:一是本条规定的因自然灾害导致宅基地灭失的情况;二是因集体经济组织收回宅基地或者国家征用而使农户失去宅基地的情况。当出现地震、海啸、山洪、山体滑坡等自然灾害,造成宅基地灭失的,宅基地使用权自然消灭。对于没有宅基地、符合宅基地分配条件的村民,农对集体经济组织应当重新为其分配宅基地。同时如果宅基地被征收或征用致使益物权消灭或者影响用益物权行使的,应当给予合理补偿。

（四）关于宅基地登记

《物权法》第155条规定:"已经登记的宅基地使用权转让或者消灭的,应当及时办理变更登记或者注销登记"《物权法》在第14条也规定:"不动产物权的设立、变更、转让和消灭,依照法律规定应当登记的,自记载于不动产登记簿时发生效力。"宅基地使用权是经审批取得的,已经进行了登记,而其转让或消灭,也应进行登记,自登记时发生效力。不进行转让和消灭登记,不发生转让和消灭的法律后果。办理变更登记应当由转让和受让宅基地使用权的当事人完成,不办理登记,不发生宅基地使用权转让的法律效力,更不能对抗第三人。至于宅基地使用权由于法定原因或自然原因而消灭的,应当由宅基地使用权的审批部门办理注销登记。如果因为未及时办理注销登记而造成相对人损失的,应当承担损害赔偿责任②。

---

① 《〈中国人民共和国物权法〉条文理解与适用》,人民法院出版社2007年版,第462—463页。

② 《〈中国人民共和国物权法〉条文理解与适用》,人民法院出版社2007年版,第465页。

三、乡镇企业建设用地使用权法律规则

（一）乡镇企业用地审批程序

《土地管理法》第60条规定："农村集体经济组织使用乡（镇）土地利用总体规划确定的建设用地兴办企业或者与其他单位、个人以土地使用权入股、联营等形式共同举办企业的，应当持有关批准文件，向县级以土地方人民政府土地行政主管部门提出申请，按照省、自治区、直辖市规定的批准权限，由县级以土地方人民政府批准；其中，涉及占用农用地的，依照本法第44条的规定办理审批手续。按照前款规定兴办企业的建设用地，必须严格控制。省、自治区、直辖市可以按照乡镇企业的不同行业和经营规模，分别规定用地标准"。《土地管理法》第61条规定："乡（镇）村公共设施、公益事业建设，需要使用土地的，经乡（镇）人民政府审核，向县级以上地方人民政府土地行政主管部门提出申请，按照省、自治区、直辖市规定的批准权限，由县级以上地方人民政府批准；其中，涉及占用农用地的，依照本法第四十四条的规定办理审批手续"。由此可以看出，关于乡镇企业用地审批应当履行下列程序：

1. 农村集体经济组织利用本集体所有土地办企业，应当经县级以上人民政府批准。批准的权限由省、自治区、直辖市规定；涉及占用农用地的，应当办理农用地转用审批。省、自治区、直辖市应当制定乡镇企业的用地标准。

2. 农村集体经济组织办企业应当经县级以上人民政府批准。使用农民集体所有土地兴办企业的，只有农村集体经济组织利用本集体所有的土地和利用本集体所有的土地与其他单位和个人以联营形式入股共同举办企业的，可以使用农民集体所有的土地。包括村农民集体使用村农民集体所有土地，村民组使用本村民组的土地，或村内联户或农户使用本村（或村民组）的土地，并在土地利用总体规划确定的建设用地区内，由农民集体经济组织或村民委员会向县级以上人民政府土地行政主管部门提出用地申请，报人民政府批准。乡镇企业使用农民集体所有土地的批准权限，由省、自治区、直辖市规定，即只能由地方人民政府批准。各省、自治区、直辖市在制定土地管理法实施办法时，将对此作出规定。

3. 乡镇企业使用农民集体所有土地涉及占用农用地的，要依法办理农用地转用审批。具体的审批办法按照《土地管理法》关于农用地转用审批

的规定办理。

4. 省、自治区、直辖市可以制定乡镇企业用地的标准。从目前来看,乡镇企业使用土地中存在的突出问题是企业小,布局分散,用地面积大;土地利用率不高;浪费土地和占用耕地现象严重。因此,本法要求对乡镇企业用地必须严格控制,特别要控制乡镇企业占用耕地。因乡镇企业的门类多、规模和地区差异大,难以制定全国统一的用地标准。规定各省、自治区、直辖市按照本地区乡镇企业的不同行业和规模制定用地标准,作为地方性标准执行。审批用地时要严格按照用地标准核定用地面积,防止浪费用地。过去一些省、自治区、直辖市已经根据各地的情况制定了一些乡镇企业的用地标准,今后,应根据乡镇企业的发展情况和严格控制乡镇企业用地的要求加以修改完善①。

(二)乡镇企业用地的限制

《土地管理法》第 63 条规定:"农民集体所有的土地的使用权不得出让、转让或者出租用于非农业建设;但是,符合土地利用总体规划并依法取得建设用地的企业,因破产、兼并等情形致使土地使用权依法发生转移的除外"。

1. 农民集体所有的土地的使用权不得出让、转让或者出租用于非农业建设。禁止农民集体所有土地使用权出让、转让或者出租用于非农业建设,主要是基于以下几点考虑:第一,农村农民集体所有的土地流入市场,影响国有土地使用制度改革。由于我国的土地市场刚刚建立,政府管理土地市场的各项措施还不健全,加上前几年"房地产热"、"开发区热"造成大量的闲置土地,如果再允许集体土地进入市场,将又有大量集体土地变为建设用地,形成更多的闲置土地,国有土地使用制度改革也将难以进行。第二,是保护耕地的需要。现在乡(镇)村干部对将耕地变为建设用地,搞房地产的积极性很高,如不加以严格控制,将会又有大量耕地变为建设用地,保护耕地的目标将难以实现。集体土地以出让、转让或者出租等方式用于农业用途是允许的。但必须保护原土地使用者或承包经营者的利益,必须按照国家有关规定和土地使用合同或承包经营合同的规定执行。

2. 破产、兼并企业的土地使用权转移,实际上是土地使用权的转让行

---

① 资料来源:http://www.51test.net.

为。但按国家有关法律规定,企业用地的土地使用权已可以作为企业的资产,破产、兼并时对企业的资产处置应当包括土地使用权。有两点要说明:第一,应当符合土地利用总体规划,不符合土地利用总体规划的企业破产后只能拆除地上建筑物、构筑物,按土地利用总体规划确定的用途使用。第二,必须是依法取得的建设用地使用权,并随厂房等一同转移的,如果是农用地,或土地上没有房屋等设施的将不得转让①。

四、(镇)村公共设施、公益事业用地使用权法律规则

《土地管理法》第61条规定:"乡(镇)村公共设施、公益事业建设,需要使用土地的,经乡(镇)人民政府审核,向县级以土地方人民政府土地行政主管部门提出申请,按照省、自治区、直辖市规定的批准权限,由县级以土地方人民政府批准;其中,涉及占用农用地的,依照本法第44条的规定办理审批手续"。由此关于乡(镇)村公共设施、公益事业建设用地审批程序如下:

1. 乡(镇)村公共设施、公益事业建设需要用地,必须依法提出申请,并按规定的批准权限取得批准。乡村公共设施和公益事业主要指乡村行政办公、文化科学、医疗卫生、教育设施、生产服务和公用事业等,如乡(镇)政府、村民委员会办公、公安、税务、邮电所、学校、幼儿园、托儿所、医院、农技推广站、敬老院以及乡村级道路、供水、排水、电力、电讯、公共厕所等用地。按本法规定,乡村公共设施、公益事业符合土地利用总体规划,经过批准可以使用农村集体的土地。

2. 乡村公共设施、公益事业使用农民集体所有土地的批准权限由省、自治区、直辖市规定,并由地方人民政府负责审批。各省、自治区、直辖市在制定土地管理法实施条例时将作出明确规定。

3. 乡村公共设施、公益事业使用农民集体所有土地,涉及占用农用地,应当按本法关于农用地转用的审批办法和批准权限办理农用地转用批准②。

---

① 资料来源:http://www.51test.net.
② 资料来源:http://www.51test.net.

五、农村集体建设用地使用权流转

（一）集体建设用地使用权流转含义与分类

1. 集体建设用地使用权流转含义

"集体建设用地使用权流转"一词尽管并非立法或者民法理论上的用语,且理论界和实务界对于是否应该使用该词以及该词的具体内涵仍有不同认识,但"集体建设用地使用权流转"已经广泛的运用于开展集体建设用地使用权流转的实践中,有关这一方面的理论研究成果也常常见诸报端,"集体建设用地使用权流转"已经成为一个使用频率相当高的词语。

2. 集体建设用地使用权流转分类

（1）集体建设用地所有权与使用权流转

集体建设用地的流转,一般是指土地权利的流转,而不是指土地用途或功能的流转。从权利流转的角度看,土地权利流转可以分为所有权的流转和使用权的流转。从我的国情出发,土地权利的流转,更多的表现为土地使用权的流转。集体土地所有权的流转,在我国有两种表现形式:第一种是国家通过土地征收,将农民集体所有的土地强制性地转为国家所有;第二种是集体土地所有者互换各自拥有所有权的土地。第一种形式涉及的是土地征收制度改革的问题,第二种形式在实践中则极少发生①,因此,本书在此不探讨集体土地所有权流转问题。

（2）集体建设用地使用权初次流转与再流转

土地使用权的流转,按照权利源泉的不同,即以权利转出方是否是所有权人（或者其代表）为标准,可以划分为土地权利的初次流转和土地权利的再次流转。如权利转出方为土地所有权人（或者其代表）,其使用权被移转称为初次流转;如权利转出方为土地使用权人,其使用权被移转称为再次流转。因此,农村集体建设用地的流转也应分为两大类,即农村集体建设用地使用权的初次流转和再次流转。所谓集体建设用地使用权的初次流转,是土地所有者与使用者之间的流转,是指集体经济组织根据"土地的所有权和使用权可以相分离"的原则,将集体建设用地使用权从土地所有权中分离出来,转移或让渡给土地使用者。所谓集体建设用地使用权再次流转,是指已经从集体经济组织那里取得集体建设用地使用权的土地使用者,在法

---

① 林建伟著:《房地产法基本问题》,法律出版社 2006 年版,第 122 页。

定使用期限或合同约定的使用期限届满之前,再以一定的形式将该建设用地的使用权转移给其他单位和个人①。

(3)集体建设用地使用权流转的理论争议

目前,我国理论界对于集体建设用地使用权能否进入市场,存在较大分歧。主要有两种意见:第一种意见认为,集体建设用地使用权除集体内部调整转让外,不宜直接进入市场,而只能通过先征为国有或转为国有的方式进入市场。征为国有的,给予征地补偿费、安置补助费;转为国有的,国家将土地使用权出让金的大部分或全部交给农民集体,称为"转权让利"。采取这样的限制办法,有利于保护耕地,有利于土地市场的健康发展。第二种意见认为,集体土地所有权与国家土地所有权在民事法律地位上平等,所有权的权能充分,应当同等对待。因此,在不违反城市规划、不冲击基本农田保护区的前提下,集体建设用地使用权可以直接进入市场,而无须转变土地所有权。这些土地进入市场后,集体所有权的性质不变,集体所获土地收益可在国家与集体之间分配,称为"保权分利"。第一种意见事实上是在"保护耕地"的名义下,将潜藏的城市、国家对农村、农民的剥夺公开化、制度化,并不能从根本上解决问题。对于第二种意见有人认为由于集体建设用地出让收益大大高于农地经营收益,"在允许自由出让的情况下,将会导致越来越多的农地和后备农地转为建设用地,从而导致耕地的减少;同时,大量集体土地进入市场,也会冲击国有土地市场,延缓国有划拨土地向出让土地的转变过程;此外,在集体土地自由入市的情况下,国家因重点建设和实施城市规划需要而征收土地也将面临极大困难"②。就第一点,实际上并不可能发生,因为我国实行了严格的土地用途管制制度。如果土地用途管制制度得到严格有效的实施,即使允许集体经济组织有偿提供建设用地使用权,也不会导致土地资源浪费;如果土地用途管制制度得不到严格有效的实施,即使国家垄断土地使用权有偿使用,照样会导致土地资源的极大浪费。就第二点,无非还是试图坚持城市、国家对农民、农村的"剥削"而已,而且这些"剥削"缺乏任何法理根据和经济根据,导致同为所有权,却具有不同权能,权利人享受完全不同的待遇。笔者认为,房地产市场的发展不断发展,农民利

---

① 林建伟著:《房地产法基本问题》,法律出版社 2006 年版,第 122 页。

② 林建伟著:《房地产法基本问题》,法律出版社 2006 年版,第 130 页。

益需求也不断提升,应当废除对集体建设用地使用权流转的种种不合理限制,在保持集体土地所有权的前提下,允许集体建设用地使用权流转,从而使农村集体土地真正成为农民自己的土地。

(二)集体建设用地使用权流转的现行立法分析

从我国现行法律规定来看,集体建设用地使用权流转市场并没有得到合法的确立,但是,近年来随着社会经济的发展和城市化进程的加快,集体建设用地私下流转已经相当普遍,并且愈演愈烈。无论是经济发达地区还是欠发达地区,集体建设用地使用权流转都已大量存在,尤其是城乡结合部,成为流转的主要区域。

1. 国家法律规定上没有严格限制

《宪法》、《土地管理法》所规定的土地使用权可以依照法律规定转让中,并没有严格限定为国有土地使用权;《物权法》规定的乡镇、村企业厂房所占用范围内的建设用地使用权允许进行抵押,也必然会发生集体建设用地使用权流转;而且《土地管理法》的规定,实际上承认了在符合特定条件下集体建设用地使用权可以以入股、联营等方式进行流转。

2. 国家政策上已有所松动

《中共中央、国务院关于进一步加强土地管理切实保护耕地的通知》([1997]第11号)、《中共中央国务院关于做好农业和农村工作的意见》([2003]第3号)、《国务院关于深化改革严格土地管理的规定》([2004]第28号)等文件中,都对集体建设用地流转不同程度地进行了规定,如允许在符合规划的前提下,村庄、集镇、建制镇中的农民集体所有建设用地使用权可以依法流转或通过集体建设用地流转、土地置换、分期缴纳出让金等形式,合理解决企业进镇的用地问题。国土资源部《关于坚持依法依规管理节约集约用地支持社会主义新农村建设的通知》([2006]第52号)则指出,要稳步推进城镇建设用地增加和农村建设用地减少相挂钩试点、集体非农建设用地使用权流转试点,不断总结试点经验,及时加以规范完善。

3. 地方集体建设用地使用权流转立法

由于国家立法中对集体建设用地使用权的具体流转规定一直未明确,而实践中各地集体建设用地使用权流转的现象又普遍存在。因此,地方政府为更好地引导和管理当地的集体建设用地使用权流转,陆续制定和出台了一些地方性规定,如广东省、湖北省、河南省分别以政府令的形式发布了集体建设用地使用权流转的地方性规章;东莞市、肇庆市、无锡市、汕头市、佳木斯市、佛山市、中山市、临沂市等地先后以政府令或政府发文的形式,发布了集体建设用地使用权流转管理规定;烟台市国土局、成都市国土局、大连市国土和规划管理局、南京市国土资源局和中国人民银行南京分行营业管理部等部门,也先后针对集体建设用地使用权流转管理问题发布了规范性文件①。

(三)集体建设用地流转立法的必要性

1. 集体建设用地流转立法符合《宪法》的基本要求。《宪法》第10条规定"土地的使用权可以依照法律的规定转让",很显然,这里的"土地使用权"不仅指国有土地使用权,集体土地使用权亦包含其中。国有建设用地可以通过市场竞价、公开出让、租赁等方式最大限度的显化商品价值;集体建设用地流转不应排斥在土地市场之外。不容否认,农村集体建设用地流转市场应当是我国土地交易市场的重要组成部分,抑制集体建设用地流转,或不承认农村集体建设用地流转市场,带来的后果必然是制约农村经济乃至整个国民经济的增长。

2.《土地管理法》对集体建设用地流转的规定不合理。《土地管理法》第63条规定"农民集体所有的土地的使用权不得出让、转让或者出租用于非农业建设;但是,符合土地利用总体规划并依法取得建设用地的企业,因破产、兼并等情形致使土地使用权依法发生转移的除外"。土地管理法》第43条规定:"任何单位和个人进行建设,需要使用土地的,必须依法申请使用国有土地;但是,兴办乡镇企业和村民建设住宅经依法批准使用本集体经济组织农民集体所有的土地的,或者乡(镇)村公共设施和公益事业建设经依法批准使用农民集体所有的土地的除外"这些限制性规定,妨碍了集体建设用地进入市场,对农民来说,有失公平,影响了农村经济发展。

3. 规范集体建设用地流转管理呼唤法律保障。有位学者说过这样一句话,经济发展与社会进步,肯定要牺牲一些人的利益。中国目前经济的发展,中国农民做出了很大的牺牲。在农村,土地是农民生存之本,财富之源泉,当农用地价值与建设用地价值悬殊过大,非农建设对土地的渴求日趋强烈,农村经济又相对贫乏的前提下,农民首选的是,从集体建设用地流转中

---

① "各地集体建设用地使用权流转立法现状",资料来源:http://www.mlr.gov.cn。

实现其商品价值,因此,在当前法律禁锢的形势下,集体建设用地暗流日渐凸出,势不可当。在这种情况下,我们明智的做法是,研究如何疏通和规范,而不是一味的阻堵和抵制。正如"大禹治水"之古训:远古时候,黄河洪水肆虐、泛滥,祸害百姓。禹的父亲鲧,采取修堤建坝方式,阻止洪水,最终九年不治,反而葬身黄河;后来,禹承父业,采取挖渠排水,疏通河道方式,引水入海,终于平定九洲。正视矛盾,疏导障碍,规范管理,从源头上、制度上研究集体建设用地流转管理方为治本之策①。

(四)完善集体建设用地入市流转的立法建议

1. 完善有关"集体建设用地入市流转"的法律规定

(1)删除现行法律规范中的违宪条款

我国《宪法》规定,农村土地属于农民集体所有。基于所有权的基本原理,农民集体自然就享有在符合土地利用规划和土地用途管理的前提下处分集体土地的权利,其中包括集体建设用地进入市场的权利。而《土地管理法》却禁止集体建设用地出租、转让,这样看来作为部门法的《土地管理法》突破了《宪法》的有关规定。《土地管理法》的禁止集体建设用地入市流转的条款明显已滞后于农村土地市场的现实,这一滞后不仅降低了法律的权威性,也不利于保护集体建设用地所有者和使用者的权利。应将这一条款删除,明确规定集体建设用地可用于流转,从而引导集体建设用地在合法的轨道上进行,以保障农民的土地权利,促进统一的土地市场的形成。

(2)调整同一法律内部法律规范之间的冲突

《土地管理法》的第2条有关土地使用权可以依法转让的规定与第63条的关于集体建设用地使用权的禁止性规定显然相冲突。同一法律规范应统一、和谐,不能产生自我矛盾,为适应社会经济的发展,也应将《土地管理法》中的第63条禁止性条款予以删除。

2. 明确规定集体建设用地流转的范围、条件、方式

(1)流转范围的划定与界定

集体建设用地流转范围一般包括地域范围、客体范围、用途范围和流转使用主体范围。地域范围应当明确规定流转只能在土地利用总体规划范围内进行;客体范围明确规定为集体建设用地而非耕地及其他集体土地;用途

---

① 魏东:"集体建设用地流转立法思考",资料来源:http://www.kxgtfg.gov.cn.

范围包括集体以土地出资建立企业用地,公共设施、公益建设用地以及城市建设用地等,禁止集体非建设用地进入建设用地领域流转;使用主体范围是指使用者应该不是法律上要求必须优先使用国有土地的情况。为促进集约利用集体建设用地和盘活集体存量建设用地,减轻建设用地对农用地的压力,我们鼓励集体内部进行集体建设用地的流转,集体经济组织的内部成员在同等条件下可以优先使用和流转集体建设用地①。

(2)流转条件的确定

集体建设用地进入市场进行流转应当具备以下条件:第一,流转的土地必须权属合法,界址清楚,已取得土地使用权证;第二,流转的土地必须是已经申请流转并得到批准;第三,申请流转的土地必须符合土地利用总体规划,在城市、村镇规划区内的,还应符合城市规划和村镇建设规划;第四,土地所有权人和土地使用者经协商一致并签订书面协议。只有符合上述流转条件的集体建设用地,进入市场转为建设用地流转。

(3)流转方式的确定

从目前各地实践来看,集体建设用地使用权流转的方式十分多样。其中初次流转的方式有划拨、出让、租赁、作价出资或入股等。再次流转的方式有转让、出租、抵押、继承等。

初次流转中的划拨是指集体经济组织将集体土地无偿地交付给符合法律规定条件的土地使用者的行为。目前农村的宅基地和公益事业、公共设施用地基本上都是采用划拨方式提供的;出让是集体土地所有者将一定年限的集体建设用地使用权让渡给土地使用者,并向使用者一次性收取该年限内的土地收益,土地使用者取得让渡性质的集体建设用地使用权,类似于国有土地使用权的出让方式。由于通过这一方式可以取得长期稳定的土地使用权,便于融资,因此这种方式得到了土地使用者的一致拥护;租赁方式同出让方式的区别在于,土地收益不是一次性被收取,而是采用定期缴纳租金的形式分批收取。这种方式在各地试点中较为普遍,这主要是由于土地所有者希望以此保证获取长期而稳定的土地收益,以避免一次性让渡方式和入股方式难以解决的土地收益问题;作价出资或入股是指集体土地所有

---

① 朱洪超等主编:《物权法实务操作:原理、规则、适用》,法律出版社 2009 年版,第 27 页。

者以一定年限的集体建设用地使用权作价,以出资或入股方式投入企业,并按出资额或股份分红,土地使用者取得作价出资(入股)集体建设用地的土地使用权。这一方式在乡镇企业改制中比较常见,它一方面满足了土地使用者希望获得长期的土地使用权用于资金融通的需求,另一方面也保证了土地所有者可以获取更为稳定的土地收益。

再次流转方式中的转让是指集体建设用地使用权人将权利以让与、交换或赠与等方式转移给他人。这种方式实际上是土地使用权主体的变更;出租是指集体建设用地使用权人作为出租人,将其取得的集体建设用地的一部分或者全部出租给承租人,承租人为此支付租金,并取得土地的占有、使用权能;作价出资或入股是指集体建设用地使用权人为取得投资收益,而将其拥有的集体建设用地使用权作为出资标的的行为;抵押集体建设用地使用权人为担保抵押权人债权的实现,而将其土地使用权予以抵押,当债务人不履行债务时,抵押权人有权以土地使用权的变卖价金优先受偿;继承当集体建设用地使用权人是自然人时,如果土地使用权人死亡,其继承人可以根据继承法,取得该土地使用权①。

①　林建伟著:《房地产法基本问题》,法律出版社 2006 年版,第 124 页。

中国房地产
法律规则研究

第八章 中国房地产税费法律规则

　　本章介绍中国房地产税费法律规则,内容包括房地产税收法律规则和房地产费法律规则两部分。在房地产税法律规则中主要介绍与分析土地增值税、城镇土地使用税、耕地占用税、房产税、契税、印花税、销售不动产营业税等主要税种,同时对近年来的房地产新的税收政策进行解读和分析;在房地产费法律规则中主要介绍与分析国有土地使用权有偿使用收入、房地产行政性收费等。

第一节　房地产税费法律规则概述

一、税、费的概念

1. 税、费概念

　　税,也称税收,是国家为实现其职能,凭借政治权力,按照法律规定,通过税收工具强制地、无偿地参与国民收入和社会产品的分配和再分配取得财政收入的一种形式。税收由政府征收,取自于民、用之于民。税收具有无偿性、强制性和固定性的形式特征。税收三性是一个完整的统一体,它们相辅相成、缺一不可。费是指国家机关向有关当事人提供某种特定劳务或服务,按规定收取的一种费用。

2. 税与费的区别

　　税与费的区别主要有以下区别:(1)征收主体不同。税通常由税务机关、海关和财政机关收取;费通常由其他机关和事业单位收取。(2)是否具有无偿性不同。有偿收取的是费,无偿课征的是税。国家收费遵循有偿原则,而国家收税遵循无偿原则。这是两者在性质上的根本区别。(3)款项用途不同。税款一般是由国家通过预算统一支出,用于社会公共需要,除极少数情况外,一般不实行专款专用;而收费多用于满足收费单位本身业务支出的需要,专款专用。因此,把某些税称为费或把某些费看作税,都是不科学的。

二、房地产税收概念及特点

(一)房地产税收概念

房地产税收,是指以房地产为课税对象征收的税种和与房地产开发、转让行为紧密相关税种的总称。目前在我国现行税收体制下,主要是房地产在开发、交易、保有诸环节涉及的所有税种的统称。具体指国家通过税务机关向房地产所有人(或经营管理人)、使用人、经营机构和投资建设人就其房地产或与房地产有关的行为征收有关房地产税赋的行为。

(二)房地产税具有以下特征:

1. 国家性。房地产税收行为是一种国家行为,房地产税收行为是通过或借助于国家税务机关实现的。国家通过对土地、不动产及附属的财产以及其生产、经营、流通过程的税收征管,使国家财政得以相应保证,所以也只有国家才有资格和能力来进行房地产税收的征收、管理。

2. 法定性。房地产税收,即是一种国家行为,也是一种法律行为。国家通过立法的形式,将有关房地产税收的种类、具体内容、法律责任等予以规定,从而为房地产税收的开征、征收、管理、稽查等确立了法律上的依据,使房地产税收具有了普遍遵行的效力并得以正常进行。

3. 规范性。房地产税收工作是一项严谨、规范的工作,必须遵守国家的法律规范,不可任意妄为。从房地产税种的设立、开征,到房地产具体税种的征税对象、征税范围、税率、计税依据、减免税规定等内容的确定,具有很强的规范性。对于依法所确定的内容,作为税务机关其对房地产税收的征收管理只能在法律规定的范围内、方式下进行。

经过 1994 年税制改革,我国房地产税收体系在税种的设置、税目、税率的调整、内外税制的统一方面逐渐完善起来,形成了一套适应社会主义市场经济发展要求的复合税制体系。按照征税客体性质的不同,可将房地产税收分为四类:流转税、所得税、财产税和行为税。2003 年 10 月十六届三中全会的决议中明确提出:"实施城镇化建设税费改,条件具备时对不动产开征统一规范的物业税,相应取消有关收费。"2005 年 2 月 26 日,国家税务总局,财政部,国务院发展研究中心等有关部门就《中国房地产税收政策研究告》进行研讨。该会议明确了我国从 2005 年开始就新的税制进行设计,并在合适的城市进行模拟运行。政府目前正积极推进以"明租、正税、清费"为改革方向的房地产新税制的改革。

三、房地产费的概念

房地产费,是指在房地产的开发、经营活动中所产生的税以外的其他费用。目前我国的房地产市场结构分为三级:一级市场,即上地使用权的出让;二级市场,即土地使用权出让后的房地产开发经营;三级市场,即投入使用后的房地产交易。一级市场主要由土地所有者(即国家)向土地使用者收取土地使用费;同时对于整个房地产市场,由有关行政机关、事业单位向房地产市场的当事人收取各种管理费用和服务费用

第二节 房地产税收法律规则

一、土地增值税

土地增值税,是指对转让国有土地使用权、地上的建筑物及其附着物(以下简称"转让房地产")并取得收入的单位和个人就其所得的增值额征收的一种税赋。征收土地增值税的法律依据是国务院 1993 年月 12 月发布的《中华人民共和国土地增值税暂行条例》(以下简称"《条例》")和财政部1995 年发布的《中华人民共和国土地增值税暂行条例实施细则》(以下简称"《细则》")。征收土地增值税是为了规范土地、房地产市场交易秩序,合理调节土地增值收益,维护国家权益。

(一)纳税人

土地增值税的纳税义务人为转让国有土地使用权、地上的建筑物及其附着物并取得收入的单位和个人。概念中的"国有土地",是指按国家法律规定属于国家所有的土地;"地上的建筑物",是指建于土地上的一切建筑物,包括地上地下的各种附属设施。"附着物",是指附着于土地上的不能移动,一经移动即遭损坏的物品;"收入",包括转让房地产的全部价款及有关的经济收益;"单位",是指各类企业单位、事业单位、国家机关和社会团体及其他组织。"个人",包括个体经营者。

(二)征税范围

土地增值税的征税范围为国有土地使用权、地上的建筑物及其附着物。转让国有土地使用权、地上的建筑物及其附着物并取得收入,仅指以出售或者其他方式有偿转让房地产的行为,不包括以继承、赠与方式无偿转让房地产的行为。

（三）计税依据

土地增值税的计税依据是纳税人转让房地产所取得的增值额,即纳税人转让房地产所取得的收入(包括货币收入、实物收入和其他收入)扣除法定项目金额后的余额。

计算增值额的扣除项目有:

1. 取得土地使用权所支付的金额。取得土地使用权所支付的金额,指纳税人为取得土地使用权所支付的地价款和按国家统一规定交纳的有关费用;

2. 开发土地和新建房及配套设施的成本。开发土地和新建房及配套设施的成本是指纳税人房地产开发项目实际发生的成本(以下简称"房增开发成本"),包括土地征用及拆迁补偿费、前期工程费、建筑安装工程费、基础设施费、公共配套设施费、开发间接费用;地征用及拆迁补偿费,包括土地征用费、耕地占用税、劳动力安置费及有关地上、地下附着物拆迁补偿的净支出、安置动迁用房支出等。前期工程费,包括规划、设计、项目可行性研究和水文、地质、勘察、测绘、"三通一平"等支出。建筑安装工程费,是指以出包方式支付给承包单位的建筑安装工程费,以自营方式发生的建筑安装工程费。基础设施费,包括开发小区内道路、供水、供电、供气、排污、排洪、通讯、照明、环卫、绿化等工程发生的支出。公共配套设施费,包括不能有偿转让的开发小区内公共配套设施发生的支出。开发间接费用,是指直接组织、管理开发项目发生的费用,包括工资、职工福利费、折旧费、修理费、办公费、水电费、劳动保护费、周转房摊销等。

3. 开发土地和新建房及配套设施的费用。开发土地和新建房及配套设施的费用(以下简称"房地产开发费用"),是指与房地产开发项目有关的销售费用、管理费用、财务费用。

财务费用中的利息支出,凡能够按转让房地产项目计算分摊并提供金融机构证明的,允许据实扣除,但最高不能超过按商业银行同类同期贷款利率计算的金额。其他房地产开发费用,按本条(1)、(2)项规定计算的金额之和的5%以内计算扣除。凡不能按转让房地产项目计算分摊利息支出或不能提供金融机构证明的,房地产开发费用按本条(1)、(2)项规定计算的金额之和的10%以内计算扣除。上述计算扣除的具体比例,由各省、自治区、直辖市人民政府规定。

4. 旧房及建筑物的评估价格,是指在转让已使用的房屋及建筑物时,由政府批准设立的房地产评估机构评定的重置成本价乘以成新度折扣率后的价格。评估价格须经当地税务机关确认。

5. 与转让房地产有关的税金,是指在转让房地产时缴纳的营业税、城市维护建设税、印花税。因转让房地产交纳的教育费附加,也可视同税金予以扣除;

6. 财政部规定的其他扣除项目。

(四)税率

土地增值税实行四级超率累进税率:(1)增值额未超过扣除项目金额50%的部分,税率为30%;(2)增值额超过扣除项目金额50%、未超过扣除项目金额100%的部分,税率为40%;(3)增值额超过扣除项目金额100%、未超过扣除项目金额200%的部分,税率为50%;(4)增值额超过扣除项目金额200%的部分,税率为60%。

《细则》规定的速算扣除系数的简便方法如下:计算土地增值税税额,可按增值额乘以适用的税率减去扣除项目金额乘以速算扣除系数的简便方法计算,具体公式如下:(1)增值额未超过扣除项目金额50%,土地增值税税额=增值额×30%;(2)增值额超过扣除项目金额50%,未超过100%的,土地增值税税额=增值额×40%-扣除项目金额×5%;(3)增值额超过扣除项目金额100%,未超过200%的,土地增值税税额=增值额×50%-扣除项目金额×15%;(4)增值额超过扣除项目金额200%,土地增值税税额=增值额×60%-扣除项目金额×35%。公式中的5%,15%,35%为速算扣除系数。

(五)纳税期限和纳税地点

纳税人应当自转让房地产合同签订之日起7日内向房地产所在地主管税务机关办理纳税申报,并在税务机关核定的期限内缴纳土地增值税。土地增值税由税务机关征收。土地管理部门、房产管理部门应当向税务机关提供有关资料,并协助税务机关依法征收土地增值税。纳税人未缴纳土地增值税的,土地管理部门、房产管理部门不得办理有关的权属变更手续。

(六)征收管理

纳税人应在转让房地产合同签订后的7日内,到房地产所在地主管税务机关办理纳税申报,并向税务机关提交房屋及建筑物产权、土地使用权证书,土地转让、房产买卖合同,房地产评估报告及其他与转让房地产有关的资料。纳税人因经常发生房地产转让而难以在每次转让后申报的,经税务机关审核同意后,可以定期进行纳税申报,具体期限由税务机关根据情况确定。纳税人按照税务机关核定的税额及规定的期限缴纳土地增值税。

纳税人在项目全部竣工结算前转让房地产取得的收入,由于涉及成本确定或其他原因,而无法据以计算土地增值税的,可以预征土地增值税,待该项目全部竣工、办理结算后再进行清算,多退少补。具体办法由各省、自治区、直辖市地方税务局根据当地情况制定。

纳税人转让房地产座落在两个或两个以上地区的,应按房地产所在地分别申报纳税。纳税人有下列情形之一的,按照房地产评估价格计算征收:(1)隐瞒、虚报房地产成交价格的;(2)提供扣除项目金额不实的;(3)转让房地产的成交价格低于房地产评估价格,又无正当理由的。

(七)土地增值税的减免

有下列情形之一的,免征土地增值税:(1)纳税人建造普通标准住宅出售,增值额未超过扣除项目金额20%的;(2)因国家建设需要依法征用、收回的房地产;(3)个人因工作调动或改善居住条件而转让原自用住房,经向税务机关申报核准,凡居住满5年或5年以上的,免予征收土地增值税;居住满3年未满5年的,减半征收土地增值税。居住未满3年的,按规定计征土地增值税。

(八)近年来土地增值税新政策

1.《关于土地增值税若干问题的通知》

2006年3月2财政部国家税务总局《关于土地增值税若干问题的通知》(以下简称《通知》),主要内容有:(1)关于纳税人建造普通标准住宅出售和居民个人转让普通住宅的征免税问题。《条例》第8条中"普通标准住宅"和《财政部、国家税务总局关于调整房地产市场若干税收政策的通知》(财税字〔1999〕210号)第3条中"普通住宅"的认定,一律按各省、自治区、直辖市人民政府根据《国务院办公厅转发建设部等部门关于做好稳定住房价格工作意见的通知》(国办发〔2005〕26号)制定并对社会公布的"中小套型、中低价位普通住房"的标准执行。纳税人既建造普通住宅,又建造其他商品房的,应分别核算土地增值额。在本文件发布之日前已向房地产所在地地方税务机关提出免税申请,并经税务机关按各省、自治区、直辖市人民政府原来确定的普通标准住宅的标准审核确定,免征土地增值税的普通标准住宅,不做追溯调整。(2)关于转让旧房准予扣除项目的计算问题。纳税人转让旧房及建筑物,凡不能取得评估价格,但能提供购房发票的,经当地税务部门确认,《条例》第6条第(一)、(三)项规定的扣除项目的金额,可按发票所载金额并从购买年度起至转让年度止每年加计5%计算。对纳税人购房时缴纳的契税,凡能提供契税完税凭证的,准予作为"与转让房地产有关的税金"予以扣除,但不作为加计5%的基数。对于转让旧房及建筑物,既没有评估价格,又不能提供购房发票的,地方税务机关可以根据《中华人民共和国税收征收管理法》(以下简称《税收征管法》)第35条的规定,实行核定征收。(3)关于土地增值税的预征和清算问题。《通知》要求,各地要进一步完善土地增值税预征办法,根据本地区房地产业增值水平和市场发展情况,区别普通住房、非普通住房和商用房等不同类型,科学合理地确定预征率,并适时调整。工程项目竣工结算后,应及时进行清算,多退少补。对未按预征规定期限预缴税款的,应根据《税收征管法》及其实施细则的有关规定,从限定的缴纳税款期限届满的次日起,加收滞纳金。对已竣工验收的房地产项目,凡转让的房地产的建筑面积占整个项目可售建筑面积的比例在85%以上的,税务机关可以要求纳税人按照转让房地产的收入与扣除项目金额配比的原则,对已转让的房地产进行土地增值税的清算。具体清算办法由各省、自治区、直辖市和计划单列市地方税务局规定。(4)关于因城市实施规划、国家建设需要而搬迁,纳税人自行转让房地产的征免税问题。《细则》第11条第2款所称:因"城市实施规划"而搬迁,是指因旧城改造或因企业污染、扰民(指产生过量废气、废水、废渣和噪音,使城市居民生活受到一定危害),而由政府或政府有关主管部门根据已审批通过的城市规划确定进行搬迁的情况;因"国家建设的需要"而搬迁,是指因实施国务院、省级人民政府、国务院有关部委批准的建设项目而进行搬迁的情况。(5)关于以房地产进行投资或联营的征免税问题。对于以土地(房地产)作价入股进行投资或联营的,凡所投资、联营的企业从事房地产开发的,或者房地产开发企业以其建造的商品房进行投资和联营的,均不适用《财政部、国家税务总局关于土地增值税一些具体问题规定的通知》(财税字〔1995〕48号)第一条暂免征收土地增值税的规定。

2.《关于土地增值税普通标准住宅有关政策的通知》

2006年10月20日财政部、国家税务总局发布《关于土地增值税普通标准住宅有关政策的通知》,通知强调:为贯彻落实《国务院办公厅转发建设部等部门关于调整住房供应结构稳定住房价格意见的通知》(国办发〔2006〕37号)精神,进一步促进调整住房供应结构,增加中小套型、中低价位普通商品住房供应,现将《中华人民共和国土地增值税暂行条例》第8条中"普通标准住宅"的认定问题通知如下:"普通标准住宅"的认定,可在各省、自治区、直辖市人民政府根据《国务院办公厅转发建设部等部门关于做好稳定住房价格工作意见的通知》(国办发〔2005〕26号)制定的"普通住房标准"的范围内从严掌握。之后,各省、自治区、直辖市都依法规定了本地区的普通住房标准,比如北京市普通住房标准:应同时满足以下三个条件:住宅小区建筑容积率在1.0(含)以上;单套建筑面积在140(含)平方米以下;实际成交价低于同级别土地上普通住房平均交易价格1.2倍以下。辽宁省的普通住宅标准:容积率在1.0以上,单套建筑面积在120平方米以下,成交价格低于同级别土地住房平均价的1.2倍以下。

3.《关于房地产开发企业土地增值税清算管理有关问题的通知》

2006年12月28国家税务总局关于房地产开发企业土地增值税清算管理有关问题的通知》,主要内容如下:(1)土地增值税的清算单位。土地增值税以国家有关部门审批的房地产开发项目为单位进行清算,对于分期开发的项目,以分期项目为单位清算。开发项目中同时包含普通住宅和非普通住宅的,应分别计算增值额。(2)土地增值税的清算条件。符合下列情形之一的,纳税人应进行土地增值税的清算:房地产开发项目全部竣工、完成销售的;整体转让未竣工决算房地产开发项目的;直接转让土地使用权的。符合下列情形之一的,主管税务机关可要求纳税人进行土地增值税清算:已竣工验收的房地产开发项目,已转让的房地产建筑面积占整个项目可售建筑面积的比例在85%以上,或该比例虽未超过85%,但剩余的可售建筑面积已经出租或自用的;取得销售(预售)许可证满3年仍未销售完毕的;纳税人申请注销税务登记但未办理土地增值税清算手续的;省税务机关规定的其他情况。(3)非直接销售和自用房地产的收入确定。①房地产开发企业将开发产品用于职工福利、奖励、对外投资、分配给股东或投资人、抵偿债务、换取其他单位和个人的非货币性资产等,发生所有权转移时应视同销售房地产,其收入按下列方法和顺序确认:按本企业在同一地区、同一年度销售的同类房地产的平均价格确定;由主管税务机关参照当地当年、同类房地产的市场价格或评估价值确定。②房地产开发企业将开发的部分房地产转为企业自用或用于出租等商业用途时,如果产权未发生转移,不征收土地增值税,在税款清算时不列收入,不扣除相应的成本和费用。(4)土地增值税的扣除项目:①房地产开发企业办理土地增值税清算时计算与清算项目有关的扣除项目金额,应根据土地增值税暂行条例第6条及其实施细则第7条的规定执行。除另有规定外,扣除取得土地使用权所支付的金额、房地产开发成本、费用及与转让房地产有关税金,须提供合法有效凭证;不能提供合法有效凭证的,不予扣除。②房地产开发企业办理土地增值税清算所附送的前期工程费、建筑安装工程费、基础设施费、开发间接费用的凭证或资料不符合清算要求或不实的,地方税务机关可参照当地建设工程造价管理部门公布的建安造价定额资料,结合房屋结构、用途、区位等因素,核定上述四项开发成本的单位面积金额标准,并据以计算扣除。具体核定方法由省税务机关确定。③房地产开发企业开发建造的与清算项目配套的居委会和派出所用房、会所、停车场(库)、物业管理场所、变电站、热力站、水厂、文体场馆、学校、幼儿园、托儿所、医院、邮电通讯等公共设施,按以下原则处理:建成后产权属于全体业主所有的,其成本、费用可以扣除;建成后无偿移交给政府、公用事业单位用于非营利性社会公共事业的,其成本、费用可以扣除;建成后有偿转让的,应计算收入,并准予扣除成本、费用。④房地产开发企业销售已装修的房屋,其装修费用可以计入房地产开发成本。房地产开发企业的预提费用,除另有规定外,不得扣除。⑤属于多个房地产项目共同的成本费用,应按清算项目可售建筑面积占多个项目可售总建筑面积的比例或其他合理的方法,计算确定清算项目的扣除金额。(5)土地增值税清算应报送的资料。纳税人办理土地增值税清算应报送以下资料:房地产开发企业清算土地增值税书面申请、土地增值税纳税申报表;项目竣工决算报表、取得土地使用权所支付的地价款凭证、国有土地使用权出让合同、银行贷款利息结算通知单、项目工程合同结算单、商品房购销合同统计表等与转让房地产的收入、成本和费用有关的证明资料;主管税务机关要求报送的其他与土地增值税清算有关的证明资料等。纳税人委托税务中介机构审核鉴证的清算项目,还应报送中介机构出具的《土地增值税清算税款鉴证报告》。(6)土地增值税清算项目的审核鉴证。税务中介机构受托对清算项目审核鉴证时,应按税务机关规定的格式对审核鉴证情况出具鉴证报告。

对符合要求的鉴证报告,税务机关可以采信。税务机关要对从事土地增值税清算鉴证工作的税务中介机构在准入条件、工作程序、鉴证内容、法律责任等方面提出明确要求,并做好必要的指导和管理工作。(7)土地增值税的核定征收。房地产开发企业有下列情形之一的,税务机关可以参照与其开发规模和收入水平相近的当地企业的土地增值税税负情况,按不低于预征率的征收率核定征收土地增值税:依照法律、行政法规的规定应当设置但未设置账簿的;擅自销毁账簿或者拒不提供纳税资料的;虽设置账簿,但账目混乱或者成本资料、收入凭证、费用凭证残缺不全,难以确定转让收入或扣除项目金额的;符合土地增值税清算条件,未按照规定的期限办理清算手续,经税务机关责令限期清算,逾期仍不清算的;申报的计税依据明显偏低,又无正当理由的。(8)清算后再转让房地产的处理。在土地增值税清算时未转让的房地产,清算后销售或有偿转让的,纳税人应按规定进行土地增值税的纳税申报,扣除项目金额按清算时的单位建筑面积成本费用乘以销售或转让面积计算。

二、城镇土地使用税

城镇土地使用税,是指对使用国有土地的单位和个人征收的一种税赋。征收城镇土地使用税的法律依据是 1988 年 9 月 27 日国务院发布的《城镇土地使用税暂行条例》(以下简称"《条例》")。《条例》依据 2006 年 12 月 31 日《国务院关于修改〈中华人民共和国城镇土地使用税暂行条例〉的决定》修订。

1. 纳税人。城镇土地使用税的纳税义务人是在城市、县城、建制镇、工矿区范围内使用土地的单位和个人。这里的"单位",包括国有企业、集体企业、私营企业、股份制企业、外商投资企业、外国企业以及其他企业和事业单位、社会团体、国家机关、军队以及其他单位;这里的"个人",包括个体工商户以及其他个人。

2. 计税依据。土地使用税以纳税人实际占用的土地面积为计税依据,依照规定税额计算征收。土地占用面积的组织测量工作,由省、自治区、直辖市人民政府根据实际情况确定。

3. 税额。城镇土地使用税的税额,按照土地级差收益采用地区差别幅度税额。城镇土地使用税每平方米年税额如下:(1)大城市 1.5 元至 30

元;(2)中等城市1.2元至24元;(3)小城市0.9元至18元;(4)县城、建制镇、工矿区0.6元至12元。

4. 纳税期限。土地使用税按年计算、分期缴纳。缴纳期限由省、自治区、直辖市人民政府确定。新征用的土地,依照下列规定缴纳土地使用税:(1)征用的耕地,自批准征用之日起满1年时开始缴纳土地使用税;(2)征用的非耕地,自批准征用次月起缴纳土地使用税。

5. 土地使用税的调整和减免。省、自治区、直辖市人民政府,应当在《条例》第4条规定的税额幅度内,根据市政建设状况、经济繁荣程度等条件,确定所辖地区的适用税额幅度。

市、县人民政府应当根据实际情况,将本地区土地划分为若干等级,在省、自治区、直辖市人民政府确定的税额幅度内,制定相应的适用税额标准,报省、自治区、直辖市人民政府批准执行。经省、自治区、直辖市人民政府批准,经济落后地区土地使用税的适用税额标准可以适当降低,但降低额不得超过本条例第4条规定最低税额的30%。经济发达地区土地使用税的适用税额标准可以适当提高,但须报经财政部批准。

下列土地免缴土地使用税:(1)国家机关、人民团体、军队自用的土地;(2)由国家财政部门拨付事业经费的单位自用的土地;(3)宗教寺庙、公园、名胜古迹自用的土地;(4)市政街道、广场、绿化地带等公共用地;(5)直接用于农、林、牧、渔业的生产用地;(6)经批准开山填海整治的土地和改造的废弃土地,从使用的月份起免缴土地使用税5年至10年;(7)由财政部另行规定免税的能源、交通、水利设施用地和其他用地。除《条例》第6条规定外,纳税人缴纳土地使用税确有困难需要定期减免的,由省、自治区、直辖市税务机关审核后,报国家税务局批准。

6. 近年关于城镇土地使用税新政策

2009年11月22日,财政部、国家税务总局联合下发《关于房产税城镇土地使用税有关问题的通知》(财税〔2009〕128号),《通知》第4条规定的是"关于地下建筑用地的城镇土地使用税问题":对在城镇土地使用税征税范围内单独建造的地下建筑用地,按规定征收城镇土地使用税。其中,已取得地下土地使用权证的,按土地使用权证确认的土地面积计算应征税款;未取得地下土地使用权证或地下土地使用权证上未标明土地面积的,按地下建筑垂直投影面积计算应征税款。对上述地下建筑用地暂按应征税款的

50%征收城镇土地使用税。

三、耕地占用税

耕地占用税,是指对占用耕地建房或者从事其他非农业建设的单位和个人征收的一种税。征收耕地占用税的法律依据是国务院于 2007 年 12 月 1 日公布并于 2008 年 1 月 1 日起施行《中华人民共和国耕地占用税暂行条例》(以下简称"《条例》")以及 2008 年 2 月 26 日经财政部、国家税务总局审议通过的《中华人民共和国耕地占用税暂行条例实施细则》(以下简称"《细则》")。

(一)纳税人

耕地占用税的纳税人为占用耕地建房或者从事其他非农业建设的单位和个人。这里所称"耕地",是指用于种植农作物的土地。这里所称的"建房",包括建设建筑物和构筑物。农田水利占用耕地的,不征收耕地占用税。占用园地建房或者从事非农业建设的,视同占用耕地征收耕地占用税。这里所称"单位",包括国有企业、集体企业、私营企业、股份制企业、外商投资企业、外国企业以及其他企业和事业单位、社会团体、国家机关、部队以及其他单位;所称"个人",包括个体工商户以及其他个人。经申请批准占用耕地的,纳税人为农用地转用审批文件中标明的建设用地人;农用地转用审批文件中未标明建设用地人的,纳税人为用地申请人。未经批准占用耕地的,纳税人为实际用地人。

(二)计税依据

耕地占用税以纳税人实际占用的耕地面积计税,按照规定税额一次性征收。实际占用的耕地面积,包括经批准占用的耕地面积和未经批准占用的耕地面积。

各省、自治区、直辖市耕地占用税的平均税额,按照本细则所附的《各省、自治区、直辖市耕地占用税平均税额表》执行。县级行政区域的适用税额,按照条例、本细则和各省、自治区、直辖市人民政府的规定执行。

(三)税率

耕地占用税的税额规定如下:(1)人均耕地不超过 1 亩的地区(以县级行政区域为单位,下同),每平方米为 10 元至 50 元;(2)人均耕地超过 1 亩但不超过 2 亩的地区,每平方米为 8 元至 40 元;(3)人均耕地超过 2 亩但不超过 3 亩的地区,每平方米为 6 元至 30 元;(4)人均耕地超过 3 亩的地区,每平方米为 5 元至 25 元。

国务院财政、税务主管部门根据人均耕地面积和经济发展情况确定各省、自治区、直辖市的平均税额。各地适用税额,由省、自治区、直辖市人民政府在规定的税额幅度内,根据本地区情况核定。各省、自治区、直辖市人民政府核定的适用税额的平均水平,不得低于规定的平均税额。

《各省、自治区、直辖市耕地占用税平均税额表》

地区	每平方米平均税额(元)
上海	45
北京	40
天津	35
江苏、浙江、福建、广东	30
辽宁、湖北、湖南	25
河北、安徽、江西、山东、河南、重庆、四川	22.5
广西、海南、贵州、云南、陕西	20
山西、吉林、黑龙江	17.5
内蒙古、西藏、甘肃、青海、宁夏、新疆	12.5

经济特区、经济技术开发区和经济发达且人均耕地特别少的地区,适用税额可以适当提高,但是提高的部分最高不得超过本条例第 5 条第 3 款规定的当地适用税额的 50%。

占用基本农田的,适用税额应当在《条例》第 5 条第 3 款、第 6 条规定的当地适用税额的基础上提高 50%。耕地占用税实行定额税率,是以县为单位按人均占用耕地的多少分别规定不同的税额。

(三)耕地占用税减免

1. 下列情形免征耕地占用税:(1)军事设施占用耕地。具体范围包括:地上、地下的军事指挥、作战工程;军用机场、港口、码头;营区、训练场、试验场;军用洞库、仓库;军用通信、侦察、导航、观测台站和测量、导航、助航标志;军用公路、铁路专用线,军用通讯、输电线路,军用输油、输水管道;其他直接用于军事用途的设施。(2)学校、幼儿园、养老院、医院占用耕地。具体范围包括县级以上人民政府教育行政部门批准成立的大学、中学、小学、学历性职业教育学校以及特殊教育学校。学校内经营性场所和教职工住房占用耕地的,按照当地适用税额缴纳耕地占用税。幼儿园,具体范围限于县级人民政府教育行政部门登记注册或者备案的幼儿园内专门用于幼儿保育、教育的场所。养老院,具体范围限于经批准设立的养老院内专门为老年人提供生活照顾的场所。医院,具体范围限于县级以上人民政府卫生行政部门批准设立的医院内专门用于提供医护服务的场所及其配套设施。医院内职工住房占用耕地的,按照当地适用税额缴纳耕地占用税。

2. 铁路线路、公路线路、飞机场跑道、停机坪、港口、航道占用耕地,减按每平方米 2 元的税额征收耕地占用税。《条例》第 9 条规定减税的铁路线路,具体范围限于铁路路基、桥梁、涵洞、隧道及其按照规定两侧留地。公路线路,具体范围限于经批准建设的国道、省道、县道、乡道和属于农村公路的村道的主体工程以及两侧边沟或者截水沟;飞机场跑道、停机坪,具体范围限于经批准建设的民用机场专门用于民用航空器起降、滑行、停放的场所。港口,具体范围限于经批准建设的港口内供船舶进出、停靠以及旅客上下、货物装卸的场所。航道,具体范围限于在江、河、湖泊、港湾等水域内供船舶安全航行的通道。

专用公路和城区内机动车道占用耕地的,按照当地适用税额缴纳耕地占用税。专用铁路和铁路专用线占用耕地的,按照当地适用税额缴纳耕地占用税。根据实际需要,国务院财政、税务主管部门商国务院有关部门并报国务院批准后,可以对前款规定的情形免征或者减征耕地占用税。

3. 农村居民占用耕地新建住宅,按照当地适用税额减半征收耕地占用税。这里的农村居民占用耕地新建住宅,是指农村居民经批准在户口所在地按照规定标准占用耕地建设自用住宅。农村居民经批准搬迁,原宅基地恢复耕种,凡新建住宅占用耕地不超过原宅基地面积的,不征收耕地占用税;超过原宅基地面积的,对超过部分按照当地适用税额减半征收耕地占用税

4. 农村烈士家属(包括农村烈士的父母、配偶和子女)、残疾军人、鳏寡孤独以及革命老根据地、少数民族聚居区和边远贫困山区生活困难的农村居民,在规定用地标准以内新建住宅缴纳耕地占用税确有困难的,经所在地乡(镇)人民政府审核,报经县级人民政府批准后,可以免征或者减征耕地占用税。

5. 依照《条例》相关规定免征或者减征耕地占用税后,纳税人改变原占地用途,不再属于免征或者减征耕地占用税情形的,应当按照当地适用税额补缴耕地占用税。《细则》第 21 条规定:纳税人改变占地用途,不再属于免税或减税情形的,应自改变用途之日起 30 日内按改变用途的实际占用耕地面积和当地适用税额补缴税款。

(四)耕地占用税的征收

耕地占用税由地方税务机关负责征收。土地管理部门在通知单位或者个人办理占用耕地手续时,应当同时通知耕地所在地同级地方税务机关。获准占用耕地的单位或者个人应当在收到土地管理部门的通知之日起 30 日内缴纳耕地占用税。土地管理部门凭耕地占用税完税凭证或者免税凭证和其他有关文件发放建设用地批准书。

纳税人临时占用耕地,应当依照《条例》的规定缴纳耕地占用税。纳税人在批准临时占用耕地的期限内恢复所占用耕地原状的,全额退还已经缴纳的耕地占用税。这里所称临时占用耕地,是指纳税人因建设项目施工、地质勘查等需要,在一般不超过 2 年内临时使用耕地并且没有修建永久性建筑物的行为。因污染、取土、采矿塌陷等损毁耕地的,比照《条例》第 13 条规定的临时占用耕地的情况,由造成损毁的单位或者个人缴纳耕地占用税。超过 2 年未恢复耕地原状的,已征税款不予退还。

占用林地(包括有林地、灌木林地、疏林地、未成林地、迹地、苗圃等,不包括居民点内部的绿化林木用地,铁路、公路征地范围内的林木用地,以及河流、沟渠的护堤林用地。)、牧草地(包括天然牧草地、人工牧草地)、农田水利用地(包括专门用于种植或者养殖水生动植物的海水潮浸地带和滩地)、养殖水面以及渔业水域滩涂等其他农用地建房或者从事非农业建设的,比照《条例》的规定征收耕地占用税。《细则》第 29 条规定:"占用林地、牧草地、农田水利用地、养殖水面以及渔业水域滩涂等其他农用地建房或者从事非农业建设的,适用税额可以适当低于当地占用耕地的适用税额,具体适用税额按照各省、自治区、直辖市人民政府的规定执行"。

建设直接为农业生产服务的生产设施占用前款规定的农用地的,不征收耕地占用税。这里所称直接为农业生产服务的生产设施,是指直接为农业生产服务而建设的建筑物和构筑物。具体包括:储存农用机具和种子、苗木、木材等农业产品的仓储设施;培育、生产种子、种苗的设施;畜禽养殖设施;木材集材道、运材道;农业科研、试验、示范基地;野生动植物保护、护林、森林病虫害防治、森林防火、木材检疫的设施;专为农业生产服务的灌溉排水、供水、供电、供热、供气、通讯基础设施;农业生产者从事农业生产必需的食宿和管理设施;其他直接为农业生产服务的生产设施。

经批准占用耕地的,耕地占用税纳税义务发生时间为纳税人收到土地管理部门办理占用农用地手续通知的当天。未经批准占用耕地的,耕地占用税纳税义务发生时间为纳税人实际占用耕地的当天。

纳税人占用耕地或其他农用地,应当在耕地或其他农用地所在地申报纳税。耕地占用税的征收管理,依照《税收征管法》和《条例》有关规定执行。

四、房产税

房产税,是指以房屋的价值为征税对象,按房屋的余值或房屋租金向房屋所有权人征收的一种税赋。征收房产税的法律依据是国务院于1986年9月15日发布并于同年10月1日施行的《中华人民共和国房产税暂行条例》(以下简称"《条例》")。

1. 纳税人。房产税的纳税人是房屋的产权所有人,其中产权属于全民所有的,纳税人为产权的经营管理者;产权出典的,纳税人为承典人;产权所有人、承典人不在房产所在地.或者产权未确定及租典纠纷未解决的,由房产的代管人或者使用人缴纳。

根据财政部、国家税务总局联合下发《关于房产税城镇土地使用税有关问题的通知》、房产税的纳税人还包括:无租使用其他单位房产的应税单位和个人,依照房产余值代缴纳房产税。产权出典的房产,由承典人依照房产余值缴纳房产税。融资租赁的房产,由承租人自融资租赁合同约定开始日的次月起依照房产余值缴纳房产税。合同未约定开始日的,由承租人自合同签订的次月起依照房产余值缴纳房产税。

2. 征税范围。房产税的征税范围是城市、县城、建制镇和工矿区。其中城市的征税范围包括市区、郊区和市辖县县城,建制镇人民政府所在地,不包括所辖的行政村。工矿区是指工商业比较发达,人口比较集中,符合国务院规定的建制镇标准,但尚未设立镇建制的大型工矿企业所在地。

3. 房产税的计税依据。房产税的计税依据分为两种,即房价和房租。

以房价为计税依据实际上是以房产的余值为计税依据,即依照房产原值一次减除10%至30%后的余值计算。具体减除幅度,由省、自治区、直辖市人民政府规定。没有房产原值作为依据的,由房产所在地税务机关参考同类房产核定。房产税依照原值一次减除10%—30%后的余值计算缴纳。

房产原值是指纳税人按照会计制度规定,在账簿"固定资产"科目中记载的房屋原价。房产原值应包括与房屋不可分割的各种附属设备或一般不单独计算价值的配套设备设施。主要有:暖气、卫生、通风、照明、煤气等设备;各种管线,如蒸气、压缩空气、石油、给排水等管道及电力、电讯、电缆导线;电梯、过道、晒台等。

纳税人对原有房屋进行改建、扩建的,要相应增加房屋的原值。对纳税人未按会计制度规定记载原值的,在计征房产税时,应按规定调整房产余值;对房产原值明显不合理的,应重新予以评估;对没有房产原值的,应由房屋所在地税务机关参考同类房屋的价值核定其房产原值。原值确定后,按照30%的扣除比例计算确定房产余值。

对投资联营及融资租赁等问题计税依据的确定:(1)对投资联营的房产,在计征房产税时应予以区别对待。对于以房产投资联营,投资者参与投资利润分红、共担风险的,按照房产原值作为计税依据计征房产税;对于以房产投资,收取固定的收入,不承担风险的,实际是以联营的名义取得房产的租金,应根据条例的有关规定由出租方按租金收入计缴房产税。(2)对融资租赁房屋的情况,由于租赁费包括购进房屋的价款、手续费、借款利息等,与一般房屋出租的"租金"的内涵不同,且租赁期满后,当承租方偿还最后一笔租赁费时,房屋产权要转移到承租方,这实际是一种变相的分期付款购买固定资产的形式,所以在计征房产税时应以房产余值计算征收。(3)《国家税务总局关于进一步明确房屋附属设备和配套设施计征房产税有关问题的通知》(国税发〔2005〕173号)规定:①凡以房屋为载体,不可随意移动的附属设备和配套设施,如给排水、采暖、消防、中央空调及智能化楼宇设备等,无论在会计核算上是否单独记账与核算,都应计入房产原值,计征房产税。②对于更换房屋附属设备和配套设施的,在将其价值计入房产原值时,可扣减原来相应设备和设施的价值;对附属设备和配套设施中易损坏、需要经常更换的零配件,更新后不再计入房产原值。

以房租为计税依据实际上是以房产租金收入为计税依据。房产租金收入是指房屋所有权人出租房屋的使用权所得到收入。包括货币收入、实物收入和其他收入。对纳税人出租房屋的租金收入申报不实或申报数与同一地段同类房屋的租金收入相比明显不合理的,税务部门可以按照《税收征管法》的有关规定,采取科学合理的办法核定其应纳税款。纳税人无租使用其他单位和个人的房产的,应由使用人代为缴纳房产税。

4. 税率。我国的房产税实行比例税率,依计税依据不同而分为两种:依照房产余值计征的,税率为 1.2%;依照房屋租金收入计征的,税率为 12%。

5. 纳税期限和纳税地点。我国的房产税实行按年计征、分期缴纳,具体的纳税时间由省、自治区和直辖市人民政府规定。纳税人应如实向税务机关申报纳税,并根据有关规定在房产所在地纳税,如纳税人拥有多处房产的,应分别在房产所在地纳税。

6. 房产税的减免。房产税的免税范围包括以下几种情况:(1)国家机关、人民团体、军队自用的房产税免征房产税。但上述免税单位的出租房产不属于免税范围;(2)由国家财政部门拨付事业经费的单位自用的房产免征房产税。但如学校的工厂、商店、招待所等应照章纳税;(3)宗教寺庙、公园、名胜古迹自用的房产免征房产税。但经营用的房产不免;(4)个人所有非营业用的房产免征房产税。但个人拥有的营业用房或出租的房产,应照章纳税;(5)对行使国家行政管理职能的中国人民银行总行所属分支机构自用的房地产,免征房产税;(6)从 2001 年 1 月 1 日起,对个人按市场价格出租的居民住房,用于居住的,可暂减按 4% 的税率征收房产税;(7)经财政部批准免税的其他房产。

7. 房产税的改革。我国《房产税暂行条例》自 1986 年年 10 月 1 日至今一直没有大的修改。近些年来我国房地产突飞猛进的发展,房产税制已经远远落后于房地产经济的发展。为此 2010 年 5 月 27 日国务院批转发改委《关于今年深化经济体改重点工作意见的通知》,《通知》在第五部分"深化财税体制改革"中提出:"出台资源税改革方案,统一内外资企业和个人城建税、教育费附加制度,逐步推进房产税改革,研究实施个人所得税制度改革,完善消费税制度,研究开征环境税的方案"。房产税试点将于 2012 年开始推行。但鉴于全国推行难度较大,试点将从个别城市开始。

五、契税

房地产契税,是指由于土地使用权出让、转让,房屋买卖、赠与或交换发生房地产权属转移时向产权承受人征收的一种税赋。1997 年 7 月 7 日,国务院通过了新的《契税暂行条例》(以下简称"《条例》"),1997 年 10 月 28 日财政部颁布《中华人民共和国契税暂行条例细则》(以下简称"《细则》"),该《条例》和《细则》均自 1997 年 10 月 1 日起实行。

(一)纳税人

在中华人民共和国境内转移土地、房屋权属,承受的单位和个人为契税的纳税人为契税纳税人。这里的"土地、房屋权属",是指土地使用权、房屋所有权;"承受"是指是指以受让、购买、受赠、交换等方式取得土地、房屋权属的行为。"单位",是指企业单位、事业单位、国家机关、军事单位和社会团体以及其他组织;"个人",是指个体经营者及其他个人。

(二)征税对象

1. 转移土地、房屋权属,承受的单位和个人要依法缴纳契税

转移土地、房屋权属是指下列行为:(1)国有土地使用权出让。国有土地使用权出让,是指土地使用者向国家交付土地使用权出让费用,国家将国有土地使用权在一定年限内让予土地使用者的行为。(2)土地使用权转让,包括出售、赠与和交换。土地使用权转让,是指土地使用者以出售、赠与、交换或者其他方式将土地使用权转移给其他单位和个人的行为。土地使用权出售,是指土地使用者以土地使用权作为交易条件,取得货币、实物、无形资产或者其他经济利益的行为。土地使用权赠与,是指土地使用者将其土地使用权无偿转让给受赠者的行为。土地使用权交换,是指土地使用者之间相互交换土地使用权的行为。土地使用权转让,不包括农村集体土地承包经营权的转移。(3)房屋买卖。房屋买卖是指房屋所有者将其房屋出售,由承受者交付货币、实物、无形资产或者其他经济利益的行为。(4)房屋赠与。房屋赠与,是指房屋所有者将其房屋无偿转让给受赠者的行为。(5)房屋交换。房屋交换,是指房屋所有者之间相互交换房屋的行为。

2. 视同土地使用权转让、房屋买卖或者房屋赠情形

依据《细则》土地、房屋权属以下列方式转移的,视同土地使用权转让、房屋买卖或者房屋赠与征税:(1)以土地、房屋权属作价投资、入股;(2)以

土地、房屋权属抵债;(3)以获奖方式承受土地、房屋权属;(4)以预购方式或者预付集资建房款方式承受土地、房屋权属。

（三）计税依据

契税的计税依据依房地产权属转移的方式不同而不同:(1)国有土地使用权出让、土地使用权出售、房屋买卖,为成交价格;这里的成交价格是指土地、房屋权属转移合同确定的价格。包括承受者应交付的货币、实物、无形资产或者其他经济利益;(2)土地使用权赠与、房屋赠与由征收机关参照土地使用权出售。房屋买卖的市场价格核定;(3)土地使用权交换、房屋交换,为交换的土地使用权、房屋的价格的差额。成交价格明显低于市场价格并且无正当理由的,或者所交换土地使用权、房屋的价格的差额明显不合理并且无正当理由的,由征收机关参照市场价格确定。土地使用权交换、房屋交换,交换价格不相等的,由多交付货币、实物、无形资产或者其他经济利益的一方缴纳税款。交换价格相等的,免征契税。土地使用权与房屋所有权之间相互交换,按照此规定征税。

（四）税率

契税税率为3%至5%。契税的适用税率,由省、自治区、直辖市人民政府在前款规定的幅度内按照本地区的实际情况确定,并报财政部和国家税务总局备案。

契税的应纳税额计算公式:应纳税额计=税依据×税率

应纳税额以人民币计算。转移土地、房屋权属以外汇结算的,按照纳税义务发生之日中国人民银行公布的人民币市场汇率中间价折合成人民币计算。

（五）纳税期限与纳税地点

契税的纳税义务发生时间,为纳税人签订土地、房屋权属转移合同的当天,或者纳税人取得其他具有土地、房屋权属转移合同性质凭证的当天。纳税人应当自纳税义务发生之日起10日内,向土地、房屋所在地的契税征收机关办理纳税申报,并在契税征收机关核定的期限内缴纳税款。纳税人办理纳税事宜后,契税征收机关应当向纳税人开具契税完税凭证。纳税人应当持契税完税凭证和其他规定的文件材料,依法向土地管理部门、房产管理部门办理有关土地、房屋的权属变更登记手续。纳税人未出具契税完税凭证的,土地管理部门、房产管理部门不予办理有关土地、房屋的权属变更登记手续。契税征收机关为土地、房屋所在地的财政机关或者地方税务机关。具体征收机关由省、自治区、直辖市人民政府确定。土地管理部门、房产管理部门应当向契税征收机关提供有关资料,并协助契税征收机关依法征收契税。

(六)减税免税

有下列情形之一的,减征或者免征契税:(1)国家机关、事业单位、社会团体、军事单位承受土地、房屋用于办公、教学、医疗、科研和军事设施的,免征。用于办公的,是指办公室(楼)以及其他直接用于办公的土地、房屋;用于教学的,是指教室(教学楼)以及其他直接用于教学的土地、房屋;用于医疗的,是指门诊部以及其他直接用于医疗的土地、房屋。用于科研的,是指科学试验的场所以及其他直接用于科研的土地、房屋;用于军事设施的是指:地上和地下的军事指挥作战工程;军用的机场、港口、码头;军用的库房、营区、训练场、试验场;军用的通信、导航、观测台站;其他直接用于军事设施的土地、房屋。(2)城镇职工按规定第一次购买公有住房的,免征。城镇职工按规定第一次购买公有住房的,是指经县以上人民政府批准,在国家规定标准面积以内购买的公有住房。城镇职工享受免征契税,仅限于第一次购买的公有住房。超过国家规定标准面积的部分,仍应按照规定缴纳契税。(3)因不可抗力灭失住房而重新购买住房的,酌情准予减征或者免征。(4)财政部规定的其他减征、免征契税的项目,包括:①土地、房屋被县级以上人民政府征用、占用后,重新承受土地、房屋权属的,是否减征或者免征契税,由省、自治区、直辖市人民政府确定;②纳税人承受荒山、荒沟、荒丘、荒滩土地使用权,用于农、林、牧、渔业生产的,免征契税。③依照我国有关法律规定以及我国缔结或参加的双边和多边条约或协定的规定应当予以免税的外国驻华使馆、领事馆、联合国驻华机构及其外交代表、领事官员和其他外交人员承受土地、房屋权属的,经外交部确认,可以免征契税。

经批准减征、免征契税的纳税人改变有关土地、房屋的用途,不再属于规定的减征、免征契税范围的,应当补缴已经减征、免征的税款。城镇职工按规定第一次购买公房享受免契税优惠,但仅限于第一次购买公有住房,并且是在国家规定标准面积以内购买公有住房。超过国家规定标准面积的部分,仍应按照规定缴纳契税。

（七）契税新政

2010 年 10 月财政部、国家税务总局、住房和城乡建设部联合发布《关于调整房地产交易环节契税、个人所得税优惠政策的通知》，通知关于契税的内容如下：

1. 对个人购买普通住房，且该住房属于家庭（成员范围包括购房人、配偶以及未成年子女，下同）唯一住房的，减半征收契税。对个人购买 90 平方米及以下普通住房，且该住房属于家庭唯一住房的，减按 1% 税率征收契税。征收机关应查询纳税人契税纳税记录；无记录或有记录但有疑义的，根据纳税人的申请或授权，由房地产主管部门通过房屋登记信息系统查询纳税人家庭住房登记记录，并出具书面查询结果。如因当地暂不具备查询条件而不能提供家庭住房登记查询结果的，纳税人应向征收机关提交家庭住房实有套数书面诚信保证。诚信保证不实的，属于虚假纳税申报，按照《税收征管法》的有关规定处理。具体操作办法由各省、自治区、直辖市财政、税务、房地产主管部门共同制定。

2. 个人购买的普通住房，凡不符合上述规定的，不得享受上述优惠政策。

六、印花税

印花税，是指国家对在经济活动中或经济交往中书立或领受特定凭证的单位和个人征收的一种税赋。征收房地产税的法律依据是国务院 1988 年发颁布《中华人民共和国印花税暂行条例》（以下简称《条例》）和 1988 年 9 月 29 日财政部发布《中华人民共和国印花税暂行条例实施细则》（以下简称《细则》），该《条例》和《细则》均于同年 10 月 1 日起施行。

（一）纳税人

房地产印花税的纳税人是在我国境内书立、领受应税房地产凭证的单位和个人。就具体情况而言，房地产转让合同的纳税人是合同订立人，房屋租赁合同的纳税人是合同订立人，房地产权利许可证照（包括房屋所有权证和土地使用权证）的纳税人是领受人。

（二）征税对象

1. 应当征收印花税的行为。印花税的征税对象是书立和领受应税凭证的行为，主要包括以下几种：（1）书立应税的合同或具有合同性质的凭证;(2)书立产权转移书据;(3)领受权利、许可证照;(4)书立经财政部确定征税的其他凭证。

2. 印花税征收对象。凡书立或领受下列列举之凭证的,均为印花税的征税对象:(1)购销、加工承揽、建设工程承包、财产租赁、货物运输、仓储保管、借款、财产保险、技术合同或者具有合同性质的凭证;(2)产权转移书据;(3)营业帐簿;(4)权利、许可证照;(5)经财政部确定征税的其他凭证。

2006 年年 11 月 27 日国财政部、国家税务总局发布《关于印花税若干政策的通知》,通知规定,对下列情况征收印花税:(1)对纳税人以电子形式签订的各类应税凭证按规定征收印花税;(2)对发电厂与电网之间、电网与电网之间(国家电网公司系统、南方电网公司系统内部各级电网互供电量除外)签订的购售电合同按购销合同征收印花税。电网与用户之间签订的供用电合同不属于印花税列举征税的凭证,不征收印花税;(3)对土地使用权出让合同、土地使用权转让合同按产权转移书据征收印花税;(4)对商品房销售合同按照产权转移书据征收印花税。

(三)计税依据及税率

1. 计税依据。(1)产权转移书据由立据人贴花,如未贴或者少贴印花,书据的持有人应负责补贴印花。所立书据以合同方式签订的,应由持有书据的各方分别按全额贴花;(2)同一凭证,因载有两个或者两个以上经济事项而适用不同税目税率,如分别记载金额的,应分别计算应纳税额,相加后按合计税额贴花;如未分别记载金额的,按税率高的计税贴花;(3)按金额比例贴花的应税凭证,未标明金额的,应按照凭证所载数量及国家牌价计算金额;没有国家牌价的,按市场价格计算金额,然后按规定税率计算应纳税额;(4)应纳税凭证所载金额为外国货币的,纳税人应按照凭证书立当日的中华人民共和国国家外汇管理局公布的外汇牌价折合人民币,计算应纳税额。

2. 税率。纳税人根据应纳税凭证的性质,分别按比例税率或者按件定额计算应纳税额。具体税率、税额的确定,依照本条例所附《印花税税目税率表》执行。

印花税税目税率表

税目	范围	税率	纳税人	说明
1. 购销合同	包括供应、预购、采购、购销、结合及协作、调剂、补偿、易货等合同	按购销金额0.3‰贴花	立合同人	
2. 加工承揽合同	包括加工、定作、修缮、修理、印刷广告、测绘、测试等合同	按加工或承揽收入0.5‰贴花	立合同人	
3. 建设工程勘察设计合同	包括勘察、设计合同	按收取费用0.5‰贴花	立合同人	
4. 建筑安装工程承包合同	包括建筑、安装工程承包合同	按承包金额0.3‰贴花	立合同人	
5. 财产租赁合同	包括租赁房屋、船舶、飞机、机动车辆、机械、器具、设备等合同	按租赁金额1‰贴花。税额不足1元,按1元贴花	立合同人	
6. 货物运输合同	包括民用航空运输、铁路运输、海上运输、内河运输、公路运输和联运合同	按运输费用0.5‰贴花	立合同人	单据作为合同使用的,按合同贴花
7. 仓储保管合同	包括仓储、保管合同	按仓储保管费用1‰贴花	立合同人	仓单或栈单作为合同使用的,按合同贴花
8. 借款合同	银行及其他金融组织和借款人(不包括银行同业拆借)所签订的借款合同	按借款金额0.05‰贴花	立合同人	单据作为合同使用的,按合同贴花
9. 财产保险合同	包括财产、责任、保证、信用等保险合同	按保险费收入1‰贴花	立合同人	单据作为合同使用的,按合同贴花
10. 技术合同	包括技术开发、转让、咨询、服务等合同	按所载金额0.3‰贴花	立合同人	
11. 产权转移书据	包括财产所有权和版权、商标专用权、专利权、专有技术使用权等转移书据、土地使用权出让合同、土地使用权转让合同、商品房销售合同	按所载金额0.5‰贴花	立据人	

续表

税目	范围	税率	纳税人	说明
12. 营业账簿	生产、经营用账册	记载资金的账簿,按实收资本和资本公积的合计金额0.5‰贴花。其他账簿按件贴花5元	立账簿人	
13. 权利、许可证照	包括政府部门发给的房屋产权证、工商营业执照、商标注册证、专利证、土地使用证	按件贴花5元	领受人	

应纳税额不足一角的,免纳印花税。应纳税额在一角以上的,其税额尾数不满五分的不计,满五分的按一角计算缴纳。

(五)税收管理

应纳税凭证粘贴印花税票后应即注销。纳税人有印章的,加盖印章注销;纳税人没有印章的,可用钢笔(圆珠笔)画几条横线注销。注销标记应与骑缝处相交。骑缝处是指粘贴的印花税票与凭证及印花税票之间的交接处。

一份凭证应纳税额超过500元的,应向当地税务机关申请填写缴款书或者完税证,将其中一联粘贴在凭证上或者由税务机关在凭证上加注完税标记代替贴花。同一种类应纳税凭证,需频繁贴花的,应向当地税务机关申请按期汇总缴纳印花税。税务机关对核准汇总缴纳印花税的单位,应发给汇缴许可证。汇总缴纳的限期限额由当地税务机关确定,但最长期限不得超过1个月。

凡汇总缴纳印花税的凭证,应加注税务机关指定的汇缴戳记,编号并装订成册后,将已贴印花或者缴款书的一联粘附册后,盖章注销,保存备查。凡多贴印花税票者,不得申请退税或者抵用。纳税人对纳税凭证应妥善保存。凭证的保存期限,凡国家已有明确规定的,按规定办;其余凭证均应在履行完毕后保存1年。纳税人对凭证不能确定是否应当纳税的,应及时携带凭证,到当地税务机关鉴别。纳税人同税务机关对凭证的性质发生争议的,应检附该凭证报请上一级税务机关核定。

印花税票的票面金额以人民币为单位,分为1角、2角、5角、1元、2元、

5 元、10 元、50 元、100 元等 9 种。印花税票为有价证券,各地税务机关应按照国家税务局制定的管理办法严格管理,具体管理办法另定。

印花税票可以委托单位或个人代售,并由税务机关付给代售金额 5% 的手续费。支付来源从实征印花税款中提取。凡代售印花税票者,应先向当地税务机关提出代售申请,必要时须提供保证人。税务机关调查核准后,应与代售户签订代售合同,发给代售许可证。代售户所售印花税票取得的税款,须专户存储,并按照规定的期限,向当地税务机关结报,或者填开专用缴款书直接向银行缴纳。不得逾期不缴或者挪作他用。代售户领存的印花税票及所售印花税票的税款,如有损失,应负责赔偿。代售户所领印花税票,除合同另有规定者外,不得转托他人代售或者转至其他地区销售。对代售户代售印花税票的工作,税务机关应经常进行指导、检查和监督。代售户须详细提供领售印花税票的情况,不得拒绝。

七、销售不动产营业税

销售不动产营业税,是指在土地使用权转让和建筑物出售时,国家向土地使用权转让者和建筑物出售者征收的一种税赋。销售不动产营业税的法律依据是国务院于 1993 年 12 月 13 日颁布、2008 年 11 月 5 日国务院第 34 次常务会议修订通过的《中华人民共和国营业税暂行条例》(以下简称"《条例》")和 2008 年 12 月 15 日财政部部务会议和国家税务总局局务会议审议通过的《中华人民共和国营业税暂行条例实施细则》(以下简称"《细则》"),修订后的《条例》、《细则》均自 2009 年 1 月 1 日起施行

（一）纳税人

销售不动产营业锐的纳税主体是在我国境内提供本条例规定的劳务、转让无形资产或者销售不动产的单位和个人。这里的"劳务"是指属于交通运输业、建筑业、金融保险业、邮电通信业、文化体育业、娱乐业、服务业税目征收范围的劳务(以下称"应税劳务")。加工和修理、修配,不属于《条例》规定的劳务(以下称"非应税劳务");"提供条例规定的劳务、转让无形资产或者销售不动产",是指有偿提供条例规定的劳务、有偿转让无形资产或者有偿转让不动产所有权的行为(以下称"应税行为")。但单位或者个体工商户聘用的员工为本单位或者雇主提供条例规定的劳务,不包括在内;在中华人民共和国境内(以下简称"境内")提供《条例》规定的劳务、转让无形

资产或者销售不动产,是指:(1)提供或者接受条例规定劳务的单位或者个人在境内;(2)所转让的无形资产(不含土地使用权)的接受单位或者个人在境内;(3)所转让或者出租土地使用权的土地在境内;(4)所销售或者出租的不动产在境内。

《条例》第5条规定:纳税人有下列情形之一的,视同发生应税行为:(1)单位或者个人将不动产或者土地使用权无偿赠送其他单位或者个人;(2)单位或者个人自己新建(以下简称自建)建筑物后销售,其所发生的自建行为;(3)财政部、国家税务总局规定的其他情形。

(二)税目与税率

营业税的税目、税率,依照《条例》所附的《营业税税目税率表》执行。

营业税税目税率表

税目	税率
一、交通运输业	3%
二、建筑业	3%
三、金融保险业	5%
四、邮电通信业	3%
五、文化体育业	3%
六、娱乐业	5%—20%
七、服务业	5%
八、转让无形资产	5%
九、销售不动产	5%

税目、税率的调整,由国务院决定。纳税人经营娱乐业具体适用的税率,由省、自治区、直辖市人民政府在本条例规定的幅度内决定。

纳税人兼有不同税目的应当缴纳营业税的劳务(以下简称"应税劳务")、转让无形资产或者销售不动产,应当分别核算不同税目的营业额、转让额、销售额(以下统称"营业额");未分别核算营业额的,从高适用税率。

(二)计税依据

纳税人提供应税劳务、转让无形资产或者销售不动产,按照营业额和规定的税率计算应纳税额。应纳税额计算公式:

应纳税额=营业额×税率

营业额以人民币计算。纳税人以人民币以外的货币结算营业额的,应当折合成人民币计算。

纳税人的营业额为纳税人提供应税劳务、转让无形资产或者销售不动产收取的全部价款和价外费用。但是,下列情形除外:(1)纳税人将承揽的运输业务分给其他单位或者个人的,以其取得的全部价款和价外费用扣除其支付给其他单位或者个人的运输费用后的余额为营业额;(2)纳税人从事旅游业务的,以其取得的全部价款和价外费用扣除替旅游者支付给其他单位或者个人的住宿费、餐费、交通费、旅游景点门票和支付给其他接团旅游企业的旅游费后的余额为营业额;(3)纳税人将建筑工程分包给其他单位的,以其取得的全部价款和价外费用扣除其支付给其他单位的分包款后的余额为营业额;(4)外汇、有价证券、期货等金融商品买卖业务,以卖出价减去买入价后的余额为营业额;(5)国务院财政、税务主管部门规定的其他情形。纳税人按照《条例》第5条规定扣除有关项目,取得的凭证不符合法律、行政法规或者国务院税务主管部门有关规定的,该项目金额不得扣除。纳税人提供应税劳务、转让无形资产或者销售不动产的价格明显偏低并无正当理由的,由主管税务机关核定其营业额。

(三)营业税的减征与免征

1. 下列项目免征营业税:(1)托儿所、幼儿园、养老院、残疾人福利机构提供的育养服务,婚姻介绍,殡葬服务;(2)残疾人员个人提供的劳务;(3)医院、诊所和其他医疗机构提供的医疗服务;(4)学校和其他教育机构提供的教育劳务,学生勤工俭学提供的劳务;(5)农业机耕、排灌、病虫害防治、植物保护、农牧保险以及相关技术培训业务,家禽、牲畜、水生动物的配种和疾病防治;(6)纪念馆、博物馆、文化馆、文物保护单位管理机构、美术馆、展览馆、书画院、图书馆举办文化活动的门票收入,宗教场所举办文化、宗教活动的门票收入;(7)境内保险机构为出口货物提供的保险产品。除前款规定外,营业税的免税、减税项目由国务院规定。任何地区、部门均不得规定免税、减税项目。纳税人兼营免税、减税项目的,应当分别核算免税、减税项目的营业额;未分别核算营业额的,不得免税、减税。纳税人营业额未达到国务院财政、税务主管部门规定的营业税起征点的,免征营业税;达到起征点的,依照本条例规定全额计算缴纳营业税。

2. 营业税起征点。营业税起征点,是指纳税人营业额合计达到起征点。营业税起征点的适用范围限于个人。营业税起征点的幅度规定如下：(1)按期纳税的,为月营业额 1000—5000 元;(2)按次纳税的,为每次(日)营业额 100 元。省、自治区、直辖市财政厅(局)、税务局应当在规定的幅度内,根据实际情况确定本地区适用的起征点,并报财政部、国家税务总局备案。

(四)营业税扣缴义务人

营业税扣缴义务人有:(1)中华人民共和国境外的单位或者个人在境内提供应税劳务、转让无形资产或者销售不动产,在境内未设有经营机构的,以其境内代理人为扣缴义务人;在境内没有代理人的,以受让方或者购买方为扣缴义务人;(2)国务院财政、税务主管部门规定的其他扣缴义务人。

(五)纳税义务发生的时间

营业税纳税义务发生时间为纳税人提供应税劳务、转让无形资产或者销售不动产并收讫营业收入款项或者取得索取营业收入款项凭据的当天。国务院财政、税务主管部门另有规定的,从其规定。依据《细则》收讫营业收入款项,是指纳税人应税行为发生过程中或者完成后收取的款项;称取得索取营业收入款项凭据的当天,为书面合同确定的付款日期的当天;未签订书面合同或者书面合同未确定付款日期的,为应税行为完成的当天。营业税扣缴义务发生时间为纳税人营业税纳税义务发生的当天。

(六)纳税地点和纳税期限

1. 营业税的纳税地点。营业税纳税地点如下:(1)纳税人提供应税劳务应当向其机构所在地或者居住地的主管税务机关申报纳税。但是,纳税人提供的建筑业劳务以及国务院财政、税务主管部门规定的其他应税劳务,应当向应税劳务发生地的主管税务机关申报纳税。(2)纳税人转让无形资产应当向其机构所在地或者居住地的主管税务机关申报纳税。但是,纳税人转让、出租土地使用权,应当向土地所在地的主管税务机关申报纳税。(3)纳税人销售、出租不动产应当向不动产所在地的主管税务机关申报纳税。扣缴义务人应当向其机构所在地或者居住地的主管税务机关申报缴纳其扣缴的税款。

2. 营业税的纳税期限。营业税的纳税期限分别为 5 日、10 日、15 日、1 个月或者 1 个季度。纳税人的具体纳税期限,由主管税务机关根据纳税人应纳税额的大小分别核定;不能按照固定期限纳税的,可以按次纳税。纳税人以 1 个月或者 1 个季度为一个纳税期的,自期满之日起 15 日内申报纳税;以 5 日、10 日或者 15 日为一个纳税期的,自期满之日起 5 日内预缴税款,于次月 1 日起 15 日内申报纳税并结清上月应纳税款。扣缴义务人解缴税款的期限,依照前两款的规定执行。

(七)个人住房转让营业税相关政策

2009 年 12 月 22 日,财政部、国家税务总局发布了《关于调整个人住房转让营业税政策的通知》,《通知》规定:自 2010 年 1 月 1 日起,个人将购买不足 5 年的非普通住房对外销售的,全额征收营业税;个人将购买超过 5 年(含 5 年)的非普通住房或者不足 5 年的普通住房对外销售的,按照其销售收入减去购买房屋的价款后的差额征收营业税;个人将购买超过 5 年(含 5 年)的普通住房对外销售的,免征营业税。上述普通住房和非普通住房的标准、办理免税的具体程序、购买房屋的时间、开具发票、差额征税扣除凭证、非购买形式取得住房行为及其他相关税收管理规定,按照《国务院办公厅转发建设部等部门关于做好稳定住房价格工作意见的通知》(国办发[2005]26 号)、《国家税务总局、财政部建设部关于加强房地产税收管理的通知》(国税发[2005]89 号)和《国家税务总局关于房地产税收政策执行中几个具体问题的通知》(国税发[2005]172 号)的有关规定执行。

2011 年初的"新国八条"(三)又提出了调整完善相关税收政策:加强税收征管,调整个人转让住房营业税政策,对个人购买住房不足 5 年转手交易的,统一按销售收入全额征税。加强对土地增值税征管情况的监督检查,重点对定价明显超过周边房价水平的房地产开发项目,进行土地增值税清算和稽查。加大应用房地产价格评估技术加强存量房交易税收征管工作的试点和推广力度,坚决堵塞税收漏洞。严格执行个人转让房地产所得税征收政策。各地要加快建立和完善个人住房信息系统,为依法征税提供基础。

第三节　房地产费法律规则

一、国有土地使用权有偿使用收入

国有土地使用权有偿使用收入,是指国家按照规定向取得国有土地使用权的单位和个人,依法收取的费用。为了进一步促进土地使用制度改革和房地产市场的发展,财政部于 199 年 9 月 21 日根据《中华人民共和国城镇国有土地使用权出让和转让暂行条例》以及国务院国发[1989]38 号文件,制定了《关于国有土地使用权有偿使用收入征收管理的暂行办法》(以下简称"《办法》")以及《关于国有土地使用权有偿使用收入若干财政问题的暂行规定》(以下简称"《暂行规定》")。

1. 国有土地使用权有偿使用收入的种类:

《办法》第 3 条规定,国有土地使用权有偿使用收入包括:

(1)土地出让金。各级政府土地管理部门将土地使用权出让给土地使用者,按规定向受让人收取的土地出让的全部价款(指土地出让的交易总额);土地使用期满,土地使用者需要续期而向土地管理部门缴纳的续期土地出让价款;原通过行政划拨获得土地使用权的土地使用者,将土地使用权有偿转让、出租、抵押、作价入股和投资,按规定补交的土地出让价款。

(2)土地收益金(或土地增值费)。土地使用者将其所使用的土地使用权转让(含连同地面建筑物一同转让)给第三者时,就其转让土地交易额按规定比例向财政部门缴纳的价款;土地使用者将其所使用的土地使用权出租(含连同地面建筑物一同出租)给其他使用者时,就其所获得的租金收入按规定比例向财政部门缴纳的价款。

2. 国有土地使用权有偿使用收入的征收管理

国有土地使用权有偿使用收入的征收管理主要内容有:

(1)土地使用权有偿使用收入归中央政府和地方政府所有,由财政部门统一负责征收管理。土地出让金由土地管理部门代收代缴;土地收益金(或土地增值费)由房地产管理部门代收代缴。土地管理部门和房地产管理部门应在次月五日前将收到的土地出让金和土地收益金(或土地增值费)上缴财政部门,其中:土地出让金总额的 5% 应上缴中央财政,土地转让交易额和土地出租收入的 5% 应作为上缴中央财政的土地收益金或土地增值费;对连同地面建筑物一同转让的土地使用权,应根据房产评估价格,经财政部门核定,在交易总额中扣除合理的住房价款,其余额的 5% 作为土地收益金或土地增值费上缴中央财政。地方财政收取的土地出让金和土地收益金(或土地增值费)比例,由各省、自治区、直辖市和各计划单列市财政部门在核定合理的土地开发成本和住房价款的基础上,自行确定。

有关土地出让金和土地收益金的征收管理、财务管理等具体办法,由各省、自治区、直辖市和计划单列市财政部门自行制定。土地管理部门和房地产管理部门在收取土地出让金和土地收益金时,必须使用由财政部门统一印制的国有土地使用权有偿使用收入缴款单;土地管理部门不得为有偿出让土地没有缴款的土地使用者发放或变更国有土地使用权证书;房地产管理部门不得为有偿转让土地没有缴款的土地使用者办理交易手续。

（2）上缴财政的土地使用权有偿使用收入,代缴人逾期不缴的,除令其限期补缴外,并收取滞纳金;每逾期一天,滞纳金为应缴收入 1—3‰。市、县人民政府土地管理部门对未补办出让手续而擅自转让、出租、抵押原行政划拨土地使用权的单位和个人所处以的罚没收入,按现行规定全部上缴财政。外国投资者为获取土地使用权所付土地出让（或转让）价款,需用外汇支付;港、澳、台商一般应用外汇支付,如确有困难,也可用人民币结算。外汇结算根据中国银行人民币外汇牌价换算人民币。

（3）经财政部门核定,土地管理部门可以从其代收的土地出让金中提取土地出让业务费,提取比例不得超过土地出让金的 2%。经财政部门核定,房地产管理部门可以从其代收的土地收益金或土地增值费中提取土地收益业务费,提取比例不得超过土地收益金或土地增值费的 2%。

土地管理部门按规定提取的土地出让业务费,应按如下范围使用:为开展土地有偿使用工作所支付的调查研究费、办公用品费;对有偿使用的土地地域内的勘探设计费;对土地价格进行评估所需费用;为开展土地有偿使用工作所支付的广告宣传费、咨询费;土地出让、转让给外商过程中的外方中介人佣金;土地在进行出让、转让（拍卖、招标等）时所付出的场地租金;进行土地有偿使用工作的土地业务人员培训费;查处未补办出让手续而擅自转让、出租、抵押原属行政划拨土地使用权的单位和个人所发生的开支。在上述土地出让业务费使用范围中,除第 2 项和第 3 项外,其它各项均适用于房地产管理部门按规定提取的土地收益业务费使用范围。土地管理部门提取的土地出让业务费和房地产管理部门提取的土地收益业务费,执行行政事业单位预算外资金管理办法。

（4）土地使用者将土地使用权作价入股或投资时补交的土地出让金,由土地使用者用自有资金支付。上缴地方财政的国有土地使用权有偿使用收入,作为地方的预算固定收入;上缴中央财政的国有土地使用权有偿使用收入,作为中央财政的固定收入;专项用于城市建设和土地开发。上缴中央财政的土地使用权有偿使用收入,根据国发(1989)38号文件和财政部发(89)财综字第94号文件的有关规定,由中央财政专项用于城市土地开发建设,具体可由地方逐项申报具体开发项目所需费用,由中央财政专项核拨。

(5)对留给企业的土地使用权有偿使用收入,作为企业营业外收入,应照章纳税。对留归行政事业单位的土地使用权有偿使用收入,执行预算外资金管理办法。国有土地使用权有偿使用收入中的外汇收入按外汇额度,上缴中央财政40%,留地方财政60%。如在土地开发过程中,确有必不可少的外汇支出,由城市土地开发建设管理部门申报财政部门,由财政部门核拨。

二、房地产行政性收费

房地产行政性收费是指房地产行政管理机关或其授权机关,履行行政管理职能,管理房地产业所收取的费用。

(一)房屋登记收费计费方式和收费标准

2008年4月15日国家发展和改革委员会、财政部为规范房屋登记收费行为,保护权利人合法权益,依据《物权法》等相关规定,现就房屋登记收费计费方式和收费标准等有关问题发出通知。主要内容是:(1)房屋登记费是指县级以上地方人民政府房地产主管部门对房屋权属依法进行各类登记时,向申请人收取的费用;(2)房屋登记费按件收取,不得按照房屋的面积、体积或者价款的比例收取;(3)住房登记收费标准为每件80元;非住房房屋登记收费标准为每件550元。住房登记一套为一件;非住房登记的房屋权利人按规定申请并完成一次登记的为一件;(4)房屋登记收费标准中包含房屋权属证书费。房地产主管部门按规定核发一本房屋权属证书免收证书费。向一个以上房屋权利人核发房屋权属证书时,每增加一本证书加收证书工本费10元;(5)房屋登记费向申请人收取。但按规定需由当事人双方共同申请的,只能向登记为房屋权利人的一方收取;(6)房屋查封登记、注销登记和因登记机关错误造成的更正登记,不收取房屋登记费。房屋权利人因丢失、损坏等原因申请补领证书,只收取房屋权属证书费。农民利用宅基地建设的住房登记,不收取房屋登记费,只收取房屋权属证书工本费。经济适用住房登记,以及因房屋坐落的街道或门牌号码变更、权利人名

称变更而申请的房屋变更登记,按本通知第三条规定的收费标准减半收取;
(7)房屋权利人在办理房屋登记时委托有关专业技术单位进行房产测绘缴
纳的费用属于经营服务性收费,收费标准由省级价格主管部门商有关部门
制定;(8)收取房屋登记费,应按规定到指定的价格主管部门办理收费许可
证,并使用各省、自治区、直辖市财政部门统一印制的票据。执收单位要公
布规定的收费项目和标准,自觉接受价格、财政部门的监督检查。(9)县级
以上房地产主管部门收取的房屋登记费属于行政事业性收费,应全额上缴
地方国库,纳入地方财政预算管理,具体缴库办法按照同级财政部门的规定
执行,支出由同级财政部门按照其履行职能的需要核定。

(二)交易手续费

根据 2002 年 1 月 31 日国家计委、建设部《关于规范住房交易手续费有
关问题的通知》,住房交易手续费属经营服务性收费,应坚持公开、公平、质
价相符的原则,由经批准建立的房地产交易中心提供交易服务,办理交易手
续时收取。住房交易手续费包括住房转让手续费和住房租赁手续费。在办
理住房交易手续过程中,除住房转让手续费和住房租赁手续费外,不得以任
何名义收取其他费用。住房交易手续费按以下标准计收:(1)住房转让手
续费。按住房建筑面积收取。收费标准为:新建商品住房每平米 3 元,存量
住房每平方米 6 元。新建商品房转让手续费由转让方承担,经济适用房减
半计收;存量住房转让手续费由转让双方各承担 50% ;(2)住房租赁手续
费。按套收取,收费标准为每套 100 元,由出租人承担。以上收费标准为最
高限额。省、自治区、直辖市价格主管部门可根据本地区住房交易量及经济
发展状况确定具体收费标准。

房地产交易中心应当按规定提供交易场所、市场信息、核实产权、代办
产权过户、租赁合同备案以及其他与住房交易有关的服务。房地产交易中
心应当按照国家有关规定在交易场所实行明码标价,公布收费依据、收费项
目、收费标准。

住房交易手续费主要用于房地产交易中心人员经费、房屋、设备等固定
资产折旧、维护和购置费用,办公费用及交纳税金等,其他任何部门、单位不
得平调、扣缴、截留。

住房以外的其他房地产交易手续费收费标准由各省、自治区、直辖市价
格主管部门会同建设(房地产)行政主管部门参照本通知规定制定。

（三）房地产事业性收费

房地产事业性收费是指房地产行政管理机关及其所属事业单位为社会或个人提供特定服务所收取的费用,主要包括:

1. 拆迁管理收费。即承办房屋拆迁的单位向建设单位收取的费用。1993 年 01 月 18 日国家物价局、财政部《关于发布城市房屋拆迁管理费的通知》,国家《通知》要求:房屋拆迁管理费,以城市拆迁规模大小,按照不超过房屋拆迁补偿安置费用的 0.5—1% 收取。具体收费标准,由各省、自治区、直辖市物价、财政部门制定。房屋拆迁管理部门除收取房屋拆迁管理费外,不得再另外收取拆迁许可证等其它费用。由财政全额拨给事业费的拆迁管理部门,不得收取拆迁管理费。

2. 房屋估价收费。即房屋管理部门对房屋进行估价,向产权人或委托人收取的费用。具体收费标准见下表:

以房产为主的房地产价格评估收费标准计算表

档次	房地产价格总额（万元）	累进计费率（‰）
1	100 以下（含 100）	5
2	101—1000	2.5
3	1001—2000	1.5
4	2001—5000	0.8
5	5001—8000	0.4
6	8001—10000	0.2
7	10000 以上	0.1

（四）房地产中介服务费

中介服务费是一种重要的经营性服务收费,主要发生在房地产交易活动中。为了规范房地产中介服务收费行为,国家明确规定房地产中介服务收费实行明码标价制度。目前我国的中介服务性收费主要有以下几种:

1. 房地产咨询费。房地产咨询收费标准按服务形式分为两种:口头咨询按咨询服务所需时间结合提供咨询者的专业技术等级,由双方协商议定收费标准。书面咨询费按咨询报告的技术难度、工作繁简结合标的额大小计收。普通咨询报告每件收费 300 元至 1000 元;技术难度大、情况复杂、耗用人员和时间较多的咨询报告,可适当提高收费标准,收费标准一般不超过咨询标的额的0.5%。以上收费标准属于指导性参考价,实际成交的收费标准,由委托方与中介服务机构协商议定。

2. 房地产经纪费。房地产经纪费是房地产专业经纪人接受委托,进行居间代理所收取的佣金。房地产经纪费根据代理项目的不同实行不同的收费标准。房屋买卖代理收费,按成交价格总额的0.5%—2.5%计收;实行独家代理的,收费标准由委托方与房地产中价机构协商,可以适当提高,但最高不超过成交价的3%;房屋租赁代理的收费,以半个月至1个月的成交租金额为标准,由双方协商议定一次性计收。房地产经纪费由房地产经纪机构向委托人收取。

(五)城市基础设施配套费

依据《国家计委、财政部关于取消部分建设项目收费进一步加强建设项目收费管理的通知》城市基础设施配套费,由省级价格、财政部门根据近年来公用事业价格改革和调整情况,按照从严控制、逐步核减的原则核定收费标准。

中国房地产
法律规则研究

第九章 中国房地产金融法律规则

本章介绍中国房地产金融法律规则,内容包括:个人住房贷款管理法律规则、住房公积金法律规则、经济适用住房开发贷款管理、住房置业担保管理法律规则。本章还将对近年来房地产贷款新政策进行解读。

第一节 房地产金融法律规则概述

一、房地产金融概念与特点

(一)房地产金融概念

简单地讲,房地产金融是指围绕房地产这一标的进行的相关金融活动。它是围绕房地产生产、流通和消费过程所进行的货币流通和信用活动以及有关一切经济活动的总称。房地产金融包括:房地产筹资、融资、保险及有价证券的发行和转让等相关金融活动。房地产金融的基本职能是为房地产的生产、流通和消费筹集资金和分配资金。由于房地产金融中住房融资是其研究的主要内容,人们往往把房地产金融又称为住房金融①。

(二)房地产金融的特点

由于房地产金融的融资对象具有与普通商品不同的特点,即房地产位置的固定性、使用的耐久性、产品的多样性以及区域性、价值大和增值性等,决定了房地产金融具有与一般金融不同的特点。

1. 房地产金融是有担保的信用。房地产金融一般属于长期信用,因此,通常要求借款人提供担保。通常借款人的担保措施包括保证、抵押和质押。个人住房抵押贷款因期限长达 10~30 年不等,房地产金融一般以房地产抵押为前提,以房地产抵押权的设立为开始,并以抵押权的注销(债权如期清偿时)或执行(债权不能清偿)为结束。

2. 房地产金融具有较强的政策性。房地产金融首先受到国家法律规

---

① 殷红、张卫东著:《房地产金融》,首都经济贸易大学出版社 2002 年版,第 3 页。

则的规范,同时房地产金融受政府政策干预较强,近几年的国家一系列房地产新政中都与房地产金融密切关联。

3. 房地产金融业务成本较高、风险较大但收益较高。房地产金融需要和房地产管理部门、产权登记机关、保险机构、评估机构等部门相关工作密不可分,同时需要有相关知识的专业人员协作、配合。房地产金融业务往往投资大、周期长,高收益伴随着高风险。

二、房地产金融的作用

房地产金融在国民经济和人们日常生活中的地位与作用日益突出。房地产金融行为对个人住房、房地产企业经营和经济市场的有效性有着直接的影响。房地产业所需要的大量资金以及房地产开发运用的"财务杠杆原理"决定了房地产资金不可能单纯依赖开发商的自有资金,必须依靠金融工具融资①。

（一）为房地产开发经营提供了资金保障

首先,房地产开发经营过程大致要经过土地购买、房地产开发建设、房产销售、房地产经营四个主要的阶段。这四个阶段紧密相联,环环相扣,资金成为衔接各个环节的关键因素。另外,房地产的生产周期长,资金需求密集,资金供需间存在时间差。解决这个时间差,就需要金融支持。其次,从金融业的发展来看,房地产对于金融业的运作,包括业务拓展和利润生成均具有十分重要的意义。房地产作为一种不动产,具有保值和增值的特点,这就使得房地产成为金融行业的理想抵押品。再次,从金融市场固有的功能来看,聚资功能、配置功能和宏观调控功能都促进房地产业的发展。

（二）支持居民住房消费能力的提高

长期稳定的金融支持政策是实现我国政治目标、改善人民居住水平、培育支柱产业必需的制度保障。我国实现小康目标和发展房地产业需要明确而长期的金融支持政策。发达国家在提出解决居民住房和发展住宅产业的政策目标后,持续稳定的住宅融资政策保障着政策目标的实现,而且政府对房地产业的支持和鼓励使其迅速成长为支柱产业。我国已提出建设小康社

---

① "房地产金融",资料来源:http://baike.baidu.com.

会的目标,因此,明晰稳定的房地产金融配套政策成为居民提高住房消费能力的保证。

(三)房地产金融调节房地产业的金融属性

房地产泡沫对经济、金融、民众生活带来巨大的影响,房地产价格的走势将直接影响到国民经济和 GDP 增长,也影响金融资产的质量。房地产价格上涨过快容易造成市场价格过分偏离其真实价值,从而产生泡沫,一旦泡沫破灭,房地产价格下跌,作为抵押物的房地产就会贬值甚至大幅缩水,给银行带来不小的损失。我国自房地产市场建立以来,房地产市场的发展就和金融市场的发展紧密地联系在一起。购房抵押贷款使消费者的潜在购房需求得以转化为现实需求,开发企业获得的银行开发贷款促使其完成新建项目的建设。当国家决定对宏观经济进行调控时,作为主要调控工具之一的金融手段,不可避免地要对房地产业产生影响,特别是当房地产业对于金融业依存度越高时,所产生的影响也将越大。

三、房地产金融法律规则体系

进入 20 世纪 90 年代以来,中央政府、中央银行颁布了一系列房地产金融政策,包括开发信贷、消费信贷、住房公积金、土地储备、市场规范和监管、抵押证券、住房置业担保、金融深化等方面,这些政策促进了房地产业和房地产金融业务快速发展。政策实施有效改善了居民居住条件,同时,在推动居民住房投资、扩大内需、拉动经济增长、扩大就业等方面也发挥了重要作用。自 1994 年 7 月 5 日第八届全国人民代表大会常务委员会第八次会议通过了《房地产管理法》,我国房地产法制建设及房地产法律体系的构建才具有了里程碑的意义。《城市房地产管理法》与《土地管理法》、《民法通则》、《继承法》等共同构成我国房地产法律体系中最高层次的法律。除了法律之外,还有一系列法规、规章、规定、条例等,如《城市私有房屋管理规定》、《城市预售商品房管理办法》等。这些法律法规是制定房地产金融法规的基础。房地产金融法律法规主要体现在《人民银行法》、《商业银行法》、《保险法》、《证券法》、《票据法》、《合同法》、《破产法》、《担保法》、《物权法》以及相关的司法解释中。总的看来,我国房地产金融法制建设在立足中国国情并借鉴国外立法经验的基础上取得了长足进步,也基本上构建起房地产金融法所应规范的经济领域,对房地产金融业务和房地产金融活动进行了比较有效的调整、约束和监督,促进了房地产业和金融业的快速发展①。在本章将探讨个人住房贷款、经济适用住房开发贷款、住房公积金管理、住房置业担保等法律规则。

第二节 个人住房贷款管理法律规则

一、个人住房贷款的概念与特点

个人住房贷款(以下简称"贷款")是指贷款人向借款人发放的用于购买自用普通住房的贷款。贷款人发放个人住房贷款时,借款人必须提供担保,借款人到期不能偿还贷款本息的,贷款人有权依法处理其抵押物或质物,或由保证人承担偿还本息的连带责任。

为支持城镇居民购买自用普通住房,规范个人住房贷款管理,维护借贷双方的合法权益,根据《中华人民共和国商业银行法》、《担保法》和《贷款通则》,中国人民银行于 1998 年 5 月 9 日制定了《个人住房贷款管理办法》(以下简称"《办法》")。

个人住房贷款与银行其他信贷品种不同,具有以下特点:(1)个人住房贷款是向居民购买住房所发放的贷款,属于消费信贷的范畴。消费信贷包括汽车、助学、家用电器、综合消费,但份额最大的是个人住房贷款。我国目前个人住房贷款占银行消费信贷的比重在90%以上。《办法》中也规定,个人住房贷款不得用于购买豪华住房。城镇居民修房、自建住房贷款,参照本《办法》执行;(2)个人住房贷款必须设立担保。担保包括人的担保和物的担保。人的担保,通常是由信誉卓著或资本雄厚的第三人(可以是个人或企业)为债务人的债务清偿提供担保。物的担保,就是以特定的财物为借款人的债务履行做担保。由于物的担保较为安全,我国个人住房贷款主要采取物的担保形式;(3)个人住房贷款业务具有一定的政策性。城市居民住房问题的解决,关系到社会的安定和政局的稳定,因此政府通常要透过房地产金融部门,通过各种奖励、补贴或税收优惠等手段支持住房贷款的发展,从而使居民安居乐业。

---

① "对当前我国房地产金融政策与法规的思考",资料来源:http://www.csscipaper.com.

二、个人住房贷款的种类

（一）个人住房公积金贷款

个人住房公积金贷款是银行根据住房公积金管理部门的委托，以住房公积金存款为资金来源，按规定的要求向在中国大陆境内购买、建造、大修城镇各类型住房的自然人发放的贷款。住房公积金贷款是政策性的个人住房贷款，一方面是它的利率低，另一方面主要是为中低收入的公积金缴存职工提供这种贷款。个人住房公积金贷款是缴存公积金的职工才享有的一种贷款权利。只要是公积金缴存的职工，按公积金贷款的有关规定，即可申请公积金贷款，其利率较低，贷款一般有上限。

（二）个人住房商业性贷款

商业性个人住房贷款是银行用其信贷资金所发放的自营性贷款。具体指具有完全民事行为能力的自然人，购买自住住房时，以其所购买的产权住房（或银行认可的其他担保方式）为抵押，作为偿还贷款的保证而向银行申请的商业性住房贷款。

（三）个人住房组合贷款

个人住房组合贷款是指向缴存公积金的购房借款人同时发放个人住房公积金贷款和个人住房商业性贷款的一种贷款方式。申请住房公积金贷款不足以支付购买住房所需费用时，购房者又向商业银行申请一般个人住房贷款，两部分贷款一起构成组合贷款。

住房公积金贷款与一般个人住房商业性贷款的区别在于：

1. 性质不同。住房公积金属于委托性个人住房贷款，资金来源为单位和个人共同缴存的公积金存款；个人住房商业性贷款属于商业银行自主发放的自营性（商业性）贷款，资金来源为银行吸收的各类存款。

2. 发放方式不同。住房公积金贷款的贷款人是公积金管理中心，贷款风险由公积金管理中心承担。贷款方式是委托贷款，由住房公积金管理中心委托指定银行办理发放手续，并签订委托合同。个人住房商业性贷款由商业银行发放，贷款风险由银行承担。

3. 贷款对象有所不同。住房公积金贷款对象是指住房公积金缴存人。商业银行发放的个人住房贷款可对一切具有完全民事行为能力、符合银行规定的贷款条件的自然人发放贷款。

4. 贷款条件有所不同。在贷款额度、期限上有不同的规定。另外，住房公积金贷款利率比个人住房贷款利率优惠。

三、个人住房贷款的借款人和贷款程序

（一）个人住房贷款的借款人

按照《规定》，个人住房贷款的借款人应是具有完全民事行为能力的中国自然人及在中国大陆有居留权的境外、国外自然人。借款人应同时具备以下条件：（1）具有城镇常住户口或有效居留身份；（2）有稳定的职业和收入，信用良好，有偿还贷款本息的能力；（3）具有购买住房的合同或协议；（4）无住房补贴的以不低于所购住房全部价款的30%作为购房的首期付款；有住房补贴的以个人承担部分的30%作为购房的首期付款；（5）有贷款人认可的资产作为抵押或质押，或有足够代偿能力的单位或个人作为保证人；（6）贷款人规定的其他条件。

（二）贷款程序

1. 申请。借款人申请个人住房贷款时，应向贷款人提供下列资料：（1）身份件（指居民身份证、户口本和其他有效居留证件）；（2）有关借款人家庭稳定的经济收入的证明；（3）符合规定的购买住房合同意向书、协议或其他批准文件；（4）抵押物或质物清单、权属证明以及有处分权人同意抵押或质押的证明；有权部门出具的抵押物估价证明；保证人同意提供担保的书面文件和保证人资信证明；（5）申请住房公积金贷款的，需持有住房公积金管理部门出具的证明；（6）贷款人要求提供的其他文件资料。

2. 审查、核实。借款人应直接向贷款人提出借款申请，经办人员在收到借款人的申请及资料后，对借款人的申请及信用进行审查、核实。借款人应直接向贷款人提出借款申请。贷款人自收到贷款申请及符合要求的资料之日起，应在3周内向借款人正式答复。贷款人审查同意后，按照《贷款通则》的有关规定，向借款人发放住房贷款。贷款人发放贷款的数额，不得大于房地产评估机构评估的拟购买住房的价值。申请使用住房公积金贷款购买住房的，在借款申请批准后，按借款合同约定的时间，由贷款人以转帐方式将资金划转到售房单位在银行开立的帐户。住房公积金贷款额度最高不得超过借款家庭成员退休年龄内所交纳住房公积金数额的2倍。

四、贷款期限、利率及还款方式

(一)贷款期限

贷款人应根据实际情况,合理确定贷款期限,但最长不得超过 20 年。借款人应与贷款银行制定还本付息计划,贷款期限在 1 年以内(含 1 年)的,实行到期一次还本付息,利随本清;贷款期限在 1 年以上的,按月归还贷款本息。

(二)利率

用信贷资金发放的个人住房贷款利率按法定贷款利率(不含浮动)减档执行。即,贷款期限为 1 年期以下(含 1 年)的,执行半年以下(含半年)。法定贷款利率;期限为 1 至 3 年(含 3 年)的,执行 6 个月至 1 年期(含 1 年)法定贷款利率;期限为 3 至 5 年(含 5 年)的,执行 1 至 3 年期(含 3 年)法定贷款利率;期限为 5 至 10 年(含 10 年)的,执行 3 至 5 年(含 5 年)法定贷款利率;期限为 10 年以上的,在 3 至 5 年(含 5 年)法定贷款利率基础上适当上浮,上浮幅度最高不得超过 5%。

用住房公积金发放的个人住房贷款利率在 3 个月整存整取存款利率基础上加点执行。贷款期限为 1 年至 3 年(含 3 年)的,加 1.8 个百分点;期限为 3 至 5 年(含 5 年)的,加 2.16 个百分点;期限为 5 至 10 年(含 10 年)的,加 2.34 个百分点;期限为 10 至 15 年(含 15 年)的,加 2.88 个百分点;期限为 15 年至 20 年(含 20 年)的,加 3.42 个百分点。个人住房贷款期限在 1 年以内(含 1 年)的,实行合同利率,遇法定利率调整,不分段计息;贷款期限在 1 年以上的,遇法定利率调整,下年初开始,按应利率档次执行新的利率规定。

(三)还款方式

根据中国人民银行规定,目前个人住房贷款的偿还方式为:借款期限为 1 年的,采用到期一次还本付息方式;贷款期限超过 1 年的,主要采用等额本息还款法或等额本金还款法(利随本清法)两种归还贷款本息的方式。等额本息还款法就是在贷款期限内,每月以相等的额度平均偿还贷款本息。等额本金还款法(递减还款法)就是在贷款期内,每月等额偿还贷款本金,贷款利息随本金逐月递减。

五、抵押、质押、保证和房屋保险

(一)抵押

贷款抵押物应当符合《担保法》、《物权法》的规定,《担保法》、《物权法》第 37 条规定不得抵押的财产不得用于贷款抵押。借款人以所购自用住房作为贷款抵押物的,必须将住房价值全额用于贷款抵押。以房地产作抵押的,抵押人和抵押权人应当签订书面抵押合同,并于放款前向县级以上地方人民政府规定的部门办理抵押登记手续。抵押合同的有关内容按照《担保法》、《物权法》规定确定。借款人对抵押的财产在抵押期内必须妥善保管,负有维修、保养、保证完好无损的责任,并随时接受贷款人的监督检查。对设定的抵押物,在抵押期届满之前,贷款人不得擅自处分。抵押期间,未经贷款人同意,抵押人不得将抵押物再次抵押或出租、转让、变卖、馈赠。抵押权自抵押物登记时设立,。抵押合同终止后,当事人应按合同的约定,解除设定的抵押权。以房地产作为抵押物的,解除抵押权时,应到原登记部门办理抵押注销登记手续。

（二）质押和保证

采取质押方式的,出质人和质权人必须签订书面质押合同,《担保法》、《物权法》规定需要办理登记的,应当办理登记手续。质押合同的有关内容,按照《担保法》、《物权法》的规定执行。生效日期按《担保法》、《物权法》的规定执行。质押合同至借款人还清全部贷款本息时终止。对设定的质物,在质押期届满之前,贷款人不得擅自处分。质押期间,质物如有损坏、遗失,贷款人应承担责任并负责赔偿。

借款人不能足额提供抵押（质押）时,应有贷款人认可的第三方提供承担连带责任的保证。保证人是法人,必须具有代为偿还全部贷款本息的能力,且在银行开立有存款帐户。保证人为自然人的,必须有固定经济来源,具有足够代偿能力,并且在贷款银行存有一定数额的保证金。保证人与债权人应当以书面形式订立保证合同。保证人发生变更的,必须按照规定办理变更担保手续,未经贷款人认可,原保证合同不得撤销。

（三）房屋保险

以房产作为抵押的,借款人需在合同签订前办理房屋保险或委托贷款人代办有关保险手续。抵押期内,保险单由贷款人保管。抵押期内,借款人不得以任何理由中断或撤销保险;在保险期内,如发生保险责任范围以外的因借款人过错毁损,由借款人负全部责任。

（四）借款合同的变更和终止

借款合同需要变更的,必须经借贷双方协商同意,并依法签订变更协议。借款人死亡、宣告失踪或丧失民事行为能力,其财产合法继承人继续履行借款人所签订的借款合同。保证人失去担保资格和能力,或发生合并、分立或破产时,借款人应变更保证人并重新办理担保手续。抵押人或出质人按合同规定偿还全部贷款本息后,抵押物或质物返还抵押人或出质人,借款合同终止。

六、抵押物或质物的处分

借款人在还款期限内死亡、失踪或丧失民事行为能力后无继承人或受遗赠人,或其法定继承人、受遗赠人拒绝履行借款合同的,贷款人有权依照《担保法》、《物权法》的规定处分抵押物或质物。处分抵押物或质物,其价款不足以偿还贷款本息的,贷款人有权向债务人追偿;其价款超过应偿还部分,贷款人应退还抵押人或出质人。拍卖划拨的国有土地使用权所得的价款,在依法缴纳相当于应缴纳的土地使用权出让金的款项后,抵押权人有优先受偿权。

借款合同发生纠纷时,借贷双方应及时协商解决,协商不成的,任何一方均可依法申请仲裁或向人民法院提起诉讼。

借款人有下列情形之一的,贷款人按中国人民银行《贷款通则》的有关规定,对借款人追究违约责任:(1)借款人不按期归还贷款本息的;(2)借款人提供虚假文件或资料,已经或可能造成贷款损失的;(3)未经贷款人同意,借款人将设定抵押权或质押权财产或权益拆迁、出售、转让、赠与或重复抵押的。(4)借款人擅自改变贷款用途,挪用贷款的;(5)借款人拒绝或阻挠贷款人对贷款使用情况进行监督检查的;(6)借款人与其他法人或经济组织签订有损贷款人权益的合同或协议的;(7)保证人违反保证合同或丧失承担连带责任能力,抵押物因意外损毁不足以清偿贷款本息,质物明显减少影响贷款人实现质权,而借款人未按要求落实新保证或新抵押(质押)的。

七、近年来购房贷款新政策

2010年4月14日召开的国务院常务会议要求,对购买首套自住房且套型建筑面积在90平方米以上的家庭,贷款首付款比例不得低于30%;对贷款购买第二套住房的家庭,贷款首付款比例不得低于50%,贷款利率不得低于基准利率的1.1倍;对贷款购买第三套及以上住房的,大幅度提高首付款比例和利率水平。地方政府可根据实际,在一定时期内采取临时性措施,严格限制各种名目的炒房和投机性购房。加快研究制定合理引导个人住房消费、调节个人房产收益的有关税收政策。

2010年4月17日国务院发出通知,要求坚决抑制不合理住房需求。商品住房价格过高、价格上涨过快、供应紧张的地区,商业银行可根据风险状况,暂停发放购买第三套及以上住房贷款;对不能提供1年以上当地纳税证明或社会保险缴纳证明的非本地居民暂停发放购买住房贷款。地方人民政府可根据实际情况,采取临时性措施,在一定时期内限定购房套数。发挥税收政策对住房消费和房地产收益的调节作用。财政部、税务总局要加快研究制定引导个人合理住房消费和调节个人房产收益的税收政策。

2011年"新国八条"(四)提出了强化差别化住房信贷政策:对贷款购买第二套住房的家庭,首付款比例不低于60%,贷款利率不低于基准利率的1.1倍。人民银行各分支机构可根据当地人民政府新建住房价格控制目标和政策要求,在国家统一信贷政策的基础上,提高第二套住房贷款的首付款比例和利率。加强对商业银行执行差别化住房信贷政策情况的监督检查,对违规行为严肃处理。

第三节　住房公积金法律规则

一、住房公积金的概述

(一)住房公积金概念

住房公积金,是指国家机关、国有企业、城镇集体企业、外商投资企业、城镇私营企业及其他城镇企业、事业单位、民办非企业单位、社会团体(以下统称单位)及其在职职工缴存的长期住房储金。它是具有保障性和互助性的职工个人住房基金,归职工个人所有,专门用于职工住房建设和消费。

(二)住房公积金的性质

住房公积金由职工本人或职工所在单位缴纳的住房基金,属于职工个人所有,是职工个人的住房基金,具有以下性质[①]:

---

① "公积金条例释义",资料来源:http://gk.jiande.gov.cn。

1. 保障性。住房公积金制度实际上是一种住房保障制度,建立住房公积金的主要目的在于通过城镇所有机关和企事业单位及其在职职工每月缴存一定数量的住房公积金,建立起解决职工住房问题的住房建设基金,使每一个职工都能住上自己比较满意的住房。因为,一方面,通过建立住房公积金制度,可以有效地聚集住房建设资金,加快住房建设,提高住房供应水平,满足职工对住房的需求;另一方面,通过建立住房公积金制度,可以向职工个人提供住房公积金贷款,解决职工购房、建房资金不足的问题,使职工长期的住房储蓄行为转化为短期的住房实现,较好地解决了职工的住房问题。因此,建立职工住房公积金制度,为职工较快、较好地解决住房问题提供了保障。

2. 互助性。由于住房分配体制的转轨和职工工作时间、家庭条件和个人收入上的差别,客观上形成了职工个人在建造、购买住房能力上的不同。有的职工已经住上了比较理想的房子,家庭收入也比较高,而有的职工没有住上房子,而家庭收入又比较低。这种不平衡状况,客观上要求有住房的职工和收入较高的职工,能够发扬互助精神,帮助无房职工和低收入职工解决住房问题,这也是社会主义制度的内在要求和社会主义道德的具体体现。建立住房公积金制度能够有效地建立和形成有房的职工帮助无房职工的机制和渠道。

3. 长期性。住房公积金是一种长期的住房储蓄金。每一个城镇职工自参加工作之日起至退休或者终止劳动关系的这一段时间内,都必须缴交个人住房公积金。住房是一种耐用的、价值很高的生活资料,它的使用时间长达50—70年,市场价值从几万元到几十万元不等。这种价值很大的商品,要求每一个职工在很短的时间内筹集起来是相当困难的。解决的办法就在于通过职工低水平和可承受的长期住房储蓄积累,积少成多,积零成整,形成购买能力。建立住房公积金制度就是为了达到这一目的。一方面,职工个人缴交的公积金占其工资额的比例不高,一般控制在5%—12%,在职工可以承受的范围内;另一方面,通过职工长期每月按时交纳,到一定年限后,积累起来的资金数量相当可观。通过建立住房公积金制度,每一个职工在其法定的具有劳动能力的工作时间内,都交纳一定数量的住房公积金,可以较好地解决职工在住房方面所存在的积累与消费的矛盾,即通过职工住房公积金的长期积累和储蓄,解决住房资金上的困难。

（三）住房公积金的特点

住房公积金是按国家有关政策、法规建立起来的为解决职工个人住房问题的长期储蓄金,具有以下特点:

第一,普遍性。所有国家机关、国有企业、城镇集体企业、外商投资企业、城镇私营企业及其他城镇企业、事业单位民办、非企业单位、社会团体及其在职职工,都必须交纳住房公积金。建立住房公积金的目的在于解决城镇职工住房问题,而住房建设需要大批的资金,在国家停止对职工进行住房实物分配和实行住房分配货币化以后,职工住房建设的资金主要依靠职工自身的积累和单位的补贴,这就要求所有职工按规定的比例每月交纳一定数量的公积金,以做到积少成多,变分散为集中。

第二,强制性。职工住房公积金是每个单位和职工都必须交纳的住房建设基金,具有强制性。住房公积金的强制性:一是所有城镇机关和企事业单位及其职工都必须交纳公积金,不得逾期缴存或者少缴,只要单位录用职工,就必须为职工办理住房公积金缴存登记,并按期、足额缴存住房公积金;二是住房公积金的存贷利率都是由国家建设行政主管部门与人民银行商定后报国务院批准实施的;三是单位不办理住房公积金缴存登记或者不为本单位职工办理住房公积金账户设立的,住房公积金管理中心有权责令限期办理;逾期不办理的,可以处1万元以上5万元以下的罚款;四是单位逾期不缴或者少缴住房公积金的,住房公积金管理中心可以责令限期缴存;逾期仍不缴存的,可以申请人民法院强制执行。可见,任何单位和个人都必须按时、足额缴存职工个人住房公积金。

第三,专用性。住房公积金是专门用于职工个人住房建设的基金,职工住房公积金只能围绕解决职工住房问题,用于三个方面:一是向职工提供住房公积金贷款,为职工购买、建造、翻修、大修自住住房提供资金来源;二是为建设城市廉租住房提供补充资金,解决城市住房的建设问题;三是经住房委员会批准,可以将一部分住房公积金购买国债,为公积金保值增值。除此之外,公积金不能作为他用。

第四,政策性。住房公积金是互助性的基金,具有明显的政策性。这种政策性主要表现在两个方面:一是职工个人公积金除职工个人交纳一定金额外,职工所在单位也要交纳一定的金额,两者都归职工个人所有,也就是说,职工单位为职工提供了政策补贴;二是职工住房公积金贷款利率低于银行贷款利率,具有明显的政策性,这样在很大程度上减轻了职工的经济负担。

第五,返还性。职工个人缴存的住房公积金和职工所在单位为职工缴存的住房公积金,属于职工个人所有。职工离休、退休,或完全丧失劳动能力,并与单位终止劳动关系,或户口迁出所在的县、市以及出境定居的,可以支取职工个人住房公积金账户内的资金余额;职工死亡或者宣告死亡的,职工的继承人、受遗赠人可以提取职工住房公积金账户内的存储余额。也就是说,在一定的条件下,职工缴存的住房公积金将返还给职工个人[1]。

二、住房公积金制度产生与发展

改革开放以来,我国在政治、经济、社会各个方面发生了翻天覆地的变化,人们的衣食住行等物质需求得到极大满足。尤其是在解决城镇居民住房方面,人们安居乐业已是不争的事实。取得这一巨大成功的原因之一就是建立了住房公积金制度。我国住房公积金制度的建立和发展,大致经历了探索试点、全面建立和规范发展三个阶段[2]:

(一)探索推广阶段

这一阶段的主要标志是各城市住房制度改革方案的纷纷出台,且方案中都包括了建立住房公积金制度的相关内容,时间大致为1993年以前。即1989年北京政治风波后至国家规范性文件出台前的1993年,时间跨度为大约为五年。在这一阶段,伴随着全国城镇住房制度改革在探索中全面启动,住房公积金制度作为房改的一项配套政策,也相应纳入各地的住房制度改革方案之中。尽管当时的具体操作方法全国各地不尽一致,但方向是明确的。各城市根据属地化原则,结合当地实际情况研究制定的房改方案,经上一级人民政府批准后施行。在执行中,住房公积金制度仅仅作为房改中的一个方面、一项内容而出现,住房公积金管理机构(当时称住房资金管理中心)均隶属于房改机构(房改办)而存在。各地在制定住房制度改革方案的同时,对涉及的许多深层次理论问题、重大政策问题和具体实践问题都没

---

[1] "公积金管理条例释义",资料来源:http://gk.jiande.gov.cn.
[2] 何欣华:"我国住房公积金事业的发展历程回顾",载《住房公积金与住房保障》2008年10月1日。

有过多深入,只是按照"能理清则理清,一下难以理清的就暂时搁置"、"走一步看一步"、"摸着石头过河"的改革思路,进行了大胆探索和积极尝试。由于各级政府的高度重视、房改和住房资金管理行业工作者的求真务实,积极努力,使住房公积金这一新生事物在很短的时间里,就成为当时人们街谈巷议的主要话题,从而使住房公积金制度的推广普及在短期内得到了迅速展开。

(二)全面建立阶段

全面建立阶段的标志是国家规范性文件的出台,时间为 1994 年至 1998 年的五年间。经过第一阶段的探索试点,国家在全面总结全国各地实践经验的基础上,及时出台了相关的政策作为全行业的规范性文件,用以指导全国的住房公积金管理工作。与此同时,国家正式提出了全面建立住房公积金制度的要求,这标志着我国住房公积金管理事业进入了一个全面建立的历史发展时期。在全面建立阶段,影响较大的重要文件有:1994 年 7 月 18 日《国务院关于深化城镇住房制度改革的决定》(国发[1994]43 号);1994 年 11 月 23 日财政部、国务院住房制度改革领导小组、中国人民银行关于《建立住房公积金制度的暂行规定》(财综字[1994])126 号)。这两个文件的出台,极大地鼓舞了全国住房公积金管理工作者,为我国住房公积金事业进入全新的发展时期扫除了障碍,因而在住房公积金发展史上具有重要的里程碑意义。1996 年国务院办公厅转发了国务院住房制度改革领导小组《关于加强住房公积金管理的意见》(国办发[1996]35 号)的通知,进一步充分肯定了住房公积金制度对改善城市居民住房条件,促进房地产市场的快速发育和逐步完善,推动我国社会主义改革开放事业发展方面的积极作用。

(三)规范发展阶段

规范发展阶段的标志是国家关于住房公积金规范性法规的陆续出台,时间从 1999 年至今。1999 年 3 月 17 日国务院第 15 次常务会议通过了《住房公积金管理条例》(以下简称"《条例》")。这是我国住房公积金发展史上首部法规性文件,从法律程序上明确了住房公积金制度的社会功能和历史地位。在这一纲领性法规的指导下,1999 年国家财政部就住房公积金的财务管理和会计核算问题,颁布了两个规范性文件:一是《住房公积金财务管理办法》(财综字[1999]59 号),二是《住房公积金会计核算办法》(财会字[1999]33 号)。这两个办法的颁布,对加强住房公积金管理机构的财务管理,规范住房公积金业务会计核算,保证住房公积金运营安全,发挥了十分重要的作用。2002 年 3 月 24 日,国务院发布《关于修改〈住房公积金管理条例〉的决定》,对原〈住房公积金管理条例〉进行了从新修订,并于国务院令第 350 号的形式予以发布。2002 年 5 月 13 日国务院发布了《关于进一步加强住房公积金管理的通知》,2002 年 6 月 19 日依据《住房公积金管理条例》和《国务院关于进一步加强住房公积金管理的通知》,经国务院同意,建设部、财政部、中国人民银行、中央机构编制委员会办公室、国家经济贸易委员会、监察部、劳动和社会保障部、审计署、国务院法制办公室、中华全国总工会联合发布了《关于完善住房公积金决策制度的意见》。

三、住房公积金管理机构及职责

(一)住房公积金管理委员会

1. 住房公积金管理委员会委员的组成

根据《条例》第 8 条规定,直辖市和省、自治区人民政府所在地的市以及其他设区的市(地、州、盟),应当设立住房公积金管理委员会,作为住房公积金管理的决策机构。住房公积金管理委员会的成员中,设区城市人民政府负责人和建设(房地产管理)、房改、财政、人民银行、审计等有关部门代表以及有关专家占 1/3;工会代表和职工代表占 1/3;单位代表占 1/3。职工代表名额,由设区城市根据缴存住房公积金的职工人数合理分配到有关单位,职工代表由职工代表大会或工会委员会推选产生。单位代表要兼顾企业、事业单位、社会团体等,在设区城市辖区内,合理分配名额。工会、职工、单位或专家代表中,应当有人大代表、政协委员。

住房公积金管理委员会委员实行任期制,每届任期 5 年,可以连任。委员由设区城市人民政府聘任,总数原则上不超过 25 人,直辖市和省会城市可以适当增加,但原则上不超过 30 人。住房公积金管理委员会设主任委员 1 人,副主任委员 1—3 人,经全体委员推举产生,主任委员和副主任委员应由具有社会公信力的人士担任。

2. 住房公积金管理委员会的职责

住房公积金管理委员会负责以下工作:(1)依据有关法律、法规和政策,制定和调整住房公积金的具体管理措施,并监督实施;(2)拟订住房公积金具体缴存比例;(3)在中国人民银行确定的中国工商银行、中国农业银行、中国银行、中国建设银行和交通银行范围内,指定受委托办理住房公积金金融业务的银行;(4)审批住房公积金归集、使用计划(包括购买国债的比例或金额)及计划执行情况的报告;(5)确定住房公积金个人住房贷款最高额度;(6)审批单位缓缴住房公积金或降低住房公积金缴存比例的申请;(7)审议住房公积金年度预算、决算;(8)审议住房公积金增值收益分配方案;(9)听取财政部门对住房公积金监督情况的通报、人民银行对受委托银行办理的住房公积金金融业务监管的通报、住房公积金管理中心根据审计报告进行整改的汇报,并作出相应的决议或处理意见;(10)审议住房公积金管理中心提出的住房公积金呆坏帐核销申请;(11)审议住房公积金管理中心拟向社会公布的住房公积金年度公报;(12)推荐住房公积金管理中心的主任、副主任人选,对不称职的主任、副主任提出更换建议;(13)需要决策的其他事项。

住房公积金管理委员会依法自主决策,任何部门、单位和个人不得干涉。有关部门和单位定的,住房公积金管理委员会委员、执行决应严格执行住房公积金管理委员会决议。住房公积金管理委员会决议违反法律、法规和有关规议的部门或单位均有权向上级建设行政主管部门报告,上级建设行政主管部门会同同级财政部门,依据管理职权责令住房公积金管理委员会限期改正。住房公积金管理委员会委员应当恪尽职守,不得滥用职权、徇私舞弊。对不称职的委员,由住房公积金管理委员会提出建议,设区城市人民政府予以解聘,并按本意见规定更换新的委员。

(二)住房公积金管理中心

1. 住房公积金管理中心的设立

直辖市和省、自治区人民政府所在地的市以及其他设区的市(地、州、盟)按照精简、效能的原则,设立一个住房公积金管理中心,负责住房公积金的管理运作。县(市)不设立住房公积金管理中心。公积金管理中心可以在有条件的县(市)设立分支机构。住房公积金管理中心与其分支机构应当实行统一的规章制度,进行统一核算。

2. 住房公积金管理中心性质与职责

住房公积金管理中心是直属城市人民政府的不以营利为目的的独立的事业单位。住房公积金管理中心履行下列职责:(1)编制、执行住房公积金的归集、使用计划;(2)负责记载职工住房公积金的缴存、提取、使用等情况;(3)负责住房公积金的核算;(4)审批住房公积金的提取、使用;(5)负责住房公积金的保值和归还;(6)编制住房公积金归集、使用计划执行情况的报告;(7)承办住房公积金管理委员会决定的其他事项。

住房公积金管理委员会应当按照中国人民银行的有关规定,指定受委托办理住房公积金金融业务的商业银行;住房公积金管理中心应当委托受委托银行办理住房公积金贷款、结算等金融业务和住房公积金账户的设立、缴存、归还等手续。住房公积金管理中心应当与受委托银行签订委托合同。

四、住房公积金的缴存

(一)住房公积金管理中心设立住房公积金专户

住房公积金管理中心应当在受委托银行设立住房公积金专户。单位应当到住房公积金管理中心办理住房公积金缴存登记,经住房公积金管理中心审核后,到受委托银行为本单位职工办理住房公积金账户设立手续。每个职工只能有一个住房公积金账户。住房公积金管理中心应当建立职工住房公积金明细帐,记载职工个人住房公积金的缴存、提取等情况。

(二)单位公积金缴存登记

新设立的单位应当自设立之日起30日内到住房公积金管理中心办理住房公积金缴存登记,并自登记之日起20日内持住房公积金管理中心的审核文件,到受委托银行为本单位职工办理住房公积金账户设立手续。单位合并、分立、撤销、解散或者破产的,应当自发生上述情况之日起30日内由原单位或者清算组织到住房公积金管理中心办理变更登记或者注销登记,并自办妥变更登记或者注销登记之日起20日内持住房公积金管理中心的审核文件,到受委托银行为本单位职工办理住房公积金账户转移或者封存手续。

单位录用职工的,应当自录用之日起30日内到住房公积金管理中心办理缴存登记,并持住房公积金管理中心的审核文件,到受委托银行办理职工住房公积金账户的设立或者转移手续。单位与职工终止劳动关系的,单位应当自劳动关系终止之日起30日内到住房公积金管理中心办理变更登记,并持住房公积金管理中心的审核文件,到受委托银行办理职工住房公积金账户转移或者封存手续。

（三）住房公积金缴存

职工住房公积金的月缴存额为职工本人上一年度月平均工资乘以职工住房公积金缴存比例。单位为职工缴存的住房公积金的月缴存额为职工本人上一年度月平均工资乘以单位住房公积金缴存比例。新参加工作的职工从参加工作的第二个月开始缴存住房公积金，月缴存额为职工本人当月工资乘以职工住房公积金缴存比例。单位新调入的职工从调入单位发放工资之日起缴存住房公积金，月缴存额为职工本人当月工资乘以职工住房公积金缴存比例。职工和单位住房公积金的缴存比例均不得低于职工上一年度月平均工资的5%；有条件的城市，可以适当提高缴存比例。具体缴存比例由住房公积金管理委员会拟订，经本级人民政府审核后，报省、自治区、直辖市人民政府批准。

职工个人缴存的住房公积金，由所在单位每月从其工资中代扣代缴。单位应当于每月发放职工工资之日起5日内将单位缴存的和为职工代缴的住房公积金汇缴到住房公积金专户内，由受委托银行计入职工住房公积金账户。单位应当按时、足额缴存住房公积金，不得逾期缴存或者少缴。对缴存住房公积金确有困难的单位，经本单位职工代表大会或者工会讨论通过，并经住房公积金管理中心审核，报住房公积金管理委员会批准后，可以降低缴存比例或者缓缴；待单位经济效益好转后，再提高缴存比例或者补缴缓缴。

住房公积金自存入职工住房公积金账户之日起按照国家规定的利率计息。住房公积金管理中心应当为缴存住房公积金的职工发放缴存住房公积金的有效凭证。

（四）住房公积金的列支

单位为职工缴存的住房公积金，按照下列规定列支：（1）机关在预算中列支；（2）事业单位由财政部门核定收支后，在预算或者费用中列支；（3）企业在成本中列支。

五、住房公积金的提取和使用

（一）住房公积金的提取

职工有下列情形之一的，可以提取职工住房公积金账户内的存储余额：

(1)购买、建造、翻建、大修自住住房的;(2)离休、退休的;(3)完全丧失劳动能力,并与单位终止劳动关系的;(4)出境定居的;(5)偿还购房贷款本息的;(6)房租超出家庭工资收入的规定比例的。依照第(2)(3)(4)项提取职工住房公积金的,应当同时注销职工住房公积金账户。职工死亡或者被宣告死亡的,职工的继承人、受遗赠人可以提取职工住房公积金账户内的存储余额;无继承人也无受遗赠人的,职工住房公积金账户内的存储余额纳入住房公积金的增值收益。职工提取住房公积金账户内的存储余额的,所在单位应当予以核实,并出具提取证明。职工应当持提取证明向住房公积金管理中心申请提取住房公积金。住房公积金管理中心应当自受理申请之日起3日内作出准予提取或者不准提取的决定,并通知申请人;准予提取的,由受委托银行办理支付手续。

(二)住房公积金的使用

缴存住房公积金的职工,在购买、建造、翻建、大修自住住房时,可以向住房公积金管理中心申请住房公积金贷款。住房公积金管理中心应当自受理申请之日起15日内作出准予贷款或者不准贷款的决定,并通知申请人;准予贷款的,由受委托银行办理贷款手续。住房公积金贷款的风险,由住房公积金管理中心承担。申请人申请住房公积金贷款的,应当提供担保。

住房公积金管理中心在保证住房公积金提取和贷款的前提下,经住房公积金管理委员会批准,可以将住房公积金用于购买国债。住房公积金管理中心不得向他人提供担保。住房公积金的增值收益应当存入住房公积金管理中心在受委托银行开立的住房公积金增值收益专户,用于建立住房公积金贷款风险准备金、住房公积金管理中心的管理费用和建设城市廉租住房的补充资金。

住房公积金管理中心的管理费用,由住房公积金管理中心按照规定的标准编制全年预算支出总额,报本级人民政府财政部门批准后,从住房公积金增值收益中上交本级财政,由本级财政拨付。住房公积金管理中心的管理费用标准,由省、自治区、直辖市人民政府建设行政主管部门会同同级财政部门按照略高于国家规定的事业单位费用标准。

六、住房公积金的监督管理

地方有关人民政府财政部门应当加强对本行政区域内住房公积金归

集、提取和使用情况的监督,并向本级人民政府的住房公积金管理委员会通报。住房公积金管理中心在编制住房公积金归集、使用计划时,应当征求财政部门的意见。住房公积金管理委员会在审批住房公积金归集、使用计划和计划执行情况的报告时,必须有财政部门参加。住房公积金管理中心编制的住房公积金年度预算、决算,应当经财政部门审核后,提交住房公积金管理委员会审议。住房公积金管理中心应当每年定期向财政部门和住房公积金管理委员会报送财务报告,并将财务报告向社会公布。住房公积金管理中心应当依法接受审计部门的审计监督。

住房公积金管理中心和职工有权督促单位按时履行下列义务:(1)住房公积金的缴存登记或者变更、注销登记;(2)住房公积金账户的设立、转移或者封存;(3)足额缴存住房公积金。

住房公积金管理中心应当督促受委托银行及时办理委托合同约定的业务。受委托银行应当按照委托合同的约定,定期向住房公积金管理中心提供有关的业务资料。职工、单位有权查询本人、本单位住房公积金的缴存、提取情况,住房公积金管理中心、受委托银行不得拒绝。职工、单位对住房公积金账户内的存储余额有异议的,可以申请受委托银行复核;对复核结果有异议的,可以申请住房公积金管理中心重新复核。受委托银行、住房公积金管理中心应当自收到申请之日起 5 日内给予书面答复。职工有权揭发、检举、控告挪用住房公积金的行为。

七、法律责任

(一)单位的法律责任

单位不办理住房公积金缴存登记或者不为本单位职工办理住房公积金账户设立手续的,由住房公积金管理中心责令限期办理;逾期不办理的,处 1 万元以上 5 万元以下的罚款。单位逾期不缴或者少缴住房公积金的,由住房公积金管理中心责令限期缴存;逾期仍不缴存的,可以申请人民法院强制执行。

(二)住房公积金管理委员会的法律责任

住房公积金管理委员会违反本《条例》规定审批住房公积金使用计划的,由国务院建设行政主管部门会同国务院财政部门或者由省、自治区人民政府建设行政主管部门会同同级财政部门,依据管理职权责令限期改正。

（三）住房公积金管理中心的法律责任

住房公积金管理中心违反本《条例》规定，有下列行为之一的，由国务院建设行政主管部门或者省、自治区人民政府建设行政主管部门依据管理职权，责令限期改正；对负有责任的主管人员和其他直接责任人员，依法给予行政处分：（1）未按照规定设立住房公积金专户的；（2）未按照规定审批职工提取、使用住房公积金的；（3）未按照规定使用住房公积金增值收益的；（4）委托住房公积金管理委员会指定的银行以外的机构办理住房公积金金融业务的；（5）未建立职工住房公积金明细账的；（6）未为缴存住房公积金的职工发放缴存住房公积金的有效凭证的；（7）未按照规定用住房公积金购买国债的。

（四）其他违法行为的法律责任

违反本《条例》规定，挪用住房公积金的，由国务院建设行政主管部门或者省、自治区人民政府建设行政主管部门依据管理职权，追回挪用的住房公积金，没收违法所得；对挪用或者批准挪用住房公积金的人民政府负责人和政府有关部门负责人以及住房公积金管理中心负有责任的主管人员和其他直接责任人员，依照刑法关于挪用公款罪或者其他罪的规定，依法追究刑事责任；尚不够刑事处罚的，给予降级或者撤职的行政处分。住房公积金管理中心违反财政法规的，由财政部门依法给予行政处罚。违反本条例规定，住房公积金管理中心向他人提供担保的，对直接负责的主管人员和其他直接责任人员依法给予行政处分。国家机关工作人员在住房公积金监督管理工作中滥用职权、玩忽职守、徇私舞弊，构成犯罪的，依法追究刑事责任；尚不构成犯罪的，依法给予行政处分。

第四节　经济适用住房开发贷款管理

一、经济适用住房开发贷款的概念

（一）经济适用房概念

经济适用房是指政府提供政策优惠，限定套型面积和销售价格，按照合理标准建设，面向城市低收入住房困难家庭供应，具有保障性质的政策性住房。

经济适用房与商品房的差异主要表现在房屋的售价、销售对象、所有权及法律法规保障体系四个方面：一是售价不同。经济适用房是由国家推出的带有半福利性质的房屋,所以国家对其建设成本有一定规定,减免了一部分费用,建房占用土地由政府统一划拨,而且对于参与建设经济适用房的发展商,限制其利润为微利,因此经济适用房的最终售价与市场上的同类型、同档次商品房比价格要相对便宜许多;二是销售对象不同。经济适用房的销售对象主要是中低收入家庭,所以不是任何人都能够在市场上购买到的,而且选择余地相对较小。而商品房的销售对象则相当广泛,它包括所有有购买能力的公民,并且可根据市场需求建造不同标准,能满足不同住户的各种需要;三是所有权不同。主要表现是:(1)房产再交易的限制。经济适用房所占土地为政府划地,购买者欲转让其房产时,应就转让价格高于房产价值的部分向国家交纳土地收益金或者须在补交相关土地出让金后才能将该房产连同土地使用权转让。而商品房的转让程序目前已相当成熟;(2)房产出租的限制。由于经济适用房不享有出让性质的土地使用权,所以租金收益中,除按照国家有关规定缴纳相关税费外,还应向国家缴纳土地收益金。而商品房的租金收入,只须按国家规定缴纳相关税费即可;(3)房产抵押的限制。由于经济适用房占地为国有划拨地,不能办理抵押登记手续。而商品房抵押登记程序是明确、顺畅的;四是适用法律法规不同。商品房市场经过多年的发展,目前已基本形成一套比较完备的法规保障、监督体系,而经济适用房从政策出台到开始出售、认购时间很短,有关法规保障、监督体系尚不完善。目前关于经济适用房法律规则主要体现在建设部、国家发展和改革委员会、监察部、财政部、国土资源部、中国人民银行、国家税务总局等七部门 2007 年 12 月 1 日联合发布《经济适用住房管理办法》中。

　　(二)经济适用住房开发贷款的概念

　　经济适用住房开发贷款是指贷款人向借款人发放的专项用于经济适用住房项目开发建设的贷款。这里的"贷款人"是指中华人民共和国境内依法设立的商业银行和其他银行业金融机构。这里的"借款人"是指具有法人资格,并取得房地产开发资质的房地产开发企业。各政策性银行未经批准,不得从事经济适用住房开发贷款业务。

　　为支持经济适用住房建设,维护借贷双方的合法权益,根据《商业银行法》、《担保法》、《贷款通则》和国务院有关政策,中国人民银行于 1999 年 4 月 6 日制定了《经济适用住房开发贷款管理暂行规定》。2008 年 1 月 18 日中国人民银行、中国银行业监督管理委员会对中国人民银行 1999 年颁布的

《经济适用住房开发贷款管理暂行规定》进行了修订,并更名为《经济适用住房开发贷款管理办法》(以下简称"《办法》")。

二、经济适用住房开发贷款条件及其他要求

(一)借款人申请经济适用住房贷款的条件

根据《办法》第4条规定,申请经济适用住房开发贷款条件有:(1)借款人已取得贷款证(卡)并在贷款银行开立基本存款账户或一般存款账户;(2)借款人产权清晰,法人治理结构健全,经营管理规范,财务状况良好,核心管理人员素质较高;(3)借款人实收资本不低于人民币1000万元,信用良好,具有按期偿还贷款本息的能力;(4)建设项目已列入当地经济适用住房年度建设投资计划和土地供应计划,能够进行实质性开发建设;(5)借款人已取得建设项目所需的《国有土地使用证》、《建设用地规划许可证》、《建设工程规划许可证》和《建设工程开工许可证》;(6)建设项目资本金(所有者权益)不低于项目总投资的30%,并在贷款使用前已投入项目建设;(7)建设项目规划设计符合国家相关规定;(8)贷款人规定的其他条件。

(二)经济适用住房开发贷款的其他要求

经济适用住房开发贷款的其他要求如下:(1)经济适用住房开发贷款必须专项用于经济适用住房项目建设,不得挪作他用;(2)严禁以流动资金贷款形式发放经济适用住房开发贷款;(3)经济适用住房开发贷款期限一般为3年,最长不超过5年;(4)经济适用住房开发贷款利率按中国人民银行利率政策执行,可适当下浮,但下浮比例不得超过10%;(5)经济适用住房开发贷款应以项目销售收入及借款人其他经营收入作为还款来源。贷款人应当依法开展经济适用住房开发贷款业务。贷款人应对借款人和建设项目进行调查、评估,加强贷款审查。借款人应按要求向贷款人提供有关资料。任何单位和个人不得强令贷款人发放经济适用住房开发贷款;(6)借款人申请经济适用住房贷款应提供贷款人认可的有效担保。贷款人应与借款人签订书面合同,办妥担保手续。采用抵(质)押担保方式的,贷款人应及时办理抵(质)押登记;(7)经济适用住房开发贷款实行封闭管理。借贷双方应签订资金监管协议,设定资金监管账户。贷款人应通过资金监管账户对资金的流出和流入等情况进行有效监控管理。贷款人应对经济适用住房开发贷款使用情况进行有效监督和检查,借款人应定期向贷款人提供项

目建设进度、贷款使用、项目销售等方面的信息以及财务会计报表等有关资料；(8)中国银行业监督管理委员会及其派出机构依法对相关借贷经营活动实施监管。中国人民银行及其分支机构可以建议中国银行业监督管理委员会及其派出机构对相关借贷经营活动进行监督检查。经济适用住房开发贷款列入房地产贷款科目核算。经有关管理部门批准，符合相关政策规定的单位集资合作建房项目的贷款业务参照本《办法》执行。

第五节　住房置业担保管理法律规则

一、住房置业担保概述

（一）住房置业担保的概念与特点

住房置业担保是指依法设立的住房置业担保公司，在借款人无法满足贷款人要求提供担保的情况下，为借款人申请个人住房贷款而与贷款人签订保证合同，提供连带责任保证担保的行为。

住房置业担保具有以下特点：(1)住房置业担保公司提供的住房置业担保，是个人住房贷款担保方式的一种补充。个人住房贷款是指贷款人向借款人发放的用于购买自用普通住房的贷款。贷款人发放个人住房贷款时，借款人必须提供担保，借款人到期未能偿还贷款本息的，贷款人有权依法处理其抵押物或质押物，或由保证人承担偿还本息的连带责任。除了住房置业担保外，还有抵押、质押及其他保证担保等担保方式；(2)住房置业担保是特定的专业性担保机构提供的保证担保，以区别其他形式住房保证担保行为。《住房置业担保管理试行办法》对住房置业担保公司有严格的设立程序和设立条件，对担保机构的业务管理也有具体规定；(3)住房置业担保属于连带责任保证。依照连带责任保证的法律规定，债务人在主合同规定的债务履行期限届满时没有履行债务的，债权人可以要求债务人履行债务，也可以要求保证人在其保证范围内承担保证责任。同时要求借款人应当将其本人或者第三人的合法房屋依法向担保公司进行抵押反担保。担保公司有权就代为清偿的部分向借款人进行追偿，并要求行使房屋抵押权，处置抵押物①。

---

① "住房置业担保概述"，资料来源：http://www.51edu.com.

住房置业担保是在个人住房贷款业务发展到一定阶段,应市场需要而产生的一种新的房地产服务行业。1997 年为配合住房二级市场的开放,上海市出现了住房置业担保公司为购房贷款提供担保服务,从而开创了我国住房贷款担保的先河。为规范住房贷款担保市场,推动住房置业担保工作健康发展,2000 年 5 月,建设部、中国人民银行联合印发了《住房置业担保管理试行办法》,对住房置业担保性质、担保公司、担保的设立、担保的解除及风险防范都作了较为明确的规定。2003 年 8 月,《国务院关于促进房地产市场持续健康发展的通知》中的要求,要完善个人住房贷款担保机制,加强对住房置业担保机构的监管,规范担保行为,建立健全风险准备金制度,鼓励其为中低收人家庭住房贷款提供担保。2005 年,财政部印发了《担保企业会计核算办法》(财会[2005]17 号)。该办法统一规定会计科目编号,强调企业应当按照《企业财务会计报告条例》、《金融企业会计制度》和该办法的规定,编制和对外提供真实、完整的财务会计报告,对统一担保行业会计核算标准,引导信用担保行业健康发展具有积极的促进作用。

(二)住房置业担保合同

住房置业担保,应当遵循平等、自愿、公平、诚实信用的原则。任何单位和个人不得干预贷款人及担保公司的正常经营活动。借款人向担保公司申请提供住房置业担保的,应当将其本人或者第三人的合法房屋依法向担保公司进行抵押反担保。贷款人与借款人依法签订的个人住房借款合同为主合同,担保公司、贷款人依法签订的保证合同是其从合同。主合同无效,从合同无效。保证合同另有约定的,从其约定。保证合同被依法确认无效后,担保公司、借款人和贷款人有过错的,应当根据其过错各自承担相应的民事责任。

(三)住房置业管理体制

国务院建设行政主管部门归口管理全国住房置业担保管理工作。省、自治区建设行政主管部门归口管理本行政区域内住房置业担保管理工作。直辖市、市人民政府房地产行政主管部门负责管理本行政区域内住房置业担保管理工作。

二、住房置业担保公司

(一)住房置业担保公司的概念

住房置业担保公司,是指为借款人办理个人住房贷款提供专业担保,收取服务费用,具有法人地位的房地产中介服务企业。

设立担保公司,应当报经城市房地产行政主管部门审核,并经城市人民政府批准后,方可向工商行政管理部门申请设立登记,领取营业执照。担保公司的组织形式为有限责任公司或者股份有限公司。

（二）住房置业担保管理公司的设立条件

设立担保公司应当具备下列条件:(1)有自己的名称和组织机构;(2)固定的服务场所;(3)有不少于1000万元人民币的实有资本;(4)有一定数量的周转住房;(5)有适应工作需要的专业管理人员;(6)有符合《公司法》要求的公司章程;(7)符合《公司法》和相关法律、法规规定的其它条件。

担保公司的实有资本以政府预算资助、资产划拨以及房地产骨干企业认股为主。货币形态的实有资本应当存入城市房地产行政主管部门指定的国有独资银行,或发放由担保公司提供住房置业担保的个人住房贷款的其他银行。

贷款人不得在担保公司中持有股份,其工作人员也不得在担保公司中兼职。一个城市原则上只设一个担保公司,以行政区内的城镇个人为服务对象。县(区)一般不设立担保公司,个人住房贷款量大的县(区)可以设立担保公司的分支机构。

担保服务收费标准应报经同级物价部门批准。担保服务费由借款人向担保公司支付。担保公司应当设立内部监督机构,负责对内部担保经营状况的监督。

三、住房置业担保的设立和解除

（一）住房置业担保的设立

借款人向担保公司申请住房置业担保,应当具备下列条件:(1)具有完全民事行为能力;(2)有所在城镇正式户口或者有效居留的身份证件;(3)收入来源稳定,无不良信用记录,且有偿还贷款本息的能力;(4)已订立合法有效的住房购销合同;(5)已足额交纳购房首付款;(6)符合贷款人和担保公司规定的其他条件。担保公司提供住房置业担保,应当严格评估借款人的资信。对于资信不良的借款人,担保公司可以拒绝提供担保。

住房置业担保当事人应当签订书面保证合同。保证合同一般应当包括以下内容:(1)被担保的主债权种类、数额;(2)债务人履行债务的期限;

(3)保证的方式;(4)保证担保的范围;(5)保证期间;(5)其他约定事项。住房置业担保的保证期间,由担保公司与贷款人约定,但不得短于借款合同规定的还款期限,且不得超过担保公司的营业期限。设定住房置业担保的,借款人未按借款合同约定偿还贷款本息的,贷款人可以依保证合同约定要求担保公司在其保证范围内承担债务清偿责任。

借款人向担保公司申请提供住房置业担保的,担保公司有权要求借款人以其自己或者第三人合法所有的房屋向担保公司进行抵押反担保。房屋抵押应当订立书面合同。抵押合同一般包括以下内容:(1)抵押当事人的姓名、名称、住所;(2)债权的种类、数额、履行债务的期限;(3)房屋的权属和其他基本情况;(4)抵押担保的范围;(5)担保公司清算时,抵押权的处置;(6)其他约定事项。抵押当事人应当自抵押合同订立之日起 30 日内向房屋所在地的房地产行政主管部门办理抵押登记。抵押合同发生变更或者抵押关系终止时,抵押当事人应当在变更或者终止之日起 15 日内,到原登记机关办理变更或者注销登记。房屋抵押权与其担保的债权同时存在。借款人依照借款合同还清全部贷款本息后,房屋抵押权方可终止。抵押权人要求抵押人办理抵押房屋保险的,抵押人应当在抵押合同订立前办理保险手续,并在保证合同订立后将保险单正本移交抵押权人保管。抵押期间,抵押权人为保险赔偿的第一受益人。抵押期间,抵押人不得以任何理由中断或者撤销保险。抵押的房屋因抵押人的行为造成损失致使其价值不足作为履行债务担保时,抵押权人有权要求抵押人重新提供或者增加担保以弥补不足。

(二)住房置业担保的解除

借款人依照借款合同还清全部贷款本息,借款合同终止后,保证合同和房屋抵押合同即行终止。借款人到期不能偿还贷款本息时,依照保证合同约定,担保公司按贷款人要求先行代为清偿债务后,保证合同自然终止。保证合同终止后,担保公司有权就代为清偿的债务部分向借款人进行追偿,并要求行使房屋抵押权,处置抵押房屋。抵押房屋的处置,可以由抵押当事人协议以该抵押房屋折价或者拍卖、变卖该抵押房屋的方式进行;协议不成的,抵押权人可以向人民法院提起诉讼。处置抵押房屋时,抵押人居住确有困难的,担保公司应当予以协助。

四、住房置业担保的风险防范

（一）担保公司资金的运作

担保公司的资金运用，应当遵循稳健、安全的原则，确保资产的保值增值。担保公司只能从事住房置业担保和房地产经营业务（房地产开发除外），不得经营财政信用业务、金融业务等其他业务，也不得提供其他担保。担保公司应当从其资产中按照借款人借款余额的一定比例提留担保保证金，并存入借款人的贷款银行。担保公司未按规定或合同约定履行担保义务时，贷款人有权从保证金账户中予以扣收。保证金的提留比例，由贷款人与担保公司协商确定。

（二）担保风险的控制

担保公司应当建立担保风险基金，用于担保公司清算时对其所担保债务的清偿。担保风险基金由担保公司按照公司章程规定的比例从营业收入中提取，专户存储，不得挪用。担保公司担保贷款余额的总额，不得超过其实有资本的 30 倍；超过 30 倍的，应当追加实有资本。担保公司清算时，房屋抵押权可转移给贷款人，并由贷款人与借款人重新签订抵押合同。但抵押合同另有约定的，从其约定。

中国房地产
法律规则研究

第十章 中国房地产纠纷解决法律规则

本章介绍和分析中国房地产纠纷解决法律规则,内容包括:房地产纠纷行政处理法律规则、房地产纠纷仲裁法律规则、房地产纠纷民事诉讼法律规则等。

第一节　房地产纠纷解决法律规则概述

一、房地产纠纷的概念

（一）房地产纠纷概念

房地产纠纷意义十分宽泛。广义上当事人一切因房地产引发的权益争议都属于房地产纠纷范畴。狭义上的房地产纠纷是指当事人之间因对房地产特定权益的有无、归属和具体权利义务等争议发生的纠纷。上述两种意义上的房地产纠纷,都包括房地产民事纠纷、房地产行政管理纠纷和不在法院受理范围内的其他房地产纠纷。然而,最严格意义上的或最狭义上的房地产纠纷仅指平等主体的法人、自然人以及其他非法人组织之间因对房地产特定权益的有无、归属和具体权利义务的内容等争议发生的纠纷。这种意义上的房地产纠纷实际仅指房地产民事纠纷。许多广义的房地产纠纷,虽然都与房地产有关,但当事双方之间的法律关系并不一定属于或不主要属于房地产法律关系,因而纠纷的处理需要适用房地产法以外的相关法律、法规①。本书所论述的房地产纠纷是指与房地产有关的民事、行政纠纷,这种纠纷主要涉及到房地产的所有权、使用权、经营权、管理权以及由于买卖、租赁、抵押等引起的经济纠纷。

（二）房地产纠纷与房地产案件的关系

房地产纠纷与房地产案件是不同的,当房地产纠纷被提交诉讼或仲裁解决时,纠纷就转化成了案件,因此房地产案件就是被提交诉讼或仲裁解决

---

① 陈文:《房地产诉讼与仲裁操作指引》,法律出版社 2007 年版,第 18 页。

的房地产纠纷。这样的转化在法律上还是有一定意义的。具体来说,房地产案件与房地产纠纷的关系如下①:

(1)房地产案件必须以房地产纠纷存在为前提条件。法院或仲裁机构是定纷止争的专门机关。如果事实上双方没有争议,只是想把私下协商的结果用法院判决或调解书的形式固定下来从而产生强制执行效力,或者,甚至存在利用法院的意图,这是对司法资源的浪费和对司法权威的亵渎。法院立案审查时发现这一意图,应该裁定不予受理,受理后发现当事人双方真实意图,应该裁定驳回起诉,并对行为人依法予以制裁。

(2)房地产纠纷不一定就能转化为房地产案件。首先,纠纷当事人双方出于种种原因不一定就愿意将房地产纠纷提交诉讼或仲裁解决,事实上有些纠纷更适合搁置。不到解决的时候硬要一个结果不一定就有更好的结果。其次,房地产纠纷不一定就要通过诉讼或仲裁解决。房地产纠纷的解决途径有很多,各种途径之间并无绝对的优劣之分。一般说来,诉讼或仲裁是最无经济和社会效益的纠纷解决方式,应该是穷尽其他救济手段后不得已为之的最后手段。最后,不是所有的房地产纠纷都能被法院或仲裁机构受理。根据最高人民法院的司法解释,法院不受理下列房地产纠纷:历史遗留的落实房地产政策纠纷;行政指令调整、划拨机关、国有企业、事业单位之间国有房地产占有关系引起的房地产纠纷;因机构撤并发生的房地产转移纠纷;单位内部建房引起的分房、占房、腾房纠纷。

(3)当事人在处理房地产案件过程中的行为后果与通过其他方式处理房地产纠纷过程中的行为后果法律意义有很大不同。首先,提起诉讼或仲裁当然导致诉讼时效中断,通过其他方式主张权利尚需证据证明。其次,当事人在诉讼或仲裁中的行为都会产生直接的法律效果。比如,提出、变更、放弃自己的诉讼请求;承认某一对自己不利的事实;承认对方的诉讼请求;认可对方提交的证据等,都可以直接成为法院或仲裁机构判决或裁决的依据。当事人在诉讼或仲裁以外纠纷解决途径中的上述行为,虽然也会产生一定法律效果,但对判决或仲裁没有直接的法律效果。

---

① 陈文:《房地产诉讼与仲裁操作指引》,法律出版社 2007 年版,第 19 页。

二、房地产纠纷的特点

房地产纠纷具有下述特点:

(一)房地产纠纷的标的物是不动产

不动产主要包括土地、房屋、宅基地、山林、水利设施等。房地产属于不动产,房地产纠纷主要涉及土地使用、房屋买卖、宅基地使用权以及因不动产的相邻权而产生的采光权、通行权、通风权、截水权、排水权等纠纷。在标的物是不动产的情况下,履行地点为不动产所在地,纠纷的管辖法院亦是不动产所在地人民法院。

(二)房地产纠纷的争议标的价值大

由于房地产纠纷的标的物主要是房屋的土地,而房屋和土地的价值相对其他纠纷的标的物来讲要大许多,房地产纠纷的处理不仅事关公民的重大财产利益,对于企事业单位来说,房地产是其从事生产经营和各项事业的基本物质基础,而对于房地产企业来说,房地产更是企业生存和发展生死攸关的利益所在。房地产纠纷的合理解决能够保护当事人的合法权益,同时对经济秩序的稳定和整个社会的安定都有益处。

(三)房地产纠的法律关系复杂

房地产纠纷涉及主体非常广泛,如即涉及城建、规划、土地管理、房产管理等部门,也涉及房地产的产权人、使用人等。一宗房地产纠纷案件有时同时存在两个以上相互牵连的不同的法律关系,如房屋产权争议与城市规划行政争议的混合,房屋产权争议与单位内部劳动关系争议的混合等,有时同时存在两个以上相互牵连的民事法律关系,例如:房屋产权、房屋继承往往与析产交织在一起,房屋买卖与租赁、赠与和代管常常牵连在一起。此外,房地产纠纷还往往涉及许多历史遗留问题,因此,更增加了房地产纠纷案件处理的难度。

三、房地产纠纷的种类

房地产纠纷依不同的标准可作如下分类:

(一)按纠纷涉及的标的不同,可分为土地纠纷和房屋纠纷

1. 土地纠纷。土地纠纷是指当事人之间因土地的权属、交易或其他法律问题而发生的纠纷。这类纠纷按其内容又可分为土地产权纠纷、土地交易纠纷。土地产权纠纷,亦称土地所有权纠纷,是指关于土地产权的归属和

侵犯土地产权而发生的纠纷,包括土地所有权归属的纠纷、土地使用权的纠纷、宅基地使用权纠纷、土地侵权纠纷。土地交易纠纷,通常表现为因土地使用权出让和转让而发生的合同纠纷;

2. 房屋纠纷。房屋纠纷是指当事人基于房屋的权利义务所发生的纠纷,具体包括房屋产权纠纷、房屋转让纠纷、房屋租赁纠纷。房屋产权纠纷,亦称房屋所有权纠纷,是指关于房屋产权的归属和侵犯房屋产权而发生的纠纷;房屋转让纠纷,是指因公民之间、法人之间及公民和法人相互之间因房屋买卖、抵押、典当、赠与、继承等基于所有权变更而发生的纠纷。房屋租赁纠纷,是指房屋出租人和承租人之间因房屋租赁过程中的权利义务发生的纠纷。由于房屋权是房屋产权人最重要的权利,也是产生与房屋产权有关的其他权利的基础,因此,在城镇房屋纠纷中最常见的就是房屋产权纠纷。

(二)按纠纷的法律性质不同可分为房地产行政纠纷、房地产民事纠纷

1. 房地产行政纠纷。房地产行政纠纷是指房地产行政管理机关在行使管理权过程中与管理对象发生的纠纷。这类纠纷又可分为两种情况:一是因房地产管理机关行使管理权而引起的争议,主要是对房地产管理机关对被管理者进行行政处罚引起的争议,例如,行政机关认为被处罚人违反批准程序等管理规定,非法占用、使用、处分土地,而依法给予处罚,被处罚人不服处罚而引起的争议;另一种是因房地产管理机关不作为而引起的争议,例如,当事房地产管理机关拒绝发给土地使用证、拒绝对房屋产权登记或过户、对用地申请不予答复、对房地产权属纠纷或侵权行为不作处理等引起的争议。

2. 房地产民事纠纷。房地产民事纠纷是指平等主体的公民之间、法人之间以及公民与法人之间的有关房地产权利义务的纠纷。在房地产民事纠纷中,除当事人之间财产权争议为主的民事纠纷外,还包括公民住宅商品房的买卖、商品房质量和售后服务、物业管理、房屋装修、经营性房屋租赁等房地产消费关系中的纠纷。

(三)按纠纷所涉及的民事权利的性质可分为房地产物权纠纷和房地产债权纠纷

1. 房地产物权纠纷,是指当事人因对房地产的所有权及相关财产权而发生的纠纷。我国的房地产物权纠纷主要包括土地使用权纠纷、房屋所有权纠纷、房地产他项权利纠纷、房地产相邻关系纠纷、建筑物区分所有权纠

纷等。

2. 房地产债权纠纷,是指公民、法人因对房地产及其有关权益进行交换协作而发生的纠纷,如土地使用权出让合同纠纷、房屋买卖合同纠纷、房屋租赁合同纠纷等。

第二节　房地产纠纷行政处理法律规则

房地产纠纷的行政处理形式有三种:一是行政调处;二是行政处罚;三是行政诉讼。

一、房地产纠纷行政调处

(一)行政调处概述

行政调处制度是指行政主体依申请或依职权以非诉讼程序解决房地产纠纷的法律制度,是各种房地产纠纷行政解决机制的统称。对房地产行政调处制度的性质可以做以下理解:

1. 房地产行政调处是一种非诉讼纠纷解决机制。所谓非诉讼纠纷解决机制,就是指不经过正式的审判程序而解决纠纷的办法的总称。房地产行政调处是行政主体以独立的、超然的第三人身份解决纠纷的过程。行政调处在某种程度上引入了诉讼程序,具有较强司法化特征,可看作是一种准司法行为。但不能因此认为行政调处就是一种司法行为。

2. 行政调处是行政主体解决房地产纠纷的法律行为和法律制度。在我国,调处社会纠纷的制度主要有三种:社会调处、司法调处和行政调处。行政调处与前两者的根本不同在于调处主体是行政主体。只有行政主体运用行政职权解决社会纠纷的行为,才是行政调处行为。

3. 行政调处是各种房地产纠纷行政解决机制构成的制度体系。纠纷产生原因是纷繁复杂的。这种复杂性必然造成对纠纷行政解决机制多样化的客观需求。信访、行政申诉、行政调解、行政仲裁、行政裁决和行政复议等都属于纠纷行政解决机制的范畴。行政调处与信访、行政申诉、行政调解、行政仲裁、行政裁决、行政复议等纠纷的具体解决机制不是处于同一层次的事物。

(二)行政调处的程序

1. 申请与受理。当事人双方均可向当地的房屋、土地管理部门申请调处,这些机关对按规定可以由其先行调处的案件,应予以受理,并立案调查。

2. 查清事实。受案行政部门不仅要向当事人双方了解争议事实,而且还要实地考察房屋、土地情况,向知情人调查,查清核实有关的证据资料。

3. 调解处理。受案行政部门及承办人员应首先促使当事人自愿达成和解协议。行政调处具有特定的行政效力,调解协议书经双方当事人和承办人签字并加盖调解机关公章后,一经送达,即具有行政约束力,双方当事人应按照调解协议书规定的内容执行。在调解不成的情况下,受案行政部门可以根据一方的请求直接作出处理决定;当事人对行政处理决定不服的,可以向人民法院起诉。比如《土地管理法》第 16 条规定:土地所有权和使用权争议,由当事人协商解决;协商不成的,由人民政府处理。单位之间的争议,由县级以上人民政府处理;个人之间、个人与单位之间的争议,由乡级人民政府或者县级以上人民政府处理。当事人对有关人民政府的处理决定不服的,可以自接到处理决定通知之日起 30 日内,向人民法院起诉。

二、房地产纠纷行政处罚

(一)行政处罚的概念

房地产行政处罚是指房地产行政管理机关在其职权范围内,对违反有关房地产行政法规的单位和个人所作的行政处罚。处罚的内容既包括行政方面的惩处,也包括经济方面的制裁。

房地产行政管理机关的行政处罚是针对当事人的违法行为作出的,在这种情况下,房地产行政管理机关不仅要对当事人的争议作出处理,还应同时对案件中涉及的违法行为作出行政处罚。

房地产行政处罚必须遵循以下原则:(1)合法原则。要求行政处罚的主体、客体、内容、依据、权限、程序等各方面均必须符合法律要求,在无法律授权或法律依据的情况下,任何行政机关均不得越权作出行政处罚;(2)适当原则。要求根据违法行为的性质、情节、社会危害程度来决定行政处罚的轻重,做到执法公正;(3)自由裁量原则。要求行政机关在不违反宪法和法律的前提下,独立自主地决定是否对房地产违法行为进行处罚以及处罚的形式和幅度;(4)法律救济原则。即告知被处罚人如不服行政处罚,有权在一定期限内向有关行政机关或者有关组织申请行政复议,或者向有管辖权的人民法院提起行政诉讼。

（二）行政处罚的案件管辖

1. 事务管辖。指不同部门的行政机关以及拥有行政职权的有关组织受理行政处罚案件的权限范围。可分为专属管辖和共同管辖。

2. 级别管辖。指房屋、土地管理部门的上下级行政机关以及拥有行政职权的有关组织之间受理房地产行政处罚案件的分工。

3. 地域管辖。指同级的行政机关或有关组织之间受理房地产行政处罚案件的分工和权限。该机关或组织只能受理自己管辖区域内的房地产纠纷案件案件。

（三）行政处罚的程序

1. 立案。行政机关或有权组织决定立案的，先应填写立案单，然后报处罚单位法定代表人，批准受理行政处罚案件，并由其确定承办人员。

2. 查证。指对房地产违法行为进行的调查取证，包括传唤、传讯、取证三个步骤。

3. 审议。分为以下步骤：（1）汇报案情，即由承办人员向参加审议的人员汇报案件中涉及的当事人违法事；（2）审查，即由审议人员对违法人员违法行为进行审查核实；（3）评议，审议人员对违法行为的性质、程度、情节、如何适用法律等问题进行分析认定；（4）确定处罚意见；（5）按照审批权限呈报审批。

4. 裁决。呈报的处罚意见获得批准的，要制作处罚决定书，由承办人员向被处罚人宣读。行政处罚决定可以采取口头方式和书面方式。

5. 执行。行政处罚决定书送达后，被处罚人不服的，应在法定期限内申请行政复议或提起行政诉讼，法定期限届满而又不申请行政复议的行政处罚决定书即告生效。已生效的行政处罚决定书具有强制执行的效力，被处罚人如果拒不执行已生效的行政处罚决定书，由作出处罚的机关申请人民法院强制执行。

三、房地产纠纷行政复议

（一）行政复议概述

行政复议，是指行政管理的相对人不服房地产行政机关的行政处罚或处理决定，依法向上一级房地产行政机关提出重新处理的申请，上级机关依法重新对房地产纠纷案件进行复查、复审、复核、复验等活动。根据复议的情况,可以作出维持、变更或撤销、部分撤销原行政处罚或行政处理决定。行政复议是一种行政监督和补救性质的活动,是督促行政机关合法地行使职权并矫正违法或不当的行政行为的措施。

　　房地产行政复议是享有行政领导权的行政机关依据相对人的请求或自身决定,复查具体行政行为的一种行政措施;复议机关审理复议案件不适用调解。

　　作为一种行政活动,房地产行政复议具有以下特点:(1)房地产行政复议申请是由房地产行政管理的相对人提出的,提出的理由是认为房地产行政主体的具体行政行为侵犯其合法权益;(2)房地产行政复议申请由法定的机关受理。房地产受理复议申请,并按法定程序进行审理的机关都是房地产行政机关;(3)房地产行政复议的目的是对引起争议的具体行政行为的合法性和适当性进行审查,并作出相应的决定,最终解决房地产行政争议。

　　现行《中华人民共和国行政复议法》(以下简称"《行政复议法》")是1999年4月29日第九届全国人民代表大会常务委员会第九次会议通过的,2007年5月23日国务院第177次常务会议又通过了《中华人民共和国行政复议法实施条例》(以下简称"《实施条例》")。

　　(二)房地产行政复议的受案范围

　　《行政复议法》第9条规定:"公民、法人或者其他组织认为具体行政行为侵犯其合法权益的,可以自知道该具体行政行为之日起60日内提出行政复议申请;但是法律规定的申请期限超过60日的除外"。《行政复议法》第30条规定:"公民、法人或者其他组织认为行政机关的具体行政行为侵犯其已经依法取得的土地、矿藏、水流、森林、山岭、草原、荒地、滩涂、海域等自然资源的所有权或者使用权的,应当先申请行政复议;对行政复议决定不服的,可以依法向人民法院提起行政诉讼。根据国务院或者省、自治区、直辖市人民政府对行政区划的勘定、调整或者征用土地的决定,省、自治区、直辖市人民政府确认土地、矿藏、水流、森林、山岭、草原、荒地、滩涂、海域等自然资源的所有权或者使用权的行政复议决定为最终裁决。"

　　公民、法人或者其他经济组织对侵害其房地产权益的一些具体行政行为,可以向作出该具体行政行为的房地产行政管理机关申请行政复议:(1)认为符合颁布房屋所有权证、土地使用权证、建设工程规划许可证、房屋拆迁许可证的法定条件和有关规定,而房地产行政管理机关拒绝颁发或在规定期限内不予答复的;(2)认为房地产管理机关颁发的许可证内容不当,经申请补正,发证机关拒绝补正或者不予答复的;(3)认为房地产行政管理机关错误颁发或者注销、吊销上述权证,致使其合法权益受到侵害的;(4)认为房地产行政管理机关收取滞纳金或者作出罚款、没收非法所得的决定不当的。

(三)房地产行政复议的程序

1. 提起申请

(1)房地产行政复议申请人与被申请人。《行政复议法》第 10 条规定:依照本法申请行政复议的公民、法人或者其他组织为申请人";有权申请行政复议的公民死亡的,其近亲属可以申请行政复议;有权申请行政复议的公民为无民事行为能力人或者限制民事行为能力人的,其法定代理人可以代为申请行政复议;有权申请行政复议的法人或者其他组织终止的,承受其权利的法人或者其他组织可以申请行政复议;同申请行政复议的具体行政行为有利害关系的其他公民、法人或者其他组织,可以作为第三人参加行政复议。

公民、法人或者其他组织对行政机关的具体行政行为不服申请行政复议的,作出具体行政行为的行政机关是被申请人。对县级以上地方各级人民政府工作部门的具体行政行为不服的,由申请人选择,可以向该部门的本级人民政府申请行政复议,也可以向上一级主管部门申请行政复议;对海关、金融、国税、外汇管理等实行垂直领导的行政机关和国家安全机关的具体行政行为不服的,向上一级主管部门申请行政复议;对地方各级人民政府的具体行政行为不服的,向上一级地方人民政府申请行政复议;对省、自治区人民政府依法设立的派出机关所属的县级地方人民政府的具体行政行为不服的,向该派出机关申请行政复议;对国务院部门或者省、自治区、直辖市人民政府的具体行政行为不服的,向作出该具体行政行为的国务院部门或者省、自治区、直辖市人民政府申请行政复议。对行政复议决定不服的,可以向人民法院提起行政诉讼;也可以向国务院申请裁决,国务院依照本法的规定作出最终裁决。

(2)房地产行政复议申请的提出。申请人书面申请行政复议的,可以采取当面递交、邮寄或者传真等方式提出行政复议申请。有条件的行政复议机构可以接受以电子邮件形式提出的行政复议申请。

申请人书面申请行政复议的,应当在行政复议申请书中载明下列事项:申请人的基本情况,包括:公民的姓名、性别、年龄、身份证号码、工作单位、住所、邮政编码;法人或者其他组织的名称、住所、邮政编码和法定代表人或者主要负责人的姓名、职务;被申请人的名称;行政复议请求、申请行政复议的主要事实和理由;申请人的签名或者盖章;申请行政复议的日期。申请人口头申请行政复议的,行政复议机构应当依照本条例第 19 条规定的事项,当场制作行政复议申请笔录交申请人核对或者向申请人宣读,并由申请人签字确认。

(3)房地产复议申请时限。《行政复议法》第 9 条规定:"公民、法人或者其他组织认为具体行政行为侵犯其合法权益的,可以自知道该具体行政行为之日起 60 日内提出行政复议申请;但是法律规定的申请期限超过 60 日的除外。因不可抗力或者其他正当理由耽误法定申请期限的,申请期限自障碍消除之日起继续计算"。时限的具体计算方法是:《行政复议法》第 9 条第一款规定的行政复议申请期限的计算,依照下列规定办理:当场作出具体行政行为的,自具体行政行为作出之日起计算;载明具体行政行为的法律文书直接送达的,自受送达人签收之日起计算;载明具体行政行为的法律文书邮寄送达的,自受送达人在邮件签收单上签收之日起计算;没有邮件签收单的,自受送达人在送达回执上签名之日起计算;具体行政行为依法通过公告形式告知受送达人的,自公告规定的期限届满之日起计算;行政机关作出具体行政行为时未告知公民、法人或者其他组织,事后补充告知的,自该公民、法人或者其他组织收到行政机关补充告知的通知之日起计算;被申请人能够证明公民、法人或者其他组织知道具体行政行为的,自证据材料证明其知道具体行政行为之日起计算。

2. 房地产复议申请的受理

房地产行政复议机关收到行政复议申请后,应当在 5 日内进行审查,对不符合本法规定的行政复议申请,决定不予受理,并书面告知申请人;对符合本法规定,但是不属于本机关受理的行政复议申请,应当告知申请人向有关行政复议机关提出。除前款规定外,房地产行政复议申请自行政复议机关负责法制工作的机构收到之日起即为受理。

公民、法人或者其他组织认为房地产行政机关的具体行政行为侵犯其合法权益提出行政复议申请,除不符合行政复议法和本条例规定的申请条件的,房地产行政复议机关必须受理。房地产行政复议申请符合下列规定的,应当予以受理:(1)有明确的申请人和符合规定的被申请人;(2)申请人与具体行政行为有利害关系;(3)有具体的行政复议请求和理由;(4)在法定申请期限内提出;(5)属于行政复议法规定的行政复议范围;(6)属于收到行政复议申请的行政复议机构的职责范围;(7)其他行政复议机关尚未受理同一行政复议申请,人民法院尚未受理同一主体就同一事实提起的行政诉讼。

行政复议申请材料不齐全或者表述不清楚的,行政复议机构可以自收到该行政复议申请之日起5日内书面通知申请人补正。补正通知应当载明需要补正的事项和合理的补正期限。无正当理由逾期不补正的,视为申请人放弃行政复议申请。补正申请材料所用时间不计入行政复议审理期限。

3. 房地产行政复议申请的审查

房地产行政复议原则上采取书面审查的办法,但是申请人提出要求或者行政复议机关负责法制工作的机构认为有必要时,可以向有关组织和人员调查情况,听取申请人、被申请人和第三人的意见。

房地产行政复议机关负责法制工作的机构应当自行政复议申请受理之日起7日内,将行政复议申请书副本或者行政复议申请笔录复印件发送被申请人。被申请人应当自收到申请书副本或者申请笔录复印件之日起10日内,提出书面答复,并提交当初作出具体行政行为的证据、依据和其他有关材料。

申请人、第三人可以查阅被申请人提出的书面答复、作出具体行政行为的证据、依据和其他有关材料,除涉及国家秘密、商业秘密或者个人隐私外,行政复议机关不得拒绝。在行政复议过程中,被申请人不得自行向申请人和其他有关组织或者个人收集证据。

房地产行政复议决定作出前,申请人要求撤回行政复议申请的,经说明理由,可以撤回;撤回行政复议申请的,行政复议终止。

房地产行政复议机关在对被申请人作出的具体行政行为进行审查时,认为其依据不合法,本机关有权处理的,应当在30日内依法处理;无权处理的,应当在7日内按照法定程序转送有权处理的国家机关依法处理。处理期间,中止对具体行政行为的审查。

4. 房地产行政复议的决定

行政复议机关负责法制工作的机构应当对被申请人作出的具体行政行为进行审查，提出意见，经行政复议机关的负责人同意或者集体讨论通过后，按照下列规定作出行政复议决定：（1）具体行政行为认定事实清楚，证据确凿，适用依据正确，程序合法，内容适当的，决定维持；（2）被申请人不履行法定职责的，决定其在一定期限内履行；（3）具体行政行为有下列情形之一的，决定撤销、变更或者确认该具体行政行为违法；决定撤销或者确认该具体行政行为违法的，可以责令被申请人在一定期限内重新作出具体行政行为：主要事实不清、证据不足的；适用依据错误的；违反法定程序的；超越或者滥用职权的；具体行政行为明显不当的。

被申请人不依法提出书面答复、提交当初作出具体行政行为的证据、依据和其他有关材料的，视为该具体行政行为没有证据、依据，决定撤销该具体行政行为。行政复议机关责令被申请人重新作出具体行政行为的，被申请人不得以同一的事实和理由作出与原具体行政行为相同或者基本相同的具体行政行为。申请人在申请行政复议时可以一并提出行政赔偿请求，行政复议机关对符合国家赔偿法的有关规定应当给予赔偿的，在决定撤销、变更具体行政行为或者确认具体行政行为违法时，应当同时决定被申请人依法给予赔偿。

申请人在申请行政复议时没有提出行政赔偿请求的，行政复议机关在依法决定撤销或者变更罚款，撤销违法集资、没收财物、征收财物、摊派费用以及对财产的查封、扣押、冻结等具体行政行为时，应当同时责令被申请人返还财产，解除对财产的查封、扣押、冻结措施，或者赔偿相应的价款。

房地产行政复议机关可以根据案件情况，分别作出不同的复议决定。如：对原具体行政行为决定维持、决定补正、决定被申请人履行职责，对原具体行政行为决定撤销、决定变更、责令重新作出或自己直接作出具体行政行为。作出复议决定应当制作复议决定书。

5. 房地产行政决定的执行

房地产行政复议机关作出行政复议决定，应当制作行政复议决定书，并加盖印章。行政复议决定书一经送达，即发生法律效力。被申请人应当履行行政复议决定。被申请人不履行或者无正当理由拖延履行行政复议决定的，行政复议机关或者有关上级行政机关应当责令其限期履行。

申请人逾期不起诉又不履行行政复议决定的,或者不履行最终裁决的行政复议决定的,按照下列规定分别处理:(1)维持具体行政行为的行政复议决定,由作出具体行政行为的行政机关依法强制执行,或者申请人民法院强制执行;(2)变更具体行政行为的行政复议决定,由行政复议机关依法强制执行,或者申请人民法院强制执行。

四、房地产纠纷行政诉讼

(一)房地产纠纷行政诉讼概述

行政诉讼是指公民、法人或者其他组织对行政机关的具体行政行为不服,依法定程序向人民法院提起诉讼,由人民法院对具体行政行为是否合法进行审查并作出裁判的诉讼。

房地产纠纷行政诉讼属于行政诉讼的范畴,是人民法院根据公民、法人和其他组织就房地产行政管理机关(主要指城市规划的行政主管机关,房屋、土地的行政主管机关和城市建设行政主管机关)作出的与房地产有关的具体行政行为不服,向人民法院起诉,并由人民法院对具体行政行为是否合法进行审查并作出裁判的诉讼。现行《中华人民共和国行政诉讼法》(以下简称"《行政诉讼法》")是 1989 年 4 月 4 日通过并于 1990 年 10 月 1 日起施的。

(二)房地产纠纷行政案件的受理范围

根据《行政诉讼法》及相关法律规范的的规定,能够提起房地产行政诉讼的具体行政行为主要有以下几种[1]:

1. 房地产行政处罚

房地产行政处罚的措施主要包括:(1)警告。警告是指对违法行为人依法谴责以示警戒的处罚方式。警告是最轻微的行政处罚,是对违法者予以精神上的惩罚。作出警告必须出具书面处罚决定书,否则仅是口头警告的,不属于行政处罚行为。(2)罚款。罚款是指依法强制违法行为人在一定期限内向国家缴纳一定数额的金钱的处罚方式。对于涂改、伪造房屋产权证的行为,擅自转租、转让公有房屋、强占公房的行为,非法转让房屋、非法预售商品房、私下交易房产、隐价瞒租行为,非法转让国有土地使用权的

---

① "房地产行政诉讼受案范围的具体列举",资料来源:http://news.9ask.cn.

行为以及违法进行建筑设计活动的行为,房地产管理部门可以采取罚款处罚。(3)没收。没收是指依法将非法所得收归国有的处罚方式。对于违法行为人利用房地产进行非法交易所得的收益,从事非法转让土地使用权、非法预售商品房等行为取得的违法所得,可以收归国有。(4)责令停止施工。如《〈北京市城市规划条例〉行政处罚办法》第5条规定:"违法建设一经发现,城市规划行政主管部门应当责令立即停止施工。对继续施工的,城市规划行政主管部门有权对继续施工的建设工程及工程设备和建筑材料予以查封,并可在作出处罚决定前暂停核发该违法建设单位的其他规划许可证件。"(5)暂扣或者吊销许可证。如建设部(建质〔2005〕184号)《建筑工程安全生产监督管理工作导则》4.2.2.3项规定:"取得安全生产许可证后,对降低安全生产条件的,暂扣安全生产许可证,限期整改,整改不合格的,吊销安全生产许可证。"(6)限期拆除。《土地管理法》第73条规定:"对违反土地利用总体规划擅自将农用地改为建设用地的,限期拆除在非法转让的土地上新建的建筑物和其他设施。"

2. 房地产行政强制措施

房地产行政强制措施是指行政管理者为了预防、防止或者控制某种正在发生或者可能发生的违法行为、危险状态,或者为保全证据等而依法对相对人人身、财产采取暂时性限制的行政行为。强制措施包括强制预防措施、强制制止措施、强制恢复措施、强制保全措施等。

3. 房地产行政强制执行

房地产行政强制执行是指在行政相对人不履行法定义务时,行政管理者依法自行采取强制手段,迫使其履行义务或者达到与履行义务相同的状态。其与行政强制措施的最大区别在于是否以相对人不履行法定义务为前提。

4. 房地产行政许可

房地产行政许可是指具有行政许可权的行政管理者根据相对人的申请,以颁发许可证和执照的形式,依法赋予特定相对人从事与房地产有关的活动的行为。许可证和执照主要类型有许可证、执照、批准书、审批书等,它们是从事某项法律活动的资格和凭证,拒绝、拖延颁发许可证和执照都会损害相对人的合法权利。

（三）房地产纠纷的行政诉讼程序

1. 第一审程序

当事人对房地产行政管理机关的具体行政行为不服，向人民法院提出行政诉讼，必须符合下列条件：（1）原告必须是认为具体行政行为侵犯其合法权益的公民、法人或其他组织；（2）有明确的被告；（3）必须提出具体的诉讼请求和事实根据；（4）属于人民法院受案范围和受诉人民法院管辖；（5）必须是在法定期限内提出。

人民法院接到起诉状后，经过审查，对符合起诉条件的，应在 7 日内立案；对不符合条件的，应在 7 日内作出裁定，通知原告不予受理，原告对此裁定可以向上一级人民法院上诉。人民法院在立案之日起 5 日内，向被告送达起诉状，被告应在收到起诉状副本 10 日内提交具体房地产管理行政行为的有关材料及答辩状，人民法院在收到答辩状之日起 5 日内将答辩状副本发送原告。被告不提出答辩的，不影响审理。

房地产管理行政诉讼案件一般以公开审理为原则，经过开庭准备、法庭调查、法庭辩论、合议庭评议四个程序后，可以当庭判决，也可以定期宣判。

人民法院审理第一审行政案件，可根据案件的不同情况，分别作出如下判决：（1）维持原具体行政行为的判决；（2）撤销或部分撤销行政机关原具体行政行为的判决；（3）令行政机关重新作出具体行政行为的判决；（4）促使行政机关按期履行职责的判决；（5）变更行政机关原行政处罚的判决。

2. 第二审程序

房地产行政诉讼当事人对第一审判决和裁定不服的，可以在上诉期限内向上一级人民法院提出上诉。上诉受理后，由原审人民法院在 5 日内将上诉状副本送达对方当事人，对方当事人在收到上诉状副本后 15 日内提出答辩状。

人民法院根据全面审查的原则审理房地产行政诉讼上诉案件，其方式有开庭审理和书面审理两种。第二审的开庭审理程序与一审程序相同。书面审理则在事实清楚的情况下，对当事人所提交的诉状、答辩状、其他书面材料和证据进行书面审查后作出判决。

第二审人民法院的判决和裁定为终审判决、裁定，当事人不得上诉。人民法院审理上诉案件的期限为 2 个月，即从收到上诉状之日起 2 个月内作出终审判决。

3. 审判监督程序

人民法院和人民检察院等具有审判监督权的机关,对已经发生法律效力的房地产行政诉讼判决和裁定,发现违反有关法律法规规定的,应通过审判监督程序由指定的人民法院对有关的行政诉讼案件进行再次审理。

4. 执行程序

无论是人民法院一审审结还是二审审结的房地产纠纷案件,均由第一审人民法院执行。人民法院负责执行的案件有:(1)不享有执行权的主管机关,作出行政处罚决定后,当事人既不履行具体行政行为所规定的义务,在法定期限内又不提起诉讼的,人民法院依据该主管行政机关的申请,采取强制执行措施。(2)人民法院作出维持具体行政行为的判决,但行政管理相对人拒绝履行义务的,人民法院根据行政机关的申请,采取强制执行措施。(3)人民法院判决撤销或变更行政机关的行政处理决定,作为被告的行政机关拒绝履行判决、裁定的,人民法院依法采取强制执行措施。

依法享有执行权的行政机关在作出行政处罚或其他行政处理决定后,当事人在法定期限内不提起诉讼,又不履行行政处理决定的,主管行政机关可以依法强制执行。

第三节 房地产纠纷仲裁法律规则

一、房地产纠纷仲裁概述

仲裁,是指双方当事人在纠纷发生之前或者发生之后达成书面的仲裁协议,自愿将他们之间的纠纷提交给双方同意的仲裁机构进行审理并作出裁决,以解决纠纷的方法。房地产纠纷仲裁,是整个仲裁制度的一部分,是当事人双方在发生房地产纠纷后,自愿通过仲裁解决纠纷的一种方式。

房地产纠纷仲裁具有以下特征:(1)房地产纠纷仲裁是以双方当事人的自愿约定为基础的,即双方当事人在争议发生前或争议发生后达成书面的仲裁协议,一致同意将争议提交仲裁机构解决。没有仲裁协议,仲裁程序不可能发生;(2)房地产纠纷仲裁机构是民间性的组织,不是国家的行政机关或司法机关,它对商务纠纷案件没有强制管辖权;(3)房地产纠纷仲裁裁决具有终局性,对双方当事人都有拘束力,任何一方当事人不得就同一标的或事由再向法院起诉或者向仲裁机构再申请仲裁,如果一方当事人不主动履行裁决,另一方当事人有权要求法院予以强制执行。

《中华人民共和国仲裁法》(以下简称"《仲裁法》")是 1994 年 8 月 31 日通过、自 1995 年 9 月 1 日起施行的。于 2005 年 12 月 26 日最高人民法院审判委员会第 1375 次会议通过《最高人民法院关于适用〈中华人民共和国仲裁法〉若干问题的解释》(以下简称"《解释》"),自 2006 年 9 月 8 日起施行。

二、房地产纠纷的仲裁机构

房地产纠纷仲裁机构是有权对当事人提交的房地产纠纷进行审理和裁决的机构。仲裁机构的裁决权取决于当事人在仲裁协议中的授权。

按照我国仲裁法规定,仲裁机构可以在直辖市、省、自治区人民政府所在地的市设立,也可以根据需要在其他设区的市设立,不按行政区划层层设立。设立的仲裁机构会应当具备下列条件:(1)有自己的名称、住所和章程。(2)有必要的财产。(3)有该机构的组成人员。仲裁机构由主任一人、副主任二至四人和委员七至十一人组成。仲裁机构的主任、副主任和委员由法律、经济贸易专家和有实际工作经验的人员担任,其中,法律、经济贸易专家不得少于三分之二。(4)有聘任的仲裁员。

仲裁机构按不同专业设仲裁员名册。仲裁员是仲裁机构从公道正派的人员中聘任的。所聘的仲裁员必须符合下列条件:(1)从事仲裁工作满八年的;(2)从事律师工作满八年的;(3)曾任审判员满八年的;(4)从事法律研究、教学工作并具有高级职称的;(5)具有法律知识、从事经济贸易等专业并具有高级职称或者同等专业水平的。

仲裁机构根据双方当事人达成的仲裁协议和一方当事人的申请受理案件。仲裁机构对平等主体的公民、法人和其他组织之间发生的房地产合同纠纷和其他房地产权益纠纷,可以仲裁。

三、房地产纠纷仲裁协议

(一)仲裁协议的概念

仲裁协议是双方当事人在纠纷发生前或纠纷发生后订立的,表示愿意将他们之间的纠纷提交仲裁解决的一种书面协议。仲裁协议是双方当事人将房地产纠纷提交仲裁以及仲裁机构受理案件的必要依据。

仲裁协议的形式有三种:

1. 仲裁条款,即指双方当事人在签订的经济贸易合同中订立的将有关争议提交仲裁的条款。

2. 仲裁协议书,即指双方当事人为把某项争议提交仲裁而单独订立的一种书面协议。它是独立于主合同之外的特别协议。仲裁协议书一般是在纠纷发生后订立的,

3. 其他表示提交仲裁的文件,主要是指双方当事人表示将争议提交仲裁的函电或其它文件。

(二)仲裁协议的内容

仲裁协议是整个仲裁程序中最重要的文件。仲裁协议的内容如何,直接关系到仲裁申请能否受理,仲裁程序能否进行,仲裁裁决能否得到执行等问题。根据我国《仲裁法》第16条的规定,仲裁协议应当具有以下内容:

1. 请求仲裁的意思表示。即双方当事人在仲裁协议中明确表示愿意将他们之间的房地产纠纷提交仲裁解决。这种意思表示既可以体现在合同的仲裁条款中,也可以体现在争议发生后订立的仲裁协议书中。请求仲裁的意思表示必须是真实的,是双方当事人自愿的,如果一方当事人采取胁迫手段迫使对方当事人订立仲裁协议的,仲裁协议无效。

2. 仲裁事项。即双方当事人在仲裁协议中规定提交仲裁解决的房地产纠纷的具体范围。提交仲裁的事项必须是当事人之间因房地产法律关系发生的争议,并且是由当事人双方协商确定的。仲裁事项既可以是有关房地产法律关系的一切争议,也可以是部分事项的争议。例如,一方当事人要求对方当事人履行合同的争议,要求对方当事人补偿损失的争议等。

3. 选定的仲裁机构。即双方当事人在仲裁协议中协商选定的解决他们之间争议的仲裁机构。被选定的仲裁机构只能有一个,并要在仲裁协议中写明该仲裁机构的名称。如果仲裁协议对仲裁机构没有约定或者约定不明确的,当事人可以补充协议,达不成补充协议的,仲裁协议无效。

四、房地产纠纷的仲裁程序

(一)仲裁的申请和受理

当事人之间的房地产纠纷发生后,任何一方均可依仲裁协议提出仲裁申请。

当事人申请仲裁必须符合一定的条件:(1)有仲裁协议,这是当事人申

请仲裁仲裁机构受理仲裁申请的法律依据。(2)有具体的仲裁请求和事实、理由。仲裁请求是当事人请求仲裁机构保护的权利的具体内容;事实和理由是当事人提出仲裁请求的事实根据和法律根据。(3)属于仲裁机构的受案范围。即依仲裁法的规定仲裁机构可以受理的案件范围,包括平等主体的公民、法人和其他组织之间发生的房地产合同纠纷和其他房地产权益纠纷。

当事人申请仲裁,应当向仲裁仲裁机构递交仲裁申请书及副本。仲裁申请书应当载明下列事项:(1)当事人的姓名、性别、年龄、职业、工作单位和住所,法人或者其他组织的名称、住所和法定代表人或主要负责人的姓名、职务;(2)仲裁请求所根据的事实和理由;(3)证据和证据来源、证人的姓名和住所。当事人在递交仲裁申请书的同时,还应当递交申请仲裁所依据的仲裁协议。

仲裁机构收到当事人的仲裁申请书及仲裁协议后,应当进行审查。经审查,认为符合受理条件的,应当在 5 日内决定受理,并通知当事人;认为不符合条件的,应当在 5 日内书面通知当事人不予受理,并说明理由。

仲裁机构受理申请后,应当在仲裁规则规定的期限内将仲裁规则和仲裁员名册送达申请人,并将仲裁申请书副本和仲裁规则、仲裁员名册送达被申请人。被申请人收到仲裁申请书副本后,应当在仲裁规则规定的期限内向仲裁机构提交答辩书及副本。仲裁机构收到答辩书后,应当在仲裁规则规定的期限内将答辩书副本送达申请人。被申请人未提交答辩书的,不影响仲裁程序的进行。

申请人可以放弃或者变更仲裁请求,被申请人可以承认或者反驳仲裁请求。

(二)财产保全和证据保全

在仲裁过程中,一方当事人因另一方当事人的行为或者其他原因,可能使裁决不能执行或者难以执行的,可以申请财产保全。当事人申请财产保全的,由仲裁机构将申请书提交有关的人民法院采取财产保全措施。申请财产保全有错误的,申请人应当赔偿被申请人因财产保全遭受的损失。在仲裁程序中,当事人可以申请证据保全。当事人申请证据保全的,由仲裁委员会提交人民法院采取证据保全措施。

（三）仲裁庭的组成和仲裁员的回避

1. 仲裁庭的组成

仲裁庭的形式有两种：一种是独任仲裁庭，即由一名仲裁员组成；一种是合议仲裁庭，即由三名仲裁员组成，设首席仲裁员。当事人可以约定仲裁庭的组成形式并选定仲裁员。当事人没有在仲裁规则规定的期限内约定仲裁庭的组成方式或者选定仲裁员的，由仲裁委员会主任指定。仲裁庭组成后，仲裁委员会应当将仲裁庭的组成情况书面通知当事人。

2. 仲裁员的回避

仲裁员回避的方式有两种：一种是仲裁员自行回避，一种是当事人申请回避。

根据《仲裁法》第34条规定，仲裁员回避的法定情形有：（1）是本案的当事人或者当事人、代理人的近亲属；（2）与本案有利害关系；（3）与本案当事人有其他关系，可能影响案件公正仲裁的；（4）私自会见当事人、代理人，或者接受当事人、代理人的请客送礼的。符合上述情形的，仲裁员必须回避，当事人也有权提出回避申请。

当事人提出回避申请，应当说明理由，在首次开庭前提出。回避事由是在首次开庭后知道的，可以在最后一次开庭终结前提出。仲裁员是否回避，由仲裁委员会主任决定；仲裁委员会主任担任仲裁员时，由仲裁委员会集体决定。

仲裁员因回避或者其他原因不能履行职责的，应当依照本法规定重新选定或者指定仲裁员。因回避而重新选定或者指定仲裁员后，当事人可以请求已进行的仲裁程序重新进行，是否准允，由仲裁庭决定；仲裁庭也可自行决定已进行的仲裁程序是否重新进行。

（四）开庭和裁决

1. 开庭审理。仲裁庭审理案件的方式有两种：一种是开庭审理，一种是不开庭审理。仲裁庭审理案件原则上应当开庭审理，即双方当事人或者其代理人亲自出庭，以口头的方式，接受仲裁庭对案件的审理。当事人协议不开庭的，仲裁庭可以不开庭审理，即仲裁庭根据仲裁申请书、答辩书以及其他材料作出裁决。

仲裁庭审理案件不公开进行。当事人协议公开的，可以公开进行，但是涉及国家秘密的除外。申请人经书面通知，无正当理由不到庭或者未经法庭许可中途退庭的,可以视为撤回仲裁申请。被申请人经书面通知,无正当理由不到庭或者未经仲裁庭许可中途退庭的,可以缺席裁决。

2. 证据的收集和调查。在商事仲裁过程中,当事人应当对自己提出的主张提供证据加以证明。仲裁庭认为有必要收集的证据,可以自行收集。仲裁庭对专门性问题认为需要鉴定的,可以交由当事人约定的鉴定部门鉴定,也可以由仲裁庭指定的鉴定部门鉴定。证据应当在开庭时出示,当事人可以互相质证。

3. 辩论。即当事人双方在开庭审理时的口头辩论,也叫当庭辩论。辩论的内容主要是围绕案件的实质性问题,即房地产权利争议的本身进行,如申请人的请求和被申请人的答辩能否成立,有无事实根据和法律根据等。

4. 和解。当事人申请仲裁后,可以自行和解。达成和解协议的,可以请求仲裁庭根据和解协议作出裁决书,也可以撤回仲裁申请。当事人达成和解协议,撤回仲裁申请后返悔的,可以根据仲裁协议申请仲裁。

5. 调解。仲裁庭进行调解,必须根据双方当事人的自愿。当事人自愿调解的,仲裁庭应当调解。调解不成的,应当及时作出裁决。调解达成协议的,仲裁庭应当制作调解书或者根据协议的结果制作裁决书。调解书与裁决书具有同等的法律效力。

6. 裁决。即仲裁庭对当事人提交争议的事项进行审理后作出的结论性意见。仲裁庭对案件的裁决按多数仲裁员的意见作出,少数仲裁员的不同意见可以记入笔录。仲裁庭不能形成多数意见时,裁决应当按照首席仲裁员的意见作出。

裁决书应当写明仲裁请求、争议事实、裁决理由、裁决结果、仲裁费用的负担和裁决日期。当事人协议不愿写明争议事实和裁决理由的,可以不写。裁决书由仲裁员签名。对裁决持不同意见的仲裁员可以签名,也可以不签名。裁决书经仲裁员签名后,应加盖仲裁委员会印章。

裁决书自作出之日起发生法律效力,对双方当事人均有拘束力。任何一方当事人均不得就同一纠纷再申请仲裁或者向人民法院起诉。根据仲裁裁决负有义务的当事人应当在裁决书确定的期限内履行裁决。裁决书未确定履行期限的,当事人应当立即履行。

（五）裁决的执行

由于仲裁机构是民间性质的机构，对裁决没有强制执行权，因此，在一方当事人不履行裁决所确定的义务的情况下，另一方当事人可以依照民事诉讼法的有关规定向被申请人住所地或者财产所在地的基层人民法院申请执行。接受申请的人民法院应当执行。

（六）仲裁裁决的司法监督

人民法院对仲裁机构有司法监督权。人民法院对仲裁裁决的司法监督包括两个方面：一是撤销仲裁裁决，二是不予执行仲裁裁决。仲裁裁决的撤销当事人申请撤销仲裁裁决必须在收到裁决书之日起 6 个月内向仲裁机构地的中级人民法院提出申请。

1. 仲裁裁决的撤销

当事人申请撤销国内仲裁机构的仲裁裁决的，必须提出证据证明仲裁裁决符合下列情形之一：（1）没有仲裁协议的；（2）裁决的事项不属于仲裁协议的范围或者仲裁机构无权仲裁的；（3）仲裁庭的组成或者仲裁的程序违反法定程序的；（4）裁决所根据的证据是伪造的；（5）对方当事人隐瞒了足以影响公正裁决的证据的；（6）仲裁员在仲裁该案时有索贿受贿，徇私舞弊，枉法裁决行为的。

人民法院经组成合议庭审查核实，认为仲裁裁决有上述情形之一的，应当裁定撤销仲裁裁决。人民法院受理撤销裁决的申请后，认为可以由仲裁庭重新仲裁的，通知仲裁庭在一定期限内重新仲裁，并裁定中止撤销程序。仲裁庭拒绝重新仲裁的，人民法院应当裁定恢复撤销程序。

2. 仲裁裁决的不予执行

在执行过程中，被申请人向人民法院提出证据证明裁决有下列情形的，经人民法院组成合议庭审查核实后，裁定不予执行：（1）当事人在合同中没有订立仲裁条款或者事后没有达成书面仲裁协议的；（2）裁决的事项不属于仲裁协议的范围或者仲裁机构无权仲裁的；（3）仲裁庭的组成或者仲裁的程序违反法定程序的；（4）认定事实的主要证据不足的；（5）适用法律有错误的；（6）仲裁员在仲裁案件有贪污受贿，徇私舞弊，枉法裁决行为的。

仲裁裁决被人民法院裁定不予执行的，当事人可以根据双方达成的书面仲裁协议重新申请仲裁，也可以向人民法院起诉。

第四节　房地产纠纷民事诉讼法律规则

一、房地产纠纷民事诉讼法律规则概述

(一)房地产纠纷民事诉讼的概念

民事诉讼是指人民法院在案件当事人和其他诉讼参与人的参加下为解决案件依法定诉讼程序所进行的全部活动。房地产纠纷民事诉讼,属于民事诉讼的范畴,是人民法院和诉讼当事人及其他诉讼参与人为解决房地产纠纷依民事诉讼法规定的诉讼程序所进行的全部活动。房地产民事诉讼适用《中华人民共和国民事诉讼法》(以下简称《民事诉讼法》)及相关的民事诉讼法律规范。

(二)民事诉讼特点

与调解、仲裁这些诉讼外的解决民事纠纷的方式相比,民事诉讼有如下特征[①]:

1. 民事诉讼具有公权性。民事诉讼是以司法方式解决平等主体之间的纠纷,是由法院代表国家行使审判权解决民事争议。它既不同于群众自治组织性质的人民调解委员会以调解方式解决纠纷,也不同于由民间性质的仲裁委员会以仲裁方式解决纠纷。

2. 民事诉讼具有强制性。强制性是公权力的重要属性。民事诉讼的强制性既表现在案件的受理上,又反映在裁判的执行上。调解、仲裁均建立在当事人自愿的基础上,只要有一方不愿意选择上述方式解决争议,调解、仲裁就无从进行。民事诉讼则不同,只要原告起诉符合民事诉讼法规定的条件,无论被告是否愿意,诉讼均会发生。诉讼外调解协议的履行依赖于当事人的自觉,不具有强制力,法院裁判则不同,当事人不自动履行生效裁判所确定的义务,法院可以依法强制执行。

3. 民事诉讼具有程序性。民事诉讼是依照法定程序进行的诉讼活动,无论是法院还是当事人和其他诉讼参与人,都需要按照民事诉讼法设定的程序实施诉讼行为,违反诉讼程序常常会引起一定的法律后果,如法院的裁判被上级法院撤销,当事人失去为某种诉讼行为的权利等。诉讼外解决民

---

① "民事诉讼特点",资料来源:http://lvshi.sz.bendibao.com.

事纠纷一的方式程序性较弱,人民调解没有严格的程序规则,仲裁虽然也需要按预先设定的程序进行,但其程序相当灵活,当事人对程序的选择权也较大。

（三）房地产民事诉讼受案范围

房产纠纷一般来说大多构成民事案件,属于人民法院民事案件受理范围,少数属于行政案件的受理范围。但也有些房产纠纷并不属于人民法院受理范围,应由其他部门来受理。根据相关法律规则,房地产民事诉讼受案范围包括①:

1. 以房产为标的买卖、租赁、典当、建筑承包（包括勘察、设计、建筑）以及合建、代理、居间、使用、转让、确权等民事行为发生的纠纷。

2. 因单位内部分配公房使用权而产生的纠纷,如果是单位职工对单位分房决定有意见的,不属法院受理范围,不能向法院起诉;如果是受配人（或其它原旧房内应一并迁出的同住亲属占住旧房）分得新房又无理占住旧房或非受配人以单位分配不合理为由而强占公房,被侵害人（包括单位和合法受配人）可以向法院提起诉讼。

3. 单位分配给职工住房使用权并订有分房合同的,职工因本人原因而离职、辞职,或被单位除名、开除的,单位根据合同要求收回公房使用权的,可以向法院提起民事诉讼。

4. 单位之间因行政调拨等原因引起的房屋纠纷,不属法院受理范围,当事人应向有关主管部门申请解决。因历史原因由行政划拨房屋使用权的,现房屋产权人要求收回房屋自用或要求明确租金的,可以向法院起诉,法院一般作为民事案件受理。

5. 当事人以违章建筑为标的发生的买卖、租赁、抵押等民事纠纷以及违章建筑妨碍他人通风、采光等引起的邻里纠纷可作为民事案件向法院起诉。

二、房地产纠纷案件的管辖

管辖就是指划分各级人民法院或同级人民法院受理第一审民事、行政纠纷案件的职权范围,明确它们相互之间审理案件的分工。人民法院受理房地产纠纷案件的分工管辖主要有:

---

① "哪些房产案件可向法院提起起诉?",资料来源:http://www.148.com.

1. 级别管辖。即根据房地产案件的性质、影响的范围、案件的繁简程度,划分上下级法院审理第一审房地产案件的分工和权限。房地产纠纷案件,一般由基层人民法院管辖,但是,涉外(含港、澳、台)案件和在本地区有重大影响的案件,应由中级人民法院管辖。高级人民法院一般不直接受理房地产纠纷案件。

2. 专属管辖。即以房地产诉讼标的所在地为标准划分法院的分工权限,由不动产所在地人民法院专属管辖。因不动产提起的诉讼,是指因不动产所有权、使用权等纠纷而发生的诉讼。房地产为不动产,房地产纠纷由房地产所在地人民法院专属管辖,便于进行调查、勘验,对案件作出正确处理。

3. 移送管辖。即人民法院发现受理房地产案件不属于自己管辖时,在查明案件的管辖法院后,将案件移送到有管辖权的人民法院审理。受移送的人民法院只能接受移送,不能拒绝接受,更不能再移送到其他法院,以免互相推诿,影响案件的及时审理。在房地产纠纷诉讼中,法院发现案件不属于自己管辖时,应当移送,当事人也可以就此提出异议,请求法院裁定。

4. 指定管辖。即在房地产纠纷案件中,两个人民法院之间对某一案件的管辖权发生争议,并且不能协商解决时,报双方共同的上级人民法院指定管辖。由于房地产纠纷的标的物为房屋、土地、宅基地等不动产,因此,依照民事诉讼法的规定,此类纠纷由不动产所在地人民法院管辖。

三、房地产纠纷审判组织

人民法院审理第一审房地产民事案件,由审判员、陪审员共同组成合议庭或者由审判员组成合议庭。合议庭的成员人数,必须是单数。适用简易程序审理的民事案件,由审判员一人独任审理。陪审员在执行陪审职务时,与审判员有同等的权利义务。

人民法院审理第二审房地产民事案件,由审判员组成合议庭。合议庭的成员人数,必须是单数。发回重审的房地产案件,原审人民法院应当按照第一审程序另行组成合议庭。

审理房地产再审案件,原来是第一审的,按照第一审程序另行组成合议庭;原来是第二审的或者是上级人民法院提审的,按照第二审程序另行组成合议庭。合议庭的审判长由院长或者庭长指定审判员一人担任;院长或者庭长参加审判的,由院长或者庭长担任。合议庭评议案件,实行少数服从多数的原则。评议应当制作笔录,由合议庭成员签名。评议中的不同意见,必须如实记入笔录。

四、房地产案件诉讼参加人

（一）房地产案件当事人

公民、法人和其他组织可以作为房地产民事诉讼的当事人。法人由其法定代表人进行诉讼。其他组织由其主要负责人进行诉讼。

当事人有权委托代理人,提出回避申请,收集、提供证据,进行辩论,请求调解,提起上诉,申请执行。当事人可以查阅本案有关材料,并可以复制本案有关材料和法律文书。查阅、复制本案有关材料的范围和办法由最高人民法院规定。当事人必须依法行使诉讼权利,遵守诉讼秩序,履行发生法律效力的判决书、裁定书和调解书。双方当事人可以自行和解。

房地产诉讼的原告可以放弃或者变更诉讼请求。被告可以承认或者反驳诉讼请求,有权提起反诉。房地产诉讼当事人一方或者双方为二人以上,其诉讼标的是共同的,或者诉讼标的是同一种类、人民法院认为可以合并审理并经当事人同意的,为共同诉讼。共同诉讼的一方当事人对诉讼标的有共同权利义务的,其中一人的诉讼行为经其他共同诉讼人承认,对其他共同诉讼人发生效力;对诉讼标的没有共同权利义务的,其中一人的诉讼行为对其他共同诉讼人不发生效力。

当事人一方人数众多的共同诉讼,可以由当事人推选代表人进行诉讼。代表人的诉讼行为对其所代表的当事人发生效力,但代表人变更、放弃诉讼请求或者承认对方当事人的诉讼请求,进行和解,必须经被代表的当事人同意。

诉讼标的是同一种类、当事人一方人数众多在起诉时人数尚未确定的,人民法院可以发出公告,说明案件情况和诉讼请求,通知权利人在一定期间向人民法院登记。向人民法院登记的权利人可以推选代表人进行诉讼;推选不出代表人的,人民法院可以与参加登记的权利人商定代表人。代表人的诉讼行为对其所代表的当事人发生效力,但代表人变更、放弃诉讼请求或者承认对方当事人的诉讼请求,进行和解,必须经被代表的当事人同意。

人民法院作出的判决、裁定,对参加登记的全体权利人发生效力。未参加登记的权利人在诉讼时效期间提起诉讼的,适用该判决、裁定。

对当事人双方的诉讼标的,第三人认为有独立请求权的,有权提起诉讼。对当事人双方的诉讼标的,第三人虽然没有独立请求权,但案件处理结果同他有法律上的利害关系的,可以申请参加诉讼,或者由人民法院通知他参加诉讼。人民法院判决承担民事责任的第三人,有当事人的诉讼权利义务。

五、房地产诉讼证据

根据《民事诉讼法》和《最高人民法院关于民事诉讼证据的若干规定》,证据及相关要求如下:(1)书证。书证应当提交原件。提交原件确有困难的,可以提交复制品、照片、副本、节录本。提交外文书证,必须附有中文译本;(2)物证。物证应当提交原物。提交原件或者原物确有困难的,可以提交复制品、照片、副本、节录本;(3)视听资料。人民法院对视听资料,应当辨别真伪,并结合本案的其他证据,审查确定能否作为认定事实的根据;(4)证人证言。凡是知道案件情况的单位和个人,都有义务出庭作证。有关单位的负责人应当支持证人作证。证人确有困难不能出庭的,经人民法院许可,可以提交书面证言;不能正确表达意志的人,不能作证;(5)当事人的陈述。人民法院对当事人的陈述,应当结合本案的其他证据,审查确定能否作为认定事实的根据。当事人拒绝陈述的,不影响人民法院根据证据认定案件事实;(6)鉴定结论。人民法院对专门性问题认为需要鉴定的,应当交由法定鉴定部门鉴定;没有法定鉴定部门的,由人民法院指定的鉴定部门鉴定。鉴定部门及其指定的鉴定人有权了解进行鉴定所需要的案件材料,必要时可以询问当事人、证人。鉴定部门和鉴定人应当提出书面鉴定结论,在鉴定书上签名或者盖章。鉴定人鉴定的,应当由鉴定人所在单位加盖印章,证明鉴定人身份;(7)勘验笔录。勘验物证或者现场,勘验人必须出示人民法院的证件,并邀请当地基层组织或者当事人所在单位派人参加。当事人或者当事人的成年家属应当到场,拒不到场的,不影响勘验的进行。有关单位和个人根据人民法院的通知,有义务保护现场,协助勘验工作。勘验人应当将勘验情况和结果制作笔录,由勘验人、当事人和被邀参加人签名或者盖章。以上证据必须查证属实,才能作为认定事实的根据。

当事人对自己提出的主张,有责任提供证据。原告向人民法院起诉或者被告提出反诉,应当附有符合起诉条件的相应的证据材料。当事人对自已提出的诉讼请求所依据的事实或者反驳对方诉讼请求所依据的事实有责任提供证据加以证明。没有证据或者证据不足以证明当事人的事实主张的,由负有举证责任的当事人承担不利后果。人民法院应当向当事人说明举证的要求及法律后果,促使当事人在合理期限内积极、全面、正确、诚实地完成举证。当事人因客观原因不能自行收集的证据,可申请人民法院调查收集。在证据可能灭失或者以后难以取得的情况下,诉讼参加人可以向人民法院申请保全证据,人民法院也可以主动采取保全措施。

六、房地产诉讼的证据保全

人民法院对于可能因当事人一方的行为或者其他原因,使判决不能执行或者难以执行的案件,可以根据对方当事人的申请,作出财产保全的裁定;当事人没有提出申请的,人民法院在必要时也可以裁定采取财产保全措施。

人民法院采取财产保全措施,可以责令申请人提供担保;申请人不提供担保的,驳回申请。人民法院接受申请后,对情况紧急的,必须在48小时内作出裁定;裁定采取财产保全措施的,应当立即开始执行。利害关系人因情况紧急,不立即申请财产保全将会使其合法权益受到难以弥补的损害的,可以在起诉前向人民法院申请采取财产保全措施。申请人应当提供担保,不提供担保的,驳回申请。人民法院接受申请后,必须在48小时内作出裁定;裁定采取财产保全措施的,应当立即开始执行。申请人在人民法院采取保全措施后15日内不起诉的,人民法院应当解除财产保全。

财产保全限于请求的范围,或者与本案有关的财物。财产保全采取查封、扣押、冻结或者法律规定的其他方法。人民法院冻结财产后,应当立即通知被冻结财产的人。财产已被查封、冻结的,不得重复查封、冻结。被申请人提供担保的,人民法院应当解除财产保全。申请有错误的,申请人应当赔偿被申请人因财产保全所遭受的损失。

七、房地产诉讼费用

房地产诉讼费同其他案件的诉讼费一样,也是按照2006年12月8日国务院第159次常务会议通过、自2007年4月1日起施行的《诉讼费用交纳办法》(以下简称"《办法》")缴纳。

（一）诉讼费用交纳范围

当事人应当向人民法院交纳的诉讼费用包括：

1. 案件受理费。案件受理费包括：第一审案件受理费；第二审案件受理费；再审案件中，再审案件中，依照本办法规定需要交纳的案件受理费。下列房地产案件中不交纳案件受理费：依照民事诉讼法规定的特别程序审理的案件；裁定不予受理、驳回起诉、驳回上诉的案件；对不予受理、驳回起诉和管辖权异议裁定不服，提起上诉的案件；行政赔偿案件。但是，下列情形除外：当事人有新的证据，足以推翻原判决、裁定，向人民法院申请再审，人民法院经审查决定再审的案件；当事人对人民法院第一审判决或者裁定未提出上诉，第一审判决、裁定或者调解书发生法律效力后又申请再审，人民法院经审查决定再审的案件。根据民事诉讼法和行政诉讼法规定的审判监督程序审理的案件，当事人不交纳案件受理费。

2. 申请费。当事人依法向人民法院申请下列事项，应当交纳申请费：申请执行人民法院发生法律效力的判决、裁定、调解书，仲裁机构依法作出的裁决和调解书，公证机构依法赋予强制执行效力的债权文书；申请保全措施；申请支付令；申请公示催告；申请撤销仲裁裁决或者认定仲裁协议效力等。

3. 证人、鉴定人、翻译人员、理算人员在人民法院指定日期出庭发生的交通费、住宿费、生活费和误工补贴。证人、鉴定人、翻译人员、理算人员在人民法院指定日期出庭发生的交通费、住宿费、生活费和误工补贴，由人民法院按照国家规定标准代为收取。当事人复制案件卷宗材料和法律文书应当按实际成本向人民法院交纳工本费。诉讼过程中因鉴定、公告、勘验、翻译、评估、拍卖、变卖、仓储、保管、运输、船舶监管等发生的依法应当由当事人负担的费用，人民法院根据谁主张、谁负担的原则，决定由当事人直接支付给有关机构或者单位，人民法院不得代收代付。

（二）诉讼费用交纳标准

《办法》规定的与房地产案件相关的收费如下：

1. 房地产财产案件根据诉讼请求的金额或者价额，按照下列比例分段累计交纳：

（1）不超过1万元的，每件交纳50元；超过1万元至10万元的部分，按照2.5%交纳；（2）超过10万元至20万元的部分，按照2%交纳；超过20万元至 50 万元的部分,按照 1.5% 交纳;(3)超过 50 万元至 100 万元的部分,按照 1% 交纳;(4)超过 100 万元至 200 万元的部分,按照 0.9% 交纳;(5)超过 200 万元至 500 万元的部分,按照 0.8% 交纳;(6)超过 500 万元至 1000 万元的部分,按照 0.7% 交纳;(7)超过 1000 万元至 2000 万元的部分,按照 0.6% 交纳;(8)超过 2000 万元的部分,按照 0.5% 交纳。房地产行政案件其他行政案件每件交纳 50 元。

2. 房地产案件申请费分别按照下列标准交纳:

(1)依法向人民法院申请执行人民法院发生法律效力的判决、裁定、调解书,仲裁机构依法作出的裁决和调解书,公证机关依法赋予强制执行效力的债权文书,申请承认和执行外国法院判决、裁定以及国外仲裁机构裁决的,按照下列标准交纳:没有执行金额或者价额的,每件交纳 50 元至 500 元。执行金额或者价额不超过 1 万元的,每件交纳 50 元;超过 1 万元至 50 万元的部分,按照 1.5% 交纳;超过 50 万元至 500 万元的部分,按照 1% 交纳;超过 500 万元至 1000 万元的部分,按照 0.5% 交纳;超过 1000 万元的部分,按照 0.1% 交纳。

(2)申请保全措施的,根据实际保全的财产数额按照下列标准交纳:财产数额不超过 1000 元或者不涉及财产数额的,每件交纳 30 元;超过 1000 元至 10 万元的部分,按照 1% 交纳;超过 10 万元的部分,按照 0.5% 交纳。但是,当事人申请保全措施交纳的费用最多不超过 5000 元。

(3)依法申请支付令的,比照财产案件受理费标准的 1/3 交纳。

(三)诉讼费用的分担

以调解方式结案或者当事人申请撤诉的,减半交纳案件受理费。适用简易程序审理的案件减半交纳案件受理费。对财产案件提起上诉的,按照不服一审判决部分的上诉请求数额交纳案件受理费。被告提起反诉、有独立请求权的第三人提出与本案有关的诉讼请求,人民法院决定合并审理的,分别减半交纳案件受理费。依照本《办法》第 9 条规定需要交纳案件受理费的再审案件,按照不服原判决部分的再审请求数额交纳案件受理费。

八、房地产纠纷的民事诉讼程序

(一)第一审程序

房地产纠纷诉讼的第一审程序是指人民法院审理第一审房地产纠纷案

件适用的程序。

1. 起诉和受理。房地产纠纷发生后,当事人任何一方均可向人民法院提出诉讼请求,递交起诉状,并按照被告人数提出副本。起诉必须符合下列条件:(1)原告是与本案有直接利害关系的公民、法人和其他组织;(2)有明确的被告;(3)有具体的诉讼请求和事实、理由;(4)属于人民法院收理民事诉讼的范围和受诉人民法院管辖。

人民法院收到起诉状后,经审查,认为符合起诉条件的,应当在7日内立案,并通知当事人;认为不符合起诉条件的,应当在7日内裁定不予受理;原告对裁定不服的,可以上诉。

2. 审理前的准备。人民法院在决定受理案件后,在开庭审理前,为保证案件审理活动的顺利进行需要进行一系列准备工作,包括:向被告发送起诉状副本,并限期被告提出答辩;告知当事人有关的诉讼权利和义务;确定并告知当事人合议庭组成人员;审核诉讼材料,进行必要的调查取证;追加当事人等。

3. 开庭审理。人民法院审理房地产纠纷案件,除涉及国家秘密、个人隐私或者法律另有规定的以外,应当公开进行,但如涉及商业秘密,当事人申请不公开审理的,可以不公开审理。

在开庭审理前,人民法院应做好准备工作:一是应当在开庭3日前通知当事人和其他诉讼参与人;二是公开审理的,应当公告当事人姓名、案由和开庭的时间、地点;三是书记员应当查明当事人和其他诉讼参与人是否到庭,宣布法庭纪律。

开庭审理时,先由审判长核对当事人,宣布案由及审判人员、书记员名单,告知当事人有关的诉讼权利义务,询问当事人是否提出回避申请,然后按照法庭调查、法庭辩论的顺序进行审理。判决前能够调解的,还可以进行调解。

4. 判决。案件经过合议庭评议后作出判决。人民法院对公开审理或者不公开审理的案件,一律公开宣告判决。人民法院宣告判决时,必须向当事人告知有关上诉的事项。

(二)第二审程序

第二审程序,是指当事人不服第一审未生效的房地产判决、裁定,向上一级法院提起上诉,上一级法院对案件进行审理所适用的程序。

房地产纠纷的当事人如不服一审人民法院判决的,有权在判决书送达之日起 15 日内向上一级人民法院提起上诉;不服一审人民法院裁定的,有权在裁定书送达之日起 10 日内向上一级人民法院提起上诉。上诉应当递交上诉状,并按照对方当事人或者代表人的人数提出副本。上诉状原则上通过原审人民法院提出,当事人直接向二审法院上诉的,二审法院应在 5 日内将上诉状送交一审法院。

第二审人民法院对上诉案件,应当由审判员组成合议庭,开庭审理。经过阅卷和调查,询问当事人,在事实核对清楚后,合议庭认为不需要开庭审理的,也可以迳行判决、裁定。

第二审人民法院经过对案件的审理和合议庭的评议,分别作出如下判决:(1)原判决认定事实清楚,适用法律正确的,判决驳回上诉,维持原判决;(2)原判决适用法律有错误的,依法改判;(3)原判决认定事实错误,或者原判决认定事实不清证据不足的,裁定撤销原判决,发回原审人民法院重审,或者查清事实后改判;(4)原判决违反法定程序,可能影响案件正确判决的,裁定撤销原判决,发回原审人民法院重审;(5)原裁定事实清楚,适用法律正确的,裁定驳回上诉,维持原裁定;原裁定认定事实不清,证据不足,适用法律不当的,裁定撤销原裁定,重新作出正确的裁定。

第二审人民法院的判决、裁定,是终审的判决、裁定。第二审人民法院审理上诉案件,可以进行调解。调解达成协议,应当制作调解书。调解书送达后,原审人民法院的判决即视为撤销。

（三）审判监督程序

审判监督程序,是指对已经发生法律效力的判决、裁定,发现确有错误,依法再次审理的程序。审判监督程序的提起,主要有以下三种形式:一是法院依职权提起再审;二是人民检察院抗诉引起再审;三是当事人申请提起再审。

1. 法院依职权提起再审

各级人民法院院长对本院已经发生法律效力的判决、裁定,发现确有错误,认为需要再审的,应当提交审判委员会讨论决定。最高人民法院对地方各级人民法院已经发生法律效力的判决、裁定,上级人民法院对下级人民法院已经发生法律效力的判决、裁定,发现确有错误的,有权提审或者指令下级人民法院再审。

2. 人民检察院抗诉引起再审

最高人民检察院对各级人民法院已经发生法律效力的判决、裁定,上级人民检察院对下级人民法院已经发生法律效力的判决、裁定,发现有本法第179 条规定情形之一的,应当提出抗诉。

地方各级人民检察院对同级人民法院已经发生法律效力的判决、裁定,发现有《民事诉讼法》法第179 条规定情形之一的,应当提请上级人民检察院向同级人民法院提出抗诉。

人民检察院提出抗诉的案件,接受抗诉的人民法院应当自收到抗诉书之日起 30 日内作出再审的裁定;有本法第179 条第一款第(一)项至第(五)项规定情形之一的,可以交下一级人民法院再审。

人民检察院决定对人民法院的判决、裁定提出抗诉的,应当制作抗诉书。人民检察院提出抗诉的案件,人民法院再审时,应当通知人民检察院派员出席法庭。

3. 当事人对已经发生法律效力的判决、裁定,认为有错误的,可以向上一级人民法院申请再审,但不停止判决、裁定的执行。

当事人的申请符合下列情形之一的,人民法院应当再审:(1)有新的证据,足以推翻原判决、裁定的;(2)原判决、裁定认定的基本事实缺乏证据证明的;(3)原判决、裁定认定事实的主要证据是伪造的;(4)原判决、裁定认定事实的主要证据未经质证的;(5)对审理案件需要的证据,当事人因客观原因不能自行收集,书面申请人民法院调查收集,人民法院未调查收集的;(6)原判决、裁定适用法律确有错误的;(7)违反法律规定,管辖错误的;(8)审判组织的组成不合法或者依法应当回避的审判人员没有回避的;(9)无诉讼行为能力人未经法定代理人代为诉讼或者应当参加诉讼的当事人,因不能归责于本人或者其诉讼代理人的事由,未参加诉讼的;(10)违反法律规定,剥夺当事人辩论权利的;(11)未经传票传唤,缺席判决的;(12)原判决、裁定遗漏或者超出诉讼请求的;(13)据以作出原判决、裁定的法律文书被撤销或者变更的。

对违反法定程序可能影响案件正确判决、裁定的情形,或者审判人员在审理该案件时有贪污受贿,徇私舞弊,枉法裁判行为的,人民法院应当再审。

当事人申请再审的,应当提交再审申请书等材料。人民法院应当自收到再审申请书之日起五日内将再审申请书副本发送对方当事人。对方当事人应当自收到再审申请书副本之日起 15 日内提交书面意见;不提交书面意见的,不影响人民法院审查。人民法院可以要求申请人和对方当事人补充有关材料,询问有关事项。人民法院应当自收到再审申请书之日起 3 个月内审查,符合本法第 179 条规定情形之一的,裁定再审;不符合本法第 179 条规定的,裁定驳回申请。有特殊情况需要延长的,由本院院长批准。

因当事人申请裁定再审的案件由中级人民法院以上的人民法院审理。最高人民法院、高级人民法院裁定再审的案件,由本院再审或者交其他人民法院再审,也可以交原审人民法院再审。

当事人对已经发生法律效力的调解书,提出证据证明调解违反自愿原则或者调解协议的内容违反法律的,可以申请再审。经人民法院审查属实的,应当再审。

当事人申请再审,应当在判决、裁定发生法律效力后 2 年内提出;2 年后据以作出原判决、裁定的法律文书被撤销或者变更,以及发现审判人员在审理该案件时有贪污受贿,徇私舞弊,枉法裁判行为的,自知道或者应当知道之日起 3 个月内提出。

按照审判监督程序决定再审的案件,裁定中止原判决的执行。裁定由院长署名,加盖人民法院印章。

人民法院按照审判监督程序再审的案件,发生法律效力的判决、裁定是由第一审法院作出的,按照第一审程序审理,所作的判决、裁定,当事人可以上诉;发生法律效力的判决、裁定是由第二审法院作出的,按照第二审程序审理,所作的判决、裁定,是发生法律效力的判决、裁定;上级人民法院按照审判监督程序提审的,按照第二审程序审理,所作的判决、裁定是发生法律效力的判决、裁定。人民法院审理再审案件,应当另行组成合议庭。

（四）执行程序

执行程序是保证人民法院的裁判能够顺利得以执行,保证当事人房地产合法权益得以实现的法律程序。执行程序是房地产民事诉讼的最后阶段,是在负有义务的一方当事人拒不履行法律文书确定的义务时,人民法院依法强制其履行义务所适用的程序。

1. 执行的一般规定

发生法律效力的房地产民事判决、裁定,以及刑事判决、裁定中的财产部分,由第一审人民法院或者与第一审人民法院同级的被执行的财产所在地人民法院执行。

当事人、利害关系人认为执行行为违反法律规定的,可以向负责执行的人民法院提出书面异议。当事人、利害关系人提出书面异议的,人民法院应当自收到书面异议之日起 15 日内审查,理由成立的,裁定撤销或者改正;理由不成立的,裁定驳回。当事人、利害关系人对裁定不服的,可以自裁定送达之日起 10 日内向上一级人民法院申请复议。

人民法院自收到申请执行书之日起超过 6 个月未执行的,申请执行人可以向上一级人民法院申请执行。上一级人民法院经审查,可以责令原人民法院在一定期限内执行,也可以决定由本院执行或者指令其他人民法院执行。

在房地产案件执行过程中,案外人对执行标的提出书面异议的,人民法院应当自收到书面异议之日起 15 日内审查,理由成立的,裁定中止对该标的的执行;理由不成立的,裁定驳回。案外人、当事人对裁定不服,认为原判决、裁定错误的,依照审判监督程序办理;与原判决、裁定无关的,可以自裁定送达之日起 15 日内向人民法院提起诉讼。

被执行人或者被执行的房地产财产在外地的,可以委托当地人民法院代为执行。受委托人民法院收到委托函件后,必须在 15 日内开始执行,不得拒绝。执行完毕后,应当将执行结果及时函复委托人民法院;在 30 日内如果还未执行完毕,也应当将执行情况函告委托人民法院。受委托人民法院自收到委托函件之日起 15 日内不执行的,委托人民法院可以请求受委托人民法院的上级人民法院指令受委托人民法院执行。

在执行中,双方当事人自行和解达成协议的,执行员应当将协议内容记入笔录,由双方当事人签名或者盖章。一方当事人不履行和解协议的,人民法院可以根据对方当事人的申请,恢复对原生效法律文书的执行。

在执行中,被执行人向人民法院提供担保,并经申请执行人同意的,人民法院可以决定暂缓执行及暂缓执行的期限。被执行人逾期仍不履行的,人民法院有权执行被执行人的担保财产或者担保人的财产。

作为被执行人的公民死亡的,以其遗产偿还债务。作为被执行人的法人或者其他组织终止的,由其权利义务承受人履行义务。

执行完毕后,据以执行的判决、裁定和其他法律文书确有错误,被人民法院撤销的,对已被执行的财产,人民法院应当作出裁定,责令取得财产的人返还;拒不返还的,强制执行。

2. 执行的申请和移送

发生法律效力的房地产民事判决、裁定,当事人必须履行。一方拒绝履行的,对方当事人可以向人民法院申请执行,也可以由审判员移送执行员执行。调解书和其他应当由人民法院执行的法律文书,当事人必须履行。一方拒绝履行的,对方当事人可以向人民法院申请执行。

对依法设立的仲裁机构的裁决的房地产纠纷,一方当事人不履行的,对方当事人可以向有管辖权的人民法院申请执行。受申请的人民法院应当执行。被申请人提出证据证明仲裁裁决有法律规定情形之一的,经人民法院组成合议庭审查核实,裁定不予执行。仲裁裁决被人民法院裁定不予执行的,当事人可以根据双方达成的书面仲裁协议重新申请仲裁,也可以向人民法院起诉。

对公证机关依法赋予强制执行效力的房地产债权文书,一方当事人不履行的,对方当事人可以向有管辖权的人民法院申请执行,受申请的人民法院应当执行。公证债权文书确有错误的,人民法院裁定不予执行,并将裁定书送达双方当事人和公证机关。

申请执行的期间为 2 年。申请执行时效的中止、中断,适用法律有关诉讼时效中止、中断的规定。前款规定的期间,从法律文书规定履行期间的最后一日起计算;法律文书规定分期履行的,从规定的每次履行期间的最后一日起计算;法律文书未规定履行期间的,从法律文书生效之日起计算。

执行员接到申请执行书或者移交执行书,应当向被执行人发出执行通知,责令其在指定的期间履行,逾期不履行的,强制执行。被执行人不履行法律文书确定的义务,并有可能隐匿、转移财产的,执行员可以立即采取强制执行措施。

3. 执行措施

被执行人未按执行通知履行法律文书确定的义务,应当报告当前以及收到执行通知之日前一年的财产情况。被执行人拒绝报告或者虚假报告的,人民法院可以根据情节轻重对被执行人或者其法定代理人、有关单位的主要负责人或者直接责任人员予以罚款、拘留。

被执行人未按执行通知履行法律文书确定的义务,人民法院有权向银行、信用合作社和其他有储蓄业务的单位查询被执行人的存款情况,有权冻结、划拨被执行人的存款,但查询、冻结、划拨存款不得超出被执行人应当履行义务的范围。

人民法院决定冻结、划拨存款,应当作出裁定,并发出协助执行通知书,银行、信用合作社和其他有储蓄业务的单位必须办理。

被执行人未按执行通知履行法律文书确定的义务,人民法院有权扣留、提取被执行人应当履行义务部分的收入。但应当保留被执行人及其所扶养家属的生活必需费用。

人民法院扣留、提取收入时,应当作出裁定,并发出协助执行通知书,被执行人所在单位、银行、信用合作社和其他有储蓄业务的单位必须办理。

被执行人未按执行通知履行法律文书确定的义务,人民法院有权查封、扣押、冻结、拍卖、变卖被执行人应当履行义务部分的财产。但应当保留被执行人及其所扶养家属的生活必需品。

人民法院查封、扣押财产时,被执行人是公民的,应当通知被执行人或者他的成年家属到场;被执行人是法人或者其他组织的,应当通知其法定代表人或者主要负责人到场。拒不到场的,不影响执行。被执行人是公民的,其工作单位或者财产所在地的基层组织应当派人参加。对被查封、扣押的财产,执行员必须造具清单,由在场人签名或者盖章后,交被执行人一份。被执行人是公民的,也可以交他的成年家属一份。

被查封的财产,执行员可以指定被执行人负责保管。因被执行人的过错造成的损失,由被执行人承担。

财产被查封、扣押后,执行员应当责令被执行人在指定期间履行法律文书确定的义务。被执行人逾期不履行的,人民法院可以按照规定交有关单位拍卖或者变卖被查封、扣押的财产。国家禁止自由买卖的物品,交有关单位按照国家规定的价格收购。

被执行人不履行法律文书确定的义务,并隐匿财产的,人民法院有权发出搜查令,对被执行人及其住所或者财产隐匿地进行搜查。采取前款措施,由院长签发搜查令。

法律文书指定交付的财物或者票证,由执行员传唤双方当事人当面交付,或者由执行员转交,并由被交付人签收。有关单位持有该项财物或者票证的,应当根据人民法院的协助执行通知书转交,并由被交付人签收。

强制迁出房屋或者强制退出土地,由院长签发公告,责令被执行人在指定期间履行。被执行人逾期不履行的,由执行员强制执行。

　　强制执行时,被执行人是公民的,应当通知被执行人或者他的成年家属到场;被执行人是法人或者其他组织的,应当通知其法定代表人或者主要负责人到场。拒不到场的,不影响执行。被执行人是公民的,其工作单位或者房屋、土地所在地的基层组织应当派人参加。执行员应当将强制执行情况记入笔录,由在场人签名或者盖章。

　　强制迁出房屋被搬出的财物,由人民法院派人运至指定处所,交给被执行人。被执行人是公民的,也可以交给他的成年家属。因拒绝接收而造成的损失,由被执行人承担。

　　在执行中,需要办理有关财产权证照转移手续的,人民法院可以向有关单位发出协助执行通知书,有关单位必须办理。

　　对判决、裁定和其他法律文书指定的行为,被执行人未按执行通知履行的,人民法院可以强制执行或者委托有关单位或者其他人完成,费用由被执行人承担。

　　被执行人未按判决、裁定和其他法律文书指定的期间履行给付金钱义务的,应当加倍支付迟延履行期间的债务利息。被执行人未按判决、裁定和其他法律文书指定的期间履行其他义务的,应当支付迟延履行金。

　　人民法院采取《民事诉讼法》第218条、第219条、第220条规定的执行措施后,被执行人仍不能偿还债务的,应当继续履行义务。债权人发现被执行人有其他财产的,可以随时请求人民法院执行。

　　被执行人不履行法律文书确定的义务的,人民法院可以对其采取或者通知有关单位协助采取限制出境,在征信系统记录、通过媒体公布不履行义务信息以及法律规定的其他措施。

　　4. 执行中止和终结

　　有下列情形之一的,人民法院应当裁定中止执行:(1)申请人表示可以延期执行的;(2)案外人对执行标的提出确有理由的异议的;(3)作为一方当事人的公民死亡,需要等待继承人继承权利或者承担义务的;(4)作为一方当事人的法人或者其他组织终止,尚未确定权利义务承受人的;(5)人民法院认为应当中止执行的其他情形。中止的情形消失后,恢复执行。

　　有下列情形之一的,人民法院裁定终结执行:(1)申请人撤销申请的;(2)据以执行的法律文书被撤销的;(3)作为被执行人的公民死亡,无遗产可供执行,又无义务承担人的;(4)追索赡养费、扶养费、抚育费案件的权利人死亡的;(5)作为被执行人的公民因生活困难无力偿还借款,无收入来源,又丧失劳动能力的;(6)人民法院认为应当终结执行的其他情形。中止和终结执行的裁定,送达当事人后立即生效。

九、关于房地产案件执行的特殊规定

(一)最高人民法院《关于人民法院执行设定抵押的房屋的规定》

2005 年 11 月 14 日最高人民法院审判委员会通过《关于人民法院执行设定抵押的房屋的规定》(以下简称"《规定》")。《规定》根据《民事诉讼法》等法律的规定,结合人民法院民事执行工作的实践,对人民法院根据抵押权人的申请,执行设定抵押的房屋的问题规定如下:

1. 对于被执行人所有的已经依法设定抵押的房屋,人民法院可以查封,并可以根据抵押权人的申请,依法拍卖、变卖或者抵债。

2. 人民法院对已经依法设定抵押的被执行人及其所扶养家属居住的房屋,在裁定拍卖、变卖或者抵债后,应当给予被执行人 6 个月的宽限期。在此期限内,被执行人应当主动腾空房屋,人民法院不得强制被执行人及其所扶养家属迁出该房屋。

3. 上述宽限期届满后,被执行人仍未迁出的,人民法院可以作出强制迁出裁定,并按照《民事诉讼法》第 229 条的规定执行。强制迁出时,被执行人无法自行解决居住问题的,经人民法院审查属实,可以由申请执行人为被执行人及其所扶养家属提供临时住房。

4. 申请执行人提供的临时住房,其房屋品质、地段可以不同于被执行人原住房,面积参照建设部、财政部、民政部、国土资源部和国家税务总局联合发布的《城镇最低收入家庭廉租住房管理办法》所规定的人均廉租住房面积标准确定。

5. 申请执行人提供的临时住房,应当计收租金。租金标准由申请执行人和被执行人双方协商确定;协商不成的,由人民法院参照当地同类房屋租金标准确定,当地无同类房屋租金标准可以参照的,参照当地房屋租赁市场平均租金标准确定。已经产生的租金,可以从房屋拍卖或者变卖价款中优先扣除。

6. 被执行人属于低保对象且无法自行解决居住问题的,人民法院不应

强制迁出。

（二）最高人民法院《关于人民法院民事执行中查封、扣押、冻结财产的规定》

为了进一步规范民事执行中的查封、扣押、冻结措施，维护当事人的合法权益，根据《民事诉讼法》等法律的规定，结合人民法院民事执行工作的实践经验，最高人民法院于 2004 年 10 月 26 日通过《关于人民法院民事执行中查封、扣押、冻结财产的规定》，该《规定》主要内容如下：

1. 人民法院查封、扣押、冻结被执行人的动产、不动产及其他财产权，应当作出裁定，并送达被执行人和申请执行人。采取查封、扣押、冻结措施需要有关单位或者个人协助的，人民法院应当制作协助执行通知书，连同裁定书副本一并送达协助执行人。查封、扣押、冻结裁定书和协助执行通知书送达时发生法律效力。

2. 人民法院可以查封、扣押、冻结被执行人占有的动产、登记在被执行人名下的不动产、特定动产及其他财产权。未登记的建筑物和土地使用权，依据土地使用权的审批文件和其他相关证据确定权属。对于第三人占有的动产或者登记在第三人名下的不动产、特定动产及其他财产权，第三人书面确认该财产属于被执行人的，人民法院可以查封、扣押、冻结。

3. 作为执行依据的法律文书生效后至申请执行前，债权人可以向有执行管辖权的人民法院申请保全债务人的财产。人民法院可以参照《民事诉讼法》第 92 条的规定作出保全裁定，保全裁定应当立即执行。诉讼前、诉讼中及仲裁中采取财产保全措施的，进入执行程序后，自动转为执行中的查封、扣押、冻结措施，并适用本《规定》第 29 条关于查封、扣押、冻结期限的规定。

4. 人民法院对被执行人下列的财产不得查封、扣押、冻结：（1）被执行人及其所扶养家属生活所必需的衣服、家具、炊具、餐具及其他家庭生活必需的物品；（2）被执行人及其所扶养家属所必需的生活费用。当地有最低生活保障标准的，必需的生活费用依照该标准确定；（3）被执行人及其所扶养家属完成义务教育所必需的物品；（4）未公开的发明或者未发表的著作；（5）被执行人及其所扶养家属用于身体缺陷所必需的辅助工具、医疗物品；（6）被执行人所得的勋章及其他荣誉表彰的物品；（7）根据《中华人民共和国缔结条约程序法》，以中华人民共和国、中华人民共和国政府或者中华人民共和国政府部门名义同外国、国际组织缔结的条约、协定和其他具有条约、协定性质的文件中规定免于查封、扣押、冻结的财产;(8)法律或者司法解释规定的其他不得查封、扣押、冻结的财产。

5. 对被执行人及其所扶养家属生活所必需的居住房屋,人民法院可以查封,但不得拍卖、变卖或者抵债。对于超过被执行人及其所扶养家属生活所必需的房屋和生活用品,人民法院根据申请执行人的申请,在保障被执行人及其所扶养家属最低生活标准所必需的居住房屋和普通生活必需品后,可予以执行。

6. 查封不动产的,人民法院应当张贴封条或者公告,并可以提取保存有关财产权证照。查封、扣押、冻结已登记的不动产、特定动产及其他财产权,应当通知有关登记机关办理登记手续。未办理登记手续的,不得对抗其他已经办理了登记手续的查封、扣押、冻结行为。查封尚未进行权属登记的建筑物时,人民法院应当通知其管理人或者该建筑物的实际占有人,并在显著位置张贴公告。

7. 查封、扣押的财产不宜由人民法院保管的,人民法院可以指定被执行人负责保管;不宜由被执行人保管的,可以委托第三人或者申请执行人保管。由人民法院指定被执行人保管的财产,如果继续使用对该财产的价值无重大影响,可以允许被执行人继续使用;由人民法院保管或者委托第三人、申请执行人保管的,保管人不得使用。

查封、扣押、冻结担保物权人占有的担保财产,一般应当指定该担保物权人作为保管人;该财产由人民法院保管的,质权、留置权不因转移占有而消灭。

对被执行人与其他人共有的财产,人民法院可以查封、扣押、冻结,并及时通知共有人。共有人协议分割共有财产,并经债权人认可的,人民法院可以认定有效。查封、扣押、冻结的效力及于协议分割后被执行人享有份额内的财产;对其他共有人享有份额内的财产的查封、扣押、冻结,人民法院应当裁定予以解除。共有人提起析产诉讼或者申请执行人代位提起析产诉讼的,人民法院应当准许。诉讼期间中止对该财产的执行。

8. 对第三人为被执行人的利益占有的被执行人的财产,人民法院可以查封、扣押、冻结;该财产被指定给第三人继续保管的,第三人不得将其交付给被执行人。对第三人为自己的利益依法占有的被执行人的财产,人民法院可以查封、扣押、冻结,第三人可以继续占有和使用该财产,但不得将其交付给被执行人。第三人无偿借用被执行人的财产的,不受前款规定的限制。被执行人将其财产出卖给第三人,第三人已经支付部分价款并实际占有该财产,但根据合同约定被执行人保留所有权的,人民法院可以查封、扣押、冻结;第三人要求继续履行合同的,应当由第三人在合理期限内向人民法院交付全部余款后,裁定解除查封、扣押、冻结。

被执行人将其所有的需要办理过户登记的财产出卖给第三人,第三人已经支付部分或者全部价款并实际占有该财产,但尚未办理产权过户登记手续的,人民法院可以查封、扣押、冻结;第三人已经支付全部价款并实际占有,但未办理过户登记手续的,如果第三人对此没有过错,人民法院不得查封、扣押、冻结。被执行人购买第三人的财产,已经支付部分价款并实际占有该财产,但第三人依合同约定保留所有权,申请执行人已向第三人支付剩余价款或者第三人书面同意剩余价款从该财产变价款中优先支付的,人民法院可以查封、扣押、冻结。

被执行人购买需要办理过户登记的第三人的财产,已经支付部分或者全部价款并实际占有该财产,虽未办理产权过户登记手续,但申请执行人已向第三人支付剩余价款或者第三人同意剩余价款从该财产变价款中优先支付的,人民法院可以查封、扣押、冻结。

9. 查封、扣押、冻结被执行人的财产,以其价额足以清偿法律文书确定的债权额及执行费用为限,不得明显超标的额查封、扣押、冻结。发现超标的额查封、扣押、冻结的,人民法院应当根据被执行人的申请或者依职权,及时解除对超标的额部分财产的查封、扣押、冻结,但该财产为不可分物且被执行人无其他可供执行的财产或者其他财产不足以清偿债务的除外。查封、扣押的效力及于查封、扣押物的从物和天然孳息。

查封地上建筑物的效力及于该地上建筑物使用范围内的土地使用权,查封土地使用权的效力及于地上建筑物,但土地使用权与地上建筑物的所有权分属被执行人与他人的除外。地上建筑物和土地使用权的登记机关不是同一机关的,应当分别办理查封登记。查封、扣押、冻结的财产灭失或者毁损的,查封、扣押、冻结的效力及于该财产的替代物、赔偿款。人民法院应当及时作出查封、扣押、冻结该替代物、赔偿款的裁定。

查封、扣押、冻结协助执行通知书在送达登记机关时,登记机关已经受理被执行人转让不动产、特定动产及其他财产的过户登记申请,尚未核准登记的,应当协助人民法院执行。人民法院不得对登记机关已经核准登记的被执行人已转让的财产实施查封、扣押、冻结措施。

查封、扣押、冻结协助执行通知书在送达登记机关时,其他人民法院已向该登记机关送达了过户登记协助执行通知书的,应当优先办理过户登记。

被执行人就已经查封、扣押、冻结的财产所作的移转、设定权利负担或者其他有碍执行的行为,不得对抗申请执行人。第三人未经人民法院准许占有查封、扣押、冻结的财产或者实施其他有碍执行的行为的,人民法院可以依据申请执行人的申请或者依职权解除其占有或者排除其妨害。

人民法院的查封、扣押、冻结没有公示的,其效力不得对抗善意第三人。

人民法院查封、扣押被执行人设定最高额抵押权的抵押物的,应当通知抵押权人。抵押权人受抵押担保的债权数额自收到人民法院通知时起不再增加。人民法院虽然没有通知抵押权人,但有证据证明抵押权人知道查封、扣押事实的,受抵押担保的债权数额从其知道该事实时起不再增加。

10. 对已被人民法院查封、扣押、冻结的财产,其他人民法院可以进行轮候查封、扣押、冻结。查封、扣押、冻结解除的,登记在先的轮候查封、扣押、冻结即自动生效。其他人民法院对已登记的财产进行轮候查封、扣押、冻结的,应当通知有关登记机关协助进行轮候登记,实施查封、扣押、冻结的人民法院应当允许其他人民法院查阅有关文书和记录。其他人民法院对没有登记的财产进行轮候查封、扣押、冻结的,应当制作笔录,并经实施查封、扣押、冻结的人民法院执行人员及被执行人签字,或者书面通知实施查封、扣押、冻结的人民法院。

11. 人民法院冻结被执行人的银行存款及其他资金的期限不得超过 6 个月,查封、扣押动产的期限不得超过 1 年,查封不动产、冻结其他财产权的期限不得超过 2 年。法律、司法解释另有规定的除外。申请执行人申请延长期限的,人民法院应当在查封、扣押、冻结期限届满前办理续行查封、扣押、冻结手续,续行期限不得超过前款规定期限的二分之一。查封、扣押、冻结期限届满,人民法院未办理延期手续的,查封、扣押、冻结的效力消灭。查封、扣押、冻结的财产已经被执行拍卖、变卖或者抵债的,查封、扣押、冻结的效力消灭。

12. 有下列情形之一的,人民法院应当作出解除查封、扣押、冻结裁定,并送达申请执行人、被执行人或者案外人:(1)查封、扣押、冻结案外人财产的;

（2）申请执行人撤回执行申请或者放弃债权的；（3）查封、扣押、冻结的财产流拍或者变卖不成，申请执行人和其他执行债权人又不同意接受抵债的；（4）债务已经清偿的；（5）被执行人提供担保且申请执行人同意解除查封、扣押、冻结的；（6）人民法院认为应当解除查封、扣押、冻结的其他情形。解除以登记方式实施的查封、扣押、冻结的，应当向登记机关发出协助执行通知书。

参 考 文 献

1. 潘嘉玮著:《城市化进程中土地征收法律问题研究》,人民出版社 2009 年版

2. 陈信勇主编:《房地产法原理》,浙江大学出版社 2002 年版

3. 林建伟著:《房地产法基本问题》,法律出版社 2006 年版

4. 高富平、黄武双著:《房地产法新论》,中国法制出版社 2000 年版

5. 张晋藩:《清代民法综论》,中国政法大学出版社 1998 年版

6. 戚兆岳著:《不动产租赁法律制度研究》,法律出版社 2009 年版

7. 刘国臻著:《论我国土地利用管理制度改革》,人民法院出版社 2006 年版

8. 符启林著:《房地产法》,法律出版社 2009 年版

9. 於向平、邱艳著:《房地产法律制度研究》,北京大学出版社 2004 年版

10. 王卫国著:《中国土地权利的法制建设》,中国政法大学出版社 2002 年版

11. 张庆华著:《中国土地法操作实务》,法律出版社 2004 年版

12. 符启林、何培华主编:《房产法》,中国政法大学出版社 2005 年版

13. 张忠野、曾大鹏编著:《房地产法学》,格致出版社 2010 年版

14. 陈华彬著:《现代建筑物区分所有权制度研究》,法律出版社 1997 年版

15. "建筑物区分所有权之研究",载梁慧星主编:《民商法论丛》,法律出版社 1992 年版

16. 王利明、杨立新著:《侵权行为法》,法律出版社 2005 年版

17. 王进著:《房地产法焦点、难点、指引》,中国法制出版社 2008 年版

18. 钟京涛著:《征地补偿法律适用与疑难解释》,中国法制出版社 2008 年版

19. 李延荣主编:《房地产法原理与案例教程》,中国人民大学出版社 2009 年版

20. 王才亮著:《房屋拆迁纠纷焦点释疑》,法律出版社 2005 年版

21. 班道明主编:《物业管理概论》,中国林业出版社 2000 年版

22. 庞标主编,宋安成著:《业主权利疑难对策——自治组织、物业服务、公建配套》,中国法制出版社 2010 年版

23. 刘静等主编:《农村土地承包法原理精要与实务指南》,人民法院出版社 2008 版

24. 李延荣、周珂著:《房地产法》,中国人民大学出版社 2008 版

25. 江平著:《中国土地立法研究》,中国政法大学出版社 1999 年版

26. 陈小君著:《农村土地法律制度研究——田野调查报告》,中国政法大学出版社 2003 年版

27. 朱洪超等主编:《物权法实务操作:原理. 规则. 适用/八方律师》,法律出版社 2009 年版

28. 殷红、张卫东著:《房地产金融》,首都经济贸易大学出版社 2002 年版

29. 国务院法制办农林城建资源环保法制司,住房城乡建设部法规司、房地产市场监管司:《国有土地上房屋征收与补偿条例释义》,中国法制出版社 2011 年版

30. 王玲美:"论城市房屋征收补偿的法制完善",载《知识经济》2011 年第 2 期

31. 夏璐:"从'小产权房'看我国物权法",载《法制与社会》2011 年第 5 期

32. 吴彦燕:"浅析物权法规定建筑物区分所有权存在的问题与对策",载《知识经济》2011 年第 4 期

33. 王云利:"浅析小产权房法律问题",载《法制与社会》2009 年第 1 期

34. 李贵连："二十世纪初期的中国法学"，载《中外法学》1997 年第5 期

35. 张辉："国有建设用地使用权出让法律制度研究"，2009 年东北财经大学硕士学位论文

责任编辑:茅友生
装帧设计:宏 一
版式设计:陈 岩

图书在版编目(CIP)数据

中国房地产法律规则研究/邱艳 著. -北京:人民出版社,2011.6
ISBN 978 - 7 - 01 - 009936 - 1

Ⅰ.①中… Ⅱ.①邱… Ⅲ.①房地产法-研究-中国 Ⅳ.D922.181.4

中国版本图书馆 CIP 数据核字(2011)第 100513 号

中国房地产法律规则研究
ZHONGGUO FANGDICHAN FALÜ GUIZE YANJIU

邱 艳 著

人民出版社 出版发行
(100706 北京朝阳门内大街 166 号)

北京新华印刷有限公司印刷 新华书店经销

2011 年 6 月第 1 版 2011 年 6 月北京第 1 次印刷
开本:787 毫米×1092 毫米 1/16 印张:25.5
字数:359 千字 印数:0,001-5,000 册

ISBN 978 - 7 - 01 - 009936 - 1 定价:39.80 元

邮购地址 100706 北京朝阳门内大街 166 号
人民东方图书销售中心 电话 (010)65250042 65289539